CLASSIQUES JAUNES

Textes du monde

Œuvres d'Ossian

Réimpression de l'édition de Paris, 2013.

Réimpression de l'édition de Paris, 2013.

James Macpherson

Œuvres d'Ossian

Traduction et édition critique par Samuel Baudry

PARIS
CLASSIQUES GARNIER
2021

Spécialiste de la littérature britannique des XVIIIᵉ et XIXᵉ siècles, Samuel Baudry est également traducteur et éditeur scientifique de textes littéraires et juridiques. Nous lui devons une étude de la querelle des poèmes attribués à Ossian intitulée *Agon – La dispute : cas, querelles, controverses et création à l'époque moderne*. Ses travaux s'intéressent également aux enjeux du développement de la presse au XVIIIᵉ siècle.

Couverture :
« Ossian conjures up the spirits on the banks of the River Lorca »,
Artiste : Károly Kisfaludy. Budapest, Ung.Nationalgalerie

ISBN 978-2-8124-3641-3
ISSN 2417-6400

INTRODUCTION

MACPHERSON ET OSSIAN

> Viens, Ossian, viens avec moi, dit-il : Fingal a recueilli sa gloire. Nous avons
> passé, telles des flammes qui brillèrent toute une saison, nous sommes partis
> pleins d'honneur. Même si les plaines de nos batailles sont sombres et silen-
> cieuses ; notre gloire est dans ces quatre pierres grises. La voix d'Ossian a
> été entendue ; et sa harpe accordée à Selma. – Viens, Ossian, viens avec moi,
> dit-il, et vole avec tes pères sur les nuages.
> Je viens, je viens, ô roi des hommes ! la vie d'Ossian s'évanouit. Je disparais
> déjà de Cona ; et l'on ne me voit plus marcher dans Selma. Près de la pierre
> de Mora je m'endormirai. Les vents qui sifflent dans mes cheveux gris ne
> m'éveilleront plus[1].

Vouée à disparaître, la voix d'Ossian a finalement tenu sa promesse :
qui s'en souvient, qui l'entend encore ? L'oubli dans lequel les traductions
de Macpherson sont tombées, et duquel des travaux érudits tentent
épisodiquement de les faire sortir, nous dissimule l'importance de
cette œuvre au cours du siècle qui suivit sa publication. Son impact sur
l'histoire culturelle de l'Europe et la virulence de la controverse autour
de son statut philologique sont, certes, depuis une dizaine d'années,
sujets à de nombreux travaux universitaires en langue anglaise ; mais les
qualités littéraires des textes – qualités que surent reconnaître Goethe,
Chateaubriand, Byron et bien d'autres – sont, elles, totalement ignorées.
Cette introduction se propose de retracer cet impact et cette virulence
au lecteur français ; la traduction qui suit tâchera de le sensibiliser à
ces qualités.

---

1   Nous citons ici la fin de « Berrathon » : le « dernier hymne d'Ossian ».

JAMES MACPHERSON

James Macpherson est né le 27 octobre 1736 à Ruthven, près de Kingussie, dans la vallée de la Spey. La langue parlée dans cette région des *Highlands* était alors majoritairement le gaélique. La famille était liée au clan des Macpherson, qui, après la défaite de Culloden en 1746, payèrent très cher le soutien qu'ils avaient fourni à Charles Édouard Stuart – « Bonnie Prince Charlie » – lors du soulèvement jacobite de 1745. Sans doute sous l'influence de Jerome Stone, qui, en juin 1756, avait publié la traduction d'une ballade héroïque gaélique dans le *Scots Magazine*[1], Macpherson commença assez tôt à recueillir par écrit les ballades et les chansons traditionnelles de sa région, dans le but de les sauvegarder d'une disparition qu'il pensait inéluctable.

Il suivit des études de théologie à Aberdeen, puis à Édimbourg, où il travailla ensuite comme correcteur pour l'éditeur John Balfour. Au Marishal College d'Aberdeen Macpherson s'était également intéressé à la littérature antique classique ; il y reçut l'enseignement de Thomas Blackwell, dont les théories littéraires et anthropologiques, en particulier son hypothèse selon laquelle les progrès de la civilisation corrompent les peuples primitifs et leur font perdre leur vitalité, eurent une puissante influence sur la conception de l'épopée que défendra Macpherson[2]. En 1758, il publia ses premiers vers dans le *Scots Magazine* et sa première épopée, *The Highlander*. Dans un style inspiré de Dryden et de Pope il y raconte les luttes entre les Écossais et des envahisseurs danois sur fond de mers déchaînées et de forêts obscures.

Un emploi de tuteur auprès de la famille Balgowan lui permit de rencontrer le philosophe Adam Fergusson ; ce dernier lui présenta, à l'automne 1759, dans la petite station balnéaire de Moffat, le dramaturge John Home qui demanda à Macpherson de lui traduire une de ces ballades qu'il avait recueillies. Home fit circuler ce premier fragment, « *The Death of Oscur* », (« La mort d'Oscur », fragment VII) auprès de ses amis d'Édimbourg. Hugh Blair, qui débutait alors sa carrière de professeur de rhétorique à l'université d'Édimbourg, insista auprès de Macpherson pour que ce dernier lui fournît d'autres fragments afin de les publier.

---

1   « Bàs Fhraoich » : « Albin and the Daughter of Mey ».
2   Ces théories sont présentées dans *An Enquiry into the Life and Writings of Homer*, Londres, 1735, et *Letters Concerning Mythology*, Londres, 1748.

Lorsqu'ils apparurent, en 1760, le succès fut considérable des deux côtés de la frontière. Ces *Fragments*, narrés par des bardes anonymes, évoquent des guerres lointaines contre l'envahisseur scandinave, la mort inévitable des amants séparés, les fantômes des héros tombés. La préface suggère qu'ils appartiennent à une vaste épopée qu'il est sans doute possible de retrouver. Le milieu intellectuel d'Édimbourg, qui voyait dans cette première tentative l'occasion de redorer le blason littéraire, mais aussi militaire, d'un pays qui se sentait humilié par l'Angleterre, décida de réunir des fonds et d'envoyer Macpherson à la recherche des manuscrits qui lui permettraient de ressusciter cette épopée perdue.

Au cours de deux voyages, entre 1760 et 1761, dans les Hébrides et sur la côte ouest de l'Écosse, il récolta quelques manuscrits et transcrivit les nombreux poèmes qu'il entendit réciter. De plus, le Révérend James McLagan, qui avait depuis plusieurs années entrepris de recueillir une vaste collection de poésie gaélique, fournit à Macpherson quelques ballades aux thèmes héroïques. La quête fut donc, en un sens, fructueuse : Macpherson réussit à retrouver un grand nombre de poèmes et de chants antiques en gaélique écossais. Deux obstacles cependant compromettaient le projet initial de reconstitution d'une épopée oubliée : des difficultés paléographiques importantes (Macpherson ne pouvait seul déchiffrer les manuscrits) et l'absence d'unité thématique et stylistique de ces compositions.

De retour à Édimbourg, Macpherson entreprit la traduction des textes. Leur mise en forme, en particulier leur transformation en une épopée cohérente, fut, dans une large mesure, un travail collaboratif où Hugh Blair joua un rôle essentiel. Le résultat parut en 1762 (*Fingal, an Ancient Epic Poem*) et 1763 (*Temora, an Ancient Epic Poem*). « Fingal » est l'épopée promise par les *Fragments*. Ses six livres racontent l'arrivée d'un envahisseur scandinave en Irlande, Swaran, et les six jours de batailles et de chants qui suivent, jusqu'à sa défaite et son retour vers ses terres natales. D'autres poèmes, plus brefs, sont publiés à la suite de ce récit. Ossian, un barde aveugle, dont toute la famille et tous les amis sont morts, lui-même proche de sa fin, est le narrateur principal du recueil. Les textes originaux dateraient du IIIe ou du IVe siècle de notre ère. Macpherson est présenté comme leur traducteur. « Temora » est une épopée en huit livres, que tout les critiques s'accordent à trouver bien inférieure à « Fingal » ; elle est également accompagnée de plusieurs

autres poèmes. Une édition complète en deux volumes des œuvres d'Ossian fut publiée en 1765 (*The Works of Ossian, the Son of Fingal*). Les poèmes et les notes sont légèrement modifiés, et elle inclut un long essai critique et historique par Hugh Blair : « A Critical Dissertation on The Poems of Ossian, Son of Fingal ». Une nouvelle édition, assez profondément révisée, parut en 1773 (*The Poems of Ossian. Translated by James Macpherson*). Ces « traductions » ne passèrent pas inaperçues. Elles connurent un succès incontestable en Écosse et sur le continent, mais elles suscitèrent bientôt un fort scepticisme en Angleterre et en Irlande, où leur authenticité douteuse et leurs incohérences historiques provoquèrent un débat d'une grande virulence.

Après 1763, Macpherson se désintéressa progressivement du corpus ossianique et se consacra à d'autres taches. En 1764 il fut nommé secrétaire de George Johnstone, gouverneur des provinces de l'ouest canadien, et passa alors deux années aux Amériques. À son retour il s'installa à Londres, où il fut employé comme propagandiste du gouvernement. Il écrivit dans les journaux, il rédigea des pamphlets, il publia plusieurs livre d'histoires (*An Introduction to the History of Great Britain and Ireland*, en 1771, une histoire des îles britanniques qui accorde une large place aux marges celtiques, et, en 1775, *The Secret History of Great Britain*, ainsi que *The History of Great Britain from the Restoration to the Accession of the House of Hanover*). En 1773, il fit paraître une traduction de l'*Iliade*. En 1780, il fut élu au Parlement comme député d'une circonscription de Cornouaille. En 1777 il s'était fait construire un manoir, non loin de Kingussie, qu'il avait baptisé « Belleville », où il mourut le 17 février 1796.

Il est enterré dans le « Poet's Corner » de l'abbaye de Westminster, à Londres.

CONTROVERSES

Dans les îles britanniques, le débat autour de l'authenticité des textes éclipsa très vite celui autour de leurs qualités littéraires. La controverse peut se décliner en quatre questions : les œuvres publiées par Macpherson dérivent-elles, thématiquement ou linguistiquement, d'originaux en langues gaéliques ; si oui, ces originaux sont-ils aussi anciens que le prétend Macpherson ; les fragments utilisés appartiennent-ils à un ensemble plus vaste ; leur auteur présumé a-t-il réellement vécu en Écosse ?

Peu après la publication des *Fragments* et de *Fingal* plusieurs comptes-rendus (entre autres, par Tobias Smollett, dans la *Critical Review*, ou par Edmund Burke dans l'*Annual Register*[1]) émirent quelques doutes quant à l'origine purement écossaise des originaux et leur antiquité supposée – cependant, nul ne doutait qu'ils eussent été connus et récités bien avant que Macpherson ne s'y intéressât. De plus, les critiques portaient, avant tout, sur le genre de ces poèmes, sur leur statut contestable d'épopée. Mais, sous l'impulsion de Samuel Johnson, le débat abandonne le terrain de la littérature pour se jouer sur celui de la culture : il ne sera dès lors plus question des qualités artistiques de ces œuvres mais seulement de leurs sources, de la possibilité qu'une civilisation gaélique autonome ait pu exister et qu'elle ait pu donner naissance à de telles œuvres.

Samuel Johnson proclame ce qu'il pense de Macpherson et de ses poèmes dans son *Voyage dans les Hébrides* :

> Je suppose que mon opinion sur les poèmes d'Ossian est déjà connue. Je suis convaincu qu'ils n'ont jamais existé sous une autre forme que celle que nous connaissons. L'éditeur, ou auteur, n'a jamais pu produire l'original ; et personne d'autre ne le pourra ; prétendre vaincre un scepticisme raisonnable en refusant de donner ses preuves, c'est faire preuve d'une insolence à laquelle le monde n'est guère habitué ; l'audace obstinée est le dernier refuge de la culpabilité. Il serait aisé à l'éditeur de montrer cet original s'il le possédait ; mais où aurait-il pu le trouver ? Il est trop long pour pouvoir être mémorisé et ce langage n'avait jusqu'alors jamais été écrit. L'éditeur a, de toute évidence, glissé des noms qui circulent dans les histoires populaires et a peut-être traduit quelque ballade colportée ici ou là, si tant est que l'on puisse en retrouver ; ces noms et ces quelques images rassemblées, assistés par un chauvinisme typiquement calédonien, ont pu convaincre des auditeurs incultes qu'ils avaient auparavant entendu l'œuvre entière[2].

---

1   *Critical Review*, décembre 1761 et janvier 1762 ; *Annual Register*, 1762.

2   *A Journey to the Western Islands of Scotland* est publié en 1775. On trouvera cette citation dans R. W. Chapman, édit., *Samuel Johnson and James Boswell, A Tour of the Hebrides*, Oxford, Oxford University Press, 1924, p. 107. Dans le même ouvrage, Johnson avoue : « Je ne comprends pas la langue Erse et n'en puis dire que ce que l'on m'en a dit. C'est le langage frustre d'un peuple barbare, qui n'a que peu de pensées à exprimer, et qui, raisonnant grossièrement, se contente de n'être que grossièrement compris », p. 104. Son appréciation des textes eux-mêmes est par ailleurs bien loin de l'enthousiasme de ses contemporains : « Dr Fordyce évoqua la question [de l'authenticité des poèmes d'Ossian] et Dr Blair demanda à Dr Johnson si, en se fondant uniquement sur les qualités intrinsèques du texte, il croyait un homme de notre siècle capable d'écrire de tels poèmes ? Johnson lui

L'existence et l'authenticité des sources, le refus ou l'impossibilité de Macpherson de montrer les manuscrits qu'il prétend avoir consultés, la proportion de passages effectivement traduits par rapport à ceux totalement inventés, l'opportunité d'utiliser des sources orales et la manière de procéder, occupèrent alors historiens, folkloristes, érudits et fanatiques jusqu'au début du siècle suivant. La polémique ne peut se ramener à une simple discussion philologique ; elle fut un terrain d'affrontements violents – et pas seulement dans les mots : Macpherson menace Johnson de représailles physiques[1] – entre les spécialistes des antiquités anglaises, irlandaises et écossaises, entre partisans des littératures orales et défenseurs de l'écrit, qui eurent des effets profonds et durables sur les cultures de ces pays, en particulier dans la construction des identités britanniques et celtiques[2]. Une paix temporaire est signée en 1805 avec la publication d'un rapport qui retrace la méthode suivie par Macpherson[3].

Les hostilités reprennent en 1983 à la suite d'un l'article publié par Hugh Trevor-Roper. Macpherson y apparaît comme un plagiaire sans scrupule, qui s'approprie des ballades irlandaises, tente de les faire passer pour des fragments écossais qui en seraient les sources plus antiques, et relègue l'Irlande à un statut de colonie écossaise subalterne – alors qu'historiquement, c'est l'inverse qui s'est produit[4]. La polémique déclenchée par l'article n'est sans doute pas étrangère au renouveau critique autour de Macpherson.

Des quatre questions soulevées par la controverse, c'est la première qui est résolue le plus rapidement et avec le moins de doute. Le compte-rendu publié par la *Highland Society of Scotland* dresse une liste exhaustive

---

répondit : "Oui, Monsieur, je crois que de nombreux hommes en seraient capable – ainsi que de nombreuses femmes et de nombreux enfants" » ; James Boswell rapporte cette conversation dans sa biographie de Samuel Johnson (Rodney Shewan, édit., *The Life of Samuel Johnson by James Boswell* [1791], 2 vol., Londres, The Folio Society, 1968, vol. 1, p. 247-248 [année 1763].

1   Sur la lettre de menace de Macpherson et la réponse de Johnson, voir W. Jackson Bate, *Samuel Johnson*, Londres, Chatto and Windus, 1978, p. 521-522.

2   Sur ces questions identitaires, voir Howard D. Weinbrot, *Britannia's issue : the rise of British literature from Dryden to Ossian*, Cambridge, Cambridge University Press, 1993.

3   *Report of the Committee of the Highland Society of Scotland, appointed to Inquire into the Nature and Authenticity of the Poems of Ossian*, publié sous la direction de Henry Mackenzie. Nous en donnons un extrait plus loin (dans la partie « Préfaces, essais »).

4   Hugh Trevor-Roper, « The Invention of Tradition : The Highland Tradition of Scotland », paru dans Eric Hobsbawm et Terence Ranger, édit, *The Invention of Tradition*, Cambridge, Cambridge University Press, 1983, p. 15-41.

des sources potentiellement utilisées par Macpherson et résume sans ambiguïté la méthode de traduction qu'il a suivie. L'étude magistrale de Thomson, publiée en 1952, identifie plus systématiquement les textes sources et cibles mais arrive aux mêmes conclusions[1]. Les trois autres questions relèvent du champ des études folkloristes, qui, dans une large mesure, doivent à cette controverse leur émergence au XIXe siècle[2].

Les ballades qui circulaient dans les *Highlands* au milieu du XVIIIe siècle avaient été composées entre 1200 et 1600 en gaélique classique, langue littéraire que partageaient l'Irlande et l'Écosse. Quelques-unes abordent des thèmes arthuriens, d'autres mettent en scène des héros d'Ulster (comme Cúchulainn : Cuchulaid ou Cuchullin chez Macpherson), mais la plupart évoquent les aventures, mythiques pour l'essentiel, de Fionn mac Cumhaill (Fingal chez Macpherson) et des ses guerriers, les *fianna*, narrées par le dernier survivant de cette lignée, Oisín (Ossian ou Oscian chez Macpherson), entre le IIIe et le Ve siècle de notre ère[3]. Ces œuvres sont le fruit d'une culture et d'une langue commune, dont les racines sont, certes, irlandaises[4], mais où l'Écosse a joué un rôle décisif ; au XVIIIe siècle elles formaient un répertoire riche, varié, connu et estimé, où avaient fini par se rejoindre les diverses matières qui le composaient (Ulster et *fian*).

1   Derick S. Thomson, *The Gaelic Sources of Macpherson's "Ossian"*, Édimbourg et Londres, Oliver and Boyd, 1952.

2   Parmi les travaux les plus marquants, ceux qui contribuèrent à la mise en place d'une méthodologie spécifique et rigoureuse, il faut citer en premier lieu les *Popular Tales of the West Highlands Orally Collected, with a Translation* (un recueil de contes et de légendes, publié en 4 volumes, de 1860 à 1862) et les *Leabhar na Féinne* (un recueil de ballades gaéliques héroïques, paru en 1872) recueillis par John Francis Campbell, ainsi que les *Reliquiae Celticae* (parues en 1892 et 1894) recueillies par le Révérend Alexander Cameron et éditées par Alexander McBain et John Kennedy. Voir à ce sujet Kristine Louise Haugen, « Ossian and the Invention of Textual History », *Journal of the History of Ideas*, vol. 59, n° 2, 1998, p. 309-327.

3   Pour une présentation synthétique de l'histoire des Gaëls, des Bretons insulaires, des Scots, des Pictes et des Romains autour du Ve siècle, on pourra consulter le chapitre « Alt Clud » dans Norman Davies, *Vanished Kingdoms*, New York, Viking, 2011, p. 33-83. Les notes contiennent une importante bibliographie (commentée, en anglais) sur l'histoire médiévale écossaise.

4   On trouvera une introduction au cycle d'Ulster et la traduction des principaux textes qui mettent en scène Cúchulainn dans Thomas Kinsella, éd., *The Táin ; From the Irish Epic* Táin Bó Cuailnge, Oxford, Oxford University Press, 1969. Les ballades *fian* furent d'abord réunies vers 1175 dans les « *Acallam na Seanórach* », les « conversations du vieil homme », en gaélique irlandais, qui racontent le voyage de Saint Patrick en Irlande accompagné d'Oisín et de Caoilte (Caílte mac Rónáin ; Ca-olt chez Macpherson), les derniers des *Fianna*. Pour une édition récente, on pourra consulter Ann Dooley et Harry Roe, éd., *Tales of the Elders of Ireland*, Oxford, Oxford University Press, 1999.

Macpherson puise dans ce vaste réservoir pour construire ses œuvres. Il ne prétend nullement se contenter de traduire des manuscrits (rappelons néanmoins qu'il a consulté et sauvé de l'oubli le *Leabhar Deathan Lios Mòir* – le *Livre du Doyen de Lismore* – compilé dans le comté du Perthshire entre 1512 et 1542, ainsi que, vraisemblablement, le *Livre rouge* du clan Macdonald de Clanranald); au contraire, comme il le souligne dans sa « Dissertation sur l'antiquité des poèmes d'Ossian », ses traductions s'appuient surtout sur la tradition orale (« après un périple de six mois le traducteur avait recueilli, auprès de sources orales ou dans des manuscrits, les poèmes de la présente collection [...]; hormis le poème ici présenté, ces œuvres sont dans une large mesure perdues, et le traducteur n'a pu en retrouver que quelques fragments. Les aventures narrées par ces poèmes ont, elles, très souvent été préservées par les traditions orales »). Macpherson n'a donc pas créé de toutes pièces les œuvres d'Ossian. Il a entendu, lu, transcrit, traduit et fait traduire un nombre considérable de ballades, de récits et de chants, composés en Écosse et en Irlande entre le XIIIᵉ et le XVIᵉ siècle. On peut retrouver avec certitude dans ses textes la trace de seize ou dix-sept ballades : quelques vers sont traduits littéralement et des strophes librement adaptées ; on reconnaît plusieurs séquences narratives ; il emprunte des noms et des incidents spécifiques[1]. Il invente le reste – c'est-à-dire beaucoup : sur trente-neuf poèmes attribués à Ossian, vingt-huit ne reposent sur aucune source clairement identifiée.

Dans la mesure où Macpherson cherchait à reconstituer ce qu'il croyait être une œuvre perdue, dont il ne subsistait que des fragments, plus ou moins corrompus, le procédé n'est pas entièrement malhonnête. Il lui fallait en effet, d'une part, retrouver les textes originaux en comparant les « transcriptions successives » de tous ceux « qui croyaient améliorer les poèmes en les modernisant » mais qui n'étaient parvenus qu'à les défigurer[2] ; et, d'autre part, rassembler en une œuvre cohérente ce que le temps avait dispersé, cette épopée qui ne pouvait pas ne pas avoir existé, puisqu'elle était la forme d'expression privilégiée des civilisations antiques[3].

---

1   Nous présentons deux de ces ballades authentiques dans notre partie « Imitations anglaises et gaéliques ».

2   Nous citons ici la « Dissertation sur l'antiquité des poèmes d'Ossian fils de Fingal, et autres questions » de Macpherson.

3   Hypothèse défendue, entre autres, par Hugh Blair (« Voila pourquoi il est probable que nous trouvions toujours des poèmes parmi les premiers témoignages qui subsistent de l'antiquité des nations. Il est tout aussi probable que des recherches approfondies feraient

Quelque louables qu'aient pu être les motivations de Macpherson – sauvegarder un patrimoine littéraire, rétablir la gloire des habitants des *Highlands* –, un aspect du procédé n'en demeure pas moins mensonger : contrairement à ce qu'il affirme (« la seule chose à dire de cette traduction est qu'elle est littérale[1] »), Macpherson ne traduit fidèlement qu'à de rares exceptions. Ce qui, en soi, n'a rien d'insolite : les belles infidèles, les imitations, les adaptations libres sont plus courantes au XVIIIe siècle que les traductions littérales[2]. Ce qui rend l'entreprise de Macpherson radicalement novatrice, c'est que, sous couvert de littéralité (« L'ordre des mots du texte original est imité ; nous avons respecté les inversions stylistiques[3] »), il s'autorise une langue rude, singulière, obscure, à l'opposé des traductions parfaitement anglicisées que l'on favorisait alors, celles de Dryden ou de Pope par exemple, que Macpherson cite pourtant fréquemment dans ses notes de bas de page. L'ordre des mots du gaélique (verbe – sujet – objet) n'a en fait pas été *respecté*, il a été *reconstruit* afin de créer l'illusion d'une traduction trop peu raffinée. Macpherson est donc, paradoxalement, un des pionniers de la traduction qui demeure « étrangère », qui ne cherche pas à tout prix à être « transparente[4] ».

---

apparaître un certain degré de ressemblance entre toutes les compositions poétiques les plus anciennes, quel que soit leur pays d'origine », explique Blair dans sa « Dissertation critique », avant de démontrer que ces poèmes relèvent du genre épique) et Thomas Blackwell (« Les royaumes complètement civilisés ne trouvent pas de sujets valables pour leurs poèmes. Le merveilleux, l'extraordinaire sont les nerfs du genre épique : mais il ne se produit jamais rien de merveilleux dans un état trop bien organisé », *An Inquiry into the Life and Writings of Homer*, p. 26). Macpherson a peut-être cru trouver dans la « Cath Finntrágha » (« la bataille de Ventry ») un avatar de cette épopée perdue. Ce récit en prose est un des plus populaires du monde gaélique médiéval. Il raconte les luttes des *fianna* contre l'envahisseur viking dans le comté de Kerry en Irlande et rassemble plusieurs ballades secondaires. On peut en lire une version (écossaise) traduite en anglais dans Thomas Maclauchlan, édit., « Cath Fionntraigh », *The Dean of Lismore's Book*, Édimbourg, Edmonston & Douglas, 1862, p. 7-13.

1   « Dissertation sur l'antiquité des poèmes d'Ossian fils de Fingal, et autres questions ».

2   Pour comprendre l'évolution de cette préférence – depuis l'antiquité jusque sa résurgence et sa prédominance aux dix-septième et dix-huitième siècles – on pourra se référer à George Mounin, *Les Belles infidèles*, Paris, Cahier du Sud, 1955 et George Steiner, *After Babel : Aspects of Language and Translation*, Oxford, Oxford University Press, 1975 ; les aspects spécifiquement britanniques de cette question sont traités par Robin Sowerby dans *The Augustan Art of Poetry : Augustan Translation of the Classics*, Oxford, Oxford University Press, 2006.

3   « Dissertation sur l'antiquité des poèmes d'Ossian fils de Fingal, et autres questions ».

4   Antoine Berman, dans *L'épreuve de l'étranger*, Paris, Gallimard, 1984, retrace l'émergence de ce goût, non plus pour les « belles infidèles », mais pour des traductions qui respectent

Avec la publication, en 1805, du *Report* ainsi que d'une version exhaustivement annotée par Malcolm Laing[1], la cause est désormais entendue : pour le public anglais, Macpherson n'est plus un simple traducteur, mais un plagiaire ou un menteur – et l'intérêt pour ses œuvres va rapidement s'essouffler[2]. Cependant, sur le continent, on se soucie beaucoup moins de l'identité de l'auteur : Ossian ou Macpherson, peu importe, l'œuvre est celle d'un génie et son influence sera immense.

OSSIAN ET HOMÈRE

Il existe, ce me semble, deux littératures tout à fait distinctes, celle qui vient du midi et celle qui descend du nord, celle dont Homère est la première source, celle dont Ossian est l'origine. [...] La poésie mélancolique est la poésie la plus d'accord avec la philosophie. La tristesse fait pénétrer bien plus avant dans le caractère et la destinée de l'homme, que toute autre disposition de l'âme. [...] L'imagination des hommes du nord s'élance au-delà de cette terre

---

jusqu'aux défauts et obscurités du texte source. Ce sont les théoriciens et poètes du romantisme allemand, lecteurs passionnés d'Ossian pour la plupart, (Johann Gottfried von Herder, Goethe, Johann Heinrich Voss, A.W. Schlegel, Friedrich Schleiermacher, Hölderlin, entre autres) qui, les premiers, ont défendu et illustré par leurs œuvres les vertus de l'étrangeté. Lawrence Venuti, dans *The Translator's Invisibility : A History of Translation*, Londres et New York, Routledge, 1995, théorise cette évolution et défend, lui aussi, contre les traductions qui font oublier qu'on lit une traduction (« *domesticating* translations »), celles qui transportent le lecteur dans une culture qui ne lui est pas familière (« *foreignising* translations »). On retrouve ce débat en Angleterre dans les conférences prononcées par Matthew Arnold, autre grand lecteur d'Ossian, en 1860 à Oxford (« On Translating Homer »).

1   Malcolm Laing, *The Poems of Ossian, Containing the Poetical Works of James Macpherson in Prose and Verse, with Notes and Illustrations*, 2 vol., Édimbourg, 1805. Laing démontre méthodiquement, et avec une certaine mauvaise foi, que les sources de Macpherson ne sont nullement des récits gaéliques, mais qu'il a, au contraire, plagié sans scrupules maintes œuvres britanniques et classiques.

2   Dernier soubresaut éditorial qui ne changera rien au destin de l'œuvre, contrefaçon d'une contrefaçon, paraît en 1807 une version gaélique des œuvres d'Ossian, supposée offrir au public les originaux dont Macpherson se serait servi : *The Poems of Ossian, in the Original Gaelic, with a Literal Translation into Latin by the Late Robert Macfarlan*, 3 vol., Londres, G. & W. Nicol, 1807. Il s'agit là, en vérité, d'une traduction, dans un gaélique contestable, des textes anglais de 1762 et 1763 à laquelle Macpherson, aidé par le Capitaine Alexander Morison, travaillait depuis les années 1760. Nous en donnons un extrait dans notre partie « Imitations anglaises et gaéliques ».

dont ils habitaient les confins ; elle s'élance à travers les nuages qui bordent leur horizon, et semble représenter l'obscur passage de la vie à l'éternité[1].

RÉCEPTION, TRADUCTIONS ET RECRÉATIONS

Pour de nombreux lecteurs, la paternité de ces œuvres n'était guère problématique ; quel que fût le rôle joué par Macpherson, Ossian était un génie unique et original et la carte du monde des littératures avait été redessinée. On ne pouvait plus désormais ne considérer que la méditerranée et ses ramifications continentales, le Nord était devenu une puissance tout aussi considérable.

Sur les îles britanniques les grands poètes romantiques, William Blake, Lord Byron, Samuel Taylor Coleridge et William Wordsworth, le lisent et subissent son influence[2]. La critique littéraire du XIXᵉ siècle souligne son originalité radicale et sa responsabilité dans l'émergence d'une nouvelle poésie. Sir Walter Scott, dans son compte-rendu du *Report* conclut :

> Quoique nous devions renoncer à l'idée que Fingal a réellement vécu et qu'Ossian a véritablement chanté ses exploits, notre vanité nationale peut néanmoins s'enorgueillir du fait qu'une région reculée d'Écosse, encore presque barbare, a vu naître, au XVIIIᵉ siècle, un barde qui fut capable non seulement de susciter l'enthousiasme dans les esprits sensibles à la beauté poétique, mais qui parvint également à insuffler une tonalité nouvelle à la poésie à travers toute l'Europe[3].

1   Germaine de Staël, *De la littérature* [1800], édit. Paul Van Tieghem, 2 vol., Genève : Droz, 1959, vol. 1, p. 178-180.

2   Les influences de Macpherson sur Blake sont étudiées par M.R. Lowery dans *Windows of the Morning : A Critical Study of William Blake's Poetical Sketches, 1783*, New Haven, Yale University Press, 1940, et par David Punter, « Ossian, Blake, and the Questionable Source », publié dans Valeria Tinkler-Villani *et al.*, édit., *Exhibited by Candlelight : Sources and Developments in the Gothic Tradition*, Amsterdam, Rodopi, 1995, p. 25-42 ; celles sur Byron, dans Robin Flower, *Byron and Ossian*, Nottingham, University College, 1928 ; celles sur Coleridge, dans J. J. Dunn, « Coleridge's Debt to Macpherson », *Studies in Scottish Literature*, n° 7, 1969, p. 76-89 ; Wordsworth, quant à lui, consacre plusieurs pages à Ossian dans son « Essay Supplementary to the Preface » de 1815 : condamnation ambiguë et désaveu hypocrite ; voir à ce sujet J.R. Moore, « Wordsworth's Unackowledged Debt to Macpherson's Ossian », *PMLA*, 1925, p. 362-378. Nous présentons quelques-unes de ces réécritures romantiques dans notre partie « Imitations anglaises et gaéliques ».

3   *Edinburgh Review*, Article XVI, « Report of Highland Society upon Ossian », Juillet 1805, p. 462.

Dans son introduction générale à la série de conférences sur les poètes anglais qu'il donne en 1818, William Hazlitt fait d'Ossian l'un des quatre génies tutélaires de la poésie universelle : « Je conclurai cette présentation générale par des remarques diverses sur les œuvres les plus importantes de la poésie mondiale : Homère, la Bible, Dante, auxquelles j'ajouterais Ossian[1]. » En pleine époque victorienne, Matthew Arnold rappelle l'impact et la beauté de ces œuvres à ceux qui prétendraient les ignorer : « au siècle dernier, grâce à un livre célèbre, l'Ossian de Macpherson, ce style [le "Titanisme" poétique, cette passion et cette mélancolie que l'on retrouve chez Byron] s'est répandu à travers toute l'Europe telle une coulée de lave [...] », et, quelles que puissent être la part d'invention et celle d'authenticité, ces ouvrages « ont porté l'âme du génie celtique au contact de toutes les nations d'Europe et ont enrichi toute notre poésie ». Cette influence est entièrement justifiée par la vigueur et l'originalité des textes : « Aujourd'hui encore, lorsqu'on relit les meilleurs passages de Macpherson, on peut saisir l'effet que ce style a pu produire au XVIIIe siècle, lorsqu'il apparut dans toute sa fraicheur et sa force[2]. »

Pendant les quelques soixante années où la présence d'Ossian reste marquée en Grande-Bretagne, l'admiration pour ces traductions s'exprima le plus souvent par une volonté de reformuler, d'adapter sa prose à d'autres genres[3]. D'abord paraissent un très grand nombre de réécritures en vers d'une partie ou de l'ensemble du corpus – en couplets rimés, strophes variées, ou *blank verse* (ces iambes non rimés caractéristiques de la grande poésie anglaise). Très vite également apparaissent des adaptations pour le théâtre, au moins douze, dont *Oithona*, écrite par Alexander Dow et jouée par Garrick en 1774. Auxquelles on peut ajouter des opéras, des cœurs et des ballets.

Parmi les suites et imitations, elles aussi très abondantes, qu'elles soient admiratives ou parodiques, il faut mettre à part les *Galic Antiquities*

---

1   William Hazlitt, « On poetry in general », *Lectures on English Poets* [1818], Oxford, Oxford University Press, 1924, 24.

2   Matthew Arnold, *On the Study of Celtic Literature*, Londres, 1867, p. 152-153.

3   Pour une liste exhaustive de ces adaptations on pourra consulter Dafydd Moore, édit., *Ossian and Ossianism*, 4 vol., Londres et New York, Routledge, 2004, ainsi que la chronologie des textes ossianiques (traductions, imitations, suites, critique) écrits et publiés en Europe, établie par Paul Barnaby dans Howard Gaskill, édit., *The Reception of Ossian in Europe*, Londres, Thoemmes Continuum. 2004, p. XXI-LXVIII.

du Dr John Smith, publiées en 1780[1], qui connurent sur le continent un succès égal à celui de Macpherson, si bien qu'elles furent généralement incluses dans les traductions de ses œuvres complètes[2]. Le Dr Smith finit lui aussi par succomber au vertige de la réécriture, et il fait paraître en 1787 les textes « originaux » de ses traductions, qu'il a entièrement (re)composés lui-même et auxquels il joint les variantes rejetées, elles aussi totalement apocryphes[3].

De façon plus nette encore qu'en Grande-Bretagne, le continent s'approprie les œuvres d'Ossian et cultive à leur contact sa nouvelle sensibilité romantique. Au cours du siècle qui suit leur publication, elles sont traduites en vingt-six langues, et la France inaugure cette mode[4].

En septembre 1760 sont imprimés dans le *Journal étranger* les fragments V et XII, traduits par Turgot et accompagnés d'une « Lettre adressée aux auteurs du *Journal étranger* ». Jean-Baptiste Suard traduit les fragments VI et VII pour le numéro de janvier 1761 et Diderot les trois premiers pour le numéro de décembre. Le même journal publie en 1762 des extraits de « Fingal » traduits par Suard. La première traduction complète est celle de Pierre Le Tourneur (traducteur de Shakespeare et d'Edward Young), en 1777 ; elle est accompagnée d'un long « Discours préliminaire », inspiré par les préfaces de Macpherson et la dissertation critique de Blair ; le style des poèmes dans ce volume est épique, éloigné de la tonalité élégiaque des traductions antérieures. Chateaubriand, exilé en Angleterre, traduit l'intégralité des *Galic Antiquities*, dont il fait paraître trois extraits dans ses œuvres complètes en 1826. Musset ouvre

---

1 *Galic Antiquities : Consisting of a History of the Druids [...] and a Collection of Ancient Poems, Translated from the Galic of Ullin, Ossian, Orran, etc.*, Londres, Cadell et Édimbourg, Elliot, 1780.

2 C'est le cas, en 1804, des *Poésies galliques* traduites en vers par P.M.L. Baour-Lormian ; l'édition de Le Tourneur (*Poésie galliques*, d'abord parue en 1777), révisée en 1810, inclut les poèmes de Smith traduits par Griffet de Labaume et David de Saint-Georges ; les *Poëmes gaéliques*, traduits par Christian Pitois, et les *Œuvres complètes d'Ossian*, traduites par Auguste Lacaussade, qui tous deux paraissent en 1842, mêlent également Macpherson et Smith. On pourra lire un extrait de Smith, traduit par Chateaubriand, dans notre partie « Imitations anglaises et gaéliques ».

3 *Sean Dana [...] Being the Originals of the Translations Some Time Ago Published in the Galic Antiquities*, Édimbourg, Elliot, 1787.

4 Nous donnons quelques-unes de ces traductions dans notre partie consacrée aux « Traductions françaises des dix-huitième et dix-neuvième siècles ». On trouvera dans Gaskill, édit., *op. cit.*, des chapitres consacrés à la réception et à l'influence des textes de Macpherson dans chaque pays d'Europe.

son élégie « Le Saule » par un extrait des « Chants de Selma ». Madame de Staël, citée plus haut, fait d'Ossian – face à Homère – l'un des deux pôles autour desquels la littérature mondiale s'organise. Napoléon, qui ne se sépare jamais de sa traduction par Le Tourneur[1], commande à François Gérard et Anne-Louis Girodet une série de tableaux pour la résidence de Joséphine à Malmaison. Ingres peint l'imposant *Rêve d'Ossian* en 1813, destiné à orner le lit de l'Empereur dans le palais du Quirinal à Rome[2]. *Ossian ou les Bardes*, composé par Jean-François Le Sueur, est joué à l'Opéra de Paris plusieurs fois entre 1804 et 1817.

Les réactions les plus enthousiastes et les plus déterminantes pour le développement du romantisme sont allemandes. L'Allemagne est le pays qui traduit le plus Ossian : entre 1762 (date de la première publication d'extraits dans le *Bremisches Magazin*) et 1800 ne paraissent pas moins de quatorze traductions complètes – la première, en vers, par Michael Denis, un Jésuite bavarois, dès 1769.

Les effets culturels se font rapidement ressentir. Herder et Goethe sont parmi les premiers convertis. Herder publie en 1773 son essai « Auszug aus einem Briefwechsel über Ossian und die Lieder alter Völker » (« Extrait d'une correspondance sur Ossian et les chants des peuples antiques »). Goethe, en 1774, construit les *Souffrances du jeune Werther* autour d'*Ossian* : il traduit et fait lire par son héros, lors de sa dernière entrevue avec Lotte, l'intégralité (à quelques vers près) des « Chants de Selma » ainsi qu'un extrait de « Berrathon » ; au moment où il commence à sombrer dans le désespoir, Werther annonce, dans sa lettre datée du 12 octobre 1772 : « Ossian a pris dans mon cœur la place d'Homère[3] ». À l'instigation d'Herder, Goethe avait, en 1771,

---

1   Paul Van Tieghem, dans *Ossian en France*, 2 vol., Paris, F. Rieder, 1917, examine la passion de Napoléon pour Ossian, vol. 2, p. 1-13.

2   Deux catalogues permettent de mesurer l'impact pictural de l'œuvre de Macpherson : *Ossian* (Paris, Grand Palais, 15 février-15 avril 1974 / Hamburger Kunsthalle, 8 mai-26 juin 1974), Paris, Éditions des Musées nationaux, 1974, et *La Légende d'Ossian illustrée par Girodet* (Montargis, Musée Girodet, 4 novembre 1988-1928 février 1989 / Boulogne-Billancourt, Institut de France, Académie des beaux-arts, Bibliothèque Marmottan, 25 avril-25 juin 1989), Montargis, Musée Girodet, 1989. Voir également la thèse de Saskia Hanselaar, « Ossian ou l'Esthétique des Ombres : une génération d'artistes français à la veille du Romantisme (1793-1833) », rédigée sous la direction de Ségolene Le Men et soutenue en 2008 à Paris-Nanterre.

3   « Ossian hat in meinem Herzen den Homer verdrängt », nous citons ici l'édition de Gerhard Sauder, *Goethe Sämtliche Werke*, Munich, Carl Hanser, 1987, vol. 1.2, p. 264.

entrepris la traduction en allemand de l'extrait en gaélique du VIIe
livre de « Temora » ; Herder publie cette traduction, remaniée, dans
ses *Volkslieder* de 1778-1779[1]. Les mouvements *Sturm und Drang*, puis
romantiques, subissent en profondeur cette influence, à laquelle nul
auteur de cette période – Klopstock, Lenz, Schiller, Hölderlin, Ludwig
Tieck – n'échappera[2].

La musique romantique y puise également inspiration et thèmes :
Schubert écrit des lieder sur des textes de Macpherson[3] ; Brahms compose
« Darthulas Grabesgesang » (Opus 42) et « Gesang aus Fingal » (Opus 17),
deux chants pour des chœurs ; Felix Mendelssohn se rend en Écosse
et compose une pièce symphonique, *Les Hébrides ou la Grotte de Fingal*
(Opus 26) ainsi qu'une symphonie « Écossaise » (n° 3 en la mineur,
Opus 56)[4].

L'Europe toute entière est finalement submergée par cette vague
ossianisante – apostrophes au soleil, à la lune ou à l'étoile du soir, chênes
antiques, grottes sombres, échos de harpes disparues, vieux bardes et
fantômes de guerriers morts, préparent la révolution littéraire romantique.

---

1 Le « Specimen of the Original of Temora » est publié dans *The Works of Ossian* en 1765.
   Sur les poèmes ossianiques de Herder voir H. T. Betteridge, « The Ossianic Poems in
   Herder's 'Volkslieder' », *The Modern Language Review*, juillet 1935, vol. 30, n° 3, p. 334-
   338. Sur les rapports entre les deux auteurs voir Alexander Gillies, *Herder und Ossian*,
   Berlin, Junker & Dünnhaupt, 1933.

2 Wolf Gerhard Schmidt, dans *'Homer des Nordens' und 'Mutter der Romantik' : James Macpherson
   'Ossian' und seine Rezeption in der deutschsprachigen Literatur*, 3 vol., Berlin et New York,
   Walter de Gruyter, 2003, analyse ces liens en détail. Howard Gaskill consacre plusieurs
   articles à l'étude de ces échanges : « Hölderlin and Ossian », *London German Studies*, n° 4,
   1992, p. 147-165 ; « 'The Joy of Grief' : Moritz and Ossian », *Colloquia Germanica*, 1995,
   n° 28, p. 101-125 ; « 'Blast, rief Cuchullin…!' : J.M.R. Lenz and Ossian », dans Stafford et
   Gaskill, édit., *From Gaelic to Romantic : Ossianic Translations*, Amsterdam, Rodopi, 1998,
   p. 107-118 ; « Tieck's Juvenilia : Ossianic Attributions », *Modern Language Review*, 2001,
   n° 96, p. 747-761 ; « 'Ossian hat in meinem Herzen den Humor verdrängt' : Goethe and
   Ossian reconsidered », dans Nicholas Boyle et John Guthrie, édit., *Goethe and the English-
   Speaking world*, New York, Camden House, 2002, p. 47-59 ; « Ossian, Herder and the
   Idea of Folk-Song », dans David Hill, édit., *Literature of the Sturm and Drang*, New York,
   Camden House, 2003, p. 95-116.

3 « Ossians Lied nach dem Falle Nathos », D278 ; « Das Mädchen von Inistor », D281 ; « Die
   Nacht », D534. Schubert utilise la traduction de 1775 du Baron Edmund de Harold.

4 Pour une étude globale de l'influence de l'Écosse sur la musique européenne, on pourra
   consulter Roger Fiske, *Scotland in Music : A European Enthusiasm*, Cambridge, Cambridge
   University Press, 1983.

ROMANTISMES

Cette « vapeur inconsistante », qui recouvre l'Europe, poussée par le « souffle des applaudissements populaires[1] » est, en dépit des sarcasmes de Wordsworth, un des éléments fondateurs du romantisme en Europe : le culte de la sensibilité, la glorification du génie primitif, l'esthétique du sublime, la dimension extatique de l'inspiration littéraire, ne peuvent se comprendre sans le succès de Macpherson. Autour des controverses qui apparaissent ensuite, se trouvent articulées les grandes questions de l'historicisme littéraire : l'opposition entre la littérature classique, universelle et éternelle, face à des littératures nationales et changeantes ; la nature fragmentaire des textes (qu'il faut reconstruire) ; la relativité historique des critères de jugement.

Le contexte dans lequel Macpherson écrit est cependant local, inextricablement lié à l'histoire écossaise récente. La défaite de Culloden en 1746 met fin au soulèvement Jacobite et impose à l'Écosse une démilitarisation totale : les armes et les tenues traditionnelles sont prohibées, puis, en 1757, le « Militia Act » interdit au pays de posséder sa propre armée. Pour les habitants des *Highlands* ces humiliations marquent la fin de leur société traditionnelle. On peut lire dans les louanges d'Ossian à la gloire d'un héroïsme antique idéalisé, qui ne survit que dans les chants d'un barde aveugle et moribond, une nostalgie pour une grandeur militaire révolue que cette défaite et ces lois ont définitivement reléguée dans le passé.

Plus globalement, Macpherson propose une image du *Highlander* qui va explicitement à l'encontre des préjugés habituels : il n'est pas ce barbare violent et inculte que l'on croit, mais un personnage plein de noblesse, détenteur d'une culture séculaire et sublime ; il possède tous les attributs de l'honnête homme ; il est poli, galant, sentimental – et poète. Ce portrait, qui séduit l'Europe entière, est avant tout une vivante critique adressée aux anglais et aux habitants des *Lowlands* urbanisées : ces valeurs modernes et marchandes venues du sud de l'île et qui gagnent peu à peu les franges celtiques, loin d'apporter avec elles civilité et bienveillance, risquent au contraire de corrompre les manières à la fois douces et héroïques, héritées de l'antiquité, qui subsistaient jusqu'alors.

---

1   William Wordsworth, « Essay, supplementary to the Preface » [1815], Carl H. Ketcham, édit., *Shorter Poems, 1807-1820*, The Cornell Wordsworth, Ithaca et Londres, Cornell University Press, 1989, p. 652.

Ce n'est pas seulement l'image de ses habitants que Macpherson impose aux lecteurs européens, mais celle du pays même, qui est restée – dans les représentations populaires, en tout cas – telle qu'il l'a fixée : ce mélange de sauvagerie élémentaire (rochers, brumes et tempêtes) et d'antiquité immémoriale (mégalithes, grottes et fantômes) que l'on retrouve aujourd'hui encore sur les brochures touristiques.

Le succès que connaît cette reconstruction nostalgique et mythifiée est, dans une large mesure, tout à fait compréhensible. Macpherson convie ses lecteurs à s'évader loin de cette force civilisatrice qui, partie d'Angleterre dans la deuxième moitié du XVIIIe siècle, gagne l'ensemble de l'Europe et impose son commerce et ses industries, ses règles sociales strictes et sa sophistication artistique[1]. Il les ramène dans un monde où une nature innocente règne sans partage, où les émotions sont simples et puissantes. Mais le dépaysement est illusoire et les lecteurs retrouvent sous le masque du sauvage les vertus rassurantes des nations policées : la bienséance n'est jamais oubliée, les sentiments de bienveillance et de pitié triomphent des pulsions. On reconnaît dans cette image du bon sauvage l'influence des théories rousseauistes : avec les progrès des sciences et des arts, l'humanité se corrompt et décline, les passions fortes et pures se transforment en conventions vides de sens, la liberté originelle est usurpée par le goût de la propriété et le désir de dominer autrui[2]. Ce goût pour les cultures et les peuples primitifs, qu'ils soient d'Europe ou d'ailleurs, la conviction que leurs arts furent plus sincères que les nôtres, étaient déjà fortement présents lorsque paraissent les traductions de Macpherson[3], mais celles-ci en donnent une illustration éloquente, largement soulignée dans les

---

1   Pour une présentation générale de ce débat on pourra consulter les chapitres 10 (« The birth of sensibility ») et 15 (« Opulence and glory ») de Paul Langford, *A Polite and Commercial People : England 1727-1783*, Londres, Guild Publishing, 1989.

2   Les traductions du *Discours sur les sciences et les arts* (1750) et du *Discours sur l'origine et les fondements de l'inégalité parmi les hommes* (1755) paraissent respectivement en 1751 et 1762. Voir James H. Warner, « The Reaction in Eighteenth-Century England to Rousseau's Two *Discours* », *PMLA*, juin 1933, vol. 48, n° 2, p. 471-487.

3   Ce contexte est analysé par Fiona Stafford dans « 'Primitivism' and the 'Primitive' Poet : A Cultural Context for Macpherson's Ossian » (Terence Brown, édit., *Celticism*, Amsterdam, Rodopi, 1996, p. 79-96). La mode pour les antiquités régionales (cet *« antiquirianism »* auquel le succès de Macpherson doit également beaucoup) et l'importance des *Reliques of Ancient English Poetry*, publiées par Thomas Percy en 1765, sont analysées par Nick Groom dans *The Making of Percy's 'Reliques'*, Oxford, Clarendon, 1999.

textes introductifs[1] – les poèmes d'Ossian semblent en confirmer les prémices, alors que c'est l'inverse qui s'est produit : ils furent pensés précisément à partir de ces théories.

Autre mode à laquelle Macpherson obéit, celle des tombeaux, de la mélancolie sépulcrale que les « *graveyard poets* » ont récemment lancée[2]. Dans chacun de ses poèmes, Ossian évoque la disparition d'êtres chers, la fin d'un règne, la mort d'une lignée ; et pourtant, nul désespoir chez le barde, car la tristesse est le principe du chant ; il lui incombe de faire renaître la joie – cette « *joy of grief* » partout acclamée dans les poèmes – en célébrant le désespoir. Cette mélancolie omniprésente, jamais explicitement nommée dans le texte, est à la fois personnelle et collective : les bardes y puisent leur inspiration, et, en même temps, elle souligne la grandeur passée, l'unité perdue, d'une nation maintenant conquise. Ce chant pour un monde disparu et un passé glorieux – chant qui lui-même s'apprête à expirer – a fourni un modèle dont s'inspirent tous les projets de reconstruction des littératures nationales, épopées ou folklores, qui fleurissent au XIXᵉ siècle[3].

Primitivisme et morbidité sont portés, dans ces poèmes, par une recherche constante du sublime, auquel l'appareil critique de Macpherson et de Blair ne manque pas de renvoyer[4]. Ce terme, omniprésent au

---

1   Par exemple : « Lorsqu'apparaît la propriété privée, l'homme n'aspire plus qu'à une seule chose, s'assurer les plaisirs qu'elle procure. [...] Ses soucis s'accroissent et les exploits du passé ne le distraient plus. Voila pourquoi les habitants des *Highlands* ont perdu le goût pour leur poésie antique. Ils n'ont cependant pas abandonné les qualités de leurs ancêtres » (« Dissertation sur l'antiquité des poèmes d'Ossian fils de Fingal, et autres questions ») ; ou encore, cette fois dans les termes de Hugh Blair : « les compositions des âges incultes regorgent de cet enthousiasme, de cette ardeur et de ce feu qui sont l'âme de la poésie. En effet, les conditions dans lesquels vivaient les hommes en ces âges dits barbares, stimulent l'esprit poétique » (« Dissertation critique sur les poèmes d'Ossian, fils de Fingal »).

2   Les trois poèmes les plus représentatifs, et sans doute les plus influents, de cette « école » sont les « Night Thoughts » d'Edward Young, publiées de 1742 à 1745, « The Grave » de Robert Blair (1743) et l'« Elegy Written in a Country Churchyard » de Thomas Gray, publiée en 1751 ; Gray est également l'auteur d'une ode, « The Bard », mettant en scène un barde gallois exalté qui s'oppose à l'envahisseur normand (1757). Sur la « Graveyard School » on pourra consulter John W. Draper, *The Funeral Elegy and the Rise of English Romanticism*, New York, Octagon, 1967.

3   Sur ces questions, on pourra lire Joep Leerssen, « Ossian and the Rise of Literary Historicism », Gaskill, édit., *op. cit.*, p. 109-125, et Anne-Marie Thiesse, *La création des identités nationales : Europe XVIIIᵉ-XXᵉ siècle*, Paris, Seuil, 1999.

4   « Le traducteur ne revendique aucun mérite à sa version [...]. Il souhaite que le portrait imparfait qu'il dessine ici ne donne pas aux lecteurs une idée défavorable de l'original,

XVIIIe siècle[1], à la fois effet rhétorique, catégorie esthétique, mode de perception et expérience psychologique des limites, autorise le rejet des bornes et des règles, justifie tous les excès littéraires. La nature écossaise, sa démesure et sa violence, sont alors reçues comme marques d'un sublime septentrional, en totale rupture avec l'ordre classique méditerranéen.

D'autres traits, plus déroutants, moins adaptés aux attentes du public, s'ils portent eux aussi en germe certaines mutations romantiques, rendent toutefois le vaste succès de ces textes surprenant.

Ces poèmes sont obscurs ; on les comprend difficilement. Des récits ouvrent sur d'autres récits, les bardes citent ou introduisent d'autres bardes, leurs souvenirs en appellent d'autres chez leurs auditeurs qui, à leur tour, les déclament, si bien que, de digression en digression, on finit par ne plus savoir qui parle, ni s'il s'agit du présent ou du passé. Des lieux ou des personnes différents portent des noms similaires ou même semblables. Certains passages sont fragmentaires et, bien souvent, manquent une continuité dans la narration ainsi que des transitions claires ; les « arguments » en début de poèmes, les notes de Macpherson, tentent, certes, de combler ces lacunes, mais ne corrigent en rien l'incohérence intrinsèque des textes. Les licences syntactiques, l'usage d'une ponctuation qui indique le rythme et non l'articulation des phrases, l'enchaînement d'images ou de métaphores inexpliquées – toutes choses censées signaler une transcription de textes récités et une traduction sans fioritures, perdent le lecteur : il devine un sens approximatif mais qu'il ne peut saisir entièrement.

Ces poèmes sont monotones ; ils ressassent les mêmes épisodes, le même vocabulaire. Le monde qu'ils décrivent est composé d'un nombre

---

riche d'une belle simplicité et d'un sublime majestueux » (« Dissertation sur l'antiquité des poèmes d'Ossian fils de Fingal, et autres questions »). « Lorsque les sociétés progressent, le génie et les mœurs des hommes subissent des mutations plus propices à la précision qu'à la vivacité et au sublime » (« Dissertation critique sur les poèmes d'Ossian, fils de Fingal »). On peut ajouter l'une des conclusions du « Compte-rendu du Comité nommé par la Société des Highlands d'Écosse » : « En ce qui concerne la première question, le Comité peut avec assurance affirmer qu'une telle poésie a bien existé, qu'elle était connue de tous et qu'on la trouvait partout et en abondance ; qu'elle était émouvante et grandiose, au plus haut point éloquente, touchante et sublime ».

1 Ce sont alors les théories qu'Edmund Burke a exposées dans *A Philosophical Enquiry into the Origin of our Ideas of the Sublime and Beautiful* (1757) qui dominent la pensée critique. Pour une présentation générale du débat, on pourra se référer à Samuel H. Monk, *The Sublime, a Study of Critical Theories in Eignteenth Century England*, New York, Modern Language Association, 1935, et à Peter De Bolla, *The Discourse of the Sublime : Readings in History, Aesthetics, and the Subject*, Oxford, Basil Blackwell, 1989.

restreint d'éléments : rayons du soleil et de la lune, collines, torrents, rochers, chênes et vagues ; aux tempêtes toujours renouvelées, aux vents destructeurs, ne succèdent que quelques brèves accalmies. Les personnages ne sont que les déclinaisons sans grande variété des mêmes types : guerriers violents mais sensibles ; traitres étrangers ; vierges éplorées ; pères abandonnés. Les événements se répètent et finissent par se confondre : duels pour une fille, combats singuliers, batailles rangées, se suivent inlassablement, débutent et se terminent souvent de la même façon. Les dialogues, la caractérisation, les descriptions utilisent un nombre limité de mots et de formules. Les poèmes sont des variations sur un thème unique, dont la conclusion est soit la mort des protagonistes, soit leur chant en l'honneur des morts innombrables qui ont précédé.

Ces limitations, soulignées ou parodiées dès 1760 par les détracteurs de Macpherson, cette part d'obscurité que seul un appareil critique peut éclaircir, ces répétitions thématiques et stylistiques interminables, n'entravèrent cependant pas la diffusion de ces textes. Mieux, on peut y voir deux des principes novateurs, bientôt disséminés dans toute l'Europe, que les poètes romantiques sauront exploiter : le mystère que recèle en lui le poème et que la lecture ne peut entièrement dévoiler – et l'on pense ici aux textes prophétiques de William Blake ou à l'injonction de « *negative capability* » formulée par Keats[1] ; le goût des mots simples et concrets que le poète s'emploie à reformuler encore et encore pour en soutirer toute la richesse – et l'on pense ici aux *Lyrical Ballads* de William Wordsworth et S.T. Coleridge[2]. La nature fragmentaire de ces traductions, évidente pour la première collection, plus discrète mais toujours présente dans les textes suivants, ajoute encore à la confusion et à l'incertitude de la lecture : les traditions orales n'ont su conserver

---

1   Dans une lettre à ses frères George et Thomas, datée du 21 décembre 1817, Keats défend la supériorité de la beauté sur la connaissance et propose ce terme de « Negative capability » pour décrire cette capacité à accepter le mystère, l'incertitude, le doute, sans chercher à tout à comprendre et à tout savoir (« I mean Negative Capability, that is, when a man is capable of being in uncertainties, Mysteries, doubts, without any irritable reaching after fact and reason », lettre 32 dans l'édition de Maurice Buxton Forman, *The Letters of John Keats*, Oxford, Oxford University Press, 1931).

2   La préface à la seconde édition des *Lyrical Ballads*, publiée en 1800, offre une longue apologie en faveur d'un langage simpliste et répétitif en poésie (celui que l'on trouve dans « The Thorn » ou « The Idiot Boy », par exemple) : ce que disent les hommes éloignés de toute sophistication a finalement plus de force et de vérité que la parole trop conventionnelle des philosophes et des poètes.

qu'une infime partie de ces poèmes, le reste s'est perdu à jamais, ne peut être qu'hypothétiquement reconstruit par le traducteur ou imaginé par le lecteur. Sur le ferment que répandent ces troublantes pensées, toute une théorie critique, celle du romantisme « absolu », va éclore au siècle suivant[1]. Quant au prosaïsme de ces poèmes – dont la splendeur harmonique et rythmique, arasée par la pesanteur de la langue anglaise, est évoquée avec nostalgie par Macpherson l'ethnographe et avec frustration par Macpherson le traducteur – il n'en porte pas moins, par des voies détournées, une poésie certaine, germe d'un genre novateur. C'est en effet à l'époque des premières traductions d'Ossian, et sans doute sous leur influence, qu'apparaissent en France les premiers poèmes en prose[2].

À PROPOS DE CETTE ÉDITION

LE CHOIX DES TEXTES

James Macpherson fait paraître cinq collections de poèmes traduits du gaélique antique.

A. *Fragments of Ancient Poetry, collected in the Highland of Scotland, and translated from the Galic or Erse language*, Édimbourg, Hamilton and Balfour, 1760.

Cette première édition contient quinze fragments et une préface (« The public may depend… ») de Hugh Blair. Ni le traducteur ni l'auteur de la préface ne sont nommés.

---

1 Phillipe Lacoue-Labarthe et Jean-Luc Nancy, *L'Absolu Littéraire : Théorie de la littérature du romantisme allemand*, Paris, Seuil, 1978. Voir en particulier la première partie, consacrée au « Fragment », p. 55-178.

2 Sur la naissance du poème en prose, on pourra consulter Nathalie Vincent-Munnia, *Les Premiers poèmes en prose : généalogie d'un genre*, Paris, Honoré Champion, 1996 (les p. 62-83 traitent de l'influence des littératures étrangères sur le développement du genre), ainsi que Nathalie Vincent-Munnia, Simone Bernard-Griffiths et Robert Pickering, édit., *Aux Origines du poème en prose français (1750-1850)*, Paris, Honoré Champion, 2003 (Michel Bellot-Antony et Dany Hadjadj consacrent plusieurs pages aux traductions en français des poèmes d'Ossian, p. 176-206).

Suit une seconde édition, également publiée en 1760, légèrement corrigée (une trentaine de modifications) et complétée par un fragment supplémentaire (le XIII, dans cette édition et dans la nôtre).

B. *Fingal. An Ancient Epic Poem, in six books; together with several other Poems, composed by Ossian, the son of Fingal; translated from the Galic language by James Macpherson*, Londres, Becket and De Hondt, 1762.

Contient : « Advertisement » (« The translator thinks it... ») ; « Preface » (« The love of novelty... ») ; « Dissertation Concerning the Antiquity, &c. of the Poems of Ossian the Son of Fingal » (« Inquiries into the antiquities of nations... ») ; « Fingal, an Ancient Epic Poem » (en 6 livres) ; « Comála : A Dramatic Poem » ; « The War of Caros : A Poem » ; « The War of Inis-thona : A Poem » ; « The Battle of Lora : A Poem » ; « Conlath and Cuthóna : A Poem » ; « Carthon : A Poem » ; « The Death of Cuchullin : A Poem » ; « Dar-Thula : A Poem » ; « Temora : An Epic Poem » (le premier livre) ; « Carric-thura : A Poem » ; « The Songs of Selma » ; « Calthon and Colmal : A Poem » ; « Lathmon : A Poem » ; « Oithona : A Poem » ; « Croma : A Poem » (en note : « The Six Bards ») ; « Berrathon : A Poem » (en note : « Minvane »).

Plusieurs fragments sont modifiés et réutilisés (fragments VI, XIV, XV et XVI dans « Fingal » ; fragments I, II, IV et V dans « Carric-thura » ; fragments X, XI et XII dans « The Songs of Selma »).

C. *Temora, an Ancient Epic Poem, in eight books; together with several other Poems, composed by Ossian, the son of Fingal; translated from the Galic language by James Macpherson.* Londres, Becket and De Hondt, 1763.

Contient : « A Dissertation » (« The history of those nations... ») ; « Temora, an Epic Poem » (en 8 livres, dont celui d'abord paru dans B.) ; « Cathlin of Clutha : A Poem » ; « Sul-malla of Lumon : A Poem » ; « Cath-loda : A Poem » (en 3 « Duän ») ; « Oina-morul : A Poem » ; « Colna-dona : A Poem » ; « A Specimen of the Original of Temora » (traduction en gaélique d'un extrait du livre VII de « Temora » à partir du texte anglais, présentée comme l'original de celui-ci, dont l'auteur est soit James Macpherson lui-même, soit son cousin, Lachlan Macpherson).

D. *The Works of Ossian, the Son of Fingal, in two volumes. Translated from the Galic language by James Macpherson. The third Edition. To which is subjoined a critical dissertation on the poems of Ossian. By Hugh Blair, D.D.*, Londres, Becket and De Hondt, 1765.

Contient : « Advertisement » (« Since the printing of the second edition... ») ; B. et C. corrigés (environ 400 modifications) ; « A Critical Dissertation on The Poems of Ossian, Son of Fingal » (« Among the monuments remaining of the ancient state of nations... ») par Hugh Blair ; cette seconde édition de la « Dissertation » – la première édition a parue en volume indépendant en 1763 – est corrigée et complétée par un « Appendix » regroupant des témoignages sur l'authenticité des poèmes sources.

E. *The Poems of Ossian. Translated by James Macpherson, Esq., in two volumes. A new edition, carefully corrected, and greatly improved*, Londres, Strahan and Becket, 1773.

Le premier volume contient : « Preface » (« Without increasing his genius... ») ; « Cath-loda » (I-III) ; « Comala » ; « Carric-thura » ; « Carthon » ; « Oina-morul » ; « Colna-dona » ; « Oithona » ; « Croma » ; « Calthon and Colmal » ; « The War of Caros » ; « Cathlin of Clutha » ; « Sul-malla of Lumon » ; « The War of Inis-thona » ; « The Songs of Selma » ; « Fingal » (I-VI) ; « Lathmon » ; « Dar-thula » ; « The Death of Cuthullin » ; « The Battle of Lora ».

Le second volume contient : « Temora » (I-VIII) ; « Conlath and Cuthona » ; « Berrathon » ; « A Dissertation concerning the Æra of Ossian » (« Inquiries into the antiquities of nations... ») ; « A Dissertation Concerning the Poems of Ossian » (« The history of those nations... ») ; « Critical Dissertation on the Poems of Ossian » (« Among the monuments remaining of the ancient state of nations... »).

Les poèmes sont arrangés chronologiquement afin de former une trame cohérente. Cette édition, tant les poèmes que l'appareil critique, notes et essais, a subi de nombreuses révisions qui touchent à la fois le style et le contenu narratif.

Nous traduisons ici d'après la seconde édition, plus complète, des *Fragments* (A.) et la « troisième édition » de *The Works of Ossian* (D. — qui n'est, de fait, que la deuxième édition) ; la seule exception est « Temora », dont nous ne traduisons que le premier livre, d'abord paru dans l'édition B. Nous avons retenu l'édition de 1765, car c'est elle qui a connu la plus large diffusion sur le continent ; celle que les traducteurs français, allemands et italiens ont généralement utilisée.

Nous avons traduit les poèmes, ainsi que la préface et les deux dissertations, à partir de l'édition de référence en langue anglaise, celle d'Howard Gaskill[1]. Nous avons suivi ses normes de ponctuation et d'orthographe, mais nous avons uniformisé la longueur des tirets, très variable dans les éditions des XVIIIe et XIXe siècles.

Le choix des textes obéit à deux principes : la valeur littéraire et historique des originaux en langue anglaise (puisque les évènements et le style varient très peu, nous avons essayé dans cette édition d'offrir une sélection suffisamment représentative sans être répétitive) ; leur importance pour l'histoire littéraire française (nous avons choisi des textes qui ont été souvent traduits ou réutilisés).

LES PRINCIPES DE TRADUCTION

Parmi les multiples traductions françaises des œuvres d'Ossian, deux se démarquent par leurs qualités philologiques et littéraires. Toutes deux très complètes ; chacune écrite dans un style très différent. Celle de Le Tourneur paraît d'abord en 1777 ; elle est rééditée en 1810 et inclut alors les *Galic Antiquities* de John Smith, traduites par Griffet de Labaume et David de Saint-Georges. Elle est la plus lisible, la plus élégante de toutes. Elle élague le superflu ; elle éclaircit ce qui est obscur ; elle polit ce qui est rugueux ou brusque. Elle est parfois bien loin de Macpherson. Celle d'Auguste Lacaussade, parue en 1842 est la plus fidèle au texte de Macpherson. Elle suit mot à mot la version source

---

1   *The Poems of Ossian and Related Works*, Édimbourg, Edinburgh University Press, 1996. Pour un recensement de toutes les variantes (publiées dans les collections B., C. et E.), on pourra consulter les pages 415 à 552 de cette édition, ainsi qu'Otto L. Jiriczek, *James Macpherson's "Ossian". Faksimile-Neudruck der Erstausgabe von 1762/63 mit Begleitband : Die Varianten*, 3 vol., Heidelberg, 1940. Howard Gaskill a par ailleurs bien voulu nous éclairer sur certains points historiques et linguistiques problématiques : qu'il soit ici remercié pour son aide généreuse.

et en recrée ainsi l'étrangeté, et parfois la confusion, originale. Nous renvoyons le lecteur vers ces réussites inégalables, où nous n'avons pas hésité à puiser librement[1].

Nous avons cependant tenté de respecter plus systématiquement certains principes que ces auteurs ont négligés et qui nous semblent essentiels si l'on veut saisir l'originalité, la force des textes de Macpherson – ainsi que, il est vrai, leurs limites[2].

Traduire une traduction – de plus, une traduction qui met en avant son statut de texte traduit, qui brandit fièrement maladresses et calques, revendiqués par le traducteur comme choix stylistiques – évite finalement d'affronter l'insoluble dilemme sourcier-cibliste[3]. Puisque le texte source, les traductions de Macpherson, se présente comme *délibérément* sourcier, il devra, à son tour, être traduit le plus littéralement possible. Puisque, sous prétexte de respecter ses sources antiques et orales, ce texte n'hésite pas circonvenir aux règles syntactiques et stylistiques anglaises, notre version de ce texte ne devra pas hésiter à braver, occasionnellement, les règles syntactiques et stylistiques françaises. C'est à ce prix que la spécificité du texte de Macpherson sera rendue aux lecteurs.

D'où notre parti-pris de garder l'« étrangeté » du texte source, de le normaliser le moins possible – tout en restant lisible. Nous avons donc préservé l'ambiguïté de certaines phrases, les ruptures de construction, le mélange des temps du passé et du présent au sein d'une même phrase, les propositions nominales et l'usage « rythmique », respiratoire, de la ponctuation et des majuscules.

---

1   Ces deux traductions sont aisément accessibles sur internet. L'intégralité des *Fragments*, avec les traductions de Diderot, Turgot et Suard, a été publiée (avec notes et variantes) par les éditions José Corti en 1990 (*Ossian, Fragments de poésie ancienne*, édition bilingue, présentation [et traduction de quelques fragments] par François Heurtematte, Paris, Éditions José Corti, 1990.

2   Nous exposons les principes de notre traduction plus en détail dans le numéro spécial de *Translation and Literature*, volume 22, « The Translator's Ossian », dirigé par Howard Gaskill (article « Foreignizing Macpherson : translating Ossian into French after Diderot & Lacaussade ») à paraître aux presses universitaires d'Édimbourg en 2013.

3   L'opposition est formulée par Jean-René Ladmiral, dans *Traduire : Théorèmes pour la traduction*, 2ᵉ éd., Paris, Gallimard, 1994 : « je dirai qu'il y a deux façons fondamentales de traduire : ceux que j'appelle les "sourciers" s'attachent au signifiant de la langue, et ils privilégient la langue-source ; alors que ceux que j'appelle les "ciblistes" mettent l'accent non pas sur le signifiant, ni même sur le signifié mais sur le sens, non pas de la langue mais de la parole ou du discours, qu'il s'agira de traduire en mettant en œuvre les moyens propres à la langue-cible », p. xv.

Nous n'avons pas cherché, contrairement aux précédents traducteurs, à réintroduire une variété sémantique là où elle n'existe pas. Macpherson utilise un nombre limité de mots et de formules, que nous avons voulu traduire, dans la mesure du possible, toujours par les mêmes mots et les mêmes formules[1]. C'est à ce prix que la charge symbolique portée par les éléments fondamentaux qui constituent le monde ossianique peut être reconstruite.

Lorsque ces termes ou ces phrases résonnent d'échos bibliques ou homériques, nous avons emprunté aux traductions françaises des équivalences que nous espérons tout aussi évocatrices[2].

Le réseau très dense de rythmes, d'assonances, de demi-rimes, qui structure le texte de Macpherson ne peut être que partiellement suggéré ; nous avons essayé d'avertir le lecteur de son existence en jouant sur les cadences et les sonorités de la version française.

À l'exception de la partie « Traductions françaises des dix-huitième et dix-neuvième siècles », toutes les traductions sont les nôtres ; lorsque nous citons un autre traducteur, nous avons modernisé l'orthographe et respecté la ponctuation originale.

---

1   Une concordance a été établie avec l'aide du Professeur François Maniez, directeur du Centre de Recherche en Terminologie et Traduction (EA 4162), que je remercie ici pour son aide.

2   La traduction de Louis Segond, pour l'*Ancien* et le *Nouveau Testament* ; pour l'*Iliade*, Anne Dacier et Leconte de Lisle.

FRAGMENTS OF ANCIENT POETRY

Collected in the Highland of Scotland
And Translated from the Galic or Erse language

POÉSIES ET TRADUCTIONS
DE JAMES MACPHERSON

FRAGMENTS OF ANCIENT POETRY

Collected in the Highland of Scotland
And Translated from the Galic or Erse Language

Vos quoque qui fortes animas, belloque
[*peremtas*
Laudibus in longum vates dimittitis ævum,
Plurima secure fudistis carmina Bardi
LUCAN.

FRAGMENTS DE POÉSIE ANTIQUE

Recueillis dans les *Highlands* d'Écosse
Et traduits du gallique ou erse[1]

2e édition, 1760

> Vous aussi poètes, vous qui avez par vos louanges conduit à l'éternité les âmes courageuses de ceux qui sont morts au combat, vous qui sans peur avez fait entendre de nombreux chants, vous les bardes.
> LUCAIN.

---

1 Les noms de personnes et de lieux, ainsi que leur étymologie, généralement expliqués par Macpherson dans ses notes de bas de page, sont donnés dans les index. Les notes de Macpherson sont signalées ainsi : [Macpherson]. Lorsqu'il se réfère à l'*Iliade* d'Homère, Macpherson cite la traduction d'Alexander Pope, publiée de 1715 à 1720. Lorsqu'il se réfère à l'*Énéide* et aux *Géorgiques* de Virgile, Macpherson cite les traductions de John Dryden, publiées dans les *Works of Virgil* en 1697. Lorsqu'il se réfère à la Bible, Macpherson cite la traduction commandée par le roi Jacques Ier d'Angleterre (*King James Version*) parue en 1611. Le gallique ou gaulois est une langue celtique, du groupe celtique continental, utilisée en Gaule et parlée par les peuples gaulois jusqu'au Ve siècle. L' « erse » était le nom autrefois donné au gaélique écossais.

FRAGMENT I

SWHILRIC, VINVELA

VINVELA.

My love is a son of the hill. He pursues the flying deer. His gray dogs are panting around him; his bow-string sounds in the wind. Whether by the fount of the rock, or by the noise of the mountain thou liest; when the rushes are nodding with the wind, the mist is flying over thee, let me approach my love unperceived, and see him from the rock. Lovely I saw thee first by the aged oak of Branno; thou wert returning tall from the chace; the fairest among thy friends.

SHILRIC.

What voice is that I hear? that voice like the summer-wind.—I sit not by the nodding rushes; I hear not the fount of the rock. Afar, Vinvela, afar I go to the wars of Fingal. My dogs attend me no more. No more I tread the hill. No more from on high I see thee, fair-moving by the stream of the plain; bright as the bow of heaven; as the moon on the western wave.

VINVELA.

Then thou art gone, O Shilric! and I am alone on the hill. The deer are seen on the brow; void of fear they graze along. No more they dread the wind; no more the rustling tree. The hunter is far removed; he is in the field of graves. Strangers! sons of the waves! spare my lovely Shilric.

FRAGMENT I[1]

Shilric, Vinvela.

Vinvela.

Mon amour est fils des collines. Il poursuit le cerf ailé. Ses chiens gris sont autour de lui, haletants ; la corde de son arc résonne dans le vent. Repose à côté de la fontaine dans le rocher, ou bien repose au bord du torrent de la montagne ; quand les joncs oscillent dans le vent et que la brume vole au-dessus de toi, je m'approcherai de mon amour sans qu'il m'aperçoive et le verrai du haut d'un rocher. Si gracieux lorsque je te vis pour la première fois au pied du vieux chêne du Branno ; tu revenais de la chasse, le plus grand ; le plus beau au milieu de tes amis.

Shilric.

Quelle est cette voix ? cette voix semblable au vent de l'été. – Je ne suis plus assis près des joncs qui oscillent ; je n'entends plus la fontaine du rocher. Très loin, Vinvela, très loin je pars pour les guerres de Fingal. Mes chiens ne me suivent plus. Je ne parcours plus la colline. Depuis les hauteurs je ne te vois plus errer gracieuse sur les bords du torrent de la plaine ; éclatante comme l'arc des cieux ; comme la lune sur la vague de l'occident.

Vinvela.

Tu t'en es donc allé, ô Shilric ! et je suis seule sur la colline. Sur les sommets l'on voit les cerfs ; sans crainte ils se promènent et ils paissent. Ils ne redoutent plus le vent ; ni l'arbre qui frémit. Le chasseur est

---

1   Ce fragment est réutilisé dans « Carric-thura ».

Shilric.

If fall I must in the field, raise high my grave, Vinvela. Grey stones, and heaped-up earth, shall mark me to future times. When the hunter shall sit by the mound, and produce his food at noon, "Some warrior rests here," he will say; and my fame shall live in his praise. Remember me, Vinvela, when low on earth I lie!

Vinvela.

Yes!—I will remember thee—Indeed my Shilric will fall. What shall I do, my love! when thou art gone for ever? Through these hills I will go at noon: I will go through the silent heath. There I will see the place of thy rest, returning from the chace. Indeed, my Shilric will fall; but I will remember him.

absent ; il est loin, bien loin dans le champ des tombes. Étrangers ! fils des vagues ! épargnez le gracieux Shilric.

SHILRIC.

S'il faut que je tombe au champ de bataille, élève-moi un tombeau, Vinvela. Quelques pierres grises, de la terre amoncelée me rappelleront aux temps futurs. Quand le chasseur viendra s'asseoir près de ce tertre et qu'il sortira son repas à midi, « quelque guerrier repose ici », dira-t-il ; alors ma gloire vivra dans sa louange. Souviens-toi de moi, Vinvela, quand je serai couché sur la terre.

VINVELA.

Oui ! – Je me souviendrai de toi – hélas, mon Shilric sans doute tombera. Que ferai-je, mon amour ! quand tu seras parti pour toujours ? J'errerai sur ces collines à midi : j'irai sur la lande silencieuse. Je verrai là le lieu où tu te reposais lorsque tu revenais de la chasse. Hélas ! mon Shilric sans doute tombera ; mais je me souviendrai de lui.

FRAGMENT II

I sit by the mossy fountain; on the top of the hill of winds. One tree
is rustling above me. Dark waves roll over the heath. The lake is troubled below. The deer descend from the hill. No hunter at a distance is
seen; no whistling cow-herd is nigh. It is mid-day: but all is silent. Sad
are my thoughts alone. Didst thou but appear, O my love, a wanderer
on the heath! thy hair floating on the wind behind thee; thy bosom
heaving on the sight; thine eyes full of tears for thy friends, whom the
mist of the hill had concealed! Thee I would comfort, my love, and
bring thee to thy father's house.

But is it she that there appears, like a beam of light on the heath?
bright as the moon in autumn, as the sun in a summer-storm, comest
thou, lovely maid, over rocks, over mountains to me?—She speaks: but
how weak her voice! like the breeze in the reeds of the pool. Hark!

Returnest thou safe from the war? Where are thy friends, my love?
I heard of thy death on the hill; I heard and mourned thee, Shilric!

Yes, my fair, I return; but I alone of my race. Thou shalt see them
no more: their graves I raised on the plain. But why art thou on the
desert hill? Why on the heath, alone?

Alone I am, O Shilric! alone in the winter-house. With grief for thee
I expired. Shilric, I am pale in the tomb.

She fleets, she sails away; as gray mist before the wind!—and, wilt
thou not stay, my love? Stay and behold my tears? fair thou appearest,
Vinvela! fair thou wast, when alive!

By the mossy fountain I will sit; on the top of the hill of winds.
When mid-day is silent around, converse, O my love, with me! come
on the wings of the gale! on the blast of the mountain, come! Let me
hear thy voice, as thou passest, when mid-day is silent around.

FRAGMENT II[1]

Je suis assis sur la mousse à côté de la fontaine ; au sommet de la colline des vents. Un arbre frémit au-dessus de moi. Des vagues obscures courent sur la lande. Plus bas le lac est troublé. Le cerf descend de la colline. On ne voit nul chasseur dans le lointain ; on n'entend point siffler le bouvier alentour. Il est midi : mais tout est silencieux. Seul, tristes pensées. Il te suffirait d'apparaître, ô mon amour, d'errer sur cette lande ! tes longs cheveux portés par le vent ; ta poitrine soulevée de soupirs à ma vue ; tes yeux pleins de larmes pour les amis que la brume des collines a dérobés ! Alors je te consolerais, mon amour, et te ramènerais à la maison de ton père.

Mais est-ce bien elle qui apparaît, tel un rayon de lumière sur la lande ? lumineuse comme la lune à l'automne, le soleil de l'été au milieu des tempêtes, est-ce toi qui arrives, vierge gracieuse, et voles sur les rochers, les montagnes, vers moi ? – Elle parle : que sa voix est faible ! c'est la brise entre les roseaux qui ride l'étang. Écoutons !

Es-tu de retour de la guerre ? As-tu échappé à ses dangers ? Où sont tes amis, mon amour ? J'ai appris ta mort sur la colline ; je l'ai apprise et je t'ai pleuré, Shilric !

Oui je reviens, ô ma beauté ; mais seul de ma race. Tu ne les verras plus : j'ai élevé leurs tombes sur la plaine. Mais pourquoi es-tu sur cette colline déserte ? Pourquoi seule sur la lande ?

Seule, je suis seule, ô Shilric ! seule dans la maison de l'hiver. La douleur pour toi m'a tuée. Shilric, je suis pâle dans la tombe.

Elle s'envole, elle flotte au loin ; comme la brume grise que pousse le vent ! – ne veux-tu pas rester un peu, mon amour ? Rester et voir couler mes pleurs ? tu me sembles belle, Vinvela ! tu étais belle en vie !

Je m'assiérai sur la mousse à côté de la fontaine ; au sommet de la colline des vents. Quand midi sera silencieux alentour, viens et parle-moi,

---

1   Ce fragment est réutilisé dans « Carric-thura ».

ô mon amour ! portée par les ailes de la brise ! ou par le vent des montagnes, viens ! Et que j'entende ta voix quand tu passeras et que midi se taira alentour.

FRAGMENT III

Evening is grey on the hills. The north wind resounds through the woods. White clouds rise on the sky: the thin-wavering snow descends. The river howls afar, along its winding course. Sad, by a hollow rock, the grey-hair'd Carryl sat. Dry fern waves over his head; his seat is in an aged birch. Clear to the roaring winds he lifts his voice of woe.

Tossed on the wavy ocean is He, the hope of the isles; Malcolm, the support of the poor; foe to the proud in arms! Why hast thou left us behind? why live we to mourn thy fate? We might have heard, with thee, the voice of the deep; have seen the oozy rock.

Sad on the sea-beat shore thy spouse looketh for thy return. The time of thy promise is come; the night is gathering around. But no white sail is on the sea; no voice but the blustering winds. Low is the soul of the war! Wet are the locks of youth! By the foot of some rock thou liest; washed by the waves as they come. Why, ye winds, did ye bear him on the desert rock? Why, ye waves, did ye roll over him?

But, Oh! what voice is that? Who rides on that meteor of fire! Green are his airy limbs. It is he! it is the ghost of Malcolm!—Rest, lovely soul, rest on the rock; and let me hear thy voice—He is gone, like a dream of the night. I see him through the trees. Daughter of Reynold! he is gone. Thy spouse shall return no more. No more shall his hounds come from the hill, forerunners of their master. No more from the distant rock shall his voice greet thine ear. Silent is he in the deep, unhappy daughter of Reynold!

I will sit by the stream of the plain. Ye rocks! hang over my head. Hear my voice, ye trees! as ye bend on the shaggy hill. My voice shall preserve the praise of him, the hope of the isles.

FRAGMENT III

Le soir est gris sur les collines. Le vent du nord résonne dans les bois. Des nuages blancs s'élèvent dans le ciel : la neige fine et vacillante descend. La rivière hurle au loin le long de son cours sinueux. Triste, non loin d'un creux dans le rocher, Carryl aux cheveux gris était assis. Des fougères fanées ondoient au dessus de sa tête ; son siège est dans un bouleau âgé. Pour les vents qui rugissent, sa voix de douleur s'élève, claire.

Jouet de l'océan ondoyant, espoir de ces îles ; Malcolm, protecteur des pauvres ; ennemi des orgueilleux en armes ! Pourquoi nous as-tu abandonné ? pourquoi vivons-nous s'il faut pleurer ton destin ? Nous aurions pu entendre, avec toi, la voix des profondeurs ; voir le limon qui recouvre les rochers.

Triste, sur le rivage battu par les mers, ton épouse attend ton retour. L'heure de ta promesse est arrivée ; la nuit s'approche de toute part. Mais nulle voile blanche sur la mer ; nulle voix ne retentit hormis les vents qui se déchaînent. L'âme de la guerre a sombré ! La chevelure de la jeunesse est gorgée d'eau ! Au pied d'un rocher tu es allongé ; baigné par les vagues qui s'écrasent. Pourquoi, ô vents, l'avez-vous porté sur ce rocher désert ? Pourquoi, ô vagues, l'avez-vous submergé ?

Mais, oh ! quelle est cette voix ? Qui chevauche ce météore de feu ! Vertes sont ses jambes éthérées. C'est lui ! c'est le fantôme de Malcolm ! – Repose-toi, âme gracieuse, repose-toi sur ce rocher ; et laisse-moi entendre ta voix – Il est parti comme un rêve nocturne. Je le vois traverser les arbres. Fille de Reynold ! il est parti. Ton époux ne reviendra jamais plus. Jamais plus sa meute ne descendra la colline, annonçant l'arrivé de son maître. Jamais plus tu n'entendras sa voix te saluer depuis le rocher au loin. Dans les profondeurs il est silencieux, malheureuse fille de Reynold !

Je vais m'assoir au bord du ruisseau dans la plaine. Ô rochers ! restez suspendus au-dessus de ma tête. Entendez ma voix, ô arbres ! qui vous courbez sur la colline broussailleuse. Ma voix préservera les louanges de celui qui fut l'espoir de ces îles.

FRAGMENT IV

CONNAL, CRIMORA.

CRIMORA

Who cometh from the hill, like a cloud tinged with the beam of the west? Whose voice is that, loud as the wind, but pleasant as the harp of Carryl? It is my love in the light of steel; but sad is his darkened brow. Live the mighty race of Fingal? or what disturbs my Connal?

CONNAL.

They live. I saw them return from the chace, like a stream of light. The sun was on their shields: Like a ridge of fire they descended the hill. Loud is the voice of the youth; the war, my love, is near. To-morrow the enormous Dargo comes to try the force of our race. The race of Fingal he defies; the race of battle and wounds.

CRIMORA.

Connal, I saw his sails like gray mist on the sable wave. They slowly came to land. Connal, many are the warriors of Dargo!

CONNAL.

Bring me thy father's shield; the iron shield of Rinval; that shield like the full moon when it is darkened in the sky.

FRAGMENT IV[1]

CONNAL, CRIMORA.

CRIMORA.

Qui vient de la colline, tel un nuage que colorent les rayons de l'occident ? Quelle est cette voix, forte comme le vent, mais plaisante comme la harpe de Carryl ? C'est mon amour dans la lumière de l'acier ; mais la tristesse obscurcit son front. La race du puissant Fingal est-elle toujours vivante ? quelles pensées tourmentent mon Connal ?

CONNAL.

Ils vivent encore. Je les ai vus qui revenaient de la chasse, tel un torrent de lumière. Le soleil était sur leurs boucliers : Comme une falaise de feux ils descendaient la colline. La voix de la jeunesse est bruyante ; la guerre, mon amour, est proche. Demain Dargo, ce géant, viendra éprouver la force de notre race. Il défie la race de Fingal ; la race des batailles et des blessures.

CRIMORA.

Connal, j'ai vu ses voiles comme un brouillard gris au-dessus des vagues noires. Lentement elles gagnèrent le rivage. Connal, nombreux sont les guerriers de Dargo !

CONNAL.

Apporte-moi le bouclier de ton père ; le bouclier de fer de Rinval ; ce bouclier pareil à la pleine lune quand elle est obscurcie dans le ciel.

---

1   Ce fragment est réutilisé dans « Carric-thura ».

CRIMORA.

That shield I bring, O Connal; but it did not defend my father. By the spear of Gauror he fell. Thou may'st fall, O Connal!

CONNAL.

Fall indeed I may: But raise my tomb, Crimora. Some stones, a mound of earth, shall keep my memory. Bend thy red eye over my tomb, and beat thy breast of sighs. Though fair thou art, my love, as the light; more pleasant than the gale of the hill; yet I will not stay. Raise my tomb, Crimora.

CRIMORA.

Then give me those arms of light; that sword, and that spear of steel. I shall meet Dargo with thee, and aid my lovely Connal. Farewell, ye rocks of Ardven! ye deer! and ye streams of the hill!–We shall return no more. Our tombs are distant far.

CRIMORA.

Ce bouclier je te l'apporte, ô Connal ; mais il n'a pas sauvé mon père. Il est tombé sous la lance de Gauror. Toi aussi tu pourrais tomber, ô Connal !

CONNAL.

Sans doute je peux tomber : Alors élève une tombe pour moi, Crimora. Quelques pierres, un amas de terre, seront les gardiens de ma mémoire. Tourne tes yeux rougis vers ma tombe et frappe ton sein qui soupire. Tu es belle, mon amour, comme la lumière ; plus douce que la brise des collines ; et pourtant je ne peux rester. Élève une tombe pour moi, Crimora.

CRIMORA.

Alors donne-moi ces armes de lumière ; cette épée et cette lance d'acier. J'irai à la rencontre de Dargo avec toi et je secourrai mon gracieux Connal. Adieu, rochers d'Ardven ! adieux cerfs ! et vous, torrents des collines ! – Nous ne reviendrons plus. Nos tombes sont très loin.

FRAGMENT V

Autumn is dark on the mountains; gray mist rests on the hills. The whirlwind is heard on the heath. Dark rolls the river thro' the narrow plain. A tree stands alone on the hill, and marks the grave of Connal. The leaves whirl round with the wind, and strew the grave of the dead. At times are seen here the ghosts of the deceased, when the musing hunter alone stalks slowly over the heath. Appear in thy armour of light, thou ghost of the mighty Connal! Shine, near thy tomb, Crimora! Like a moon-beam from a cloud.

Who can reach the source of thy race, O Connal? and who recount thy fathers? Thy family grew like an oak on the mountain, which meeteth the wind with its lofty head. But now it is torn from the earth. Who shall supply the place of Connal?

Here was the din of arms; and here the groans of the dying. Mournful are the wars of Fingal! O Connal! it was here thou didst fall. Thine arm was like a storm; thy sword a beam of the sky; thy height, a rock on the plain; thine eyes, a furnace of fire. Louder than a storm was thy voice, when thou counfoundest the field. Warriors fell by thy sword, as the thistle by the staff of a boy.

Dargo the mighty came on, like a cloud of thunder. His brows were contracted and dark. His eyes like two caves in a rock. Bright rose their swords on each side; dire was the clang of their steel.

The daughter of Rinval was near; Crimora bright in the armour of man; her hair loose behind, her bow is in her hand. She followed the youth to the war, Connal her much-beloved. She drew the string on Dargo; but erring pierced her Connal. He falls like an oak on the plain; like a rock from the shaggy hill. What shall she do, hapless maid!–He bleeds; her Connal dies. All the night long she cries, and all the day, O Connal, my love, and my friend! With grief the sad mourner dies.

FRAGMENT V[1]

L'automne est sombre sur les montagnes ; une brume grise repose sur les collines. On entend sur la lande le tourbillon des vents. La rivière roule ses eaux sombres dans l'étroite plaine. Un arbre se dresse solitaire sur la colline et marque la tombe de Connal. Les feuilles tourbillonnent avec le vent et recouvrent la tombe du mort. On voit quelquefois ici les fantômes des disparus, lorsque le chasseur, à pas lents, pensif et solitaire, parcourt cette lande. Parais dans ton armure de lumière, fantôme du puissant Connal ! Brille auprès de ta tombe, Crimora ! Tel un rayon de lune que masque un nuage.

Qui peut remonter aux sources de ta race, ô Connal ? raconter qui furent tes pères ? Ta famille croissait comme le chêne sur la montagne dont la tête altière habite parmi les vents. Mais il est aujourd'hui déraciné. Qui pourra jamais remplacer Connal ?

Ici le bruit des armes ; ici les gémissements des mourants. Funestes sont les guerres de Fingal ! Ô Connal ! c'est ici que tu tombas. Ton bras était comme la tempête ; ton épée, un rayon du ciel ; tes yeux, des fournaises ardentes ; tu t'élevais immense comme un rocher sur la plaine. Ta voix quand tu triomphais au champ de bataille était plus forte que le cri des tempêtes. Les guerriers tombaient sous ton épée comme les chardons sous la baguette d'un enfant.

Le puissant Dargo s'avança, pareil à un nuage de tonnerre. Ses sombres sourcils se fronçaient de rage. Ses yeux étaient deux cavernes dans le rocher. De part et d'autre se levèrent leurs épées éclatantes ; le fracas de l'acier était effrayant.

La fille de Rinval était près d'eux ; Crimora éclatante sous l'armure d'un homme ; ses cheveux flottaient derrière elle ; elle tenait son arc à la main. Elle avait suivi au combat son jeune guerrier, Connal qu'elle aimait tant. Elle visa Dargo ; mais elle transperça son Connal. Il tombe

---

1   Ce fragment est réutilisé dans « Carric-thura ».

Earth here incloseth the loveliest pair on the hill. The grass grows between the stones of the tomb; I sit in the mournful shade. The wind sighs through the grass; their memory rushes on my mind. Undisturbed you now sleep together; in the tomb of the mountain you rest alone.

comme le chêne sur la plaine ; comme le roc de la colline couverte de broussailles. Que faire, vierge malheureuse ! – Il saigne ; son Connal expire. Toute la nuit elle se lamente, puis toute la journée, ô Connal, mon amour, mon ami ! De chagrin la triste éplorée meurt.

Ici, sur cette colline, la terre renferme le plus charmant des couples. L'herbe pousse entre les pierres de leur tombe ; je m'assoie sous leur ombrage funeste. Le vent siffle dans l'herbe ; leur vif souvenir s'éveille en moi. Vous dormez ensemble maintenant, en paix ; dans cette tombe sur la montagne vous reposez solitaires.

FRAGMENT VI

Son of the noble Fingal, Oscian, Prince of men! what tears run down the cheeks of age? what shades thy mighty soul?

Memory, son of Alpin, memory wounds the aged. Of former times are my thoughts; my thoughts are of the noble Fingal. The race of the king return into my mind, and wound me with remembrance.

One day, returned from the sport of the mountains, from pursuing the sons of the hill, we covered this heath with our youth. Fingal the mighty was here, and Oscur, my son, great in war. Fair on our sight from the sea, at once, a virgin came. Her breast was like the snow of one night. Her cheek like the bud of the rose. Mild was her blue rolling eye: but sorrow was big in her heart.

Fingal renowned in war! she cries, sons of the king, preserve me! Speak secure, replies the king, daughter of beauty, speak: our ear is open to all: our swords redress the injured. I fly from Ullin, she cries, from Ullin famous in war. I fly from the embrace of him who would debase my blood. Cremor, the friend of men, was my father; Cremor the Prince of Inverne.

Fingal's younger sons arose; Carryl expert in the bow; Fillan beloved of the fair; and Fergus first in the race.—Who from the farthest Lochlyn? who to the seas of Molochasquir? who dares hurt the maid whom the sons of Fingal guard? Daughter of beauty, rest secure; rest in peace, thou fairest of women.

Far in the blue distance of the deep, some spot appeared like the back of the ridge-wave. But soon the ship increased on our sight. The hand of Ullin drew her to land. The mountains trembled as he moved. The hills shook at his steps. Dire rattled his armour around him. Death and destruction were in his eyes. His stature like the oak of Morven. He moved in the lightning of steel.

FRAGMENT VI[1]

Fils du noble Fingal, Oscian, Prince des hommes ! quelles sont ces larmes qui coulent sur les joues de ta vieillesse ? quelles ombres obscurcissent ton âme puissante ?

Les souvenirs, fils d'Alpin, les souvenirs sont les plaies de la vieillesse. Vers les temps anciens, se tournent mes pensées ; mes pensées se tournent vers la noble race de Fingal. La race du roi me revient à l'esprit et cette mémoire rouvre des plaies.

Un jour, nous revenions de la chasse, nous revenions des montagnes où nous avions poursuivi les fils des collines, nous étions sur cette lande, qui disparaissait sous notre jeunesse. Fingal le puissant était là, et Oscur, mon fils, glorieux dans la guerre. Belle à nos regards survint de la mer une vierge. Son sein était comme la neige qu'une nuit vient de verser. Sa joue comme le bouton de la rose. Doux, ses yeux bleus, et vifs : mais la tristesse était grande dans son cœur.

Fingal, renommé dans la guerre ! s'écrie-t-elle, et vous, fils du roi, protégez-moi ! Parle en toute tranquillité, répond le roi, ô fille de beauté : quelle que soit ta requête : nos épées défendent ceux qu'on outrage. Je fuis Ullin, s'écrie-t-elle, je fuis Ullin célèbre dans la guerre. Je fuis l'étreinte de celui qui voulait déshonorer mon sang. Cremor, l'ami des hommes, était mon père ; Cremor, prince d'Inverne.

Les jeunes fils de Fingal se levèrent ; Carryl, si habile à l'arc ; Fillan, aimé des belles ; et Fergus, le premier à la course. – Qui, depuis le lointain Lochlyn ? qui, jusqu'aux mers de Molochasquir ? qui osera blesser une vierge que gardent les fils de Fingal ? Fille de beauté, repose-toi en toute tranquillité ; repose en paix, ô la plus belle des femmes !

Dans le lointain, sur l'abîme bleu, on vit apparaître quelque chose qui ressemblait à la crête d'une vague soulevée. Mais bientôt le navire

---

1 Ce fragment est réutilisé assez librement au livre III de *Fingal* : « Oscar ! j'étais jeune comme toi, quand vint la gracieuse Fainasóllis… ». Les sources authentiques de l'épisode sont répertoriées par Thomson, *op. cit.*, p. 29 *sqq.*

Our warriors fell before him, like the field before the reapers. Fingal's three sons he bound. He plunged his sword into the fair-one's breast. She fell as a wreath of snow before the sun in spring. Her bosom heaved in death; her soul came forth in blood.

Oscur my son came down; the mighty in battle descended. His armour rattled as thunder; and the lightning of his eyes was terrible. There, was the clashing of swords; there, was the voice of steel. They struck and they thrust; they digged for death with their swords. But death was distant far, and delayed to come. The sun began to decline; and the cow-herd thought of home. Then Oscur's keen steel found the heart of Ullin. He fell like a mountain-oak covered over with glittering frost: He shone like a rock on the plain.—Here the daughter of beauty lieth; and here the bravest of men. Here one day ended the fair and the valiant. Here rest the pursuer and the pursued.

Son of Alpin! the woes of the aged are many: their tears are for the past. This raised my sorrow, warriour; memory awaked my grief. Oscur my son was brave; but Oscur is now no more. Thou hast heard my grief, O son of Alpin; forgive the tears of the aged.

grandit à notre vue. La main d'Ullin le conduisit au rivage. Il se mit en marche et les montagnes s'ébranlèrent. Les collines tremblaient sous ses pas. Son armure retentissait d'un bruit effrayant autour de lui. La mort et la destruction étaient dans ses yeux. Il était haut et large comme le chêne de Morven. Il approchait dans les éclairs de l'acier.

Nos guerriers tombaient devant lui, comme le champ devant les faucheurs. Il captura les trois fils de Fingal. Il plongea son épée dans le sein de la belle. Elle tomba comme un amas de neige sous le soleil du printemps. Sa poitrine se souleva en mourant ; son âme se répandit avec son sang.

Oscur, mon fils, descendit des montagnes ; le puissant dans les combats descendit. Son armure grondait comme le tonnerre ; et la foudre dans ses yeux était terrible. Alors, le fracas des épées qui se heurtent ; alors, la voix de l'acier. Ils frappèrent d'estoc et de taille ; ils cherchaient de leurs épées la mort sans relâche. Mais la mort était loin encore et tardait à venir. Le soleil déclinait ; le bouvier songeait au retour. Alors l'acier tranchant d'Oscur trouva le cœur d'Ullin. Il tomba comme le chêne de la montagne recouvert de givre étincelant : Il brillait comme un rocher dans la plaine. – Ici git la fille de la beauté ; et ici le plus valeureux des hommes. Ici finirent en même temps la belle et le vaillant. Ici repose le chasseur et la proie.

Fils d'Alpin ! les souffrances de la vieillesse sont nombreuses : leurs larmes sont pour les temps passés. Voilà ce qui causait ma douleur, ô guerrier ; les souvenirs ont réveillé ma tristesse. Oscur, mon fils, était valeureux ; mais Oscur aujourd'hui n'est plus. Tu as entendu ma tristesse, ô fils d'Alpin ; pardonne aux pleurs de la vieillesse.

FRAGMENT VII

Why openest thou afresh the spring of my grief, O son of Alpin, inquiring how Oscur fell? My eyes are blind with tears; but memory beams on my heart. How can I relate the mournful death of the head of the people! Prince of the warriors, Oscur my son, shall I see thee no more!

He fell as the moon in a storm; as the sun from the midst of his course, when clouds rise from the waste of the waves, when the blackness of the storm inwraps the rocks of Ardannider. I, like an ancient oak on Morven, I moulder alone in my place. The blast hath lopped my branches away; and I tremble at the wings of the north. Prince of the warriors, Oscur my son! shall I see thee no more!

Dermid and Oscur were one: They reaped the battle together. Their friendship was strong as their steel; and death walked between them to the field. They came on the foe like two rocks falling from the brows of Ardven. Their swords were stained with the blood of the valiant: warriors fainted at their names. Who was a match for Oscur, but Dermid? and who for Dermid, but Oscur?

They killed mighty Dargo in the field; Dargo before invincible. His daughter was fair as the morn; mild as the beam of night. Her eyes, like two stars in a shower: her breath, the gale of spring: her breasts, as the new fallen snow floating on the moving heath. The warriours saw her, and loved; their souls were fixed on the maid. Each loved her, as his fame; each must possess her or die. But her soul was fixed on Oscur; my son was the youth of her love. She forgot the blood of her father; and loved the hand that slew him.

FRAGMENT VII[1]

Pourquoi rouvrir la source de ma douleur, ô fils d'Alpin, pourquoi me demander comment Oscur est tombé ? Mes yeux sont aveuglés par les larmes ; mais les souvenirs éclairent mon cœur de leurs rayons. Comment pourrais-je raconter la mort déplorable de celui qui fut la tête de son peuple ! Prince des guerriers, Oscur, mon fils, je ne te reverrai donc plus !

Il est tombé comme la lune dans une tempête ; comme le soleil au milieu de sa course lorsque les nuées s'élèvent des vagues sauvages, lorsque l'obscurité de la tempête enveloppe les rochers d'Ardannider. Et moi, comme un chêne antique en Morven, je pourris, solitaire, immobile. Les vents ont brisé toutes mes branches ; et je suis ébranlé par le souffle des ailes du nord. Prince des guerriers, Oscur, mon fils ! je ne te reverrai donc plus !

Dermid et Oscur ne faisaient qu'un : Dans les batailles, ils moissonnaient ensemble. Leur amitié était forte comme leur acier ; et la mort marchait entre eux dans le champ de bataille. Ils tombaient sur l'ennemi comme deux rochers qui se détachent des cimes d'Ardven. Leurs épées étaient tachées du sang des braves : les guerriers défaillaient à leurs noms. Quel autre que Dermid aurait pu vaincre Oscur ? et quel autre qu'Oscur aurait pu vaincre Dermid ?

Ils tuèrent le puissant Dargo au champ de bataille ; Dargo jusqu'alors invincible. Sa fille était belle comme le matin ; douce comme le rayon de la nuit. Ses yeux, comme deux étoiles dans une ondée : son souffle, la brise du printemps : ses seins, neige fraiche flottant sur la bruyère agitée. Les guerriers la virent et l'aimèrent ; leurs âmes s'attachèrent à cette vierge. L'un et l'autre l'aimèrent autant que leur gloire ; l'un et l'autre voulaient la posséder ou mourir. Mais son âme s'était attachée à Oscur ; mon fils était le jeune guerrier de son amour. Elle oublia le sang de son père ; elle aima la main qui l'avait tué.

---

1   Ce fragment fut le premier que Macpherson fit lire à John Home en 1759.

Son of Oscian, said Dermid, I love; O Oscur, I love this maid. But her soul cleaveth unto thee; and nothing can heal Dermid. Here, pierce this bosom, Oscur; relieve me, my friend, with thy sword.

My sword, son of Morny, shall never be stained with the blood of Dermid.

Who then is worthy to slay me, O Oscur son of Oscian? Let not my life pass away unknown. Let none but Oscur slay me. Send me with honour to the grave, and let my death be renowned.

Dermid, make use of thy sword; son of Morny, wield thy steel. Would that I fell with thee! that my death came from the hand of Dermid!

They fought by the brook of the mountain; by the streams of Branno. Blood tinged the silvery stream, and curdled round the mossy stones. Dermid the graceful fell; fell, and smiled in death.

And fallest thou, son of Morny; fallest, thou by Oscur's hand! Dermid invincible in war, thus do I see thee fall!—He went, and returned to the maid whom he loved; returned, but she perceived his grief.

Why that gloom, son of Oscian? what shades thy mighty soul?

Though once renowned for the bow, O maid, I have lost my fame. Fixed on a tree by the brook of the hill, is the shield of Gormur the brave, whom in battle I slew. I have wasted the day in vain, nor could my arrow pierce it.

Let me try, son Oscian, the skill of Dargo's daughter. My hands were taught the bow: my father delighted in my skill.

She went. He stood behind the shield. Her arrow flew and pierced his breast.

Blessed be that hand of snow; and blessed thy bow of yew! I fall resolved on death: and who but the daughter of Dargo was worthy to slay me? Lay me in the earth, my fair-one; lay me by the side of Dermid.

Fils d'Oscian, dit Dermid, j'aime ; ô Oscur, j'aime cette vierge. Mais son âme s'est liée à toi ; et rien ne peut guérir Dermid. Viens, perce ce sein, Oscur ; soulage-moi, ami, avec ton épée.

Mon épée, fils de Morny, ne sera jamais tachée du sang de Dermid.

Qui alors est digne de me tuer, ô Oscur, fils d'Oscian ? Je ne veux pas que ma vie se termine sans éclat. Je ne veux pas être tué par un autre qu'Oscur. Fais-moi descendre dans la tombe avec honneur, et que ma mort soit glorieuse.

Dermid, prends ton épée ; fils de Morny, brandit ton acier. Et que je tombe avec toi ! Que la mort me vienne des mains de Dermid !

Ils combattirent près du ruisseau des montagnes ; près des flots du Branno. Le sang teignait le courant argenté et se figeait autour des pierres couvertes de mousse. Le gracieux Dermid tomba ; il tomba et sourit à la mort.

Ainsi tu es tombé, fils de Morny ; tu es tombé par la main d'Oscur ! Dermid, invincible à la guerre, je te vois donc tomber ! – Il partit, et revint auprès de la vierge qu'il aimait ; il revint, mais elle s'aperçut de sa tristesse.

Pourquoi cet air sombre, fils d'Oscian ? quelles ombres sur ton âme puissante ?

J'étais autrefois renommé pour mon adresse à l'arc, ô vierge, mais j'ai perdu ma réputation. Le bouclier de Gormur, vaillant guerrier que j'ai tué au combat, est suspendu à un arbre près du ruisseau de la colline. J'ai passé toute la journée en vain, et aucune de mes flèches n'a pu le percer.

Laisse faire, fils d'Oscian, l'adresse de la fille de Dargo. Mes mains ont appris l'arc : mon adresse faisait la joie de mon père.

Elle partit. Il se tenait derrière le bouclier. La flèche s'envola et perça le cœur d'Oscur[1].

Bénie soit cette main de neige ; et béni soit ton arc d'if ! Je tombe avec joie dans la mort : car qui d'autre que la fille de Dargo était digne de me tuer ? Couche-moi dans la terre, ma très belle ; couche-moi à côté de Dermid.

---

1 Les anciens habitants des *Highlands* ne tenaient rien de plus essentiel pour leur gloire que de mourir de la main d'une personne estimable ou renommée. Tel fut le mobile d'Oscur lorsqu'il machina d'être tué par sa maîtresse, maintenant qu'il était las de vivre. En ces temps anciens, le suicide était totalement inconnu de ce peuple, et l'on n'en trouve nulle mention dans la poésie antique. Le traducteur suppose donc que le récit du suicide de la fille de Dargo fut ajouté par un barde plus moderne. [Macpherson]

Oscur! I have the blood, the soul of the mighty Dargo. Well pleased I can meet death. My sorrow I can end thus.—She pierced her white bosom with steel. She fell; she trembled; and died.

By the brook of the hill their graves are laid; a birch's unequal shade covers their tomb. Often on their green earthen tombs the branchy sons of the mountain feed, when mid-day is all in flames, and silence is over all the hills.

Oscur ! j'ai le sang, j'ai l'âme du puissant Dargo. Avec plaisir je puis rencontrer la mort. Mes peines, je peux y mettre fin ainsi. – Elle perça avec l'acier son sein si blanc. Elle tomba ; elle frémit ; et mourut.

Ils reposent près du ruisseau de la colline ; l'ombre inégale d'un bouleau abrite leur tombe. Souvent, sur leur tombe recouverte de gazon, les fils des collines aux longues ramures viennent paître lorsque midi est embrasé et que le silence couvre les collines.

FRAGMENT VIII

By the side of a rock on the hill, beneath the aged trees, old Oscian sat on the moss; the last of the race of Fingal. Sightless are his aged eyes; his beard is waving in the wind. Dull through the leafless trees he heard the voice of the north. Sorrow revived in his soul: he began and lamented the dead.

How hast thou fallen like an oak, with all thy branches round thee! Where is Fingal the King? where is Oscur my son? where are all my race? Alas! in the earth they lie. I feel their tombs with my hands. I hear the river below murmuring hoarsely over the stones. What dost thou, O river, to me? Thou bringest back the memory of the past.

The race of Fingal stood on thy banks, like a wood in a fertile soil. Keen were their spears of steel. Hardy was he who dared to encounter their rage. Fillan the great was there. Thou Oscur wert there, my son! Fingal himself was there, strong in the grey locks of years. Full rose his sinewy limbs; and wide his shoulders spread. The unhappy met with his arm, when the pride of his wrath arose.

The son of Morny came; Gaul, the tallest of men. He stood on the hill like an oak; his voice was like the streams of the hill. Why reigneth alone, he cries, the son of the mighty Corval? Fingal is not strong to save: he is no support for the people. I am strong as a storm in the ocean; as a whirlwind on the hill. Yield, son of Corval; Fingal, yield to me. He came like a rock from the hill, resounding in his arms.

Oscur stood forth to meet him; my son would meet the foe. But Fingal came in his strength, and smiled at the vaunter's boast. They threw their arms round each other; they struggled on the plain. The earth is ploughed with their heels. Their bones crack as the boat on the ocean, when it leaps from wave to wave. Long did they toil; with night, they fell on the sounding plain; as two oaks, with their branches mingled, fall crashing from the hill. The tall son of Morny is bound; the aged overcame.

FRAGMENT VIII

Sur la colline, à côté d'un rocher, sous des arbres âgés, le vieil Oscian était assis sur la mousse ; dernier de la race de Fingal. Ses yeux âgés ne voient plus ; le vent fait flotter sa barbe. Morne à travers les arbres dénudés il entendit la voix du nord. La tristesse reprit vie dans son âme : il commença et chanta les morts.

Tu es tombé comme un chêne, toutes tes branches autours de toi ! Où es Fingal, le Roi ? où es Oscur, mon fils ? où sont ceux de ma race ? Hélas ! dans la terre ils gisent. Je sens sous mes mains leurs tombes. J'entends plus bas le murmure rauque de la rivière qui coule sur les pierres. Quel est cette chose, ô rivière, que tu me fais ? Tu me rends mes souvenirs.

La race de Fingal se tenait sur tes berges comme une forêt dans un sol fertile. Tranchantes leurs lances d'acier. Intrépide celui qui osait affronter leur rage. Fillan le grand était là. Mon fils, Oscur, tu étais là ! Fingal lui-même était là, grandi et coiffé de gris par les ans. Ses jambes s'élevaient, puissantes, nerveuses ; et ses épaules se déployaient, larges, amples. Malheur à celui qui trouvait son bras lorsque se levait la fierté de son courroux.

Vint le fils de Morny ; Gaul, un géant parmi les hommes. Il se dressait sur la colline comme un chêne ; sa voix était celles des torrents des collines. Il s'écrie, pourquoi règne-t-il seul, le fils du puissant Corval ? Fingal n'a pas la force de vous sauver : il ne peut soutenir son peuple. Je suis fort comme la tempête dans l'océan ; comme un tourbillon sur la colline. Il faut céder, fils de Corval ; Fingal il faut que tu me cèdes. Il vint comme le rocher qui descend des collines et ses armes résonnaient.

Oscur s'avança pour l'affronter ; mon fils voulait affronter l'adversaire. Mais vint Fingal dans sa force et il sourit à ces forfanteries. Ils se jetèrent dans les bras l'un de l'autre ; ils luttèrent dans la plaine. Leurs talons labourent la terre. Leurs os craquent comme la barque sur l'océan lorsqu'elle bondit de vague en vague. Un long labeur ; enfin, avec la nuit,

Fair with her locks of gold, her smooth neck, and her breasts of snow; fair, as the spirits of the hill when at silent noon they glide along the heath; fair, as the rain-bow of heaven; came Minvane the maid. Fingal! she softly saith, loose me my brother Gaul. Loose me the hope of my race, the terror of all but Fingal. Can I, replies the King, can I deny the lovely daughter of the hill? Take thy brother, O Minvane, thou fairer than the snow of the north!

Such, Fingal! were thy words; but thy words I hear no more. Sightless I sit by thy tomb. I hear the wind in the wood; but no more I hear my friends. The cry of the hunter is over. The voice of war is ceased.

ils tombèrent et la plaine résonna ; tels deux chênes dont les branches se mêlent, arrachés à la colline et qui s'abattent ensemble. Le fils à la haute taille de Morny est prisonnier ; le plus âgé des deux a vaincu.

Belle avec sa chevelure d'or, son cou poli, ses seins de neige ; belle, comme les esprits des collines qui, au silencieux midi, planent sur la lande ; belle, comme les arcs des cieux ; vint Minvane la vierge. Fingal ! dit-elle doucement, rends-moi mon frère Gaul. Rends-moi l'espoir de ma race, celui que tous craignent, hormis Fingal. Puis-je, répond le Roi, puis-je dire non à la gracieuse fille des collines ? Prend ton frère, ô Minvane, plus belle que les neiges du nord !

Ce furent, Fingal ! tes paroles ; mais tes paroles je ne les entends plus. Privé de vu, je suis assis près de ta tombe. J'entends le vent dans la forêt ; mais je n'entends plus mes amis. Le chasseur ne crie plus. La voix de la guerre s'est tue.

FRAGMENT IX

Thou askest, fair daughter of the isles! whose memory is preserved in these tombs? The memory of Ronnan the bold, and Connan the chief of men; and of her, the fairest of maids, Rivine the lovely and the good. The wing of time is laden with care. Every moment hath woes of its own. Why seek we our grief from afar? or give our tears to those of other times? But thou commanded, and I obey, O fair daughter of the isles!

Conar was mighty in war. Caul was the friend of strangers. His gates were open to all; midnight darkened not on his barred door. Both lived upon the sons of the mountains. Their bow was the support of the poor.

Connan was the image of Conar's soul. Caul was renewed in Ronnan his son. Rivine the daughter of Conar was the love of Ronnan; her brother Connan was his friend. She was fair as the harvest-moon setting in the seas of Molochasquir. Her soul was settled on Ronnan; the youth was the dream of her nights.

Rivine, my love! says Ronnan, I go to my king in Norway. A year and a day shall bring me back. Wilt thou be true to Ronnan?

Ronnan! a year and a day I will spend in sorrow. Ronnan, behave like a man, and my soul shall exult in thy valour. Connan my friend, says Ronnan, wilt thou preserve Rivine thy sister? Durstan is in love with the maid; and soon shall the sea bring the stranger to our coast.

Ronnan, I will defend: Do thou securely go.—He went. He returned on his day. But Durstan returned before him.

Give me thy daughter, Conar, says Durstan; or fear and feel my power.

FRAGMENT IX[1]

Tu demandes, belle fille des îles ! de qui ces tombes préservent-elles la mémoire ? La mémoire de Ronnan le courageux, et celle de Connan le chef des hommes ; et celle de la plus belle des vierges, Rivine, pleine de charme et de bonté. L'aile du temps est lourde de souci. À chaque instant ses malheurs. Pourquoi aller chercher au loin nos peines ? ou donner nos larmes au passé ? Mais tu ordonnes et j'obéis, ô belle fille des îles !

Conar était puissant dans la guerre. Caul était l'ami des étrangers. Ses portes étaient ouvertes à tous ; minuit ne s'obscurcissait point sur sa porte barrée. Tous deux vivaient des fils des montagnes. Leurs arcs étaient le soutien des pauvres.

Connan était le portrait de l'âme de Conar. Caul se retrouvait dans Ronnan, son fils. Rivine la fille de Conar était l'amour de Ronnan ; son frère Connan était son ami. Elle était belle comme la lune des moissons lorsqu'elle se couche sur les mers de Molochasquir. Son âme s'était fixée sur Ronnan ; le jeune homme était le rêve de ses nuits.

Rivine, mon amour ! dis Ronnan, je vais voir mon roi en Norvège[2]. Dans un an et un jour, je serai de retour. Seras-tu fidèle à Ronnan ?

Ronnan ! pendant un an et un jour, je serai en peine. Ronnan, conduis-toi en homme et mon âme exultera dans ta valeur. Connan, mon ami, dit Ronnan, protégeras-tu Rivine, ta sœur ? Durstan aime cette vierge ; et bientôt la mer apportera l'étranger sur nos côtes.

Ronnan, je la défendrai : Pars tranquille. – Il partit. Il revint au jour dit. Mais Durstan revint avant lui.

Donne-moi ta fille, Conar, dit Durstan ; ou crain de sentir ma puissance.

---

1   Ce fragment est présenté par Macpherson dans une note explicative au Livre II de « Fingal » comme un texte apocryphe, imité d'Ossian, mais qui n'est pas de sa main et n'en possède pas les qualités littéraires.

2   Probablement Fergus II. On estime que ce fragment n'est pas aussi ancien que la plupart des autres. [Macpherson] – Fergus Mór mac Eirc (meurt en 501), roi légendaire de Dál Riata, fondateur mythique de l'Écosse.

He who dares attempt my sister, says Connan, must meet this edge of steel. Unerring in battle is my arm: my sword, as the lightning of heaven.

Ronnan the warrior came; and much he threatened Durstan.

But, saith Euran the servant of gold, Ronnan! by the gate of the north shall Durstan this night carry thy fair-one away. Accursed, answers Ronnan, be this arm if death meet him not there.

Connan! saith Euran, this night shall the stranger carry thy sister away. My sword shall meet him, replies Connan, and he shall lie low on earth.

The friends met by night, and they fought. Blood and sweat ran down their limbs as water on the mossy rock. Connan falls; and cries, O Durstan, be favourable to Rivine!—And is it my friend, cries Ronnan, I have slain? O Connan! I knew thee not.

He went, and he fought with Durstan. Day began to rise on the combat, when fainting they fell, and expired. Rivine came out with the morn; and—O what detains my Ronnan!—She saw him lying pale in his blood; and her brother lying pale by his side.

What could she say? what could she do? her complaints were many and vain. She opened this grave for the warriours; and fell into it herself, before it was closed; like the sun snatched away in a storm.

Thou hast heard this tale of grief, O fair daughter of the isles! Rivine was fair as thyself: shed on her grave a tear.

Celui qui ose s'attaquer à ma sœur, dit Connan, trouvera le fil de cet acier. Dans les combats mon bras est infaillible : mon épée, l'éclair des cieux.

Ronnan le guerrier revint ; il menaça et menaça Durstan.

Mais, dit Euran qui servait l'or, Ronnan ! par la porte du nord, Durstan cette nuit emportera ta belle. Maudit, répond Ronnan, soit ce bras si la mort ne l'y trouve.

Connan ! dit Euran, cette nuit l'étranger emportera ta sœur. Mon épée le trouvera, répondit Connan, et il sera couché à terre.

Les amis se rencontrèrent à la nuit et combattirent. Le sang, la sueur coulaient de leurs membres comme l'eau de la mousse du rocher. Connan tombe ; il crie, ô Durstan, sois bon avec Rivine ! – Est-ce donc mon ami, s'écrie Ronnan, que j'ai tué ? Ô Connan ! je ne t'ai point reconnu.

Il partit et alla combattre Durstan. Le jour se levait sur le combat lorsqu'ils tombèrent, abattus, et expirèrent. Rivine sortit avec le matin ; et – oh, qu'est-ce donc qui retient mon Ronnan ! – Elle le vit, couché, pâle dans son sang ; et son frère, couché, pâle à ses côtés. Que dire ? que faire ? ses plaintes furent nombreuses et vaines. Elle ouvrit la tombe des guerriers ; elle y tomba aussi, avant qu'elle ne fût refermée ; comme le soleil emporté par la tempête.

Tu as entendu ce récit de douleur, ô belle fille des îles ! Rivine était aussi belle que toi : verse sur sa tombe une larme.

FRAGMENT X

It is night; and I am alone, forlorn on the hill of storms. The wind is heard in the mountain. The torrent shrieks down the rock. No hut receives me from the rain; forlorn on the hill of winds.

Rise, moon! from behind thy clouds; stars of the night appear! Lead me, some light, to the place where my love rests from the toil of the chace! his bow near him, unstrung; his dogs panting around him. But here I must sit alone, by the rock of the mossy stream. The stream and the wind roar; nor can I hear the voice of my love.

Why delayeth my Shalgar, why the son of the hill, his promise? Here is the rock, and the tree; and here the roaring stream. Thou promisedst with night to be here. Ah! whither is my Shalgar gone? With thee I would fly my father; with thee, my brother of pride. Our race have long been foes; but we are not foes, O Shalgar!

Cease a little while, O wind! stream, be thou silent a while! let my voice be heard over the heath; let my wanderer hear me. Shalgar! it is I who call. Here is the tree, and the rock. Shalgar, my love! I am here. Why delayest thou thy coming? Alas! No answer.

Lo! the moon appeareth. The flood is bright in the vale. The rocks are grey on the face of the hill. But I see him not on the brow; his dogs before him tell not that he is coming. Here I must sit alone.

But who are these that lie beyond me on the heath? Are they my love and my brother?—Speak to me, O my friends! they answer not. My soul is tormented with fears.—Ah! they are dead. Their swords are red from the fight. O my brother! my brother! why hast thou slain my Shalgar? why, O Shalgar! hast thou slain my brother? Dear were ye both to me! what shall I say in your praise? Thou wert fair on the hill among thousands; he was terrible in fight. Speak to me; hear my voice, sons of my love! But alas! they are silent; silent for ever! Cold are their breasts of clay!

FRAGMENT X[1]

Il est nuit ; je suis seule, délaissée sur la colline des tempêtes. On entend le vent dans la montagne. Le torrent hurle en se jetant du rocher. Nulle hutte pour m'abriter de la pluie ; délaissée sur la colline des vents.

Lève-toi, lune ! sors de tes nuages ; étoiles de la nuit, paraissez ! Qu'une lumière me conduise au lieu où mon amour se repose des fatigues de la chasse ! son arc à ses côtés, sa corde détendue ; ses chiens haletants autour de lui. Mais je dois rester assise ici, seule, près du rocher, sur les bords recouverts de mousse du torrent. Le torrent et le vent rugissent ; mais je n'entends pas la voix de mon amour.

Qui t'empêche, ô mon Shalgar, qui, ô fils des collines, de tenir ta promesse ? Voici le rocher, l'arbre ; voici le torrent qui rugit. Tu avais promis d'être ici à la nuit tombée. Ah ! où mon Shalgar s'en est-il allé ? Avec toi je fuirais loin de mon père ; avec toi, loin de mon frère d'orgueil. Nos races depuis longtemps sont ennemies ; mais nous ne sommes pas ennemis, ô Shalgar !

Cesse un instant, ô vent ! torrent, sois silencieux un instant ! que l'on puisse entendre ma voix sur la lande ; que mon voyageur m'entende. Shalgar ! c'est moi qui t'appelle. Voici l'arbre et le rocher. Shalgar, mon amour ! je suis ici. Pourquoi tardes-tu à venir ? Hélas ! il ne répond pas.

Ah ! la lune paraît enfin. L'onde brille dans la vallée. Les rochers sont gris sur la pente des collines. Mais je ne le vois pas sur la cime ; nul chien n'accourt pour annoncer qu'il va venir. Je dois demeurer ici, seule.

Mais qui sont ces corps couchés là-bas sur la lande ? Serait-ce mon amour et mon frère ? – Répondez-moi, ô mes amis ! ils ne répondent pas. Mon âme est tourmentée de terreur. – Ah ! ils sont morts. Leurs épées sont rougies par le combat. Ô mon frère ! mon frère ! pourquoi as-tu tué mon Shalgar ? pourquoi, ô Shalgar ! as-tu tué mon frère ? Vous m'étiez chers tous deux ! que dirai-je pour vous louer ! Entre tous

---

1 Ce fragment est réutilisé dans les « Chants de Selma ».

Oh! from the rock of the hill; from the top of the mountain of winds, speak ye ghosts of the dead! speak, I will not be afraid.–Whither are ye gone to rest? In what cave of the hill shall I find you? No feeble voice is on the wind: no answer half-drowned in the storms of the hill.

I sit in my grief. I wait for morning in my tears. Rear the tomb, ye friends of the dead; but close it not till I come. My life flieth away like a dream: why should I stay behind? Here shall I rest with my friends by the stream of the sounding rock. When night comes on the hill; when the wind is on the heath; my ghost shall stand in the wind, and mourn the death of my friends. The hunter shall hear from his booth. He shall fear, but love my voice. For sweet shall my voice be for my friends; for pleasant were they both to me.

tu étais le plus beau sur la colline ; il était redoutable dans le combat. Répondez-moi ; entendez ma voix, ô fils de mon amour ! Mais hélas ! ils sont silencieux ; silencieux pour toujours ! Froids leurs seins d'argile !

Oh ! du haut des rochers sur la colline ; depuis la cime de la montagne des vents, parlez-moi, ô fantômes des disparus ! parlez et je n'aurai nulle crainte. – Où est le lieu de votre repos ? Dans quelle caverne sur la colline vous trouverai-je ? Le vent ne porte nulle voix affaiblie : nulle réponse à moitié emportée par les tempêtes sur la colline.

Je suis assise dans ma douleur. J'attends le matin dans mes pleurs. Élevez leurs tombes, ô amis des morts ; mais ne la fermez pas avant que je n'y sois entrée. Ma vie s'évanouit comme un songe : pourquoi resterais-je en arrière ? C'est ici que je reposerai avec mes amis, au bord du torrent où le rocher résonne. Quand la nuit viendra sur la colline ; quand le vent sera sur la lande ; mon fantôme se tiendra debout dans le vent et pleurera la mort de mes amis. Le chasseur dans sa cabane m'entendra. Il craindra mais aimera ma voix. Car ma voix sera douce pour mes amis ; car je les aimais tous deux.

FRAGMENT XI

Sad! I am indeed: nor small my cause of woe!—Kirmor, thou hast lost no son; thou hast lost no daughter of beauty. Connar the valiant lives; and Annir the fairest maid. The boughs of thy family flourish, O Kirmor! but Armyn is the last of his race. Dark is thy bed, O Daura! and deep thy sleep in the tomb.—When shalt thou awake with thy songs? with all thy voice of music?

Rise, winds of autumn, rise; blow upon the dark heath! streams of the mountains, roar! howl, ye tempests, in the top of the oak! walk through broken clouds, O moon! show by intervals thy pale face! bring to my mind that sad night, when all my children fell; when Arindel the mighty fell; when Daura the lovely failed; when all my children died.

Daura, my daughter! thou wert fair; fair as the moon on the hills of Jura; white as the driven snow; sweet as the breathing gale. Arindel, thy bow was strong, thy spear was swift in the field: thy look was like mist on the wave; thy shield, a red cloud in a storm. Armor, renowned in war, came, and sought Daura's love; he was not long denied; fair was the hope of their friends.

Earch, son of Odgal, repined; for his brother was slain by Armor. He came disguised like a son of the sea: fair was his skiff on the wave; white his locks of age; calm his serious brow. Fairest of women, he said, lovely daughter of Armyn! a rock not distant in the sea, bears a tree on its side; red shines the fruit afar. There Armor waiteth for Daura. I came to fetch his love. Come, fair daughter of Armyn!

FRAGMENT XI[1]

Triste ! oui, je le suis : et la cause de ma douleur n'est pas futile !
– Kirmor, tu n'as point perdu ton fils ; tu n'as point perdu ta fille de
beauté. Le brave Connar vit encore ; ainsi qu'Annir, la plus belle des
vierges. Les rameaux de ta famille fleurissent, ô Kirmor ! mais Armyn
est le dernier de sa race. Sombre est ta couche, ô Daura ! et profond ton
sommeil en ta tombe. – Quand te réveilleras-tu avec tes chants ? avec
toute la voix de ta musique ?

Levez-vous, vents de l'automne, levez-vous ; soufflez sur la lande
obscure ! torrents des montagnes, rugissez ! hurlez, ô tempêtes, dans
les cimes des chênes ! traverse les nuages déchirés, ô lune ! et montre
et puis cache ton pâle visage ! rappelle à mon esprit cette triste nuit où
tombèrent mes enfants ; cette nuit où tomba le puissant Arindel ; où
tomba la charmante Daura ; où tous mes enfants moururent.

Daura, ma fille ! tu étais belle ; belle comme la lune sur les collines
de Jura ; blanche comme la neige que le vent amoncelle ; aussi douce que
l'haleine de la brise. Arindel, ton arc était solide, ta lance rapide dans
le champ de bataille : ton regard était comme la brume sur la vague ;
ton bouclier, un nuage rouge au cœur de l'orage. Armor, renommé à
la guerre, vint et rechercha l'amour de Daura ; il ne fut pas longtemps
repoussé ; leurs amis espéraient le bonheur de ce couple.

Earch, fils d'Odgal, en souffrait ; car son frère avait été tué par Armor.
Il vint déguisé en fils de la mer : un esquif gracieux sur la vague, une
chevelure blanchie par les ans, le calme sur son front grave. Ô toi, la plus
belle des femmes, dit-il, charmante fille d'Armyn ! non loin du rivage,
un roc porte un arbre sur ses pentes ; des fruits vermeils y poussent que
l'on voit au loin. Armor y attend Daura. Je suis venu pour chercher son
amour. Vient, belle fille d'Armyn !

---

1   Ce fragment est réutilisé dans les « Chants de Selma ».

She went; and she called on Armor. Nought answered, but the son of the rock. Armor, my love! my love! why tormentest thou me with fear? hear, son of Ardnart, hear: it is Daura who calleth thee!—Earch the traitor fled laughing to the land. She lifted up her voice, and cried for her brother and her father. Arindel! Armyn! none to relieve your Daura!

Her voice came over the sea. Arindel my son descended from the hill; rough in the spoils of the chace. His arrows rattled by his side; his bow was in his hand; five dark gray dogs attended his steps. He saw fierce Earch on the shore: he seized and bound him to an oak. Thick fly the thongs of the hide around his limbs; he loads the wind with his groans.

Arindel ascends the surgy deep in his boat, to bring Daura to the land. Armor came in his wrath, and let fly the gray-feathered shaft. It sung; it sunk in thy heart, O Arindel my son! for Earch the traitor thou diedst. The oar is stopped at once; he panted on the rock and expired. What is thy grief, O Daura, when round thy feet is poured thy brother's blood.

The boat is broken in twain by the waves. Armor plunges into the sea, to rescue his Daura or die. Sudden a blast from the hill comes over the waves. He sunk, and he rose no more.

Alone, on the sea-beat rock, my daughter was heard to complain. Frequent and loud were her cries; nor could her father relieve her. All night I stood on the shore. I saw her by the faint beam of the moon. All night I heard her cries. Loud was the wind; and the rain beat hard on the side of the mountain. Before morning appeared, her voice was weak. It died away, like the evening-breeze among the grass of the rocks. Spent with grief she expired. And left thee Armyn alone: gone is my strength in the war, and fallen my pride among women.

When the storms of the mountain come; when the north lifts the waves on high; I sit by the sounding shore, and look on the fatal rock. Often by the setting moon I see the ghosts of my children. Half-viewless, they walk in mournful conference together. Will none of you speak in pity? They do not regard their father.

Elle le suivit ; elle appela Armor. Nul ne répondit, hormis le fils du rocher[1]. Armor, mon amour ! mon amour ! pourquoi m'infliges-tu cette terreur ? entends, fils d'Ardnart, entends : c'est Daura qui t'appelle ! – Earch le perfide s'enfuit en riant vers la terre. Elle éleva la voix pour appeler son frère et son père. Arindel ! Armyn ! personne ne viendra secourir votre Daura !

Sa voix parvient jusqu'au rivage. Arindel, mon fils, descendait la colline ; hérissé des dépouilles de la chasse. Ses flèches retentissaient à son côté ; son arc était dans sa main ; cinq chiens gris sombre suivaient ses pas. Il vit le fier Earch sur le rivage : il se saisit de lui et l'attacha à un chêne. Aussitôt, des liens de cuir entourent, solides, ses membres ; il charge les vents de ses plaintes.

Arindel s'élance sur les profondeurs houleuses, son bateau gravit les flots pour ramener Daura à terre. Armor accourut dans sa fureur et décocha une flèche empênée de gris. Elle s'envola ; son chant traversa les airs, elle tomba dans ton cœur, ô mon fils, Arindel ! tu mourus au lieu d'Earch le perfide. La rame s'arrête aussitôt ; il se débattit sur le rocher et expira. Quelle est alors ta douleur, ô Daura, quand à tes pieds s'écoule le sang de ton frère !

Les vagues brisent en deux le bateau. Armor plonge dans la mer pour secourir sa Daura ou mourir. Le souffle soudain du vent descend de la colline sur les vagues. Il sombra et l'on ne le revit plus.

Seule, sur le rocher battu par la mer, on entendait les lamentations de ma fille. Ses cris étaient fréquents, violents ; son père ne pouvait rien pour elle. Toute la nuit je restai debout sur le rivage. Je la voyais à la faible lueur des rayons de la lune. Toute la nuit j'entendis ses cris. Le vent était violent ; la pluie s'abattait brutalement sur la pente de la montagne. Avant même que le matin parût, sa voix s'était affaiblie ; elle s'évanouissait comme la brise du soir parmi les herbes des rochers. Épuisée de douleur, ma fille expira. Elle te laissa seul, ô Armyn : ma force dans les guerres s'en est allée, ainsi que mon orgueil parmi les femmes.

Quand les tempêtes des montagnes s'approchent ; quand le vent du nord soulève haut les vagues ; je m'assieds sur le rivage retentissant

---

1 Dans l'édition de 1765, qui intègre ce fragment aux « Chants de Selma », Macpherson ajoute une note qui dit : « Le *Fils du rocher* signifie l'écho de la voix humaine renvoyé par le rocher. On croyait alors que la répétition était produite par un esprit, que l'on appelait *mac-talla* : *le fils qui demeure dans le rocher* ». Ailleurs l'expression signifie soit un ermite soit un druide.

et je regarde ce rocher fatal. Souvent, au coucher de la lune, je vois les fantômes de mes enfants. Ombres incertaines, ils marchent côte à côte et conversent tristement. Par pitié, n'allez-vous pas me parler? Ils ne regardent point leur père.

FRAGMENT XII

RYNO, ALPIN.

RYNO.

The wind and the rain are over: calm is the noon of day. The clouds are divided in heaven. Over the green hills flies the inconstant sun. Red through the stony vale comes down the stream of the hill. Sweet are thy murmurs, O stream! but more sweet is the voice I hear. It is the voice of Alpin, the son of song, mourning for the dead. Bent is his head of age, and red his tearful eye. Alpin, thou son of song, why alone on the silent hill? why complainest thou, as a blast in the wood; as a wave on the lonely shore?

ALPIN.

My tears, O Ryno! are for the dead; my voice, for the inhabitants of the grave. Tall thou art on the hill; fair among the sons of the plain. But thou shalt fall like Morar; and the mourner shall sit on thy tomb. The hills shall know thee no more; thy bow shall lie in the hall, unstrung.

Thou wert swift, O Morar! as a roe on the hill; terrible as a meteor of fire. Thy wrath was as the storm of December. Thy sword in battle, as lightning in the field. Thy voice was like a stream after rain; like thunder on distant hills. Many fell by thy arm; they were consumed in the flames of thy wrath.

But when thou returnedst from war, how peaceful was thy brow! Thy face was like the sun after rain; like the moon in the silence of night; calm as the breast of the lake when the loud wind is laid.

FRAGMENT XII[1]

Ryno, Alpin.

RYNO, ALPIN.

RYNO.

Le vent et la pluie ont cessé : le milieu du jour est calme. Les nuages se séparent dans les cieux. La lumière inconstante du soleil s'enfuit sur les vertes collines. Les eaux rougeâtres du torrent descendent de la colline à travers la vallée rocailleuse. Tes murmures sont doux, ô torrent ! mais plus douce encore est la voix que j'entends. C'est la voix d'Alpin, fils des chants, qui déplore les morts. Sa tête est courbée par les ans et ses yeux rougis par les larmes. Alpin, fils des chants, pourquoi solitaire sur la colline silencieuse ? pourquoi cette complainte, tel un souffle dans le bois, une vague sur le rivage désert ?

ALPIN.

Mes larmes, ô Ryno ! sont pour les morts ; ma voix, pour les habitants de la tombe. Tu es grand sur la colline ; tu es beau entre les fils de la plaine. Mais tu tomberas, tout comme Morar ; et l'on viendra s'assoir sur ta tombe pour te pleurer. Les collines ne te connaîtront plus ; ton arc restera dans ta demeure, sa corde détendue, inutile.

Tu étais agile, ô Morar ! tel un chevreuil sur la colline ; terrible comme le météore de feu. Ta colère était comme l'orage de décembre. Ton épée dans la bataille, un éclair sur la plaine. Ta voix était comme le torrent après la pluie ; comme le tonnerre sur les collines lointaines. Plus d'un est tombé par ton bras ; ils furent consumés par les flammes de ta colère.

Mais quand tu revenais de la guerre, cette paix sur ton front ! Ton visage était comme le soleil après la pluie ; comme la lune dans le silence

---

1   Ce fragment est réutilisé dans les « Chants de Selma ».

Narrow is thy dwelling now; dark the place of thine abode. With three steps I compass thy grave, O thou who wast so great before! Four stones with their heads of moss, are the only memorial of thee. A tree with scarce a leaf, long grass which whistles in the wind, mark to the hunter's eye the grave of the mighty Morar. Morar! thou art low indeed. Thou hast no mother to mourn thee; no maid with her tears of love. Dead is she that brought thee forth. Fallen is the daughter of Morglan.

Who on his staff is this? who is this, whose head is white with age, whose eyes are red with tears, who quakes at every step?—It is thy father, O Morar! the father of no son but thee. He heard of thy fame in battle; he heard of foes dispersed. He heard of Morar's fame; why did he not hear of his wound? Weep, thou father of Morar! weep; but thy son heareth thee not. Deep is the sleep of the dead; low their pillow of dust. No more shall he hear thy voice; no more shall he awake at thy call. When shall it be morn in the grave, to bid the slumberer awake?

Farewell, thou bravest of men! thou conqueror in the field! but the field shall see thee no more; nor the dark wood be lightened with the splendor of thy steel. Thou hast left no son. But the song shall preserve thy name. Future times shall hear of thee; they shall hear of the fallen Morar.

de la nuit ; calme comme le sein du lac quand le hurlement des vents s'est tu.

Ta demeure est étroite désormais ; obscur le séjour où tu résides. Trois pas me suffisent pour mesurer ta tombe, ô toi qui fus si grand naguère ! Quatre pierres couronnées de mousse sont l'unique monument qui reste de toi. Un arbre où ne croissent que quelques feuilles, de longues herbes dont le vent agite en sifflant les tiges tremblantes, indiquent au chasseur la tombe du puissant Morar. Morar ! oh tu es si bas maintenant ! Nulle mère ne porte ton deuil ; nulle vierge et ses larmes d'amour. Elle est morte, celle qui t'a donné le jour. Elle n'est plus, la fille de Morglan.

Quel est cet homme qui s'appuie sur son bâton ? qui est-il cet homme à la tête blanchie par l'âge, aux yeux rougis par les pleurs, qui chancelle à chaque pas ? – C'est ton père, ô Morar ! ce père qui n'avait d'autre fils que toi. Il connaît ta renommée dans les combats ; il sait que tu as mis tes ennemis en fuite. Il connaît la renommée de Morar ; pourquoi ne sait-il pas qu'il fut blessé ? Pleure, ô père de Morar ! pleure ; mais ton fils ne t'entend plus. Le sommeil des morts est profond ; leurs oreillers de poussière si bas. Il n'entendra plus ta voix ; il ne s'éveillera plus lorsque tu l'appelles. Quand fera-t-il jour dans la tombe pour avertir celui qui dort qu'il doit s'éveiller ?

Adieu, toi qui fus le plus brave des hommes ! toi qui triomphais dans le champ de bataille ! mais le champ de bataille ne te reverra plus ; la splendeur de ton acier ne dissipera plus l'obscurité des forêts. Tu ne laisses point de fils. Mais les chants préserveront ton nom. Les temps à venir entendront parler de toi ; ils entendront parler de la chute de Morar.

FRAGMENT XIII

Raise high the stones; collect the earth: preserve the name of Fear-comhraic. Blow winds, from all your hills; sigh on the grave of Muirnin.

The dark rock hangs, with all its wood, above the calm dwelling of the heroes.

The sea with its foam-headed billows murmurs at their side.

Why sigh the woods, why roar the waves? They have no cause to mourn.

But Thou hast cause, O Diorma! thou maid of the breast of snow! Spread thou thy hair to the wind; send thy sighs on the blasts of the hills.

They vanished like two beams of light, which fly from the heath in a storm: They sunk like two stars in a cloud when the winds of north arise.

For Thee weep the maids, Fear-comhraic, along the echoing hills. For Thee the women weep, O Muirnin; chief of the wars of Erin. I see not Fear-comhraic on the hill; I see not Muirnin in the storms of ocean. Raise, raise the song, relate the tale. Descend ye tears of other times.

Diorma was the daughter of Connaid the chief of a thousand shields.

Diorma was among the maids, as the white flower among the heath.

Her breast was like a white cloud in heaven. Her bosom like the top of a wave in a storm. Her hair was like smoke in the sun: her eye like the star of morn. Not fairer looks the moon from between two clouds, than the face of Diorma from between her locks.

A thousand heroes loved the maid; the maid loved none but Fear-comhraic. He loved the maid, and well he might; fair among women was the daughter of Connaid. She was the light of his soul in danger; the strength of his arm in battle.

FRAGMENT XIII

Élevez un monument de pierre ; recueillez la terre : préservez le nom de Fear-comhraic. Soufflez, vents, depuis vos collines nombreuses ; soupirez sur la tombe de Muirnin.

La roche sombre est suspendue, couverte de forêt, au-dessus de la calme demeure des héros.

La mer aux flots couronnés d'écume murmure à leurs côtés.

Pourquoi les bois soupirent-ils, pourquoi la mer rugit-elle ? Leur deuil est sans motif.

Mais le Tien ne l'est pas, ô Diorma ! vierge au sein de neige ! Laisse flotter tes cheveux au vent ; confie tes soupirs au souffle puissant des collines.

Ils s'évanouirent comme deux rayons de lumière qui s'envolent de la lande dans la tempête : Ils sombrèrent comme deux étoiles dans un nuage quand les vents du nord se lèvent.

C'est pour Toi que pleurent les vierges, Fear-comhraic, et que résonnent ces pleurs dans les collines. C'est pour Toi que pleurent les femmes, ô Muirnin ; chef des guerres d'Erin. Je ne vois plus Fear-comhraic sur la colline ; je ne vois plus Muirnin dans les tempêtes océanes. Que s'élève un chant, qu'il s'élève, que l'on dise le récit. Que descendent les larmes d'un autre temps.

Diorma était la fille de Connaid, qui commandait un millier de boucliers.

Diorma, au milieu des autres vierges, était une fleur blanche au milieu de la lande.

Sa gorge était comme un nuage blanc dans les cieux. Son sein comme la crête d'une vague dans la tempête. Ses cheveux étaient comme fumée dans le soleil : ses yeux comme l'étoile du matin. Entre deux nuages, la lune qui apparaît n'est pas plus belle que le visage de Diorma entre ses boucles.

Mille héros aimaient cette vierge ; la vierge n'en aimait aucun hormis Fear-comhraic. Il aimait cette vierge, et c'était justice ; la fille de Connaid était belle entre les femmes. Elle était la lumière de son âme dans le danger ; la force de son bras dans la bataille.

Who shall deny me the maid, said Fear-comhraic, who, the fairest of women, Diorma? Hard must be his helm of steel, and strong his shield of iron.

I deny her, said Muirnin son of the chief of generous shells. My sword is keen, my spear is strong; the valiant yield to Muirnin.

Come then, thou son of Cormac, O mighty Muirnin, come! leave the hills of Erin, come on the foamy wave. Let thy ship, like a cloud, come over the storms of ocean.

He came along the sea: his sails were like grey mist on the heath: long was his spear of ash; his shield like the bloody moon.—Aodan son of Armclach came; the youth of the gloomy brow.

Rise, Fear-comhraic, rise thou love of the soft Diorma! fight, or yield the maid, son of the great Comhfeadan!

He rose like a cloud on the hill, when the winds of Autumn blow.

Tall art thou, said Fear-comhraic, son of mighty Cormac; fair are thy cheeks of youth, and strong thy arm of war. Prepare the feast, and slay the deer; send round the shell of joy: three days we feast together; we fight on the fourth, son of Cormac.

Why should I sheath my sword, son of the noble Comhfeadan? Yield to me, son of battle, and raise my fame in Erin.

Raise Thou my tomb, O Muirnin! If Fear-comhraic fall by thy steel, place my bright sword by my side, in the tomb of the lonely hill.

We fight by the noise of the stream, Muirnin! wield thy steel.

Swords sound on helmets, sound on shields; brass clashes, clatters, rings. Sparkles buzz; shivers fly; death bounds from mail to mail. As leaps a stone from rock to rock, so blow succeeds to blow. Their eyes dart fire; their nostrils blow: they leap, they thrust, they wound.

Slowly, slowly falls the blade of Muirnin son of war. He sinks, his armour rings, he cries, I die, Fear-comhraic, I die.

Qui me refusera cette vierge, dit Fear-comhraic, qui, la plus belle des femmes, Diorma ? Il faut qu'il soit solide, son heaume d'acier, et résistant, son bouclier de fer.

Je te la refuse, dit Muirnin, le fils du chef aux conques généreuses. Mon épée est tranchante, ma lance est robuste ; nul n'est assez vaillant contre Muirnin.

Alors viens, fils de Cormac, ô puissant Muirnin, viens ! quitte les collines d'Erin, viens sur la vague écumeuse. Viens sur ton navire, tel un nuage, et traverse les tempêtes océanes.

Il vint par les chemins maritimes : ses voiles étaient comme un brouillard gris sur la lande : longue était sa lance de frêne ; son bouclier comme la lune ensanglantée. – Vint Aodan, fils d'Armclach ; jeune homme au front assombri.

Lève toi, Fear comhraic, lève-toi, amour de la tendre Diorma ! bats-toi, ou cède-moi cette vierge, fils du grand Comhfeadan !

Il se leva comme le nuage sur la colline quand soufflent les vents d'automne.

Tu es grand, dis Fear-comhraic, ô fils du puissant Cormac ; elles sont belles les joues de ta jeunesse, il est fort le bras de tes guerres. Que l'on prépare le festin et que l'on tue un cerf ; que l'on fasse passer les conques de joie : pendant trois jours nous festoierons ensemble ; le quatrième nous nous battrons, fils de Cormac.

Pourquoi rengainerais-je mon épée, fils du noble Comhfeadan ? Tu dois me céder, fils des batailles, pour que s'élève ma gloire en Erin.

Élève ma tombe, ô Muirnin ! Si Fear-comhraic devait tomber par ton acier, dépose mon épée brillante à mon côté, dans la tombe sur la colline solitaire.

Nous combattrons au son du torrent, Muirnin ! brandis ton acier.

Le bruit des épées sur les heaumes, le bruit sur les boucliers ; fracas du cuivre qui s'entrechoque et retentit. Des étincelles tintent et jaillissent ; des éclats s'envolent ; la mort saute de maille en maille. Comme la pierre de rocher en rocher bondit, ainsi les coups succèdent aux coups. Leurs yeux dardent des flammes ; leurs narines soufflent : ils bondissent, ils pourfendent, ils blessent.

Lentement, lentement tombe la lame de Muirnin, fils de la guerre. Il sombre, son armure retentit, il crie, Fear-comhraic, je meurs !

And falls the bravest of men the chief of Innisfhallin! Stretch wide the sail; ascend the wave, and bring the youth to Erin. Deep on the hills of Erin is the sigh of maids. For thee, my foe, I mourn: thou art the grief of Fear-comhraic.

Rise ye winds of the sounding hill; sigh over the fall of Muirnin! Weep Diorma, for the hero; weep, maid of the arms of snow; appear like the sun in rain; move in tears along the shore!

Aodan saw the fall of Muirnin, and drew the sounding bow: The grey-winged arrow flew, and pierced the breast of Fear-comhraic. Aodan, said Fear-comhraic, where was the sword of war? where was the spear of thy strength, when thus thou hast slain Fear-comhraic? Raise, gloomy youth, raise thou our tombs! I will rest with the chief of Innisfhallin.

Who is that on the hill like a sun-beam in a storm? Who is that with the heaving breasts, which are like two wreaths of snow? Thy blue eyes roll in tears, thou daughter of mighty Connaid! Thy hair flies round thy temples, as the mist on the rocks of Ardven. Thy robe flows on the heath, daughter of grief, Diorma! He is fallen on the hill like a stream of light in a cloud. No more shall he hear thy voice like the sound of the string of music. The strength of the war is gone; the cheek of youth is pale.

Et il tombe, le plus brave des hommes, le chef d'Innisfhallin! Déployez la voile sur toute sa largeur; franchissez la vague et ramenez le jeune homme en Erin. Le soupir des vierges est profond sur les collines d'Erin. Je te pleure, mon ennemi : tu es la tristesse de Fear-comhraic.

Levez-vous, vents des collines sonores; soupirez, car il est tombé Muirnin! Verse tes larmes, Diorma, pour le héros; verse tes larmes, vierge aux bras de neige; sois comme le soleil dans la pluie; marche en larme sur le rivage!

Aodan vit la chute de Muirnin et banda son arc sonore : La flèche aux ailes grises s'envola et perça la poitrine de Fear-comhraic. Aodan, dit Fear-comhraic, qu'as-tu fait de l'épée de la guerre? qu'as-tu fait de la lance de ta force lorsque tu abattis Fear-comhraic? Élève, sombre jeune homme, élève nos tombes! Je reposerai avec le chef d'Innisfhallin.

Qui est là-bas, sur la colline, tel un rayon de soleil dans la tempête? Qui est là-bas, la poitrine soulevée, ses seins comme deux tertres couverts de neige. Fille du puissant Connaid, tes yeux bleus nagent dans les larmes! Tes cheveux volent autour de tes tempes comme la brume sur les rochers d'Ardven. Ta robe flotte sur la lande, fille du malheur, Diorma! Il est tombé sur la colline comme un trait de lumière s'abime dans les nuées. Jamais plus il n'entendra ta voix semblable à la musique des cordes qui résonnent. La force de la guerre s'en est allée; la joue de la jeunesse est pâle.

FRAGMENT XIV

Cuchulaid sat by the wall; by the tree of the rustling leaf. His spear leaned against the mossy rock. His shield lay by him on the grass. Whilst he thought on the mighty Carbre whom he slew in battle, the scout of the ocean came, Moran the son of Fithil.

Rise, Cuchulaid, rise! I see the ships of Garve. Many are the foe, Cuchulaid; many the sons of Lochlyn.

Moran! thou ever tremblest; thy fears increase the foe. They are the ships of the Desert of hills arrived to assist Cuchulaid.

I saw their chief, says Moran, tall as a rock of ice. His spear is like that fir; his shield like the rising moon. He sat upon a rock on the shore, as a grey cloud upon the hill. Many, mighty man! I said, many are our heroes; Garve, well art thou named, many are the sons of our king.

He answered like a wave on the rock; who is like me here? The valiant live not with me; they go to the earth from my hand. The king of the Desert of hills alone can fight with Garve. Once we wrestled on the hill. Our heels overturned the wood. Rocks fell from their place, and rivulets changed their course. Three days we strove together; heroes stood at a distance, and feared. On the fourth, the King saith that I fell; but Garve saith, he stood. Let Cuchulaid yield to him that is strong as a storm.

No. I will never yield to man. Cuchulaid will conquer or die. Go, Moran, take my spear; strike the shield of Caithbait which hangs before the gate. It never rings in peace. My heroes shall hear on the hill.—

FRAGMENT XIV[1]

Cuchulaid était assis au pied des murailles ; au pied de l'arbre au feuillage bruissant. Sa lance était appuyée contre le rocher moussu. Son bouclier reposait non loin dans l'herbe. Il rêvait au puissant Carbre, qu'il avait tué dans les combats, lorsqu'arriva Moran, fils de Fithil, chargé de veiller sur l'océan.

Lève-toi, Cuchulaid, lève-toi ! je vois les vaisseaux de Garve. Cuchulaid, l'ennemi est innombrable ; innombrables, les fils de Lochlyn.

Moran ! toujours je te vois trembler ; tes peurs ont grossi l'ennemi. Ce sont les vaisseaux du Désert des collines qui viennent en aide à Cuchulaid.

J'ai vu leur chef, dit Moran, haut comme un rocher de glace. Sa lance est comme le tronc de ce sapin ; son bouclier comme la lune qui se lève. Il était assis sur un rocher sur le rivage, tel un nuage gris sur la colline. Nombreux, homme puissant ! lui dis-je, nombreux sont nos héros ; Garve, tu portes ton nom avec justesse, nombreux sont les fils de notre roi.

Il répondit comme la vague s'écrase sur le rocher ; qui est ici mon égal ? Les braves avec moi ne vivent pas ; par ma main ils vont à terre. Seul le roi du Désert des collines peut combattre Garve. Un jour nous luttâmes sur la colline. Nos talons labourèrent la forêt. Les rochers s'effondraient et les ruisseaux changeaient leurs cours. Trois jours durant nous combattîmes ; d'autres héros se tenaient à quelque distance et tremblaient de peur. Au quatrième, le Roi dit que je suis tombé ; mais Garve dit qu'il ne tomba pas. Cuchulaid devra céder à celui qui est aussi fort qu'une tempête.

Non. Jamais je ne cèderai à un homme. Cuchulaid sera vainqueur ou sera mort. Va, Moran, prend ma lance ; frappe le bouclier de Caithbait suspendu devant la porte. Jamais il ne résonne dans la paix. Mes héros l'entendront sur les collines. —

---

1 Ceci est le début du poème épique mentionné dans la préface. Les deux fragments suivants sont des extraits de celui-ci. [Macpherson] — Ce fragment est réutilisé au début du premier livre de « Fingal ».

FRAGMENT XV

DUCHOMMAR, MORNA.

DUCHOMMAR.

Morna, thou fairest of women, daughter of Cormac-Carbre? why in the circle of stones, in the cave of the rock, alone? The stream murmureth hoarsely. The blast groaneth in the aged tree. The lake is troubled before thee. Dark are the clouds of the sky. But thou art like snow on the heath. Thy hair like a thin cloud of gold on the top of Cromleach. Thy breasts like two smooth rocks on the hill which is seen from the stream of Brannuin. Thy arms, as two white pillars in the hall of Fingal.

MORNA.

Whence the son of Mugruch, Duchommar the most gloomy of men? Dark are thy brows of terror. Red thy rolling eyes. Does Garve appear on the sea? What of the foe, Duchommar?

DUCHOMMAR.

From the hill I return, O Morna, from the hill of the flying deer. Three have I slain with my bow; three with my panting dogs. Daughter of Cormac-Carbre, I love thee as my soul. I have slain a deer for thee. High was his branchy head; and fleet his feet of wind.

FRAGMENT XV[1]

DUCHOMMAR, MORNA.

DUCHOMMAR.

Morna, belle entre toutes les femmes, fille de Cormac-Carbre ? pour-quoi es-tu dans le cercle de pierre, seule dans la grotte du rocher ? Le torrent murmure d'une voix rauque. Le vieil arbre gémit dans le souffle du vent. Le lac se trouble devant toi. Sombres sont les nuages du ciel. Mais tu es comme la neige sur la lande. Tes cheveux comme un léger nuage doré au sommet de la Cromleach. Tes seins comme deux rochers polis sur la colline que l'on voit depuis le torrent de Brannuin. Tes bras comme deux colonnes blanches dans le palais de Fingal.

MORNA.

D'où viens le fils de Mugruch, Duchommar, le plus sombre des hommes ? Tes sourcils terrifiants sont noirs. Rouges tes yeux roulent dans leurs orbites. Garve paraît-il sur la mer ? Quelles nouvelles de l'ennemi, Duchommar ?

DUCHOMMAR.

Je reviens de la colline, ô Morna, de la colline aux cerfs rapides. J'en ai tué trois avec mon arc ; trois avec mes chiens haletants. Fille de Cormac-Carbre, je t'aime comme mon âme. J'ai tué pour toi un cerf. Haute était sa ramure ; et ses pieds vifs comme le vent.

---

1 Ce fragment est réutilisé dans le premier livre de « Fingal ».

Morna.

Gloomy son of Mugruch, Duchommar! I love thee not: hard is thy heart of rock; dark thy terrible brow. But Cadmor the son of Tarman, thou art the love of Morna! thou art like a sun-beam on the hill, in the day of the gloomy storm. Sawest thou the son of Tarman, lovely on the hill of the chace? Here the daughter of Cormac-Carbre waiteth the coming of Cadmor.

Duchommar.

And long shall Morna wait. His blood is on my sword. I met him by the mossy stone, by the oak of the noisy stream. He fought; but I slew him; his blood is on my sword. High on the hill I will raise his tomb, daughter of Cormac-Carbre. But love thou the son of Mugruch; his arm is strong as a storm.

Morna.

And is the son of Tarman fallen; the youth with the breast of snow! the first in the chase of the hill; the foe of the sons of the ocean!– Duchommar, thou art gloomy indeed; cruel is thy arm to me.–But give me that sword, son of Mugruch; I love the blood of Cadmor!

[He gives her the sword, with which she instantly stabs him.]

Duchommar.

Daughter of Cormac-Carbre, thou hast pierced Duchommar! the sword is cold in my breast; thou hast killed the son of Mugruch. Give me to Moina the maid; for much she loved Duchommar. My tomb she will raise on the hill; the hunter shall see it, and praise me.–But draw the sword from my side, Morna; I feel it cold.–

[Upon her coming near him, he stabs her. As she fell, she plucked a stone from the side of the cave, and placed it betwixt them, that his blood might not be mingled with hers.]

MORNA.

Ténébreux fils de Mugruch, Duchommar ! je ne t'aime pas : dur est ton cœur de rocher ; sombre et terrible ton front. Mais Cadmor, fils de Tarman, tu es l'amour de Morna ! tu es un rayon de soleil sur la colline en un jour de noire tempête. As-tu vu le fils de Tarman, gracieux sur la colline de la chasse ? La fille de Cormac-Carbre attend ici la venue de Cadmor

DUCHOMMAR.

Et Morna attendra longtemps. Son sang est sur mon épée. Nous nous sommes affronté près de cette pierre couverte de mousse, près du chêne au bord du torrent bruyant. Il s'est battu ; mais je l'ai tué ; son sang est sur mon épée. J'élèverai sa tombe sur le sommet de la colline, fille de Cormac-Carbre. Alors aime le fils de Mugruch ; son bras est fort comme la tempête.

MORNA.

Le fils de Tarman est donc tombé ; le jeune guerrier à la poitrine de neige ! le premier à la chasse dans les collines ; l'ennemi des étrangers fils de l'océan ! – Tu es sombre vraiment, Duchommar ; ton bras m'est cruel. – Mais donne-moi cette épée, fils de Mugruch ; j'aime le sang de Cadmor.

[Il lui donne son épée ; elle la lui plante aussitôt dans le corps]

DUCHOMMAR

Fille de Cormac-Carbre, tu as transpercé Duchommar ! l'épée est froide dans mon sein ; tu as tué le fils de Mugruch. Donne mon corps à la jeune Moina ; car elle aimait passionnément Duchommar. Elle élèvera ma tombe sur la colline ; le chasseur la verra et chantera mes louanges. – Mais retire cette épée de ma poitrine, Morna ; je sens qu'elle est froide. –

[Lorsqu'elle s'approche de lui, il lui donne un coup d'épée. En tombant, elle détacha une pierre de la paroi de la grotte et la plaça entre leurs deux corps, afin que leurs sangs ne se mêlent pas].

FRAGMENT XVI

Where is Gealchossa my love, the daughter of Tuathal-Teachvar? I left her in the hall of the plain, when I fought with the hairy Ulfadha. Return soon, she said, O Lamderg! for here I wait in sorrow. Her white breast rose with sighs; her cheek was wet with tears. But she cometh not to meet Lamderg; or sooth his soul after battle. Silent is the hall of joy; I hear not the voice of the singer. Brann does not shake his chains at the gate, glad at the coming of his master. Where is Gealchossa my love, the daughter of Tuathal-Teachvar?

Lamderg! says Firchios son of Aydon, Gealchossa may be on the hill; she and her chosen maids pursuing the flying deer.

Firchios! no noise I hear. No sound in the wood of the hill. No deer fly in my sight; no panting dog pursueth. I see not Gealchossa my love; fair as the full moon setting on the hills of Cromleach. Go, Firchios! go to Allad, the grey-haired son of the rock. He liveth in the circle of stones; he may tell of Gealchossa.

Allad! saith Firchios, thou who dwellest in the rock; thou who tremblest alone; what saw thine eyes of age?

I saw, answered Allad the old, Ullin the son of Carbre: He came like a cloud from the hill; he hummed a surly song as he came, like a storm in leafless wood. He entered the hall of the plain. Lamderg, he cried, most dreadful of men! fight, or yield to Ullin. Lamderg, replied Gealchossa, Lamderg is not here: he fights the hairy Ulfadha; mighty man, he is not here. But Lamderg never yields; he will fight the son of Carbre. Lovely art thou, O daughter of Tuathal-Teachvar! said Ullin. I carry thee to the house of Carbre; the valiant shall have Gealchossa. Three days from the top of Cromleach will I call Lamderg to fight. The fourth, you belong to Ullin, if Lamderg die, or fly my sword.

FRAGMENT XVI[1]

Où est Gealchossa mon amour, fille du noble Tuathal-Teachvar ? Je l'ai laissée dans le palais de la plaine quand j'allai combattre Ulfadha à la longue barbe. Reviens bientôt, me dit-elle, ô Lamderg ! car je t'attends ici plongée dans la tristesse. Son sein blanc se soulevait à chacun de ses soupirs ; sa joue était mouillée de larmes. Mais elle ne vient pas à la rencontre de Lamderg ; ni apaiser son âme après la bataille. Le palais de la joie est silencieux ; je n'entends nulle voix chanter. Bran au portail n'agite pas ses chaînes, joyeux au retour de son maître. Où est Gealchossa mon amour, fille de Tuathal-Teachvar ?

Lamderg ! dit Firchios, fils d'Aydon, Gealchossa est peut-être sur la colline ; pour y chasser en compagnie de ses suivantes le cerf qui fuit comme le vent.

Firchios ! je n'entends nul bruit. Nul son dans les bois de la colline. Je ne vois nul cerf fuir comme le vent ; nul chien haletant à sa poursuite. Je ne vois pas Gealchossa mon amour ; belle comme la pleine lune qui se couche derrière les collines de la Cromleach. Va, Firchios, va trouver Allad, le fils du rocher aux cheveux gris[2]. Il demeure dans le cercle de pierre ; il donnera peut-être des nouvelles de Gealchossa.

Allad ! dit Firchios, toi qui demeure dans le rocher ; toi qui tremble solitaire ; qu'ont vu les yeux de ta vieillesse ?

J'ai vu, répondit le vieil Allad, Ullin, fils de Carbre : Il est venu comme le nuage descend de la colline ; il vint en murmurant un chant lugubre, comme la tempête dans une forêt sans feuille. Il est entré dans le palais de la plaine. Lamderg, dit-il, toi le plus redoutable des hommes ! combat où cède à Ullin. Lamderg, répondit Gealchossa, Lamderg n'est pas ici : il se bat contre Ulfadha à la longue barbe ; il n'est pas ici, ô homme puissant. Mais jamais Lamderg n'a cédé ; il combattra le fils

---

1   Ce fragment est réutilisé dans le cinquième livre de « Fingal ».
2   Allad est de toute évidence un druide que l'on va consulter à cette occasion. [Macpherson]

Allad! peace to thy dreams!—sound the horn, Firchios!—Ullin may hear, and meet me on the top of Cromleach.

Lamderg rushed on like a storm. On his spear he leaped over rivers. Few were his strides up the hill. The rocks fly back from his heels; loud crashing they bound to the plain. His armour, his buckler rung. He hummed a surly song like the noise of the falling stream. Dark as a cloud he stood above; his arms, like meteors, shone. From the summit of the hill, he rolled a rock. Ullin heard in the hall of Carbre.—

de Carbre. Tu es gracieuse, ô fille de Tuathal-Teachvar ! dit Ullin. Je t'emmène dans la demeure de Carbre ; Gealchossa sera pour le brave. Trois jours au sommet de la Cromleach j'appellerai Lamderg pour qu'il vienne se battre. Au quatrième, tu appartiens à Ullin, si Lamderg meurt ou s'il fuit mon épée.

Allad ! paix à tes rêves ! — Firchios, fait retentir le cor ! — Ullin l'entendra peut-être et me rencontrera au sommet de la Cromleach.

Lamderg s'élança telle une tempête. Il bondissait par dessus les rivières en s'appuyant sur sa lance. Quelques enjambées le conduisirent au sommet de la colline. Ses talons repoussent les rochers ; ils roulaient vers la plaine et s'écrasaient en un fracas assourdissant. Son armure, son bouclier résonnaient. Il murmurait en s'approchant un chant aussi lugubre que le bruit du torrent dans sa chute. Sombre comme un nuage il se tenait tout en haut ; ses armes brillaient comme des météores. Depuis le sommet de la colline il fit rouler un rocher. Ullin l'entendit dans la demeure de Carbre. —

THE WORKS OF OSSIAN
THE SON OF FINGAL

In two Volumes

Translated from the Galic Language
By James Macpherson

Fortia facta patrum. Virg.

ŒUVRES D'OSSIAN, FILS DE FINGAL

En deux volumes

Traduites du gallique
Par James Macpherson

Les hauts faits des ancêtres. Virgile

FINGAL,

An ancient epic poem.

In six Books.

FINGAL,

Épopée antique.

En six livres.

3e édition, 1765

BOOK I

ARGUMENT

Cuchullin, (general of the Irish tribes, in the minority of Cormac, king of Ireland) sitting alone beneath a tree, at the gate of Tura, a castle of Ulster, (the other chiefs having gone on a hunting party to Cromla, a neighbouring hill) is informed of the landing of Swaran, king of Lochlin, by Moran, the son of Fithil, one of his scouts. He convenes the chiefs; a council is held, and disputes run high about giving battle to the enemy. Connal, the petty king of Togorma, and an intimate friend of Cuchullin, was for retreating till Fingal, king of those Caledonians who inhabited the north-west coast of Scotland, whose aid had been previously sollicited, should arrive; but Calmar, the son of Matha, lord of Lara, a country in Connaught, was for engaging the enemy immediately.–Cuchullin, of himself willing to fight, went into the opinion of Calmar. Marching towards the enemy, he missed three of his bravest heroes, Fergus, Duchomar, and Caithbat. Fergus arriving, tells Cuchullin of the death of the two other chiefs; which introduces the affecting episode of Morna, the daughter of Cormac.–The army of Cuchullin is descried at a distance by Swaran, who sent the son of Arno to observe the motions of the enemy, while he himself ranged his forces in order of battle.–The son of Arno returning to Swaran, describes to him Cuchullin's chariot, and the terrible appearance of that hero. The armies engage, but night coming on, leaves the victory undecided. Cuchullin, according to the hospitality of the times, sends to Swaran a formal invitation to a feast, by his bard Carril, the son of Kinfena.–Swaran refuses to come. Carril relates to Cuchullin the story of Grudar and Brassolis. A party, by Connal's advice, is sent to observe the enemy; which closes the action of the first day.

LIVRE PREMIER

ARGUMENT[1].

Cuchullin, général des tribus irlandaises pendant la minorité de Cormac, roi d'Irlande, assis seul sous un arbre à la porte de Tura, un château en Ulster, tandis que les autres chefs sont à la chasse sur la Cromla, une colline située non loin de là, est informé par un de ses éclaireurs, Moran, fils de Fithil, que Swaran, roi de Lochlin, vient de débarquer. Il rassemble ses chefs afin de tenir conseil. Ils se disputent pour savoir s'il faut livrer bataille à l'ennemi. Connal, roi de Togorma et ami intime de Cuchullin, conseille la retraite jusqu'à l'arrivée de Fingal, roi des Calédoniens qui habitent la côte nord-ouest de l'Écosse et dont l'aide a été sollicitée. Calmar, fils de Matha, seigneur de Lara, une région du Connaught, suggère d'attaquer l'ennemi sur-le-champ. Cuchullin, déjà disposé à combattre, adopte l'opinion de Calmar. En marche vers l'ennemi, il découvre l'absence de trois de ses plus braves héros, Fergus, Duchomar et Caithbat. Fergus arrive et raconte à Cuchullin la mort des deux autres chefs; épisode de Morna, fille de Cormac-cairbar. Swaran aperçoit au loin l'armée de Cuchullin; il envoie le fils d'Arno observer les mouvements de l'ennemi et, pendant ce temps, il range ses forces en ordre de bataille. Le fils d'Arno revient et décrit à Swaran le char de Cuchullin et l'allure farouche de ce héros. La bataille s'engage, mais la nuit qui survient laisse la victoire indécise. Cuchullin, suivant les lois de l'hospitalité de l'époque, envoie à Swaran, par son barde Carril, fils de Kinfena, une invitation à un grand festin. Swaran refuse. Carril récite à Cuchullin l'histoire de Grudar et Brassolis. Suivant l'avis de Connal, des éclaireurs sont envoyés reconnaître les mouvements de l'ennemi. Fin de la première journée.

---

1   Ces brefs résumés, rédigés par Macpherson, furent d'abord inclus dans la préface à la première édition de *Fingal*; ils apparaissent au début de chacun des livres dans l'édition de 1765.

Cuchullin sat by Tura's wall; by the tree of the rustling leaf.—His spear leaned against the mossy rock. His shield lay by him on the grass. As he thought of mighty Carbar, a hero whom he slew in war; the scout of the ocean came, Moran the son of Fithil.

Rise, said the youth, Cuchullin, rise; I see the ships of Swaran. Cuchullin, many are the foe: many the heroes of the dark-rolling sea.

Moran! replied the blue-eyed chief, thou ever tremblest, son of Fithil: Thy fears have much increased the foe. Perhaps it is the king of the lonely hills coming to aid me on green Ullin's plains.

I saw their chief, says Moran, tall as a rock of ice. His spear is like that blasted fir. His shield like the rising moon. He sat on a rock on the shore: his dark host rolled, like clouds, around him.—Many, chief of men! I said, many are our hands of war.—Well art thou named, the Mighty Man, but many mighty men are seen from Tura's windy walls.—He answered, like a wave on a rock, who in this land appears like me? Heroes stand not in my presence: they fall to earth beneath my hand. None can meet Swaran in the fight but Fingal, king of stormy hills. Once we wrestled on the heath of Malmor, and our heels overturned the wood. Rocks fell from their place; and rivulets, changing their course, fled murmuring from our strife. Three days we renewed our strife, and heroes stood at a distance and trembled. On the fourth, Fingal says, that the king of the ocean fell; but Swaran says, he stood. Let dark Cuchullin yield to him that is strong as the storms of Malmor.

No: replied the blue-eyed chief, I will never yield to man. Dark Cuchullin will be great or dead. Go, Fithil's son, and take my spear: strike the sounding shield of Cabait. It hangs at Tura's rustling gate; the sound of peace is not its voice. My heroes shall hear on the hill.

Cuchullin était assis au pied des murailles de Tura[1] ; au pied de l'arbre au feuillage bruissant. — Sa lance était appuyée contre le rocher moussu. Son bouclier reposait non loin dans l'herbe. Il rêvait au puissant Carbar, un héros qu'il avait tué dans les combats, lorsqu'arriva Moran, fils de Fithil, chargé de veiller sur l'océan[2].

Lève-toi, dit le jeune homme, lève-toi, Cuchullin ; je vois les vaisseaux de Swaran. Cuchullin, l'ennemi est innombrable : la mer sombre roule avec ses ondes une foule innombrable de héros.

Moran ! répondit le chef aux yeux bleus, toujours je te vois trembler, fils de Fithil : Tes peurs ont grossi l'ennemi. Peut-être est-ce le roi des collines solitaires qui m'apporte son aide sur les plaines vertes d'Ullin.

J'ai vu leur chef, dit Moran, haut comme un rocher de glace. Sa lance est comme le tronc de ce sapin foudroyé. Son bouclier comme la lune qui se lève. Il était assis sur un rocher sur le rivage : ses troupes sombres roulaient comme des nuages autour de lui. — Nombreuses, chef des hommes ! lui dis-je, nombreuses sont les mains qui servent nos guerres. — Tu portes avec justesse ce nom de Puissant parmi les hommes[3], mais les hommes puissants sont nombreux sur les murailles de Tura battues par les vents. — Il répondit comme la vague s'écrase sur le rocher, qui, sur cette terre, serait mon égal ? En ma présence nul héros ne se dresse : ils tombent à terre par ma main. Seul Fingal, roi des tumultueuses collines, peut tenir tête à Swaran. Un jour, nous combattîmes sur les bruyères de la Malmor et nos talons labourèrent la forêt. Les rochers s'effondraient ; et les ruisseaux, changeant leurs cours, s'enfuyaient en murmurant loin de notre lutte. Trois jours durant nous renouvelâmes notre lutte, et d'autres héros se tenaient à quelque distance et tremblaient. Au quatrième, Fingal dit que le roi de l'océan est tombé ; mais Swaran dit qu'il ne tomba pas. Le sombre Cuchullin devra céder à celui qui est aussi fort que les tempêtes de la Malmor.

Non : répondit le chef aux yeux bleus, jamais je ne cèderai à un homme. Le sombre Cuchullin sera grand ou sera mort. Va, fils de Fithil,

1   Voir fragment XIV.
2   Les Irlandais ont très vite fait appel à une aide extérieure ; on peut donc en conclure qu'ils n'étaient pas alors tellement nombreux ; ce qui contredit l'hypothèse selon laquelle ce peuple serait très ancien. Tacite raconte qu'à l'époque d'Agricola, on pensait qu'une seule légion suffisait à les maintenir sous le joug romain ; ce qui n'aurait sans doute pas été le cas si cette île avait été peuplée depuis plusieurs siècles. [Macpherson]
3   Dans le fragment I, Swaran s'appelle Garve, du gaélique *garbh*, « solide, fort ».

He went and struck the bossy shield. The hills and their rocks replied.
The sound spread along the wood: deer start by the lake of roes. Curach
leapt from the sounding rock; and Connal of the bloody spear. Crugal's
breast of snow beats high. The son of Favi leaves the dark-brown hind.
It is the shield of war, said Ronnar, the spear of Cuchullin, said Lugar.—
Son of the sea, put on thy arms! Calmar lift thy sounding steel! Puno!
horrid hero, rise: Cairbar from thy red tree of Cromla. Bend thy white
knee, O Eth; and descend from the streams of Lena.—Ca-olt stretch thy
white side as thou movest along the whistling heath of Mora: thy side
that is white as the foam of the troubled sea, when the dark winds pour
it on the murmuring rocks of Cuthon.

Now I behold the chiefs in the pride of their former deeds; their
souls are kindled at the battles of old, and the actions of other times.
Their eyes are like flames of fire, and roll in search of the foes of the
land.—Their mighty hands are on their swords; and lightning pours
from their sides of steel.—They came like streams from the mountains;
each rushed roaring from his hill. Bright are the chiefs of battle in the
armour of their fathers.—Gloomy and dark their heroes followed, like
the gathering of the rainy clouds behind the red meteors of heaven.—The
sounds of crashing arms ascend. The grey dogs howl between. Unequally
bursts the song of battle; and rocking Cromla echoes round. On Lena's
dusky heath they stood, like mist that shades the hills of autumn: when
broken and dark it settles high, and lifts its head to heaven.

Hail, said Cuchullin, sons of the narrow vales, hail ye hunters of
the deer. Another sport is drawing near: it is like the dark rolling of
that wave on the coast. Shall we fight, ye sons of war! or yield green
Innisfail to Lochlin?—O Connal speak, thou first of men! thou breaker
of the shields! thou hast often fought with Lochlin; wilt thou lift thy
father's spear?

et prends ma lance : fais retentir le bruyant bouclier de Cabait[1]. Il est suspendu aux portes sonores de Tura ; sa voix n'a pas les accents de la paix. Mes héros l'entendront sur les collines.

Il partit et frappa le bouclier bosselé. Les collines et leurs rochers répondirent. Le son s'étendit à travers les bois : le cerf tressaille au bord du lac des chevreuils. Curach s'élança du rocher retentissant ; et Connal à la lance sanglante. Le sein de neige de Crugal bat avec force. Le fils de Favi abandonne la biche au pelage brun sombre. C'est le bouclier de la guerre, dit Ronnar, la lance de Cuchullin, dit Lugar. – Fils de la mer, prends les armes ! Calmar, brandis ton acier retentissant ! Puno ! héros terrible, lève-toi : Cairbar hors des bois rouges de la Cromla. Fléchis tes blancs genoux, ô Eth ; et descends des torrents de Lena. – Ca-olt, fais siffler sous tes pas la lande de Mora et déploie la blancheur de tes flancs : tes flancs blancs comme l'écume de la mer agitée lorsque les sombres bourrasques l'épandent sur les rochers de Cuthon qui murmurent.

Je vois maintenant les chefs dans la fierté de leurs premiers exploits ; leurs âmes s'enflamment au souvenir des batailles d'autrefois et des gestes des temps anciens. Leurs yeux sont comme les flammes du feu, roulent et cherchent l'ennemi de leur terre. – Leurs mains puissantes serrent leurs épées ; des éclairs ruissellent de leurs flancs d'acier. – Chacun descendit de sa colline ; ils jaillirent rugissants des montagnes comme le torrent. Éclatants sont les chefs de la bataille sous l'armure de leurs pères. – Sombres et ténébreux leurs guerriers les suivent comme des nuées menaçantes à la traîne de rouges météores célestes. – Le bruit des armes que l'on entrechoque s'élève. Les chiens gris y mêlent leurs hurlements. Par intervalle éclate le chant des batailles ; et la chancelante Cromla le répète de loin en loin. Sur la crépusculaire lande de Lena ils s'arrêtèrent et se tinrent immobiles, comme la brume qui obscurcit les collines de l'automne lorsque, sombre et déchirée, elle se pose sur leurs cimes et lève la tête vers les cieux[2].

Salut, dit Cuchullin, fils des étroites vallées, salut à vous chasseurs de cerfs. Un autre gibier s'approche : il est comme cette vague qui

---

1 Cabait, ou plutôt, Cathbait, le grand-père du héros, était si célèbre pour sa bravoure que ses descendants utilisèrent son bouclier pour annoncer les batailles qu'ils se préparaient à livrer. Fingal fait le même usage de son propre bouclier au livre IV. Le cor était l'instrument le plus courant pour appeler les armées au combat avant l'invention des cornemuses. [Macpherson]

2 *Iliade* 5, 522. [Macpherson]

Cuchullin! calm the chief replied, the spear of Connal is keen. It delights to shine in battle, and to mix with the blood of thousands. But tho' my hand is bent on war, my heart is for the peace of Erin. Behold, thou first in Cormac's war, the sable fleet of Swaran. His masts are as numerous on our coast as reeds in the lake of Lego. His ships are like forests cloathed with mist, when the trees yield by turns to the squally wind. Many are his chiefs in battle. Connal is for peace.–Fingal would shun his arm the first of mortal men: Fingal that scatters the mighty, as stormy winds the heath; when the streams roar thro' echoing Cona: and night settles with all her clouds on the hill.

Fly, thou chief of peace, said Calmar the son of Matha; fly, Connal, to thy silent hills, where the spear of battle never shone; pursue the dark-brown deer of Cromla: and stop with thine arrows the bounding roes of Lena. But, blue-eyed son of Semo, Cuchullin, ruler of the war, scatter thou the sons of Lochlin, and roar thro' the ranks of their pride. Let no vessel of the kingdom of Snow bound on the dark-rolling waves of Inis-tore. O ye dark winds of Erin rise! roar ye whirlwinds of the heath! Amidst the tempest let me die, torn in a cloud by angry ghosts of men; amidst the tempest let Calmar die, if ever chace was sport to him so much as the battle of shields.

Calmar! slow replied the chief, I never fled, O Matha's son. I was swift with my friends in battle, but small is the fame of Connal. The battle was won in my presence, and the valiant overcame. But, son of Semo, hear my voice, regard the ancient throne of Cormac. Give wealth and half the land for peace, till Fingal come with battle. Or, if war be thy choice, I lift the sword and spear. My joy shall be in the midst of thousands, and my soul brighten in the gloom of the fight.

To me, Cuchullin replies, pleasant is the noise of arms: pleasant as the thunder of heaven before the shower of Spring. But gather all the shining tribes that I may view the sons of war. Let them move along the heath, bright as the sun-shine before a storm; when the west wind collects the clouds, and the oaks of Morven echo along the shore.

roule obscurément sur la côte. Combattrons-nous, ô fils de la guerre !
ou céderons-nous la verte Innisfail à Lochlin ? – Parle, ô Connal, toi le
premier des hommes ! toi qui brises les boucliers ! souvent tu as combattu
Lochlin ; brandiras-tu la lance de tes pères ?

Cuchullin ! répondit calmement le chef, la lance de Connal est acérée. Elle se plaît à briller dans la bataille et à baigner dans le sang de
milliers de héros. Mais bien que ma main incline à la guerre, mon cœur
est pour la paix d'Erin. Ô toi, premier dans les guerres de Cormac, vois
la noire flotte de Swaran. Ses mâts sont innombrables sur notre côte,
tels les roseaux sur le lac de Lego. Ses vaisseaux sont comme des forêts
que couvre la brume, quand les arbres plient tour à tour sous la force
de vents impétueux. Nombreux sont les chefs de son armée. Connal est
pour la paix. – Fingal lui-même, le premier des mortels, éviterait son
bras : Fingal qui balaie les puissants comme la tempête qui souffle sur
la lande ; quand rugissent les torrents à travers la Cona pleine d'échos
et que la nuit se pose sur la colline avec tous ses nuages.

Fuis, ô chef de la paix, dit Calmar, fils de Matha ; fuis, Connal, vers
tes silencieuses collines où jamais ne brilla la lance des combats ; va
poursuivre le cerf brun sombre de la Cromla : et arrêter de tes flèches
les chevreuils bondissants de Lena. Mais toi, fils aux yeux bleus de
Semo, Cuchullin, arbitre de la guerre, disperse les fils de Lochlin et
rugis à travers les rangs de leur orgueil. Qu'aucun navire du royaume
des neiges ne bondisse sur les vagues sombres et houleuses d'Inis-tore.
Levez-vous, ô sombres vents d'Erin ! rugissez, ô tourbillons sur la lande !
Qu'au milieu de la tempête je meure, déchiré dans un nuage par les
fantômes irrités des morts ; qu'au milieu de la tempête Calmar meure si
jamais la chasse eut plus d'attraits pour lui que la bataille des boucliers.

Calmar ! répondit lentement le chef, jamais je n'ai fui, ô fils de Matha.
Je fus prompt avec mes amis à la bataille, mais faible est la gloire de
Connal. J'ai vu gagner des batailles et triompher les braves. Mais, fils
de Semo, écoute ma voix, souviens-toi du trône antique de Cormac.
Donne des richesses et la moitié de ce royaume pour acheter la paix
jusqu'à ce que Fingal arrive pour se battre. Ou, si tu choisis la guerre,
je brandirai épée et lance. Ma joie sera au milieu de la multitude, et
mon âme s'allumera dans la noirceur de la mêlée.

Me plaît le bruit des armes, répond Cuchullin : il me plaît comme
le tonnerre des cieux avant l'ondée du printemps. Mais rassemble toutes

But where are my friends in battle? The companions of my arm in danger? Where art thou, white-bosom'd Cathbat? Where is that cloud in war, Duchomar? and hast thou left me, O Fergus! in the day of the storm? Fergus, first in our joy at the feast! son of Rossa! arm of death! comest thou like a roe from Malmor? Like a hart from the echoing hills?—Hail thou son of Rossa! what shades the soul of war?

Four stones, replied the chief, rise on the grave of Cathbat.—These hands have laid in earth Duchomar, that cloud in war. Cathbat, thou son of Torman, thou wert a sun-beam on the hill.—And thou, O valiant Duchomar, like the mist of marshy Lano; when it sails over the plains of autumn and brings death to the people. Morna, thou fairest of maids! calm is thy sleep in the cave of the rock. Thou hast fallen in darkness like a star, that shoots athwart the desert, when the traveller is alone, and mourns the transient beam.

Say, said Semo's blue-eyed son, say how fell the chiefs of Erin? Fell they by the sons of Lochlin, striving in the battle of heroes? Or what confines the chiefs of Cromla to the dark and narrow house?

Cathbat, replied the hero, fell by the sword of Duchomar at the oak of the noisy streams. Duchomar came to Tura's cave, and spoke to the lovely Morna.

Morna, fairest among women, lovely daughter of Cormac-cairbar. Why in the circle of stones; in the cave of the rock alone? The stream murmurs hoarsely. The old tree's groan is in the wind. The lake is troubled before thee, and dark are the clouds of the sky. But thou art like snow on the heath; and thy hair like the mist of Cromla; when it curls on the rocks, and shines to the beam of the west.—Thy breasts are like two smooth rocks seen from Branno of the streams. Thy arms like two white pillars in the halls of the mighty Fingal.

les brillantes tribus afin que je voie les fils de la guerre. Qu'ils s'avancent sur la lande, brillants comme la lumière du soleil avant l'orage ; lorsque le vent d'ouest rassemble les nuages et que les chênes de Morven sur le rivage lui répondent.

Mais où sont mes amis dans la bataille ? Les compagnons de mon bras dans le danger ? Où es-tu Cathbat à la blanche poitrine ? Où est Duchomar, ce nuage dans la guerre ? et m'as-tu abandonné, ô Fergus, en ce jour de tempête ? Fergus, toi le premier aux joies du festin ! fils de Rossa ! bras de la mort ! est-ce toi qui viens, semblable au chevreuil de la Malmor ? Semblable au cerf qui court dans les collines pleines d'échos[1] ? – Salut à toi, fils de Rossa ! quelle est cette ombre sur l'âme de la guerre ?

Quatre pierres, répondit le chef, s'élèvent sur la tombe de Cathbat[2]. – Ces mains ont couché dans la terre Duchomar, ce nuage dans la guerre. Cathbat, fils de Torman, tu étais un rayon de soleil sur la colline. – Et toi, ô valeureux Duchomar, comme les brumes du marécageux Lano ; quand elles avancent sur les plaines de l'automne et portent la mort avec elles. Morna, la plus belle des vierges ! paisible est ton sommeil dans la caverne du rocher. Tu es tombée dans les ténèbres comme une étoile qui file dans le désert, quand le voyageur est seul et qu'il voit avec regret s'éloigner à jamais son rayon fugitif.

Raconte, dit le fils aux yeux bleus de Semo, raconte comment sont tombés les chefs d'Erin ? Sont-ils tombés sous les coups des fils de Lochlin, en livrant la bataille des héros ? Pourquoi les chefs de la Cromla sont-ils retenus dans la maison étroite et ténébreuse ?

Cathbat, répondit le héros, est tombé sous l'épée de Duchomar près du chêne des torrents sonores. Duchomar vint ensuite à la grotte de Tura et parla à la gracieuse Morna.

Morna, belle entre toutes les femmes, gracieuse fille de Cormac-cairbar[3]. Pourquoi dans le cercle de pierre ; seule dans la grotte du rocher ?

---

1   *Cantique des Cantiques* 2, 17. [Macpherson]
2   Ce passage montre comment les Écossais antiques étaient enterrés. Ils creusaient une tombe d'environ deux mètres de profondeur : on versait de l'argile au fond, sur laquelle on déposait le corps du défunt, ainsi que, s'il s'agissait d'un guerrier, son épée, son bouclier et douze pointes de flèches à ses côtés. On répandait par-dessus une autre couche d'argile et la ramure d'un cerf, symbole de la chasse. On recouvrait le tout d'une couche d'humus et quatre pierres alignées délimitaient la tombe. Voici à quoi font référence les quatre pierres du poème. [Macpherson]
3   Voir fragment XV.

From whence, the white-armed maid replied, from whence, Duchomar the most gloomy of men? Dark are thy brows and terrible. Red are thy rolling eyes. Does Swaran appear on the sea? What of the foe, Duchomar?

From the hill I return, O Morna, from the hill of the dark-brown hinds. Three have I slain with my bended yew. Three with my long bounding dogs of the Chace.—Lovely daughter of Cormac, I love thee as my soul.—I have slain one stately deer for thee.—High was his branchy head; and fleet his feet of wind.

Duchomar! calm the maid replied, I love thee not, thou gloomy man.—Hard is thy heart of rock, and dark thy terrible brow. But Cathbat, thou son of Torman, thou art the love of Morna. Thou art like a sunbeam on the hill in the day of the gloomy storm. Sawest thou the son of Torman, lovely on the hill of his hinds? Here the daughter of Cormac waits the coming of Cathbat.

And long shall Morna wait, Duchomar said, his blood is on my sword.—Long shall Morna wait for him. He fell at Branno's stream. High on Cromla I will raise his tomb, daughter of Cormac-cairbar; but fix thy love on Duchomar, his arm is strong as a storm.—

And is the son of Torman fallen? said the maid of the tearful eye. Is he fallen on his echoing heath; the youth with the breast of snow? he that was first in the chace of the hill; the foe of the strangers of the ocean.—Duchomar thou art dark indeed, and cruel is thy arm to Morna. But give me that sword, my foe; I love the blood of Caithbat.

He gave the sword to her tears; but she pierced his manly breast. He fell, like the bank of a mountain-stream; stretched out his arm and said;

Le torrent murmure d'une voix rauque. Le vieil arbre gémit au vent. Le lac se trouble devant toi et sombres sont les nuages du ciel. Mais tu es comme la neige sur la lande ; et tes cheveux comme les brumes de la Cromla ; quand elles montent en volutes sur les rochers et brillent aux rayons du couchant. — Tes seins comme deux rochers polis que l'on voit depuis le torrent de Branno. Tes bras comme deux colonnes blanches dans le palais du puissant Fingal.

D'où viens-tu, répondit la jeune fille aux bras blancs, d'où viens-tu, Duchomar le plus sombre des hommes ? Tes sourcils sont noirs et terribles. Rouges tes yeux roulent dans leurs orbites. Swaran paraît-il sur la mer ? Quelles nouvelles de l'ennemi, Duchomar ?

Je reviens de la colline, ô Morna, de la colline aux biches brun sombre. J'en ai tué trois avec mon arc d'if. Trois avec les chiens bondissants de ma chasse. — Gracieuse fille de Cormac, je t'aime comme mon âme. — J'ai tué pour toi un cerf majestueux. — Haute était sa ramure ; et ses pieds vifs comme le vent.

Duchomar ! répondit calmement la jeune fille, je ne t'aime pas, homme ténébreux. — Dur est ton cœur de rocher, sombre et terrible ton front. Mais Cathbat, ô fils de Torman, tu es l'amour de Morna. Tu es un rayon de soleil sur la colline en un jour de noire tempête. As-tu vu le fils de Torman, gracieux sur la colline de ses biches ? La fille de Cormac attend ici la venue de Cathbat.

Et Morna attendra longtemps, dit Duchomar, son sang est sur mon épée. — Morna l'attendra longtemps. Il est tombé près du torrent de Branno. J'élèverai sa tombe sur le sommet de la Cromla, fille de Cormac-cairbar ; mais attache ton amour à Duchomar, son bras est fort comme la tempête. —

Le fils de Torman est donc tombé ? dit la vierge à l'œil plein de larmes. Est-il tombé sur sa lande sonore ; le jeune guerrier à la poitrine de neige ? lui qui était le premier à la chasse dans les collines ; l'ennemi des étrangers fils de l'océan. — Tu es sombre vraiment Duchomar et ton bras est cruel à Morna. Mais donne-moi cette épée, mon ennemi ; j'aime le sang de Caithbat.

Il céda l'épée à ses larmes ; mais elle la plongea dans sa mâle poitrine. Il tomba, comme s'effondre la berge d'un torrent dans la montagne ; tendit le bras et dit ;

Daughter of Cormac-cairbar, thou hast slain Duchomar. The sword is cold in my breast: Morna, I feel it cold. Give me to Moina the maid; Duchomar was the dream of her night. She will raise my tomb; and the hunter shall see it and praise me. But draw the sword from my breast; Morna, the steel is cold.

She came, in all her tears, she came, and drew it from his breast. He pierced her white side with steel; and spread her fair locks on the ground. Her bursting blood sounds from her side: and her white arm is stained with red. Rolling in death she lay, and Tura's cave answered to her groans.—

Peace, said Cuchullin, to the souls of the heroes; their deeds were great in danger. Let them ride around me on clouds; and shew their features of war: that my soul may be strong in danger; my arm like the thunder of heaven.—But be thou on a moon-beam, O Morna, near the window of my rest; when my thoughts are of peace; and the din of arms is over.—Gather the strength of the tribes, and move to the wars of Erin.—Attend the car of my battles; rejoice in the noise of my course.— Place three spears by my side; follow the bounding of my steeds; that my soul may be strong in my friends, when the battle darkens round the beams of my steel.

As rushes a stream of foam from the dark shady steep of Cromla; when the thunder is rolling above, and dark-brown night on half the hill. So fierce, so vast, so terrible rushed on the sons of Erin. The chief like a whale of ocean, whom all his billows follow, poured valour forth as a stream, rolling his might along the shore.

The sons of Lochlin heard the noise as the sound of a winter-stream. Swaran struck his bossy shield, and called the son of Arno. What murmur rolls along the hill like the gathered flies of evening? The sons of Innis-fail descend, or rustling winds roar in the distant wood. Such is the noise of Gormal before the white tops of my waves arise. O son of Arno, ascend the hill and view the dark face of the heath.

Fille de Cormac-cairbar, tu as donné la mort à Duchomar. L'épée est froide dans mon sein : Morna, je sens qu'elle est froide. Donne mon corps à la jeune Moina ; Duchomar était le rêve de ses nuits. Elle élèvera ma tombe ; et le chasseur la verra et chantera mes louanges. Mais retire cette épée de ma poitrine ; Morna, l'acier est froid.

Elle vint dans toutes ses larmes, elle vint et retira l'épée de sa poitrine. Avec l'acier il perça son flanc si blanc ; et sa chevelure blonde s'étendit sur le sol. Le sang jaillit en gémissant de son flanc : et son bras blanc est taché de rouge. Elle roula et s'étendit dans la mort et la grotte de Tura redit ses gémissements. –

Paix, dit Cuchullin, aux âmes des héros ; leurs exploits furent grands dans le danger. Qu'ils chevauchent avec moi sur les nuages[1] ; et qu'ils montrent leurs figures guerrières : qu'ainsi mon âme soit forte dans le danger ; mon bras comme le tonnerre des cieux. – Mais toi, ô Morna, viens sur un rayon de lune à la fenêtre de mon repos ; quand mes pensées sont à la paix ; que le fracas des armes s'est éteint. – Que s'assemble la force des tribus et marchons aux guerres d'Erin. – Accompagnez le char de mes batailles ; réjouissez-vous du bruit de ma course. – Placez trois lances à mes côtés ; suivez les bonds de mes coursiers ; que mon âme puisse s'appuyer sur mes amis lorsque la nuit des combats s'épaissira autour des rayons de mon acier.

Comme se précipite un torrent d'écume des hauteurs très sombres de la Cromla[2] ; quand roule le tonnerre dans les cieux et s'étend la nuit brun sombre sur la moitié de la colline. Aussi farouche, aussi vaste, aussi terrifiante se précipita la foule des enfants d'Erin. Leur chef, tel la baleine de l'océan que suit docile le déferlement des vagues, déversait sa valeur devant lui comme un courant roule ses eaux puissantes sur le rivage.

Les fils de Lochlin entendirent ce bruit comme la rumeur d'un torrent hivernal. Swaran frappa son bouclier bosselé et appela le fils d'Arno. Quel est ce murmure qui roule sur la colline, semblable à ces insectes qui, le soir, volent en un nuage vrombissant ? Les fils d'Innis-fail s'abattent sur nous ou bien des vents traversent en rugissant de lointaines forêts. On croirait le bruit du Gormal avant que ne se lèvent les crêtes de mes

---

1   Les habitants des *Highlands* croyaient alors – et certains le croient toujours – que les âmes des morts flottaient autour de leurs amis vivants ; et que, parfois, ces fantômes apparaissaient avant qu'ils n'entreprissent quelque projet incertain. [Macpherson]
2   Macpherson cite ici en note Homère (*Iliade* 4, 452 *sqq.*) et Virgile (*Énéide* 12, 523 *sqq.*).

He went, and trembling, swift returned. His eyes rolled wildly round. His heart beat high against his side. His words were faultering, broken, slow.

Rise, son of ocean, rise chief of the dark-brown shields. I see the dark, the mountain-stream of the battle: the deep-moving strength of the sons of Erin.–The car, the car of battle comes, like the flame of death; the rapid car of Cuchullin, the noble son of Semo. It bends behind like a wave near a rock; like the golden mist of the heath. Its sides are embossed with stones, and sparkle like the sea round the boat of night. Of polished yew is its beam, and its seat of the smoothest bone. The sides are replenished with spears; and the bottom is the footstool of heroes. Before the right side of the car is seen the snorting horse. The high-maned, broad breasted, proud, high-leaping, strong steed of the hill. Loud and resounding is his hoof; the spreading of his mane above is like that stream of smoke on the heath. Bright are the sides of the steed, and his name is Sulin-Sifadda.

Before the left side of the car is seen the snorting horse. The dark-maned, high-headed, strong-hooffed, fleet, bounding son of the hill: his name is Dusronnal among the stormy sons of the sword.–A thousand thongs bind the car on high. Hard polished bits shine in a wreath of foam. Thin thongs bright-studded with gems, bend on the stately necks of the steeds.–The steeds that like wreaths of mist fly over the streamy vales. The wildness of deer is in their course, the strength of the eagle descending on her prey. Their noise is like the blast of winter on the sides of the snow-headed Gormal.

Within the car is seen the chief; the strong stormy son of the sword; the hero's name is Cuchullin, son of Semo king of shells. His red cheek is like my polished yew. The look of his blue-rolling eye is wide beneath the dark arch of his brow. His hair flies from his head like a flame, as bending forward he wields the spear. Fly, king of ocean, fly; he comes like a storm, along the streamy vale.

blanches vagues. Ô fils d'Arno, gravis la colline et va voir le sombre visage de la lande.

Il partit et, tremblant, revint aussitôt. Il roulait des yeux ronds égarés. Son cœur battait avec force dans sa poitrine. Ses paroles étaient hésitantes, interrompues, lentes.

Lève-toi, fils de l'océan, lève-toi, chef des boucliers brun sombre. Je vois l'obscur torrent des batailles venu de la montagne : le courant impérieux des fils d'Erin. – Le char, le char des batailles s'avance comme la flamme de la mort ; le char rapide de Cuchullin, noble fils de Semo. Derrière lui, c'est comme une vague qui se creuse à l'approche d'un rocher ; comme la brume dorée de la lande. Ses côtés sont incrustés de pierres et étincellent comme la mer autour d'un bateau de nuit. Le timon est d'if poli, le siège en os parfaitement lisse. Les flancs sont hérissés de lances ; et le fond est le marchepied des héros. Du côté droit devant le char, on voit le cheval qui s'ébroue. Le vigoureux coursier des collines aux longs crins, au large poitrail, fier, aux vastes bonds. Ses sabots retentissent avec force ; sa crinière s'étend comme une rivière de fumée sur la lande. Brillants sont les flancs de ce coursier et son nom est Sulin-Sifadda.

Du côté gauche devant le char on voit le cheval qui s'ébroue. Le fils léger et bondissant des collines aux crins sombres, à la tête haute, aux sabots puissants : son nom est Dusronnal parmi les fils orageux de l'épée. – Mille courroies suspendent le char. Des mors durs et polis brillent dans un flot d'écume. Des rênes légères, incrustées de pierres brillantes entourent le cou majestueux des coursiers. – Ces coursiers qui, comme des lambeaux de brume, volent à travers les vallons où ruissellent les torrents. Ils ont dans leur course la sauvagerie du cerf et la force de l'aigle qui fond sur sa proie. Leur bruit est comme le souffle du vent l'hiver sur les pentes du Gormal au sommet enneigé.

Dans le char est le chef ; fils de l'épée, vif, fort, orageux ; le nom du héros est Cuchullin, fils de Semo, ce roi aux nobles conques. Sa joue rouge est comme mon arc d'if poli. Son regard farouche et bleu roule sous l'arc sombre de ses sourcils. Ses cheveux volent derrière lui comme une flamme lorsque, penché en avant, il brandit sa lance. Fuis, roi des océans, fuis ; il descend comme une tempête de la vallée où ruissellent les torrents.

When did I fly, replied the king, from the battle of many spears? When did I fly, son of Arno, chief of the little soul? I met the storm of Gormal when the foam of my waves was high; I met the storm of the clouds and shall I fly from a hero? Were it Fingal himself my soul should not darken before him.—Rise to the battle, my thousands; pour round me like the echoing main. Gather round the bright steel of your king; strong as the rocks of my land; that meet the storm with joy, and stretch their dark woods to the wind.

As autumn's dark storms pour from two echoing hills, towards each other approached the heroes.—As two dark streams from high rocks meet, and mix and roar on the plain; loud, rough and dark in battle meet Lochlin and Innis-fail. Chief mixed his strokes with chief, and man with man; steel, clanging, sounded on steel, helmets are cleft on high. Blood bursts and smoaks around.—Strings twang on the polished yews. Darts rush along the sky. Spears fall like the circles of light that gild the stormy face of night.

As the troubled noise of the ocean when roll the waves on high; as the last peal of the thunder of heaven, such is the noise of battle. Though Cormac's hundred bards were there to give the war to song; feeble were the voices of a hundred bards to send the deaths to future times. For many were the falls of the heroes; and wide poured the blood of the valiant.

Mourn, ye sons of song, the death of the noble Sithallin.—Let the sighs of Fiöna rise on the dark heaths of her lovely Ardan.—They fell, like two hinds of the desart, by the hands of the mighty Swaran; when, in the midst of thousands he roared; like the shrill spirit of a storm, that sits dim, on the clouds of Gormal, and enjoys the death of the mariner.

Nor slept thy hand by thy side, chief of the isle of mist; many were the deaths of thine arm, Cuchullin, thou son of Semo. His sword was like the beam of heaven when it pierces the sons of the vale; when the people are blasted and fall, and all the hills are burning around.— Dusronnal snorted over the bodies of heroes; and Sifadda bathed his hoof in blood. The battle lay behind them as groves overturned on the desart of Cromla; when the blast has passed the heath laden with the spirits of night.

Ai-je jamais fui, répondit le roi, la bataille aux nombreuses lances ? Ai-je jamais fui, ô fils d'Arno, chef à l'âme faible ? J'ai bravé les tempêtes du Gormal quand l'écume sur mes vagues était haute ; j'ai bravé la tempête des nuages et je fuirai devant un héros ? Fût-ce Fingal lui-même, mon âme ne s'obscurcirait pas devant lui. — Levez-vous par milliers pour la bataille, mes guerriers ; entourez-moi comme les vagues océanes. Assemblez-vous autour de l'acier brillant de votre roi ; forts comme les rochers de ma terre ; qui bravent la tempête dans la joie et opposent aux vents leurs sombres forêts.

Comme de sombres tempêtes automnales qui descendraient de deux collines pleines d'échos, l'un vers l'autre s'approchèrent les héros[1]. — Comme deux sombres torrents qui tomberaient de rocs escarpés pour mêler leurs eaux et rugir dans la plaine ; se heurtent et se mêlent et combattent en un fracas brutal Lochlin et Innis-fail. Le chef combat le chef, le guerrier rejoint le guerrier ; l'acier frappe, résonne, est frappé, les heaumes volent en éclats. Le sang jaillit et fume alentour. — Les cordes résonnent sur les arcs d'if polis. Les flèches sifflent dans le ciel. Les lances retombent comme ces cercles lumineux qui dorent la face orageuse de la nuit.

Comme la clameur confuse de l'océan lorsque roulent ses vagues très haut ; comme le dernier grondement du tonnerre des cieux, tel est le bruit de la bataille. Les cent bardes de Cormac étaient réunis pour faire de la guerre un chant ; mais les voix de cent bardes sont bien faibles lorsqu'il faut transmettre à l'avenir les morts innombrables. Car les héros tombaient en foule ; et le sang des braves coulait à grands flots.

Pleurez, ô fils des chants, la mort du noble Sithallin. — Que les soupirs de Fiöna s'élèvent sur la sombre lande de son gracieux Ardan. — Ils sont tombés, comme deux biches dans le désert, par la main du puissant Swaran ; lorsqu'au milieu des innombrables guerriers il rugit ; comme l'esprit des tempêtes à la voix stridente, assis, invisible, sur les nuages du Gormal pour jouir de la mort du marin.

Ta main non plus n'était pas oisive, ô chef de l'île des brumes ; nombreuses furent les victimes de ton bras, Cuchullin, fils de Semo. Son épée était comme l'éclair des cieux lorsqu'il frappe les fils de la vallée ; lorsque les hommes tombent consumés par son souffle et que les

---

1 Le lecteur pourra comparer ce passage à un autre, fort similaire, dans l'*Iliade* 4, 446. [Macpherson] — En plus de la traduction de Pope, Macpherson ajoute une paraphrase du passage par Stace (dans la *Thébaïde*, livre VIII) et sa traduction en anglais par Milton.

Weep on the rocks of roaring winds, O maid of Inistore, bend thy fair head over the waves, thou fairer than the spirit of the hills; when it moves in a sun-beam at noon over the silence of Morven. He is fallen! thy youth is low; pale beneath the sword of Cuchullin. No more shall valour raise the youth to match the blood of kings.–Trenar, lovely Trenar died, thou maid of Inistore. His gray dogs are howling at home, and see his passing ghost. His bow is in the hall unstrung. No sound is in the heath of his hinds.

As roll a thousand waves to the rocks, so Swaran's host came on; as meets a rock a thousand waves, so Innis-fail met Swaran. Death raises all his voices around, and mixes with the sound of shields. Each hero is a pillar of darkness, and the sword a beam of fire in his hand. The field echoes from wing to wing, as a hundred hammers that rise by turns on the red son of the furnace.

Who are these on Lena's heath that are so gloomy and dark? Who are these like two clouds, and their swords like lightning above them? The little hills are troubled around, and the rocks tremble with all their moss.–Who is it but Ocean's son and the car-borne chief of Erin? Many are the anxious eyes of their friends, as they see them dim on the heath. Now night conceals the chiefs in her clouds, and ends the terrible fight.

It was on Cromla's shaggy side that Dorglas placed the deer; the early fortune of the chace, before the heroes left the hill.–A hundred youths collect the heath; ten heroes blow the fire; three hundred chuse the polish'd stones. The feast is smoking wide.

collines s'embrasent alentour. – Dusronnal s'ébrouait sur les corps des héros ; et Sifadda baignait ses sabots dans le sang. La bataille s'étendait derrière eux comme les forêts dévastées du désert de la Cromla ; quand l'ouragan est passé sur la lande chargé des esprits de la nuit.

Pleure sur les rochers aux vents rugissants, ô vierge d'Inistore[1], courbe ta tête gracieuse sur la vague, ô toi, plus belle que l'esprit des collines ; lorsque sur un rayon de soleil il survole le silence de Morven. Il est tombé ! ton jeune amant git sur le sol ; pâle sous l'épée de Cuchullin. Jamais plus son courage ne fera de lui l'égal du sang des rois. – Trenar, le gracieux Trenar est mort, ô fille d'Inistore. Ses chiens gris hurlent dans sa maison et voient passer son fantôme. Son arc est dans sa demeure, sa corde détendue. Plus un bruit dans la lande de ses biches.

Comme mille vagues contre les rochers, ainsi s'avançaient les troupes de Swaran ; comme un rocher affronte mille vagues, ainsi Innis-fail affronta Swaran. La mort élève toutes ses voix alentour et se mêle au son des boucliers. Chaque héros est un pilier d'obscurité et son épée un rayon de feu dans sa main. D'un bout à l'autre du champ de bataille résonne la clameur, tel le bruit de cent marteaux qui s'élèvent et frappent le fils rougeoyant de la fournaise.

Qui sont ces guerriers sur la lande de Lena si sombres, si noirs ? Qui sont-ils ? Ils sont comme deux nuages et leurs épées des éclairs au-dessus. Les petites collines sont troublées alentour ; les rochers tremblent et la mousse qui les recouvre tremble avec eux. – Sans doute est-ce le fils de l'Océan et le chef d'Erin au char rapide ? Les yeux inquiets de leurs nombreux guerriers suivent leurs mouvements indistincts sur la lande. Mais la nuit voile les chefs dans ses nuages et met fin au terrible combat.

Sur les pentes broussailleuses de la Cromla, Dorglas déposa le cerf ; prise matinale chassée avant que le héros ne descendît de sa colline. – Cent jeunes guerriers amassent la bruyère ; dix héros attisent la flamme ; trois cents choisissent des pierres polies[2]. La fumée du festin se répand au loin.

---

1   Après avoir expliqué en note que la « vierge d'Inistore » est la fille de Gorlo, roi d'Inistore, Macpherson ajoute : « les chiens de Trenar sentent, depuis la demeure de leur maître, la mort de celui-ci à l'instant même où il est tué. – On croyait alors que les âmes des héros, immédiatement après leur mort, rejoignaient leurs collines natives, et les lieux où ils furent les plus heureux. On croyait également que les chiens et les chevaux pouvaient voir les fantômes des défunts ».

2   La manière antique de préparer le festin après la chasse se transmet de génération en génération : on creuse un trou au fond duquel on dispose des pierres polies ; à côté on

Cuchullin, chief of Erin's war, resumed his mighty soul. He stood upon his beamy spear, and spoke to the son of songs; to Carril of other times, the gray-haired son of Kinfena. Is this feast spread for me alone and the king of Lochlin on Ullin's shore, far from the deer of his hills, and sounding halls of his feasts? Rise, Carril of other times, and carry my words to Swaran; tell him that came from the roaring of waters, that Cuchullin gives his feast. Here let him listen to the sound of my groves amidst the clouds of night.—For cold and bleak the blustering winds rush over the foam of his seas. Here let him praise the trembling harp, and hear the songs of heroes.

Old Carril went, with softest voice, and called the king of dark-brown shields. Rise from the skins of thy chace, rise, Swaran king of groves.—Cuchullin gives the joy of shells; partake the feast of Erin's blue-eyed chief.

He answered like the sullen sound of Cromla before a storm. Though all thy daughters, Innis-fail! should extend their arms of snow; raise high the heavings of their breasts, and softly roll their eyes of love; yet, fixed as Lochlin's thousand rocks, here Swaran shall remain; till morn, with the young beams of my east, shall light me to the death of Cuchullin. Pleasant to my ear is Lochlin's wind. It rushes over my seas. It speaks aloft in all my shrowds, and brings my green forests to my mind; the green forests of Gormal that often echoed to my winds, when my spear was red in the chace of the boar. Let dark Cuchullin yield to me the ancient throne of Cormac, or Erin's torrents shall shew from their hills the red foam of the blood of his pride.

Sad is the sound of Swaran's voice, said Carril of other times:—

Sad to himself alone, said the blue-eyed son of Semo. But, Carril, raise thy voice on high, and tell the deeds of other times. Send thou the night away in song; and give the joy of grief. For many heroes and maids of love have moved on Innis-fail. And lovely are the songs of woe that are heard on Albion's rocks; when the noise of the chace is over, and the streams of Cona answer to the voice of Ossian.

Cuchullin, chef des guerres d'Erin, recueillit son âme puissante. Il s'appuya sur la hampe imposante de sa lance et s'adressa au fils des chants ; Carril des temps anciens, le fils aux cheveux gris de Kinfena. Le festin est-il préparé pour moi seul tandis que le roi de Lochlin est sur le rivage d'Ullin, loin des cerfs de ses collines et des salles bruyantes de ses festins ? Lève-toi, Carril des temps anciens, et porte mes paroles à Swaran ; dis à celui qui vint, porté par le rugissement des eaux, que Cuchullin donne un festin. Qu'il vienne écouter le bruit de mes bois au milieu des nuages de la nuit. — Car froids et sinistres déferlent les vents sur l'écume de ses mers. Qu'il vienne ici louer la harpe vibrante et entendre les chants des héros.

Le vieux Carril à la voix très douce partit et s'adressa au roi des boucliers brun sombre. Quitte les fourrures de ta chasse, lève-toi, Swaran, roi des bois. — Cuchullin nous offre la joie des conques ; partage le festin du chef d'Erin aux yeux bleus.

Il répondit comme la voix morne de la Cromla avant la tempête. Quand bien même toutes tes filles, Innis-fail ! étendraient vers moi leurs bras de neige ; offriraient à ma vue leurs seins palpitants et rouleraient avec douceur leurs yeux pleins d'amour ; inébranlable, tel les rocs innombrables de Lochlin, Swaran resterait en ce lieu ; jusqu'à ce que l'aube, avec les jeunes rayons de mon orient, vienne éclairer pour moi la mort de Cuchullin. Agréable à mon oreille est le vent de Lochlin. Il a traversé des mers qui sont miennes. Il parle là-haut dans mes cordages et rappelle à ma pensée mes vertes forêts ; les vertes forêts du Gormal dont les échos répondaient aux vents lorsque ma lance était rougie de la chasse au sanglier. Que le sombre Cuchullin me cède l'ancien trône de Cormac, sinon, partout sur les collines d'Erin les torrents porteront la rouge écume du sang de son orgueil.

Triste est la voix de Swaran, dit Carril des temps anciens : —

Triste pour lui seul, dit le fils aux yeux bleus de Semo. Mais, élève très haut ta voix, Carril, et dis-nous les hauts faits des temps anciens.

---

rassemble un tas de pierres de silex lisses et plates. On brûle de la bruyère pour chauffer le trou et les pierres. Le gibier est ensuite disposé au fond du trou et recouvert d'une couche de pierres ; et ainsi de suite jusqu'à ce que le trou soit plein. On couvre l'ensemble de bruyères afin d'empêcher la vapeur de s'échapper. Je ne pourrais affirmer que tout ceci est authentique ; mais les habitants de ces régions connaissent des trous qui, affirment-ils, ont été creusés dans ce but. [Macpherson]

In other days, Carril replies, came the sons of Ocean to Erin. A thousand vessels bounded over the waves to Ullin's lovely plains. The sons of Innis-fail arose to meet the race of dark brown shields. Cairbar, first of men, was there, and Grudar, stately youth. Long had they strove for the spotted bull, that lowed on Golbun's echoing heath. Each claimed him as his own; and death was often at the point of their steel.

Side by side the heroes fought, and the strangers of Ocean fled. Whose name was fairer on the hill than the name of Cairbar and Grudar!–But ah! why ever lowed the bull on Golbun's echoing heath? They saw him leaping like the snow. The wrath of the chiefs returned.

On Lubar's grassy banks they fought, and Grudar like a sun-beam, fell. Fierce Cairbar came to the vale of the echoing Tura, where Brassolis, fairest of his sisters, all alone, raised the song of grief. She sung of the actions of Grudar, the youth of her secret soul.–She mourned him in the field of blood; but still she hoped for his return. Her white bosom is seen from her robe, as the moon from the clouds of night. Her voice was softer than the harp to raise the song of grief. Her soul was fixed on Grudar; the secret look of her eye was his.–When shalt thou come in thine arms, thou mighty in the war?–

Take, Brassolis, Cairbar came and said, take, Brassolis, this shield of blood. Fix it on high within my hall, the armour of my foe. Her soft heart beat against her side. Distracted, pale, she flew. She found her youth in all his blood; she died on Cromla's heath. Here rests their dust, Cuchullin; and these two lonely yews, sprung from their tombs, wish to meet on high. Fair was Brassolis on the plain, and Grudar on the hill. The bard shall preserve their names, and repeat them to future times.

Fais fuir la nuit par tes chants ; et donne-nous la joie de la tristesse. Car nombreux furent les héros et les vierges d'amour qui ont passé sur Innis-fail. Et comme ils sont charmants les chants de douleur que l'on entend sur les rochers d'Albion ; quand le bruit de la chasse a cessé et que les torrents de Cona répondent à la voix d'Ossian[1].

Dans les temps anciens, répond Carril, vinrent en Erin les fils de l'Océan. Mille vaisseaux bondissaient sur les vagues vers les plaines charmantes d'Ullin. Les fils d'Innis-fail se levèrent pour combattre la race aux boucliers brun sombre. Cairbar, le premier des hommes, était là, et Grudar, jeune homme majestueux. Longtemps ils avaient lutté pour le taureau moucheté qui mugissait sur la lande sonore de la Golbun. Chacun le disait sien ; et la mort se montrait souvent à la pointe de leur acier.

Côte à côte ces héros combattirent et les étrangers de l'Océan s'enfuirent. Quel nom fut plus beau sur la colline que les noms de Cairbar et de Grudar ! – Mais hélas ! pourquoi le taureau mugissait-il toujours sur la lande sonore de la Golbun ? Ils le virent : il était de neige et bondissait. Le courroux des chefs se ralluma.

Ils combattirent sur les rives couvertes d'herbe de la Lubar, et Grudar, tel un rayon de soleil, tomba. Le farouche Cairbar vint dans la vallée sonore de Tura où la voix de Brassolis, la plus belle de ses sœurs, seule en ces lieux, s'élevait pour chanter la tristesse. Elle chantait les prouesses de Grudar, le jeune et secret amour de son âme. – Elle disait son deuil pour celui qui était tombé au champ du sang ; mais elle espérait encore son retour. On voit son sein blanc dessous sa robe, telle la lune dessous les nuages de la nuit. Sa voix était plus douce que la harpe lorsqu'elle s'élevait pour chanter la tristesse. Son âme avait choisi Grudar ; son regard en secret était pour lui. – Quand reviendras-tu dans tes armes, ô puissant dans les guerres ? –

Prends, Brassolis, Cairbar vint et dit, prends, Brassolis, ce bouclier de sang. Suspends-le très haut en ma demeure, c'est l'armure de mon ennemi. Son tendre cœur soudain palpita. Éperdue, pâle, elle fuit. Elle trouva son jeune amant dans son sang plongé ; elle mourut sur les

---

1   Ossian, fils de Fingal, est l'auteur de ce poème. On ne peut ici qu'admirer l'habileté du
    poète, qui, au lieu de proclamer ses propres louanges, les fait dire par Cuchullin, et cela de
    la manière la plus naturelle qu'il soit. La Cona est peut-être cette petite rivière qui coule à
    travers Glen Coe dans le comté d'Argyll. Une des collines qui entoure cette vallée roman-
    tique s'appelle d'ailleurs «Scornafena» : la «colline du peuple de Fingal». [Macpherson]

Pleasant is thy voice, O Carril, said the blue-eyed chief of Erin; and lovely are the words of other times. They are like the calm shower of spring, when the sun looks on the field, and the light cloud flies over the hills. O strike the harp in praise of my love, the lonely sun-beam of Dunscaich. Strike the harp in the praise of Bragéla, of her that I Left in the Isle of Mist, the spouse of Semo's son. Dost thou raise thy fair face from the rock to find the sails of Cuchullin?–The sea is rolling far distant, and its white foam shall deceive thee for my sails. Retire, for it is night, my love, and the dark winds sigh in thy hair. Retire to the halls of my feasts, and think of the times that are past: for I will not return till the storm of war is ceased. O Connal, speak of wars and arms, and send her from my mind, for lovely with her raven-hair is the white-bosomed daughter of Sorglan.

Connal, slow to speak, replied, Guard against the race of Ocean. Send thy troop of night abroad, and watch the strength of Swaran.–Cuchullin! I am for peace till the race of the desart come; till Fingal come, the first of men, and beam, like the sun, on our fields.

The hero struck the shield of his alarms–the warriors of the night moved on. The rest lay in the heath of the deer, and slept amidst the dusky wind.–The ghosts of the lately dead were near, and swam on gloomy clouds. And far distant, in the dark silence of Lena, the feeble voices of death were heard.

fougères de la Cromla. Ici reposent leurs cendres, Cuchullin ; et ces deux ifs solitaires, nés de leurs tombes, cherchent à se rejoindre très haut. Belle était Brassolis sur la plaine, beau Grudar sur la colline. Les bardes préserveront leurs noms et les répéteront aux siècles à venir.

Agréable est ta voix, ô Carril, dit le chef d'Erin aux yeux bleus ; et charmantes les paroles des temps passés. Elles sont comme la calme ondée printanière lorsque le soleil pose son regard sur le champ de bataille et que de légers nuages volent au-dessus des collines[1]. Oh ! touche la harpe et chante les louanges de mon amour, le rayon de soleil solitaire de Dunscaich. Touche la harpe et chante les louanges de Bragéla, de celle que j'ai laissée sur l'île des brumes, l'épouse du fils de Semo. Lèves-tu ton beau visage pour découvrir les voiles de Cuchullin par-delà les rochers ? – Dans le lointain la mer roule une blanche écume que tu crois être mes voiles. Retire-toi, car la nuit est tombée, mon amour, et les vents nocturnes soupirent dans tes cheveux. Retire-toi dans la salle de mes banquets et pense aux temps qui ne sont plus : je ne reviendrai pas avant que la tempête de la guerre n'ait cessé. Ô Connal, parle-moi de guerres et d'armes et bannis-la de ma pensée, car elle est charmante sous sa chevelure noire comme l'aile du corbeau, la fille au sein blanc de Sorglan.

Connal, lent à parler, répondit, Méfie-toi de la race de l'Océan. Envoie la troupe de nuit en reconnaissance et qu'elle surveille les forces de Swaran. – Cuchullin ! je suis pour la paix jusqu'à ce que la race du désert arrive ; jusqu'à ce que Fingal arrive, le premier des hommes, et rayonne, comme le soleil, sur nos plaines.

Le héros frappa le bouclier des alarmes – les guerriers de la nuit se mirent en marche. Les autres se couchèrent sur la lande du cerf et dormirent sous le vent crépusculaire. – Les fantômes de ceux qui venaient de mourir flottaient tout près d'eux sur leurs nuages ténébreux[2]. Au loin, dans le silence obscur de Lena, on entendait les voix grêles de la mort.

---

1   Homère compare les voix douces et éloquentes à des flocons de neige qui tombent. [Macpherson] – Macpherson cite ensuite l'*Iliade* 3, 222 *sqq.*, ainsi que la traduction de Pope.

2   Pendant longtemps les Écossais crurent qu'on entendait hurler un fantôme non loin des lieux où la mort allait frapper. Ces événements fabuleux font l'objet, encore aujourd'hui, de récits fort poétiques. Le fantôme chevauche un météore et décrit quelques cercles autour du lieu où la personne doit mourir ; puis il emprunte la route que suivra le cortège funèbre, en poussant plusieurs hurlements ; finalement, fantôme et météore disparaissent au-dessus de la future tombe. [Macpherson]

BOOK II

ARGUMENT

The ghost of Crugal, one of the Irish heroes who was killed in battle, appearing to Connal, foretels the defeat of Cuchullin in the next battle; and earnestly advises him to make peace with Swaran. Connal communicates the vision; but Cuchullin is inflexible; from a principle of honour he would not be the first to sue for peace, and he resolved to continue the war. Morning comes; Swaran proposes dishonourable terms to Cuchullin, which are rejected. The battle begins, and is obstinately fought for some time, until, upon the flight of Grumal, the whole Irish army gave way. Cuchullin and Connal cover their retreat: Carril leads them to a neighbouring hill, whither they are soon followed by Cuchullin himself, who descries the fleet of Fingal making towards the coast; but, night coming on, he lost sight of it again. Cuchullin, dejected after his defeat, attributes his ill success to the death of Ferda his friend, whom he had killed some time before. Carril, to shew that ill success did not always attend those who innocently killed their friends, introduces the episode of Comal and Galvina.

LIVRE DEUXIÈME

ARGUMENT

Le fantôme de Crugal, héros irlandais tué au combat, apparaît à Connal et prédit la défaite de Cuchullin dans la prochaine bataille : il lui conseille fortement de faire la paix avec Swaran. Connal fait part de sa vision ; mais Cuchullin est inflexible ; fidèle à un principe d'honneur, il ne veut pas être le premier à demander la paix et il est résolu à continuer cette guerre. Le jour arrive ; Swaran propose à Cuchullin un accord peu honorable qu'il rejette. La bataille s'engage ; on se bat opiniâtrement pendant quelque temps, jusqu'à ce que Grumal prenne la fuite et que toute l'armée irlandaise soit mise en déroute. Cuchullin et Connal couvrent leur retraite. Carril les conduit sur une hauteur voisine où ils sont bientôt rejoints par Cuchullin, qui aperçoit la flotte de Fingal cinglant vers la côte. La nuit tombe et il la perd de vue. Cuchullin, abattu par sa défaite, attribue celle-ci à la mort de son ami Ferda, qu'il a tué quelque temps auparavant. Carril, pour montrer que le mauvais succès ne suit pas toujours ceux qui ont tué innocemment leurs amis, raconte l'épisode de Connal et Galvina.

Connal lay by the sound of the mountain stream, beneath the aged tree. A stone, with its moss, supported his head. Shrill thro' the heath of Lena, he heard the voice of night. At distance from the heroes he lay, for the son of the sword feared no foe.

My hero saw in his rest a dark-red stream of fire coming down from the hill. Crugal sat upon the beam, a chief that lately fell. He fell by the hand of Swaran, striving in the battle of heroes. His face is like the beam of the setting moon; his robes are of the clouds of the hill: his eyes are like two decaying flames. Dark is the wound of his breast.

Crugal, said the mighty Connal, son of Dedgal famed on the hill of deer. Why so pale and sad, thou breaker of the shields? Thou hast never been pale for fear.—What disturbs the son of the hill?

Dim, and in tears, he stood and stretched his pale hand over the hero.—Faintly he raised his feeble voice, like the gale of the reedy Lego.

My ghost, O Connal, is on my native hills; but my corse is on the sands of Ullin. Thou shalt never talk with Crugal, or find his lone steps in the heath. I am light as the blast of Cromla, and I move like the shadow of mist. Connal, son of Colgar, I see the dark cloud of death: it hovers over the plains of Lena. The sons of green Erin shall fall. Remove from the field of ghosts.—Like the darkened moon he retired, in the midst of the whistling blast.

Stay, said the mighty Connal, stay my dark-red friend. Lay by that beam of heaven, son of the windy Cromla. What cave of the hill is thy lonely house? What green-headed hill is the place of thy rest? Shall we not hear thee in the storm? In the noise of the mountain-stream? When the feeble sons of the wind come forth, and ride on the blast of the desert.

Connal reposait auprès du bruit du torrent des montagnes, sous l'arbre séculaire[1]. Une pierre et sa mousse soutenaient sa tête. La voix aigüe de la nuit transperçait la lande de Lena et venait frapper son oreille. Il reposait loin de ses héros, car ce fils de l'épée ne craignait nul adversaire.

Dans son sommeil, mon héros vit un torrent de feu rouge sombre qui descendait la colline. Sur ce rayon était assis Crugal, chef qui venait de tomber au combat. Il était tombé par la main de Swaran, lors de la bataille des héros. Son visage est comme le rayon de la lune qui se couche ; il est vêtu des nuages de la colline : ses yeux sont deux flammes mourantes. Noire à la poitrine est sa blessure.

Crugal, dit le puissant Connal, ô fils de Dedgal, renommé sur la colline des cerfs. Pourquoi si pâle, si triste, ô toi qui brisais les boucliers ? Jamais la peur ne te fit pâlir. Quel est ce trouble, fils de la colline ?

Indistinct, en larmes, il se dressa au-dessus du héros et étendit sa pâle main. – Sa voix affaiblie à peine s'éleva, tel un souffle sur les roseaux du Lego.

Mon fantôme, ô Connal, est sur les collines qui m'ont vu naître ; mais mon cadavre git sur les sables d'Ullin. Jamais plus tu ne parleras à Crugal, ni ne reverras ses pas solitaires sur la lande. Je suis léger comme le souffle du vent sur la Cromla et j'avance comme l'ombre d'une brume. Connal, fils de Colgar, je vois l'obscur nuage de la mort : il flotte sur les plaines de Lena. Les fils de la verte Erin doivent tomber. Quitte le champ des fantômes. – Telle la lune obscurcie, il disparut au milieu d'un tourbillon de vent[2].

Reste, dit le puissant Connal, reste encore un peu, ô mon ami rouge sombre. Ne t'éloigne pas de ce rayon venu des cieux, fils de la Cromla où soufflent les vents. Quelle caverne sur la colline est ta maison solitaire ? Sur quelle colline couronnée de verdure reposes-tu ? Ne t'entendrons-nous jamais plus dans la tempête ? Dans le bruit du torrent des montagnes ? Quand les fragiles fils du vent sortent et chevauchent la bourrasque qui souffle du désert.

---

1   Les lecteurs qui ont visité les *Highlands* imagineront facilement à quoi ressemble le lieu où Connal se repose. Le poète a éloigné ce dernier de l'armée afin de renforcer, par sa situation isolée, l'horreur que fait naître en lui le fantôme de Crugal. Le lecteur lira peut-être avec plaisir deux autres poètes antiques qui évoquent une scène similaire. [Macpherson] – Macpherson cite ensuite l'*Iliade* 23, 65 *sqq.*, et la traduction de Pope ; puis l'*Énéide* 2, 270-9, et la traduction de Dryden.

2   *Iliade* 23, 100. [Macpherson]

The soft-voiced Connal rose in the midst of his sounding arms. He struck his shield above Cuchullin. The son of battle waked.

Why, said the ruler of the car, comes Connal through the night? My spear might turn against the sound; and Cuchullin mourn the death of his friend. Speak, Connal, son of Colgar, speak, thy counsel is like the son of heaven.

Son of Semo, replied the chief, the ghost of Crugal came from the cave of his hill.–The stars dim-twinkled through his form; and his voice was like the sound of a distant stream.–He is a messenger of death.–He speaks of the dark and narrow house. Sue for peace, O chief of Dunscaich; or fly over the heath of Lena.

He spoke to Connal, replied the hero, though stars dim-twinkled through his form. Son of Colgar, it was the wind that murmured in the caves of Lena.–Or if it was the form of Crugal, why didst thou not force him to my sight. Hast thou enquired where is his cave? The house of the son of the wind? My sword might find that voice, and force his knowledge from him. And small is his knowledge, Connal, for he was here to day. He could not have gone beyond our hills, and who could tell him there of our death?

Ghosts fly on clouds and ride on winds, said Connal's voice of wisdom. They rest together in their caves, and talk of mortal men.

Then let them talk of mortal men; of every man but Erin's chief. Let me be forgot in their cave; for I will not fly from Swaran.–If I must fall, my tomb shall rise amidst the fame of future times. The hunter shall shed a tear on my stone; and sorrow dwell round the high-bosomed Bragéla. I fear not death, but I fear to fly, for Fingal saw me often victorious. Thou dim phantom of the hill, shew thyself to me! come on thy beam of heaven, and shew me my death in thine hand; yet will I not fly, thou feeble son of the wind. Go, son of Colgar, strike the shield of Caithbat, it hangs between the spears. Let my heroes rise to the sound in the midst of the battles of Erin. Though Fingal delays his coming with the race of the stormy hills; we shall fight, O Colgar's son, and die in the battle of heroes.

Connal à la voix douce se leva dans ses armes sonores. Il frappa son bouclier au-dessus de Cuchullin. Le fils de la bataille s'éveilla.

Pourquoi, demanda le maître du char, Connal vient-il à travers la nuit ? Ma lance aurait pu se retourner contre cette voix ; et Cuchullin perdre un ami. Parle, Connal, fils de Colgar, parle, tes conseils sont fils des cieux.

Fils de Semo, répondit le chef, le fantôme de Crugal est sorti de sa caverne sur la colline. – On voyait les étoiles faibles scintiller à travers son ombre ; sa voix était comme le bruit d'un torrent lointain. – Il est le messager de la mort. – Il nous parle de la maison étroite et ténébreuse. Demande la paix, ô chef de Dunscaich ; ou fuis à travers la lande de Lena.

Il a parlé à Connal, répliqua le héros, bien que des étoiles faibles scintillassent à travers son ombre. Fils de Colgar, c'était le vent qui murmurait dans les cavernes de Lena. – Et si c'était l'ombre de Crugal, pourquoi ne pas l'avoir forcé à paraître devant moi[1]. Lui as-tu demandé où se trouve sa caverne ? La demeure de ce fils du vent ? Mon épée saurait trouver sa voix et le forcer à nous révéler ce qu'il sait. Mais il sait peu de choses, Connal, car aujourd'hui il était encore parmi nous. Il n'a pas eu le temps de franchir nos collines, et qui l'aurait instruit de notre mort ?

Les fantômes volent sur les nuages et chevauchent les vents, répondit Connal de sa voix de sagesse. Ils reposent ensemble dans leurs cavernes et s'entretiennent des mortels.

Eh bien, qu'ils s'entretiennent des mortels à leur gré ; mais qu'ils laissent le chef d'Erin hors de leurs entretiens. Qu'ils m'oublient dans leurs cavernes ; car je ne fuirai point Swaran. – Si je dois tomber, ma tombe se dressera au cœur des renommées futures. Le chasseur versera une larme sur ma pierre ; et la tristesse demeurera tout autour de Bragéla à la haute poitrine. Je ne crains pas la mort, mais je crains la fuite, car souvent Fingal m'a vu victorieux. Et toi, vague fantôme des collines, montre-toi ! viens sur ce rayon des cieux et montre-moi ma mort dans ta main ; mais je ne fuirai jamais, frêle fils des vents. Va, fils de Colgar, et frappe le bouclier de Caithbat, il est suspendu entre ces lances. Que mes héros se lèvent en l'entendant et s'éveillent dans les batailles d'Erin. Bien que Fingal tarde à venir avec la race des collines orageuses ; nous combattrons, ô fils de Colgar, et nous mourrons à la bataille des héros.

---

1   Le poète nous apprend ici, qu'à l'époque, les hommes croyaient en l'existence d'une âme indépendante du corps. L'expression de Connal, « bien que des étoiles faibles scintillassent à travers son ombre », et la réponse de Cuchullin montrent qu'ils pensaient que l'âme était immatérielle ; elle était semblable à l'*Eidolon* des Grecs antiques. [Macpherson]

The sound spreads wide; the heroes rise, like the breaking of a blue-rolling wave. They stood on the heath, like oaks with all their branches round them; when they echo to the stream of frost, and their withered leaves rustle to the wind.

High Cromla's head of clouds is gray; the morning trembles on the half-enlightened ocean. The blue, gray mist swims slowly by, and hides the sons of Innis-fail.

Rise ye, said the king of the dark-brown shields, ye that came from Lochlin's waves. The sons of Erin have fled from our arms–pursue them over the plains of Lena.–And, Morla, go to Cormac's hall and bid them yield to Swaran; before the people shall fall into the tomb; and the hills of Ullin be silent.–They rose like a flock of sea-fowl when the waves expel them from the shore. Their sound was like a thousand streams that meet in Cona's vale, when after a stormy night, they turn their dark eddies beneath the pale light of the morning.

As the dark shades of autumn fly over the hills of grass; so gloomy, dark, successive came the chiefs of Lochlin's echoing woods. Tall as the stag of Morven moved on the king of groves. His shining shield is on his side like a flame on the heath at night, when the world is silent and dark, and the traveller sees some ghost sporting in the beam.

A blast from the troubled ocean removed the settled mist. The sons of Innis-fail appear like a ridge of rocks on the shore.

Go, Morla, go, said Lochlin's king, and offer peace to these. Offer the terms we give to kings when nations bow before us. When the valiant are dead in war, and the virgins weeping on the field.

Great Morla came, the son of Swart, and stately strode the king of shields. He spoke to Erin's blue-eyed son, among the lesser heroes.

Take Swaran's peace, the warrior spoke, the peace he gives to kings, when the nations bow before him. Leave Ullin's lovely plains to us, and give thy spouse and dog. Thy spouse high-bosom'd heaving fair. Thy dog that overtakes the wind. Give these to prove the weakness of thine arm, and live beneath our power.

Le son se répand au loin ; les héros se lèvent, telle la vague bleue qui se déroule et se brise. Ils étaient sur la lande comme des chênes que toutes leurs branches entourent ; lorsqu'un torrent de grêle s'abat bruyamment et que siffle le vent entre leurs feuilles flétries[1].

Le sommet nuageux de la haute Cromla est gris ; le matin tremble sur l'océan à demi éclairé. La brume grise, la brume bleue flotte lentement alentour et cache les fils d'Innis-fail.

Levez-vous, dit le roi des boucliers brun sombre, vous qui êtes venus des vagues de Lochlin. Les fils d'Erin ont fui devant nos armes — poursuivez-les sur les plaines de Lena. — Et toi, Morla, rends-toi au palais de Cormac et somme-les de se soumettre à Swaran ; avant que son peuple ne sombre dans sa tombe ; et que les collines d'Ullin ne se taisent. — Ils se levèrent comme une nuée d'oiseaux de mer que les vagues chassent du rivage. Le bruit est celui de mille torrents qui s'affrontent dans la vallée de la Cona après une nuit d'orage, et qui charrient leurs sombres tourbillons sous la pâle lueur du matin.

Comme les ombres obscures de l'automne qui s'enfuient sur les collines herbeuses ; aussi sombres et aussi noirs passèrent et se suivirent les chefs de Lochlin aux forêts pleines d'échos. Superbe et fier comme le cerf de Morven s'avançait le roi des bois. Son bouclier brillant est à son côté comme une flamme sur la lande nocturne, tandis que le monde est obscur et silencieux et que le voyageur aperçoit un fantôme qui se joue dans ce rayon.

Une bourrasque venue de l'océan agité dissipa la brume épaisse. Les fils d'Innis-fail apparaissent sur le rivage comme une barre de rochers.

Va, Morla, va, dit le roi de Lochlin, et offre-leur la paix. Offre-leur les conditions que nous imposons aux rois des nations que nous avons soumises. Lorsque les braves sont morts à la guerre et que les vierges pleurent sur le champ de bataille.

Le grand Morla, fils de Swart, s'avança et la démarche du roi des boucliers était majestueuse. Il parla au fils d'Erin aux yeux bleus entouré de ses héros.

Accepte la paix de Swaran, lui dit le guerrier, la paix qu'il offre aux rois des nations qu'il a soumises. Abandonne-nous les plaines charmantes d'Ullin et cède-lui ton épouse et ton chien. Ton épouse belle à la haute poitrine qui soupire. Ton chien plus rapide que le vent. Cède-les afin de prouver la faiblesse de ton bras et vis ensuite sous notre domination.

---

1   Macpherson cite en note le *Paradis perdu* 12, 629 *sqq.*

Tell Swaran, tell that heart of pride, that Cuchullin never yields.–I give him the dark-blue rolling of ocean, or I give his people graves in Erin! Never shall a stranger have the lovely sun-beam of Dunscaich; nor ever deer fly on Lochlin's hills before the nimble-footed Luäth.

Vain ruler of the car, said Morla, wilt thou fight the king; that king whose ships of many groves could carry off thine Isle? So little is thy green-hilled Ullin to the king of stormy waves.

In words I yield to many, Morla; but this sword shall yield to none. Erin shall own the sway of Cormac, while Connal and Cuchullin live. O Connal, first of mighty men, thou hast heard the words of Morla; shall thy thoughts then be of peace, thou breaker of the shields? Spirit of fallen Crugal! why didst thou threaten us with death? The narrow house shall receive me in the midst of the light of renown.–Exalt, ye sons of Innis-fail, exalt the spear and bend the bow; rush on the foe in darkness, as the spirits of stormy nights.

Then dismal, roaring, fierce, and deep the gloom of battle rolled along; as mist that is poured on the valley, when storms invade the silent sun-shine of heaven. The chief moves before in arms, like an angry ghost before a cloud; when meteors inclose him with fire; and the dark winds are in his hand.–Carril, far on the heath, bids the horn of battle sound. He raises the voice of the song, and pours his soul into the minds of heroes.

Where, said the mouth of the song, where is the fallen Crugal? He lies forgot on earth, and the hall of shells is silent.–Sad is the spouse of Crugal, for she is a stranger in the hall of her sorrow. But who is she, that, like a sun-beam, flies before the ranks of the foe? It is Degrena, lovely fair, the spouse of fallen Crugal. Her hair is on the wind behind. Her eye is red; her voice is shrill. Green, empty is thy Crugal now, his form is in the cave of the hill. He comes to the ear of rest, and raises his feeble voice; like the humming of the mountain-bee, or collected flies of evening. But Degrena falls like a cloud of the morn; the sword of Lochlin is in her side. Cairbar, she is fallen, the rising thought of thy youth. She is fallen, O Cairbar, the thought of thy youthful hours.

Dis à Swaran, dis à ce cœur d'orgueil que Cuchullin jamais ne se soumet. – Je lui cède la houle bleu sombre de l'océan, ou je cède à ses guerriers des tombes en Erin ! Nul étranger ne possèdera jamais l'adorable rayon de soleil de Dunscaich ; nul cerf ne fuira jamais sur les collines de Lochlin poursuivi par Luäth aux pieds légers.

Orgueilleux maître du char, répondit Morla, tu veux donc affronter le roi ; ce roi dont les vaisseaux, fils de nombreuses forêts, pourraient emporter ton île ? Tant Ullin, ton île aux vertes collines, paraît petite au roi des vagues orageuses.

En paroles, nombreux sont ceux à qui je cède, Morla ; mais mon épée ne cédera jamais devant personne. Tant que vivront Connal et Cuchullin, Erin ne reconnaîtra d'autre maître que Cormac. Ô Connal, premier parmi les hommes puissants, tu as entendu les paroles de Morla ; tes pensées sont-elles encore pour la paix, ô toi qui brises les boucliers ? Ombre de Crugal tombé dans les combats ! pourquoi nous avoir menacés de mort ? La maison étroite m'accueillera dans l'éclat de ma renommée. – Levez, fils d'Innis-fail, levez vos lances et bandez vos arcs ; fondez sur l'ennemi dans les ténèbres, tels les esprits des nuits orageuses.

Alors, sinistres, rugissantes, sauvages et profondes, les ténèbres de la bataille déferlèrent ; comme la brume qui emplit la vallée lorsque la tempête envahit la silencieuse lumière des cieux. Le chef marche devant dans ses armes, tel un fantôme irrité devant un nuage que des météores encerclent de feu ; il tient les vents sombres dans sa main. – Carril, au loin sur la lande, fait retentir le cor des batailles. La voix de ses chants s'élève et il verse son âme dans l'âme des héros.

Où, demanda la bouche des chants, où est Crugal, tombé dans les combats ? Il gît oublié sur la terre et la grande salle des conques est silencieuse[1]. – L'épouse de Crugal est triste, car elle est étrangère dans le palais de sa douleur[2]. Mais là-bas, cette femme qui, telle un rayon de soleil, fuit devant les rangs de l'ennemi, qui est-elle ? C'est Degrena, adorable beauté, l'épouse de Crugal tombé au combat. Ses cheveux flottent au vent. Ses yeux sont rougis ; sa voix perçante. Verdâtre et vide

---

1   Autrefois tous les Ecossais buvaient dans des coquillages ou des conques – tradition que, de nos jours encore, les habitants des *Highlands* ont conservée – ; voila pourquoi les expressions « chef aux conques généreuses » ou « la salle des conques » sont si fréquentes dans la poésie antique. [Macpherson]

2   Crugal avait épousé Degrena peu de temps avant la bataille, c'est pourquoi elle est ici étrangère. [Macpherson]

Fierce Cairbar heard the mournful sound, and rushed on like ocean's whale; he saw the death of his daughter; and roared in the midst of thousands. His spear met a son of Lochlin, and battle spread from wing to wing. As a hundred winds in Lochlin's groves, as fire in the firs of a hundred hills; so loud, so ruinous and vast the ranks of men are hewn down.—Cuchullin cut off heroes like thistles, and Swaran wasted Erin. Curach fell by his hand, and Cairbar of the bossy shield. Morglan lies in lasting rest; and Ca-olt quivers as he dies. His white breast is stained with his blood; and his yellow hair stretched in the dust of his native land. He often had spread the feast where he fell; and often raised the voice of the harp: when his dogs leapt around for joy; and the youths of the chace prepared the bow.

Still Swaran advanced, as a stream that bursts from the desart. The little hills are rolled in its course; and the rocks half-sunk by its side. But Cuchullin stood before him like a hill, that catches the clouds of heaven.—The winds contend on its head of pines; and the hail rattles on its rocks. But, firm in its strength, it stands and shades the silent vale of Cona.

So Cuchullin shaded the sons of Erin, and stood in the midst of thousands. Blood rises like the fount of a rock, from panting heroes around him. But Erin falls on either wing like snow in the day of the sun.

O sons of Innis-fail, said Grumal, Lochlin conquers on the field. Why strive we as reeds against the wind? Fly to the hill of dark-brown hinds. He fled like the stag of Morven, and his spear is a trembling beam of light behind him. Few fled with Grumal, the chief of the little soul: they fell in the battle of heroes on Lena's echoing heath.

est aujourd'hui ton Crugal, son ombre dans une caverne sur la colline. Il vient à l'oreille du repos et l'on entend sa faible voix ; semblable au bourdonnement des abeilles dans la montagne ou aux insectes qui se rassemblent le soir. Mais Degrena tombe comme un nuage matinal ; l'épée de Lochlin a transpercée son flanc. Cairbar, elle est tombée, la pensée qui s'élevait dans tes jeunes années. Elle est tombée, ô Cairbar, la pensée de tes jeunes heures.

L'impétueux Cairbar entendit ce chant funeste et s'élança pareille à la baleine qui fend les flots océans ; il vit la mort de sa fille ; il rugit au milieu de la multitude. Sa lance trouva un fils de Lochlin et la bataille s'étendit d'une aile à l'autre. Comme les vents par centaines dans les bois de Lochlin, comme le feu dans les sapins de collines par centaines ; avec un même bruit, avec les mêmes ravages les vastes rangs des hommes sont balayés. – Cuchullin moissonnait les héros comme des chardons et Swaran dévastait Erin. Par sa main tombèrent Curach et Cairbar au bouclier bosselé. Morglan est étendu dans l'éternel sommeil ; et Ca-olt frémit puis trépasse. Sa blanche poitrine est tachée de sang ; ses blonds cheveux dans la poussière recouvrent sa terre natale. Il avait souvent donné des festins en ce lieu où il tomba ; et souvent fait entendre la voix de la harpe : lorsque ses chiens bondissaient de joie autour de lui ; et les jeunes chasseurs préparaient l'arc.

Cependant Swaran avançait toujours, tel un torrent qui jaillit hors du désert. Son cours renverse et déplace les petites collines ; et les rochers repoussés sont à moitié engloutis sur ses bords. Mais Cuchullin se tenait devant lui comme une colline au sommet de laquelle s'accrochent les nuages des cieux[1]. – Les vents luttent dans les pins qui la couronnent ; et la grêle crépite sur ses rocs. Mais elle, ferme dans sa force, reste debout et couvre de son ombre la vallée silencieuse de la Cona.

Ainsi Cuchullin se tenait et abritait les fils d'Erin, debout au milieu de la multitude. Le sang jaillissait, telle la source dans le roc, hors des héros expirant autour de lui. Mais Erin tombe d'une aile à l'autre, fond comme la neige en un jour de soleil.

Ô fils d'Innis-fail, dit Grumal, Lochlin triomphe sur le champ de bataille. Pourquoi devrions-nous lutter comme des roseaux contre le vent ?

---

1   Virgile et Milton ont utilisé une comparaison similaire ; je les livre au lecteur afin qu'il puisse juger lequel de ces deux poètes est le plus convaincant. [Macpherson] – Macpherson cite l'*Énéide* 12, 701 *sqq.*, la traduction de Dryden, puis le *Paradis perdu* 4, 985 *sqq.*

High on his car, of many gems, the chief of Erin stood; he slew a mighty son of Lochlin, and spoke, in haste, to Connal. O Connal, first of mortal men, thou hast taught this arm of death! Though Erin's sons have fled, shall we not fight the foe? O Carril, son of other times, carry my living friends to that bushy hill.–Here, Connal, let us stand like rocks, and save our flying friends.

Connal mounts the car of light. They stretch their shields like the darkened moon, the daughter of the starry skies, when she moves, a dun circle, through heaven. Sithfadda panted up the hill, and Dusronnal haughty steed. Like waves behind a whale behind them rushed the foe.

Now on the rising side of Cromla stood Erin's few sad sons; like a grove through which the flame had rushed hurried on by the winds of the stormy night.–Cuchullin stood beside an oak. He rolled his red eye in silence, and heard the wind in his bushy hair; when the scout of ocean came, Moran the son of Fithil.–The ships, he cried, the ships of the lonely isle! There Fingal comes, the first of men, the breaker of the shields. The waves foam before his black prows. His masts with sails are like groves in clouds.

Blow, said Cuchullin, all ye winds that rush over my isle of lovely mist. Come to the death of thousands, O chief of the hills of hinds. Thy sails, my friend, are to me like the clouds of the morning; and thy ships like the light of heaven; and thou thyself like a pillar of fire that giveth light in the night. O Connal, first of men, how pleasant are our friends! But the night is gathering around; where now are the ships of Fingal? Here let us pass the hours of darkness, and wish for the moon of heaven.

The winds came down on the woods. The torrents rushed from the rocks. Rain gathered round the head of Cromla. And the red stars trembled between the flying clouds. Sad, by the side of a stream whose sound was echoed by a tree, sad by the side of a stream the chief of Erin sat. Connal son of Colgar was there, and Carril of other times.

Fuyez vers la colline aux biches brun sombre. Il s'enfuit pareil au cerf de Morven, et sa lance est un rayon de lumière tremblant qui le suit. Très peu s'enfuirent avec Grumal, ce chef à l'âme sans force : les guerriers tombèrent à la bataille des héros sur la lande de Lena pleine d'échos.

Debout sur son char incrusté de pierres brillantes, le chef d'Erin se tenait sans faillir ; il tua un des puissants fils de Lochlin et dit en hâte à Connal. Ô Connal, premier parmi les hommes, toi qui enseignas la mort à mon bras ! Bien que les fils d'Erin se soient enfuis, ne combattrons-nous pas l'ennemi ? Ô Carril, fils des temps anciens, conduis ceux de mes amis qui vivent encore vers cette colline broussailleuse. – Ici, Connal, tenons-nous fermes comme des rocs pour protéger la fuite de nos amis.

Connal monte sur le char de lumière. Ils étendent leurs boucliers pareils à la lune obscurcie, fille du ciel étoilé, lorsque son cercle ténébreux traverse les cieux. Sithfadda, haletant, gravit la colline, et Dusronnal, coursier superbe. Vagues à la poursuite d'une vaste baleine, l'ennemi poursuivait les héros.

Sur les flancs abrupts de la Cromla se tenaient les fils d'Erin, tristes et si peu nombreux ; comme une forêt à travers laquelle la flamme s'est précipitée, propagée par les vents d'une nuit orageuse. – Cuchullin était debout à côté d'un chêne. Ses yeux rougis roulaient en silence et il écoutait le vent qui sifflait dans sa chevelure broussailleuse ; lorsque survint la sentinelle de l'océan, Moran, fils de Fithil. – Les vaisseaux, cria-t-il, les vaisseaux de l'île solitaire ! Voici Fingal, premier des mortels, briseur de boucliers. Les vagues écument sous les proues noircies de ses navires. Leurs mâts et leurs voiles sont comme des forêts dans les nuages.

Soufflez, dit Cuchullin, soufflez tous ensemble, ô vents qui accourez de mon île aux brumes plaisantes. Viens pour la mort de mille et mille guerriers, ô chef des collines aux biches. Tes voiles, ami, sont pour moi comme les nuages du matin ; et tes vaisseaux comme la lumière des cieux ; et toi tu es comme un pilier de feu qui éclaire la nuit. Ô Connal, premier des mortels, comme il est bon de voir nos amis ! Mais la nuit s'épaissit alentour ; où sont maintenant les vaisseaux de Fingal ? Passons ici ces heures de ténèbres et espérons que se lève la lune des cieux.

Les vents descendaient sur la forêt. Les torrents se précipitaient du haut des rochers. La pluie s'amassait autour du sommet de la Cromla. Et les étoiles rouges palpitaient entre les nuages fugitifs. Triste, au bord d'un torrent rugissant auquel un arbre faisait écho, triste, au bord d'un

Unhappy is the hand of Cuchullin, said the son of Semo, unhappy is the hand of Cuchullin since he slew his friend.–Ferda, thou son of Damman, I loved thee as myself.

How, Cuchullin, son of Semo, fell the breaker of the shields? Well I remember, said Connal, the noble son of Damman. Tall and fair he was like the rain-bow of the hill.

Ferda from Albion came, the chief of a hundred hills. In Muri's hall he learned the sword, and won the friendship of Cuchullin. We moved to the chace together; and one was our bed in the heath.

Deugala was the spouse of Cairbar, chief of the plains of Ullin. She was covered with the light of beauty, but her heart was the house of pride. She loved that sun-beam of youth, the noble son of Damman. Cairbar, said the white-armed woman, give me half of the herd. No more I will remain in your halls. Divide the herd, dark Cairbar.

Let Cuchullin, said Cairbar, divide my herd on the hill. His breast is the seat of justice. Depart, thou light of beauty.–I went and divided the herd. One snow-white bull remained. I gave that bull to Cairbar. The wrath of Deugala rose.

Son of Damman, begun the fair, Cuchullin pains my soul. I must hear of his death, or Lubar's stream shall roll over me. My pale ghost shall wander near thee, and mourn the wound of my pride. Pour out the blood of Cuchullin or pierce this heaving breast.

Deugala, said the fair-haired youth, how shall I slay the son of Semo? He is the friend of my secret thoughts, and shall I lift the sword? She wept three days before him, on the fourth he consented to fight.

I will fight my friend, Deugala! but may I fall by his sword. Could I wander on the hill and behold the grave of Cuchullin? We fought on the hills of Muri. Our swords avoid a wound. They slide on the helmets of steel; and sound on the slippery shields. Deugala was near with a smile, and said to the son of Damman, thine arm is feeble, thou sun-beam of youth. Thy years are not strong for steel.–Yield to the son of Semo. He is like the rock of Malmor.

torrent était assis le chef d'Erin. Connal, fils de Colgar, était là, et Carril des temps anciens.

Malheureuse est la main de Cuchullin, dit le fils de Semo, malheureuse est la main de Cuchullin depuis qu'il a tué son ami. – Ferda, fils de Damman, je t'aimais comme moi-même.

Comment, Cuchullin, fils de Semo, comment est-il tombé, celui qui brisait les boucliers ? Je me souviens, dit Connal, du noble fils de Damman. Grand et beau, il était comme l'arc-en-ciel des collines.

Ferda était venu d'Albion, ce chef de cent collines. A l'académie de Muri[1] il apprit l'épée et gagna l'amitié de Cuchullin. Nous chassions côte à côte ; dans le même lit nous dormions sur la bruyère

Deugala était l'épouse de Cairbar, chef des plaines d'Ullin. Une lumière de beauté l'enveloppait, mais son cœur était la maison de l'orgueil. Elle aima ce rayon solaire de jeunesse, le noble fils de Damman. Cairbar, lui dit cette femme aux bras blancs, donne-moi la moitié du troupeau. Je ne veux plus rester dans ton palais. Divise le troupeau, sombre Cairbar.

Que Cuchullin, dit Cairbar, divise mon troupeau sur la colline. Son sein est le siège de la justice. Tu peux partir, ô lumière de beauté. – J'allai sur la colline et divisai le troupeau. Il restait un taureau blanc comme les neiges. Je donnai le taureau à Cairbar. Le courroux de Deugala s'enflamma.

Fils de Damman, reprit la belle, Cuchullin blesse mon âme. Je veux le savoir mort, ou le torrent de Lubar roulera ses flots sur mon corps. Mon pâle fantôme errera près de toi et pleurera la blessure de mon orgueil. Fait couler le sang de Cuchullin ou transperce mon sein qui soupire.

Deugala, répondit le jeune homme aux blonds cheveux, comment pourrais-je tuer le fils de Semo ? Il est l'ami de mes pensées secrètes et je devrais lever mon épée ? Trois jours durant elle pleura devant lui, au quatrième, il consentit à se battre.

Je combattrai mon ami, Deugala ! mais puissè-je tomber par son épée. Pourrais-je errer sur la colline et y voir la tombe de Cuchullin ? Nous

---

1   Muri, selon les bardes irlandais, était une académie en Ulster où l'on apprenait l'usage des armes. Le mot signifie *un groupe de personnes* ; ce qui semble confirmer cette hypothèse. On dit de Cuchullin qu'il est le premier à avoir introduit en Irlande une armure d'acier complète. Il est célèbre, chez les Senachies, pour avoir appris aux Irlandais à monter à cheval et pour avoir, le premier dans ce royaume, utilisé un char ; c'est d'ailleurs pour cette raison qu'Ossian décrit avec autant de minutie le char de Cuchullin, au Livre Premier. [Macpherson] – Un *seanchaí* (souvent orthographié *shenachie* ou *senachie* en gaélique écossais) est un barde irlandais.

The tear is in the eye of youth. He faultering said to me, Cuchullin, raise thy bossy shield. Defend thee from the hand of thy friend. My soul is laden with grief: for I must slay the chief of men.

I sighed as the wind in the chink of a rock. I lifted high the edge of my steel. The sun-beam of the battle fell; the first of Cuchullin's friends.–

Unhappy is the hand of Cuchullin since the hero fell.

Mournful is thy tale, son of the car, said Carril of other times. It sends my soul back to the ages of old, and to the days of other years.–Often have I heard of Comal who slew the friend he loved; yet victory attended his steel; and the battle was consumed in his presence.

Comal was a son of Albion; the chief of an hundred hills. His deer drunk of a thousand streams. A thousand rocks replied to the voice of his dogs. His face was the mildness of youth. His hand the death of heroes. One was his love, and fair was she! the daughter of mighty Conloch. She appeared like a sun-beam among women. And her hair was like the wing of the raven. Her dogs were taught to the chace. Her bow-string sounded on the winds of the forest. Her soul was fixed on Comal. Often met their eyes of love. Their course in the chace was one, and happy were their words in secret.–But Grumal loved the maid, the dark chief of the gloomy Ardven. He watched her lone steps in the heath; the foe of unhappy Comal.

One day, tired of the chace, when the mist had concealed their friends, Comal and the daughter of Conloch met in the cave of Ronan. It was the wonted haunt of Comal. Its sides were hung with his arms. A hundred shields of thongs were there; a hundred helms of sounding steel.

combattîmes sur les collines de Muri. Nos épées évitent la blessure. Elles glissent sur les heaumes d'acier ; et résonnent en vain contre les boucliers fuyants. Deugala était là et souriait, elle dit au fils de Damman, ton bras est faible, innocent rayon du soleil. Les années n'ont pas donné de force à ton acier. – Cède au fils de Semo. Il est comme le rocher de la Malmor.

Une larme dans l'œil du jeune guerrier. Il me dit, sanglotant, Cuchullin, lève ton bouclier bosselé. Protège-toi du bras de ton ami. Mon âme est lourde de douleur : car je dois tuer le chef des hommes.

Je soupirai comme le vent dans la fissure d'un rocher. Je levai haut le tranchant de mon acier. Le rayon de soleil des batailles tomba ; le premier des amis de Cuchullin. –

Malheureuse est la main de Cuchullin depuis que ce héros est tombé.

Triste et touchant est ton récit, fils des chars, dit Carril des temps anciens. Il ramène mon âme vers le passé, vers les jours qui ne reviendront plus. – J'ai souvent entendu parler de Comal qui tua l'amie qu'il aimait ; mais la victoire accompagnait son acier ; et la bataille triomphait en sa présence.

Comal était un fils d'Albion ; chef de cent collines. Ses cerfs buvaient à mille torrents. Mille rochers répondaient à la voix de ses chiens. Son visage était la douceur de la jeunesse. Son bras la mort des héros. Il en aimait une, et quelle beauté ! la fille du puissant Conloch. Elle semblait un rayon de soleil entre les femmes. Et sa chevelure était comme l'aile du corbeau. Ses chiens étaient dressés à la chasse. Les vents des forêts portaient le chant de la corde de son arc. Son âme s'était attachée à Comal. Souvent leurs yeux d'amour se trouvaient. Ils suivaient les mêmes pistes dans leur chasse, et leurs paroles en secret étaient heureuses. – Mais Grumal, sombre chef de l'obscure Ardven, aimait cette vierge. Il épiait ses pas solitaires sur la lande ; l'adversaire du malheureux Comal.

Un jour, fatigués de la chasse et séparés de leurs amis que le brouillard dérobait à leur vue, Comal et la fille de Conloch se retrouvèrent dans la caverne de Ronan[1]. Souvent Comal venait s'y réfugier. À ses parois

---

1   La mort déplorable de ce Ronan est racontée dans le neuvième des fragments de poésie antique publiés l'année dernière ; ce n'est pas une œuvre d'Ossian, bien qu'elle soit écrite dans son style et qu'elle soit incontestablement antique. – Les expressions concises d'Ossian sont imitées, mais les idées sont trop banales et répétitives pour être celles de ce poète. – On lui a attribué un grand nombre de poèmes qui, de toute évidence, furent composés bien après lui ; ils sont particulièrement abondants en Irlande, où le traducteur en a lu plusieurs. Ils manquent totalement d'originalité et d'intérêt ; soit ils s'élèvent vers

Rest here, he said, my love Galvina; thou light of the cave of Ronan.
A deer appears on Mora's brow. I go; but I will soon return. I fear, she
said, dark Grumal my foe; he haunts the cave of Ronan. I will rest
among the arms; but soon return, my love.

He went to the deer of Mora. The daughter of Conloch would try
his love. She cloathed her white sides with his armour, and strode from
the cave of Ronan. He thought it was his foe. His heart beat high. His
colour changed, and darkness dimmed his eyes. He drew the bow. The
arrow flew. Galvina fell in blood. He run with wildness in his steps and
called the daughter of Conloch. No answer in the lonely rock. Where
art thou, O my love! He saw, at length, her heaving heart beating
around the feathered dart. O Conloch's daughter, is it thou? He sunk
upon her breast.

The hunters found the hapless pair; he afterwards walked the hill.
But many and silent were his steps round the dark dwelling of his love.
The fleet of the ocean came. He fought; the strangers fled. He searched
for his death over the field. But who could kill the mighty Comal! He
threw away his dark-brown shield. An arrow found his manly breast.
He sleeps with his loved Galvina at the noise of the sounding surge.
Their green tombs are seen by the mariner, when he bounds on the
waves of the north.

étaient suspendues ses armes. Cent boucliers de cuir ; cent heaumes d'acier solide.

Repose ici, dit-il, Galvina mon amour ; lumière dans la caverne de Ronan. Je vois un cerf au sommet de la Mora. Je pars ; mais je reviens bientôt. Je crains, dit-elle, le sombre Grumal, mon adversaire ; il vient souvent se réfugier dans la caverne de Ronan. Je me reposerai au milieu de ces armes ; mais reviens bientôt, mon amour.

Il partit poursuivre le cerf de la Mora. La fille de Conloch voulut éprouver son amour. Elle revêtit son armure pour cacher la blancheur de ses flancs, et elle sortit de la caverne de Ronan. Il crut voir son adversaire. Son cœur se mit à battre. Il pâlit et l'obscurité brouilla son regard. Il banda son arc. La flèche s'envola. Galvina tomba dans le sang. Il accourut hagard et appela la fille de Conloch. Le rocher solitaire ne répond pas. Où es-tu, ô mon amour ! Il vit enfin son cœur palpitant qui bâtait autour de sa flèche empennée. Ô fille de Conloch, est-ce toi ? Il tomba sur son sein.

Les chasseurs trouvèrent se couple infortuné ; on le vit ensuite parcourir cette colline. Mais ses pas incessants étaient silencieux autour de la sombre demeure de son amour. La flotte venue de l'océan débarqua. Il combattit ; les étrangers s'enfuirent. Il cherchait partout la mort sur le champ de bataille. Mais qui aurait pu tuer le puissant Comal ! Il jeta son bouclier brun sombre. Une flèche trouva sa mâle poitrine. Il dort avec Galvina son amour au bruit de la houle puissante. Le marin aperçoit leurs tombes verdies lorsqu'il vogue sur les vagues du nord.

---

une grandiloquence des plus ridicule, soit ils s'enfoncent vers le prosaïsme le plus plat. [Macpherson]

BOOK III

ARGUMENT

Cuchullin, pleased with the story of Carril, insists with that bard for more of his songs. He relates the actions of Fingal in Lochlin, and death of Agandecca the beautiful sister of Swaran. He had scarce finished when Calmar the son of Matha, who had advised the first battle, came wounded from the field, and told them of Swaran's design to surprise the remains of the Irish army. He himself proposes to withstand singly the whole force of the enemy, in a narrow pass, till the Irish should make good their retreat. Cuchullin, touched with the gallant proposal of Calmar, resolves to accompany him, and orders Carril to carry off the few that remained of the Irish. Morning comes, Calmar dies of his wounds; and, the ships of the Caledonians appearing, Swaran gives over the pursuit of the Irish, and returns to oppose Fingal's landing. Cuchullin ashamed, after his defeat, to appear before Fingal, retires to the cave of Tura. Fingal engages the enemy, puts them to flight; but the coming on of night makes the victory not decisive. The king, who had observed the gallant behav-iour of his grandson Oscar, gives him advices concerning his conduct in peace and war. He recommends to him to place the example of his fathers before his eyes, as the best model for his conduct; which introduces the episode concerning Fainasóllis, the daughter of the king of Craca, whom Fingal had taken under his protection, in his youth. Fillan and Oscar are dispatched to observe the motions of the enemy by night; Gaul the son of Morni desires the command of the army, in the next battle; which Fingal promises to give him. Some general reflections of the poet close the third day.

LIVRE TROISIÈME[1]

ARGUMENT

Cuchullin, charmé par le récit de Carril, demande au barde de continuer ses chants. Carril raconte les hauts faits de Fingal en Lochlin et la mort d'Agandecca, la gracieuse sœur de Swaran. À peine a-t-il fini que Calmar, fils de Matha, qui avait conseillé le premier combat, revient blessé du champ de bataille; il les informe que Swaran a pour dessein de les attaquer par surprise. Il offre de résister seul aux forces ennemies dans une gorge étroite jusqu'à ce que les Irlandais aient effectué leur retraite. Cuchullin, touché par l'offre généreuse de Calmar, décide de l'accompagner et ordonne à Carril d'emmener avec lui le peu de soldats qui lui restent. Le matin arrive, Calmar meurt de ses blessures; les vaisseaux des Calédoniens paraissent, Swaran renonce à poursuivre les Irlandais et revient pour s'opposer au débarquement de Fingal. Cuchullin, honteux de paraître devant Fingal, se retire dans la grotte de Tura. Fingal met l'ennemi en fuite, mais la nuit survenant laisse la victoire indécise. Le roi, qui a remarqué la noble conduite de son petit-fils Oscar, lui donne des conseils sur sa conduite en temps de guerre et en temps de paix. Il lui recommande d'avoir toujours devant les yeux l'exemple de ses ancêtres. Épisode de Fainasóllis, fille du roi de Craca, que, dans sa jeunesse, Fingal avait prise sous sa protection. Fillan et Oscar sont envoyés pour observer les mouvements de l'ennemi pendant la nuit; Gaul, fils de Morni, demande le commandement de l'armée dans la prochaine bataille et Fingal le lui promet. Quelques réflexions générales du poète terminent le troisième jour.

---

1   La seconde nuit, depuis le début du poème, continue; Cuchullin, Connal et Carril sont assis ensemble au même endroit. L'histoire d'Agandecca est judicieusement introduite, car ensuite le poème y fera plusieurs fois référence : c'est elle, en effet, qui, dans une certaine mesure, précipite la catastrophe. [Macpherson]

Pleasant are the words of the song, said Cuchullin, and lovely are the tales of other times. They are like the calm dew of the morning on the hill of roes, when the sun is faint on its side, and the lake is settled and blue in the vale. O Carril, raise again thy voice, and let me hear the song of Tura: which was sung in my halls of joy, when Fingal king of shields was there, and glowed at the deeds of his fathers.

Fingal! thou man of battle, said Carril, early were thy deeds in arms. Lochlin was consumed in thy wrath, when thy youth strove with the beauty of maids. They smiled at the fair-blooming face of the hero; but death was in his hands. He was strong as the waters of Lora. His followers were like the roar of a thousand streams. They took the king of Lochlin in battle, but restored him to his ships. His big heart swelled with pride; and the death of the youth was dark in his soul.—For none ever, but Fingal, overcame the strength of the mighty Starno.

He sat in the hall of his shells in Lochlin's woody land. He called the grey-haired Snivan, that often sung round the circle of Loda: when the stone of power heard his cry, and the battle turned in the field of the valiant.

Go; gray-haired Snivan, Starno said, to Ardven's sea-surrounded rocks. Tell to Fingal king of the desert; he that is the fairest among his thousands, tell him I give him my daughter, the loveliest maid that ever heaved a breast of snow. Her arms are white as the foam of my waves. Her soul is generous and mild. Let him come with his bravest heroes to the daughter of the secret hall.

Snivan came to Albion's windy hills: and fair-haired Fingal went. His kindled soul flew before him as he bounded on the waves of the north.

Welcome, said the dark-brown Starno, welcome, king of rocky Morven; and ye his heroes of might; sons of the lonely isle! Three days within my halls shall ye feast; and three days pursue my boars, that your fame may reach the maid that dwells in the secret hall.

Agréables sont les paroles de ton chant, dit Cuchullin, et charmants sont les récits des temps passés. Ils sont comme la rosée calme du matin sur la colline aux chevreuils, lorsque le soleil est faible sur ses pentes, que le lac est tranquille et bleu dans la vallée. Ô Carril, élève la voix encore une fois, fais entendre à mon oreille le chant de Tura : que l'on chantait dans la grande salle de nos joies lorsque Fingal, roi des boucliers, était avec nous et qu'il s'enflammait au récit des exploits de ses pères.

Fingal ! ô homme des batailles, dit Carril, bien jeune tu t'es distingué dans les armes. Lochlin brûlait sous ton courroux quand ta jeunesse rivalisait avec la beauté des vierges. Elles souriaient au beau visage épanoui du héros ; mais la mort était dans ses mains. Il était fort comme les eaux de la Lora. Ses guerriers étaient comme le rugissement de mille torrents. Ils vainquirent et capturèrent le roi de Lochlin, mais le rendirent à ses vaisseaux. Son cœur se gonfla d'un orgueil monstrueux ; et la mort du jeune guerrier était dans son âme. – Jamais personne, hormis Fingal, n'avait dompté la force du puissant Starno.

De retour sur les terres boisées de Lochlin, il s'assit dans la grande salle des conques. Il appela Snivan aux cheveux gris, qui souvent chantait autour du cercle de Loda : la pierre du pouvoir, alors, entendait son appel et la fortune des combats tournait sur le champ des braves[1].

Va, Snivan aux cheveux gris, dit Starno, sur les rochers d'Ardven que la mer emprisonne. Dis à Fingal, roi des déserts, le plus beau parmi ses mille guerriers, dis-lui que je lui donne ma fille : jamais on ne vit se gonfler plus charmant sein que celui de cette vierge pâle et gracieuse. Ses bras sont aussi blancs que l'écume de mes vagues. Son âme est généreuse et douce. Qu'il vienne avec ses héros les plus braves pour rejoindre la fille à la secrète demeure.

Snivan vint sur les collines venteuses d'Albion : Fingal aux blonds cheveux partit. Tandis qu'il bondissait sur les vagues du nord, son âme enflammée volait au devant.

Bienvenue, dit Starno, ce guerrier brun sombre, bienvenue, roi des rochers de Morven ; et vous aussi, puissants héros qui le suivez ; vous, les fils de l'île solitaire ! Trois jours durant dans ma demeure vous festoierez ;

---

1 Ce passage fait très certainement référence à la religion pratiquée en Lochlin, et la *pierre du pouvoir* est l'image d'une divinité scandinave. [Macpherson]

The king of snow designed their death, and gave the feast of shells. Fingal, who doubted the foe, kept on his arms of steel. The sons of death were afraid, and fled from the eyes of the hero. The voice of sprightly mirth arose. The trembling harps of joy are strung. Bards sing the battle of heroes; or the heaving breast of love.—Ullin, Fingal's bard, was there; the sweet voice of the hill of Cona. He praised the daughter of snow; and Morven's high-descended chief.—The daughter of snow overheard, and left the hall of her secret sigh. She came in all her beauty, like the moon from the cloud of the east.—Loveliness was around her as light. Her steps were like the music of songs. She saw the youth and loved him. He was the stolen sigh of her soul. Her blue eye rolled on him in secret: and she blest the chief of Morven.

The third day, with all its beams, shone bright on the wood of boars. Forth moved the dark-browed Starno; and Fingal, king of shields. Half the day they spent in the chace; and the spear of Fingal was red in the blood of Gormal.

It was then the daughter of Starno, with blue eyes rolling in tears, came with her voice of love and spoke to the king of Morven.

Fingal, high-descended chief, trust not Starno's heart of pride. Within that wood he has placed his chiefs; beware of the wood of death. But, remember, son of the hill, remember Agandecca: save me from the wrath of my father, king of the windy Morven!

The youth, with unconcern, went on; his heroes by his side. The sons of death fell by his hand; and Gormal echoed around.

Before the halls of Starno the sons of the chace convened. The king's dark brows were like clouds. His eyes like meteors of night. Bring hither, he cries, Agandecca to her lovely king of Morven. His hand is stained with the blood of my people; and her words have not been in vain.—

She came with the red eye of tears. She came with her loose raven locks. Her white breast heaved with sighs, like the foam of the streamy Lubar. Starno pierced her side with steel. She fell like a wreath of snow that slides from the rocks of Ronan; when the woods are still, and the echo deepens in the vale.

et trois jours vous poursuivrez le sanglier de mes terres, afin que votre gloire parvienne à la jeune vierge dans sa secrète demeure.

Le roi des neiges méditait leur mort et il donna le festin des conques. Fingal, qui se défiait de son ennemi, garda sur lui ses armes d'acier. Les fils de la mort prirent peur et fuirent les yeux du héros. La voix de la vive gaieté s'éleva. On accorde les harpes frémissantes. Les bardes chantent la bataille des héros ; ou les seins qui soupirent d'amour. — Ullin, le barde de Fingal, était là ; douce voix des collines de Cona. Il chanta les louanges de la fille des neiges ; et celles du chef de Morven aux ancêtres très nobles. — La fille des neiges l'entendit et quitta la demeure de ses secrets soupirs. Elle parut dans toute sa beauté, telle la lune entre les nuages de l'orient. — Sa beauté était comme une lumière autour d'elle. Ses pas étaient comme l'harmonie des chants. Elle vit le jeune guerrier et l'aima. Il était le souffle qui manquait à son âme. Ses yeux bleus se tournaient vers lui en secret : elle bénit le chef de Morven.

Le troisième jour, de tous ses rayons, brillait sur le bois aux sangliers. Partirent Starno aux sombres sourcils ; et Fingal, roi des boucliers. Ils passèrent la moitié du jour à la chasse ; et la lance de Fingal était rouge du sang du Gormal.

C'est alors que vint la fille de Starno, les yeux bleus noyés de larmes, avec sa voix d'amour elle parla au roi de Morven.

Fingal, chef aux ancêtres très nobles, ne te fie pas au cœur de Starno plein d'orgueil. En ces bois il a placé ses chefs ; garde-toi de ces bois mortels. Mais souviens-toi, fils des collines, souviens-toi d'Agandecca : sauve-moi du courroux de mon père, ô roi de Morven où soufflent les vents !

Le jeune guerrier insouciant poursuivit son chemin ; ses héros à ses côtés. Les fils de la mort tombèrent par sa main ; et les échos du Gormal retentirent alentour.

Les fils de la chasse se rassemblèrent devant le palais de Starno. Les sombres sourcils du roi étaient comme des nuages. Ses yeux comme les météores de la nuit. Que l'on mène ici, crie-t-il, Agandecca à l'aimable roi de Morven. Sa main est souillée du sang de mon peuple ; ses paroles n'ont pas été vaines. —

Elle vint avec le rouge de ses yeux en pleurs. Elle vint avec ses cheveux épars noirs comme l'aile du corbeau. Sa blanche poitrine se soulevait de soupirs, telle l'écume sur les ondes de la Lubar. De son acier Starno lui perça le flanc. Elle tomba comme un amas de neige qui se décroche des

Then Fingal eyed his valiant chiefs, his valiant chiefs took arms.
The gloom of the battle roared, and Lochlin fled or died. Pale, in his
bounding ship he closed the maid of the raven hair. Her tomb ascends
on Ardven, and the sea roars round the dark dwelling of Agandecca.

Blessed be her soul, said Cuchullin, and blessed be the mouth of
the song.–Strong was the youth of Fingal, and strong is his arm of age.
Lochlin shall fall again before the king of echoing Morven. Shew thy
face from a cloud, O moon; light his white sails on the wave of the
night. And if any strong spirits of heaven sits on that low-hung cloud;
turn his dark ships from the rock, thou rider of the storm!

Such were the words of Cuchullin at the sound of the mountain-
stream, when Calmar ascended the hill, the wounded son of Matha.
From the field he came in his blood. He leaned on his bending spear.
Feeble is the arm of battle! but strong the soul of the hero!

Welcome! O son of Matha, said Connal, welcome art thou to thy
friends! Why bursts that broken sigh from the breast of him that never
feared before?

And never, Connal, will he fear, chief of the pointed steel. My soul
brightens in danger, and exults in the noise of battle. I am of the race
of steel; my fathers never feared. Cormar was the first of my race. He
sported through the storms of the waves. His black skiff bounded on
ocean, and travelled on the wings of the blast. A spirit once embroiled
the night. Seas swell and rocks resound. Winds drive along the clouds.
The lightning flies on wings of fire. He feared and came to land: then
blushed that he feared at all. He rushed again among the waves to find
the son of the wind. Three youths guide the bounding bark; he stood
with the sword unsheathed. When the low-hung vapour passed, he took
it by the curling head, and searched its dark womb with his steel. The
son of the wind forsook the air. The moon and stars returned.

rochers de Ronan ; quand les bois sont silencieux et l'écho se prolonge dans la vallée.

Fingal, alors, regarda ses valeureux chefs, ses valeureux chefs prirent les armes. La ténébreuse bataille rugit et Lochlin s'enfuit ou bien mourut. Pâle, sur son navire bondissant, il déposa la vierge aux cheveux noirs comme l'aile du corbeau. Sa tombe s'élève en Ardven, et la mer rugit autour de la sombre demeure d'Agandecca.

Bénie soit son âme, dit Cuchullin, et bénie soit la bouche du chant. – Puissante fut la jeunesse de Fingal, puissant le bras de sa vieillesse. Lochlin succombera une fois encore devant le roi de Morven où résonne l'écho. Montre ton visage depuis ce nuage, ô lune ; éclaire ses blanches voiles sur la vague de la nuit. Et si quelque puissant esprit des cieux est assis sur ce nuage bas ; détourne ses sombres vaisseaux du rocher, ô toi qui chevauche les tempêtes[1] !

Ainsi parlait Cuchullin au son du torrent qui descend la montagne lorsque Calmar gravit la colline, le fils blessé de Matha. Il revenait du champ de bataille couvert de son sang. Il s'appuyait sur sa lance qui ployait sous son poids. Faible est le bras des batailles ! mais forte l'âme du héros !

Bienvenue ! ô fils de Matha, dit Connal, sois le bienvenu au milieu de tes amis ! Pourquoi ce soupir étouffé échappe-t-il au guerrier qui jamais n'a connu la crainte ?

Et qui jamais, Connal, ne la connaîtra, chef à l'acier effilé. Mon âme brille dans le danger et jouit dans le bruit des batailles. Je suis d'une race d'acier ; mes pères n'ont jamais connu la crainte.

Cormar fut le premier de ma race. Il se jouait au milieu des vagues déchaînées. Son noir esquif bondissait sur l'océan et voyageait sur les ailes puissantes du vent. Une nuit, un esprit vint semer le trouble parmi les éléments. Les mers s'enflent et les rochers résonnent. Les vents chassent les nuages devant eux. Les éclairs volent sur des ailes de feu. Il eut peur et revint au rivage : il rougit aussitôt de sa peur. Il se précipita à nouveau au milieu des vagues pour y chercher le fils du vent. Trois jeunes compagnons guident la barque bondissante ; il était

---

1   Ceci est le seul moment du poème qui se réfère à une forme de religion. – Mais Cuchullin apostrophe l'esprit sur un ton dubitatif ; si bien qu'il est difficile de déterminer si le héros pense réellement qu'il s'adresse à un être supérieur, ou bien plutôt aux fantômes des guerriers disparus, que l'on croyait capables, à l'époque, de contrôler les tempêtes et de voyager, portés par les vents, d'un pays à l'autre. [Macpherson]

Such was the boldness of my race; and Calmar is like his fathers. Danger flies from the uplifted sword. They best succeed who dare.

But now, ye sons of green-vallyed Erin, retire from Lena's bloody heath. Collect the sad remnant of our friends, and join the sword of Fingal. I heard the sound of Lochlin's advancing arms; but Calmar will remain and fight. My voice shall be such, my friends, as if thousands were behind me. But, son of Semo, remember me. Remember Calmar's lifeless corse. After Fingal has wasted the field, place me by some stone of remembrance, that future times may hear my fame; and the mother of Calmar rejoice over the stone of my renown.

No: son of Matha, said Cuchullin, I will never leave thee. My joy is in the unequal field: my soul increases in danger. Connal, and Carril of other times, carry off the sad sons of Erin; and when the battle is over, search for our pale corses in this narrow way. For near this oak we shall stand in the stream of the battle of thousands.–O Fithil's son, with feet of wind, fly over the heath of Lena. Tell to Fingal that Erin is inthralled, and bid the king of Morven hasten. O let him come like the sun in a storm, when he shines on the hills of grass.

Morning is gray on Cromla; the sons of the sea ascend. Calmar stood forth to meet them in the pride of his kindling soul. But pale was the face of the warrior; he leaned on his father's spear. That spear which he brought from Lara's hall, when the soul of his mother was sad.–But slowly now the hero falls like a tree on the plains of Cona. Dark Cuchullin stands alone like a rock in a sandy vale. The sea comes with its waves, and roars on its hardened sides. Its head is covered with foam, and the hills are echoing around.–Now from the gray mist of the ocean, the white-sailed ships of Fingal appear. High is the grove of their masts as they nod, by turns, on the rolling wave.

debout, l'épée à la main. Lorsque passa près de lui cette nappe de brume flottant au-dessus des eaux, il se saisit de sa tête crépue et fouilla ses entrailles obscures de son acier. Le fils du vent abandonna les airs. La lune et les étoiles reparurent.

Telle était la bravoure de ma race ; et Calmar est comme ses pères. Le danger fuit devant l'épée brandie. La fortune couronne l'audace.

Mais maintenant, fils d'Erin aux vertes vallées, il faut vous retirer de la lande sanglante de Lena. Rassemblez les tristes vestiges notre armée et rejoignez l'épée de Fingal. J'ai entendu le bruit des armes de Lochlin qui avance ; mais Calmar restera ici et se battra. Ma voix, ô mes amis, sera aussi puissante que si des milliers de guerriers se tenaient derrière moi. Mais ne m'oublie pas, fils de Semo, ne m'oublie pas. N'oublie pas le cadavre sans vie de Calmar. Quand Fingal aura dévasté le champ de bataille, place-moi sous quelques pierres qui garderont ma mémoire, afin que les temps à venir apprennent ma gloire ; et que la mère de Calmar se réjouisse en voyant la pierre de sa renommée.

Non : fils de Matha, dit Cuchullin, jamais je ne t'abandonnerai. Ma joie est dans le combat inégal : mon âme grandit dans le danger. Connal, et Carril des temps anciens, conduisez hors d'ici les tristes fils d'Erin ; et, quand la bataille aura cessé, revenez chercher nos pâles cadavres en ce passage étroit. Car, au pied de ce chêne, nous nous tiendrons pour faire face au torrent de cette bataille aux mille et mille guerriers. – Ô fils de Fithil aux pieds ailés, vole sur la lande de Lena. Va dire à Fingal qu'Erin a succombé et prie le roi de Morven de venir au plus vite. Oh ! qu'il vienne comme le soleil dans l'orage quand il brille sur les collines d'herbe.

Le matin est gris sur la Cromla ; les fils de la mer gravissent ses pentes. Calmar les attendait impatient dans l'orgueil de son âme enflammée. Mais il était pâle le visage du guerrier ; il s'appuyait sur la lance de son père. Cette lance qu'il avait décrochée dans la grande salle de Lara et qu'il avait prise avec lui lorsqu'il avait vu la tristesse dans l'âme de sa mère. – Mais, lentement, le héros s'affaisse et tombe comme un arbre sur les plaines de Cona. Le sombre Cuchullin reste seul comme un rocher perdu dans une baie sablonneuse[1]. La mer arrive avec ses vagues et rugit contre ses flancs endurcis. Sa cime est recouverte par l'écume, et les collines retentissent alentour. – Des grises brumes de l'océan

---

1   Macpherson cite en note l'*Iliade* 15, 610 *sqq.*, puis la traduction de Pope.

Swaran saw them from the hill, and returned from the sons of Erin. As ebbs the resounding sea through the hundred isles of Inis-tore; so loud, so vast, so immense returned the sons of Lochlin against the king of the desart hill. But bending, weeping, sad, and slow, and dragging his long spear behind, Cuchullin sunk in Cromla's wood, and mourned his fallen friends. He feared the face of Fingal, who was wont to greet him from the fields of renown.

How many lie there of my heroes! the chiefs of Innis-fail! they that were chearful in the hall when the sound of the shells arose. No more shall I find their steps in the heath, or hear their voice in the chace of the hinds. Pale, silent, low on bloody beds are they who were my friends! O spirits of the lately-dead, meet Cuchullin on his heath. Converse with him on the wind, when the rustling tree of Tura's cave resounds. There, far remote, I shall lie unknown. No bard shall hear of me. No gray stone shall rise to my renown. Mourn me with the dead, O Bragéla! departed is my fame.

Such were the words of Cuchullin when he sunk in the woods of Cromla.

Fingal, tall in his ship, stretched his bright lance before him. Terrible was the gleam of the steel: it was like the green meteor of death, setting in the heath of Malmor, when the traveller is alone, and the broad moon is darkened in heaven.

The battle is over, said the king, and I behold the blood of my friends. Sad is the heath of Lena; and mournful the oaks of Cromla: the hunters have fallen there in their strength; and the son of Semo is no more.—Ryno and Fillan, my sons, sound the horn of Fingal's war. Ascend that hill on the shore, and call the children of the foe. Call them from the grave of Lamdarg, the chief of other times.—Be your voice like that of your father, when he enters the battles of his strength. I wait for the dark mighty man; I wait on Lena's shore for Swaran. And let him come with all his race; for strong in battle are the friends of the dead.

sortent alors les blanches voiles de Fingal. Haute forêt de mâts qui se balancent au rythme du roulement des vagues.

Swaran les aperçut de la colline et cessa la poursuite des fils d'Erin. Comme la mer rugissante reflue entre les cent îles d'Inis-tore, avec le même bruit assourdissant, avec la même grandeur immense, se tournèrent les fils de Lochlin contre le roi des collines désertes. Mais, tête baissée, triste, en larmes et à pas lents, traînant derrière lui sa longue lance, Cuchullin s'enfonça dans les bois de la Cromla ; il pleurait les amis tombés. Il redoutait le visage de Fingal, accoutumé à le féliciter quand il revenait des champs de gloire.

Combien de mes héros gisent là ! les chefs d'Innis-fail ! qui se réjouissaient dans la grande salle de ma demeure quand s'élevait le bruit des conques ! Je ne rencontrerai plus leurs pas dans la lande, ni leurs voix à la chasse des biches. Pâles, silencieux, ils sont couchés sur des lits de sang ceux qui furent mes amis ! Ô esprits de ceux qui viennent de mourir, venez trouver Cuchullin sur sa lande. Venez sur les vents parler avec lui lorsque résonne l'arbre frémissant de Tura. Là-bas, loin de tout, je me coucherai inconnu. Nul barde n'entendra parler de moi. Nulle pierre grise ne s'élèvera en mon honneur. Pleure-moi avec les morts, ô Bragéla ! ma gloire s'est évanouie.

Telles furent les paroles de Cuchullin alors qu'il s'enfonçait dans les bois de la Cromla.

Fingal, majestueux en son vaisseau, étendit devant lui sa lance éclatante. Terrible était la lueur de son acier : elle était comme le vert météore qui se pose dans la bruyère de la Malmor, lorsque le voyageur est seul et que le large disque de la lune est obscurci dans les cieux.

La bataille est terminée, dit le roi, et je vois le sang de mes amis. Triste est la lande de Lena ; en deuil les chênes de la Cromla : les chasseurs sont tombés dans leur force ; et le fils de Semo n'est plus. — Ryno et Fillan, mes fils, faites retentir le cor des guerres de Fingal. Gravissez cette colline sur le rivage et appelez les enfants de l'ennemi. Près du tombeau de Lamdarg, chef des temps passés, appelez l'ennemi. — Que votre voix soit celle de votre père quand il arrive aux batailles de sa force. J'attends cet homme à la sombre puissance ; j'attends sur le rivage de Lena que vienne Swaran. Et qu'il vienne avec toute sa race ; car puissants dans les combats sont les amis des morts.

Fair Ryno flew like lightning; dark Fillan as the shade of autumn. On Lena's heath their voice is heard; the sons of ocean heard the horn of Fingal's war. As the roaring eddy of ocean returning from the kingdom of snows; so strong, so dark, so sudden came down the sons of Lochlin. The king in their front appears in the dismal pride of his arms. Wrath burns in his dark-brown face: and his eyes roll in the fire of his valour.

Fingal beheld the son of Starno; and he remembered Agandecca.—For Swaran with the tears of youth had mourned his white-bosomed sister. He sent Ullin of the songs to bid him to the feast of shells. For pleasant on Fingal's soul returned the remembrance of the first of his loves.

Ullin came with aged steps, and spoke to Starno's son. O thou that dwellest afar, surrounded, like a rock, with thy waves, come to the feast of the king, and pass the day in rest. Tomorrow let us fight, O Swaran, and break the echoing shields.

To-day, said Starno's wrathful son, we break the echoing shields: to-morrow my feast will be spread; and Fingal lie on earth.

And to-morrow let his feast be spread, said Fingal with a smile; for to-day, O my sons, we shall break the echoing shields.—Ossian, stand thou near my arm. Gaul, lift thy terrible sword. Fergus, bend thy crooked yew. Throw, Fillan, thy lance through heaven.—Lift your shields like the darkened moon. Be your spears the meteors of death. Follow me in the path of my fame; and equal my deeds in battle.

As a hundred winds on Morven; as the streams of a hundred hills; as clouds fly successive over heaven; or, as the dark ocean assaults the shore of the desert: so roaring, so vast, so terrible the armies mixed on Lena's echoing heath.—The groan of the people spread over the hills; it was like the thunder of night, when the cloud bursts on Cona; and a thousand ghosts shriek at once on the hollow wind.

Fingal rushed on in his strength, terrible as the spirit of Trenmor; when, in a whirlwind, he comes to Morven to see the children of his pride. The oaks resound on their hills, and the rocks fall down before him.—Bloody was the hand of my father when he whirled the lightning of his sword. He remembers the battles of his youth, and the field is wasted in his course.

Le blond Ryno s'envola comme l'éclair ; le brun Fillan comme l'ombre de l'automne. Sur la lande de Lena leurs voix se font entendre ; les fils de l'océan entendirent le cor des guerres de Fingal. Comme le tourbillon qui rugit lorsqu'il quitte le royaume des neiges et retrouve l'océan, aussi forts, aussi sombres, aussi brusques descendirent les fils de Lochlin. À leur tête le roi surgit dans toute la gloire sinistre de ses armes. Le courroux brûle son visage brun sombre : et ses yeux roulent dans les feux de sa bravoure.

Fingal vit le fils de Starno ; et il se souvint d'Agandecca. – Car Swaran avait pleuré les larmes de sa jeunesse sur sa sœur au sein si blanc. Il lui envoya Ullin aux nombreux chants pour l'inviter au festin des conques. Car le souvenir de son premier amour lui revenait à l'âme avec plaisir.

Ullin, d'un pas âgé, s'avança et parla au fils de Starno. Ô toi qui demeures loin de nous, tel un rocher entouré de tes vagues, viens au festin du roi et repose-toi en ce jour. Demain nous nous battrons, ô Swaran, et nous briserons les boucliers retentissants.

Aujourd'hui, répondit le fils de Starno plein de courroux, nous brisons les boucliers retentissants : demain mon festin sera célébré ; et Fingal sera couché sur la terre.

Qu'il célèbre donc son festin demain, dit Fingal en souriant ; puisqu'aujourd'hui, ô mes fils, nous allons briser les boucliers retentissants. – Ossian, tiens-toi près de mon bras. Gaul, brandis ta terrible épée. Fergus, bande ton arc d'if. Fais voler, Fillan, ta lance à travers les cieux. – Levez vos boucliers semblables à des lunes obscurcies. Que vos lances soient de funestes météores. Suivez-moi sur le chemin de ma gloire ; et que vos prouesses en cette bataille soient égales aux miennes

Comme une centaine de vents sur Morven ; comme les torrents d'une centaine de collines ; comme des nuages qui passent les uns après les autres sur les cieux ; ou encore, comme l'océan obscur qui se lance à l'assaut des rivages du désert : dans un semblable rugissement, avec la même effroyable et vaste force, les armées se mêlèrent sur la lande de Lena pleine d'échos. – Le gémissement des hommes se répandit sur les collines ; il était comme le tonnerre de nuit lorsque les nuages éclatent sur la Cona ; lorsque mille fantômes ensemble poussent leurs cris aigus dans le creux des vents.

Fingal dans sa force s'élança, terrible comme l'esprit de Trenmor ; quand, dans un tourbillon, il vient en Morven visiter les enfants de son orgueil. Les chênes résonnaient sur leurs collines et les rochers

Ryno went on like a pillar of fire.—Dark is the brow of Gaul. Fergus rushed forward with feet of wind; and Fillan like the mist of the hill.— Myself, like a rock, came down, I exulted in the strength of the king. Many were the deaths of my arm; and dismal was the gleam of my sword. My locks were not then so gray; nor trembled my hands of age. My eyes were not closed in darkness; nor failed my feet in the race.

Who can relate the deaths of the people; or the deeds of mighty heroes; when Fingal, burning in his wrath, consumed the sons of Lochlin? Groans swelled on groans from hill to hill, till night had covered all. Pale, staring like a herd of deer, the sons of Lochlin convene on Lena.

We sat and heard the sprightly harp at Lubar's gentle stream. Fingal himself was next to the foe; and listened to the tales of bards. His godlike race were in the song, the chiefs of other times. Attentive, leaning on his shield, the king of Morven sat. The wind whistled through his aged locks, and his thoughts are of the days of other years. Near him on his bending spear, my young, my lovely Oscar stood. He admired the king of Morven: and his actions were swelling in his soul.

Son of my son, begun the king, O Oscar, pride of youth, I saw the shining of thy sword and gloried in my race. Pursue the glory of our fathers, and be what they have been; when Trenmor lived, the first of men, and Trathal the father of heroes. They fought the battle in their youth, and are the song of bards.—O Oscar! bend the strong in arms: but spare the feeble hand. Be thou a stream of many tides against the foes of thy people; but like the gale that moves the grass to those who ask thine aid.—So Trenmor lived; such Trathal was; and such has Fingal been. My arm was the support of the injured; and the weak rested behind the lightning of my steel.

s'écroulaient devant lui. – Sanglante était la main de mon père quand tournaient autour de lui les éclairs de son épée. Il se rappelle les batailles de sa jeunesse et, devant lui, il dévaste le champ de bataille.

Ryno avançait comme une colonne de feu. – Sombre est le front de Gaul. Fergus s'élança sur ses pieds de vent ; et Fillan comme la brume sur la colline. – Quant à moi, je descendis dans la mêlée comme un roc, je goûtais avec joie la force du roi. Nombreuses furent les victimes de mon bras ; et lugubre l'éclat de mon épée. Ma chevelure n'était pas si grise alors ; et la main de ma vieillesse ne tremblait pas. Mes yeux n'étaient pas voilés par les ténèbres ; et mes pieds ne m'abandonnaient pas à la course[1].

Qui peut raconter la mort des hommes ; ou les hauts faits des puissants héros ; quand Fingal, brûlant dans sa fureur, consuma les fils de Lochlin ? Gémissements sur gémissements s'élevaient de collines en collines, jusqu'à ce que la nuit eût tout enveloppé. Pâles, hagards comme un troupeau de cerfs, les fils de Lochlin s'assemblent sur la Lena.

Nous nous assîmes pour écouter la harpe vive et entraînante au bord du paisible ruisseau de Lubar. Fingal s'était lui aussi approché de l'ennemi ; il écoutait les récits des bardes. Ces chants disaient sa race divine, les chefs des temps passés. Attentif, appuyé sur son bouclier, le roi de Morven était assis. Le vent agitait les cheveux blancs de son âge, et ses pensées se tournaient vers les jours passés. Près de lui, soutenu par sa lance qui ployait sous son poids, se tenait mon jeune, mon aimable Oscar. Il admirait le roi de Morven et ses prouesses grandissaient dans son âme.

Fils de mon fils, commença le roi, ô Oscar, fierté de la jeunesse, j'ai vu l'éclair de ton épée et me suis réjoui de ma glorieuse race. Poursuis la gloire de nos pères et sois ce qu'ils furent ; quand vivaient Trenmor, premier parmi les hommes, et Trathal le père des héros. Ils connurent les batailles en leur jeunesse et les bardes maintenant les chantent. – Ô Oscar ! fais ployer le fort en armes : mais épargne la main affaiblie. Fonds comme un torrent aux vagues nombreuses sur les ennemis de ton peuple ; mais sois comme la brise qui caresse l'herbe pour ceux qui demandent ton aide. – Tel vécut Trenmor ; tel fut Trathal ; et tel a été

---

1 Le poète célèbre ici ses propres exploits, mais sa manière de faire n'est point déplacée. Il utilise les prouesses de sa jeunesse pour aussitôt suggérer la faiblesse de son grand âge. On ne s'indigne pas de ces éloges narcissiques, mais l'on s'apitoie sur ses malheurs. [Macpherson]

Oscar! I was young like thee, when lovely Fainasóllis came: that
sun-beam! that mild light of love! the daughter of Craca's king! I then
returned from Cona's heath, and few were in my train. A white-sailed
boat appeared far off; we saw it like a mist that rode on ocean's blast. It
soon approached; we saw the fair. Her white breast heaved with sighs.
The wind was in her loose dark hair; her rosy cheek had tears.–Daughter
of beauty, calm I said, what sigh is in that breast? Can I, young as I
am, defend thee, daughter of the sea? My sword is not unmatched in
war, but dauntless is my heart.

To thee I fly, with sighs she replied, O chief of mighty men! To thee
I fly, chief of shells, supporter of the feeble hand! The king of Craca's
echoing isle owned me the sun-beam of his race. And often did the
hills of Cromala reply to the sighs of love for the unhappy Fainasóllis.
Sora's chief beheld me fair; and loved the daughter of Craca. His sword
is like a beam of light upon the warrior's side. But dark is his brow;
and tempests are in his soul. I shun him on the rolling sea; but Sora's
chief pursues.

Rest thou, I said, behind my shield; rest in peace, thou beam of light!
The gloomy chief of Sora will fly, if Fingal's arm is like his soul. In some
lone cave I might conceal thee, daughter of the sea! But Fingal never
flies; for where the danger threatens, I rejoice in the storm of spears.–I
saw the tears upon her cheek. I pitied Craca's fair.

Now, like a dreadful wave afar, appeared the ship of stormy Borbar.
His masts high-bended over the sea behind their sheets of snow. White
roll the waters on either side. The strength of ocean sounds. Come thou,
I said, from the roar of ocean, thou rider of the storm. Partake the feast
within my hall. It is the house of strangers.–The maid stood trembling
by my side; he drew the bow: she fell. Unerring is thy hand, I said,
but feeble was the foe.–We fought, nor weak was the strife of death:
He sunk beneath my sword. We laid them in two tombs of stones; the
unhappy children of youth.

Fingal. Mon bras fut le soutien de l'opprimé ; et le faible s'est reposé derrière les éclairs de mon acier.

Oscar ! j'étais jeune comme toi quand vint la gracieuse Fainasóllis : ce rayon de soleil ! cette douce lumière d'amour ! la fille du roi de Craca[1] ! Je revenais alors de la lande de Cona et quelques guerriers seulement m'accompagnaient. Une barque à la blanche voile apparut dans le lointain ; elle nous sembla comme la brume qui chevauche le souffle de l'océan. Elle s'approcha bientôt ; nous vîmes alors la belle. Sa blanche poitrine se gonflait de soupirs. Le vent était dans ses sombres cheveux dénoués ; sa joue rose portait des larmes. – Fille de la beauté, dis-je avec calme, quel est ce soupir dans ton sein ? Puis-je, bien que jeune encore, te protéger, fille des mers ? Mon épée peut trouver son égal dans le combat, mais mon cœur est indomptable.

Je vole vers toi, dit-elle en soupirant, ô chef des hommes puissants ! Je vole vers toi, chef des conques, toi qui soutiens la main affaiblie ! Le roi de l'île de Craca où résonne l'écho voyait en moi le rayon de soleil de sa race. Et les collines de Cromala ont bien souvent fait écho aux soupirs que l'amour adressait à la malheureuse Fainasóllis. Le chef de Sora me vit en ma beauté ; et il aima la fille de Craca. L'épée de ce guerrier est comme un éclat de lumière à ses côtés. Mais son front est sombre ; la tempête est dans son âme. Je le fuis sur la mer houleuse ; mais le chef de Sora me poursuit.

Repose-toi, dis-je, derrière mon bouclier ; repose en paix, ô rayon de lumière ! Le sombre chef de Sora devra fuir si le bras de Fingal est égal à son âme. En quelque grotte solitaire je pourrais te cacher, fille de la mer ! Mais Fingal ne fuit jamais ; partout où menace le danger, je me réjouis de l'orage des lances. – Je vis les larmes sur ses joues. Je pris pitié de la belle de Craca.

Alors, comme une vague terrifiante, apparut le vaisseau de l'orageux Borbar. Ses hauts mâts penchés sur la mer derrière leurs voiles de neige. Les eaux écumeuses roulent de chaque côté. La force de l'océan résonne. Approche-toi, dis-je, et quitte le rugissement de l'océan, ô toi qui chevauches la tempête. Viens partager le festin dans ma demeure. Elle est une maison pour l'étranger. – La jeune fille se tenait tremblante à mes côtés ; il banda son arc : elle tomba. Ta main est sûre, dis-je, mais faible

---

1   Cet épisode est une réécriture du fragment VI.

Such have I been in my youth, O Oscar; be thou like the age of Fingal. Never seek the battle, nor shun it when it comes.—Fillan and Oscar of the dark-brown hair; ye children of the race; fly over the heath of roaring winds; and view the sons of Lochlin. Far off I hear the noise of their fear, like the storms of echoing Cona. Go: that they may not fly my sword along the waves of the north.—For many chiefs of Erin's race lie here on the dark bed of death. The children of the storm are low; the sons of echoing Cromla.

The heroes flew like two dark clouds; two dark clouds that are the chariots of ghosts; when air's dark children come to frighten hapless men.

It was then that Gaul, the son of Morni, stood like a rock in the night. His spear is glittering to the stars; his voice like many streams.— Son of battle, cried the chief, O Fingal, king of shells! let the bards of many songs sooth Erin's friends to rest. And, Fingal, sheath thy sword of death; and let thy people fight. We wither away without our fame; for our king is the only breaker of shields. When morning rises on our hills, behold at a distance our deeds. Let Lochlin feel the sword of Morni's son, that bards may sing of me. Such was the custom heretofore of Fingal's noble race. Such was thine own, thou king of swords, in battles of the spear.

O son of Morni, Fingal replied, I glory in thy fame.—Fight; but my spear shall be near to aid thee in the midst of danger. Raise, raise the voice, sons of the song, and lull me into rest. Here will Fingal lie amidst the wind of night.—And if thou, Agandecca, art near, among the children of thy land; if thou sittest on a blast of wind among the high-shrouded masts of Lochlin; come to my dreams, my fair one, and shew thy bright face to my soul.

ton adversaire. – Nous combattîmes, et cette lutte de mort ne fut pas sans force : Il succomba sous mon épée. Nous les étendîmes sous deux tombes de pierres ; ces infortunés enfants de la jeunesse.

Voici ce que je fus en ma jeunesse ; imite, ô Oscar, la vieillesse de Fingal. Ne cherche jamais le combat ; mais s'il se présente, ne l'évite pas. – Fillan et Oscar à la chevelure brun sombre ; enfants de la course, envolez-vous sur la lande où rugissent les vents ; observez les fils de Lochlin. Dans le lointain j'entends le bruit de leur peur, comme l'orage qui résonne sur la Cona. Allez : qu'ils n'échappent point à mon épée en fuyant sur les vagues du nord. – Car nombreux sont les chefs de la race d'Erin ici couchés sur le sombre lit de la mort. Les fils de la tempête sont tombés ; les fils de la Cromla pleine d'échos.

Les héros s'envolèrent comme deux sombres nuages ; ces deux sombres nuages sont les chariots des fantômes ; quand les fils obscurs de l'air viennent effrayer les malheureux mortels.

C'est alors que Gaul, fils de Morni, se dressa comme un roc dans la nuit[1]. L'éclat de sa lance répond aux étoiles ; sa voix telle des torrents innombrables. – Fils des batailles, crie le chef, ô Fingal, roi aux riches conques ! que tes bardes aux chants nombreux appellent le sommeil sur les amis d'Erin. Et toi, Fingal, remets au fourreau l'épée de la mort ; et laisse tes guerriers combattre. Nous vieillissons sans gloire ; car notre roi est seul à briser les boucliers. Quand le matin se lèvera sur nos collines, contemple de loin nos exploits. Que Lochlin sente l'épée du fils de Morni, que je sois la matière du chant des bardes. Telle fut jusqu'à présent la coutume de la noble race de Fingal. Telle fut la tienne, ô roi des épées, dans le combat des lances.

Ô fils de Morni, répondit Fingal, je chéris ta gloire. – Bats-toi ; mais ma lance sera près de toi pour t'aider dans le danger. Que s'élèvent, que s'élèvent vos voix, fils du chant, et bercez mon sommeil. Ici reposera Fingal, au milieu des vents de la nuit. – Et si tu es en ces lieux, Agandecca, avec les fils de ta terre ; si tu es assise sur le souffle puissant

---

1   Gaul, fils de Morni, était le chef d'une tribu qui, pendant longtemps, disputa la prééminence de Fingal. Ce dernier finit par se rendre maître d'eux ; Gaul, qui auparavant était l'ennemi de Fingal, devint son plus fidèle ami et le plus brave de ses héros. Son tempérament le rapproche de celui d'Ajax, dans l'*Iliade* ; un héros remarquable pour sa force plus que par son attitude dans les batailles. Il était prêt à tout pour s'assurer la gloire dans les guerres, et ici il réclame la prochaine bataille pour lui seul. – Le poète, par cet artifice, éloigne Fingal, afin que son retour soit plus glorieux encore. [Macpherson]

Many a voice and many a harp in tuneful sounds arose. Of Fingal's noble deeds they sung, and of the noble race of the hero. And sometimes on the lovely sound was heard the name of the now mournful Ossian.

Often have I fought, and often won in battles of the spear. But blind, and tearful, and forlorn I now walk with little men. O Fingal, with thy race of battle I now behold thee not. The wild roes feed upon the green tomb of the mighty king of Morven. Blest be thy soul, thou king of swords, thou most renowned on the hills of Cona!

du vent dans les mâts aux longs cordages de Lochlin ; viens dans mes rêves, ô ma beauté, et montre à mon âme ton visage lumineux.

Les sons harmonieux des harpes et des voix nombreuses montèrent dans la nuit. Elles chantaient les nobles exploits de Fingal et la noble race de ce héros. Et quelquefois ces voix charmantes prononçaient le nom d'Ossian, Ossian aujourd'hui plongé dans le deuil.

Tant de fois ai-je combattu, et tant de fois triomphé aux batailles de la lance. Mais maintenant aveugle, les yeux emplis de larmes, abandonné, je marche en compagnie d'hommes sans grandeur. Ô Fingal, je ne te vois plus, ni ta race faite pour les batailles. Les chevreuils sauvages paissent sur la verte tombe du puissant roi de Morven. Bénie soit ton âme, roi des épées, ta renommée fut sans pareille sur les collines de Cona !

BOOK IV

ARGUMENT

The action of the poem being suspended by night, Ossian takes
that opportunity to relate his own actions at the lake of Lego, and his
courtship of Evirallin, who was the mother of Oscar, and had died some
time before the expedition of Fingal into Ireland. Her ghost appears to
him, and tells him that Oscar, who had been sent, the beginning of the
night, to observe the enemy, was engaged with an advanced party, and
almost overpow-ered. Ossian relieves his son; and an alarm is given to
Fingal of the approach of Swaran. The king rises, calls his army together,
and, as he had promised the preceding night, devolves the command
on Gaul the son of Morni, while he himself, after charging his sons to
behave gallantly and defend his people, retires to a hill, from whence
he could have a view of the battle. The battle joins; the poet relates
Oscar's great actions. But when Oscar, in conjunction with his father,
conquered in one wing, Gaul, who was attacked by Swaran in person,
was on the point of retreating in the other. Fingal sends Ullin his bard
to encourage him with a war song, but notwithstanding Swaran prevails;
and Gaul and his army are obliged to give way. Fingal, descending from
the hill, rallies them again: Swaran desists from the pursuit, possesses
himself of a rising ground, restores the ranks, and waits the approach
of Fingal. The king, having encouraged his men, gives the necessary
orders, and renews the battle. Cuchullin, who, with his friend Connal,
and Carril his bard, had retired to the cave of Tura, hearing the noise,
came to the brow of the hill, which overlooked the field of battle, where
he saw Fingal engaged with the enemy. He, being hindered by Connal
from joining Fingal, who was himself upon the point of obtaining a
complete victory, sends Carril to congratulate that hero on his success.

LIVRE QUATRIÈME[1]

ARGUMENT

L'action du poème est interrompue par la nuit. Ossian raconte ses propres exploits près du lac de Lego et son amour pour Evirallin, mère d'Oscar, qui mourut quelque temps avant l'expédition de Fingal en Irlande. Son fantôme apparaît à Ossian et lui dit qu'Oscar, qui avait été envoyé observer l'ennemi, a engagé le combat avec un groupe avancé et qu'il est presque accablé par le nombre. Ossian vole au secours de son fils et une alerte prévient Fingal de l'approche de Swaran. Le roi se lève, rassemble son armée et, comme il l'avait promis la nuit précédente, en confie le commandement à Gaul, fils de Morni. Après avoir recommandé à ses fils de se conduire vaillamment et de défendre son peuple, il se retire sur une colline d'où il peut observer la bataille. Le combat s'engage ; le poète raconte les hauts faits d'Oscar. Tandis qu'Oscar avec son père triomphent sur une aile, Gaul, attaqué par Swaran en personne, est sur le point de battre en retraite. Fingal envoie son barde Ullin pour l'encourager par un chant de guerre, mais Swaran triomphe tout de même et Gaul et son armée sont obligés de se retirer. Fingal descend de la colline et rallie les troupes en fuite : Swaran abandonne la poursuite, s'empare d'une hauteur, rétablit l'ordre dans ses rangs et attend l'approche de Fingal. Celui-ci, après avoir encouragé ses hommes, donne les ordres nécessaires et la bataille reprend. Cuchullin, qui s'était retiré dans la grotte de Tura en compagnie de son ami Connal et de son barde Carril, entendant le bruit des combats, monte sur le sommet de la colline qui domine le champ de bataille et voit Fingal aux prises avec l'ennemi. Dissuadé par Connal de rejoindre Fingal qui est sur le point d'obtenir une victoire complète, Cuchullin envoie Carril féliciter le héros de son succès.

---

1   Fingal est endormi et l'action est interrompue par la nuit ; le poète raconte alors comment il fit la cour à Evirallin, fille de Branno. Cet épisode permet de comprendre plusieurs passages qui suivent dans le poème ; il permet également d'introduire les évènements du quatrième livre, qui débute, vraisemblablement, au milieu de la troisième nuit depuis le début du poème. – Ce livre, comme la plupart des compositions d'Ossian, est adressé à la belle Malvina, fille de Toscar. Il semblerait qu'elle eût été amoureuse d'Oscar, et qu'elle se plût en compagnie du père, après la mort du fils. [Macpherson]

Who comes with her songs from the mountain, like the bow of the showery Lena? It is the maid of the voice of love. The white-armed daughter of Toscar. Often hast thou heard my song, and given the tear of beauty. Dost thou come to the battles of thy people, and to hear the actions of Oscar? When shall I cease to mourn by the streams of the echoing Cona? My years have passed away in battle, and my age is darkened with sorrow.

Daughter of the hand of snow! I was not so mournful and blind; I was not so dark and forlorn when Everallin loved me. Everallin with the dark-brown hair, the white-bosomed love of Cormac. A thousand heroes sought the maid, she denied her love to a thousand; the sons of the sword were despised; for graceful in her eyes was Ossian.

I went in suit of the maid to Lego's sable surge; twelve of my people were there, the sons of the streamy Morven. We came to Branno friend of strangers: Branno of the sounding mail.—From whence, he said, are the arms of steel? Not easy to win is the maid that has denied the blue-eyed sons of Erin. But blest be thou, O son of Fingal, happy is the maid that waits thee. Tho' twelve daughters of beauty were mine, thine were the choice, thou son of fame!—Then he opened the hall of the maid, the dark-haired Everallin. Joy kindled in our breasts of steel and blest the maid of Branno.

Above us on the hill appeared the people of stately Cormac. Eight were the heroes of the chief; and the heath flamed with their arms. There Colla, Durra of the wounds, there mighty Toscar, and Tago, there Frestal the victorious stood; Dairo of the happy deeds, and Data the battle's bulwark in the narrow way.—The sword flamed in the hand of Cormac, and graceful was the look of the hero.

Eight were the heroes of Ossian; Ullin stormy son of war; Mullo of the generous deeds; the noble, the graceful Scelacha; Oglan, and Cerdal the wrathful, and Duma-riccan's brows of death. And why should Ogar be the last; so wide renowned on the hills of Ardven?

Ogar met Dala the strong, face to face, on the field of heroes. The battle of the chiefs was like the wind on ocean's foamy waves. The dagger is remembered by Ogar; the weapon which he loved; nine times he drowned it in Dala's side. The stormy battle turned. Three times I pierced Cormac's shield: three times he broke his spear. But, unhappy

Qui est-elle, celle qui descend de la montagne avec ses chants, tel l'arc de la pluvieuse Lena ? C'est la vierge à la voix d'amour. La fille de Toscar aux bras blancs. Souvent tu as entendu mes chants et donné une larme de beauté. Viens-tu pour les batailles de ton peuple et entendre les exploits d'Oscar ? Quand cesseront mes pleurs au bord des torrents de Cona où résonne l'écho ? Mes ans se sont écoulés dans les combats et la peine obscurcit ma vieillesse.

Fille à la main de neige ! Autrefois je ne pleurais pas et je voyais ; je n'étais ni sombre, ni délaissé lorsqu'Everallin m'aimait. Everallin aux cheveux brun sombre, l'amour de Cormac au sein blanc. Mille héros recherchèrent cette vierge, elle refusa son amour à mille héros ; elle dédaignait les fils de l'épée ; car à ses yeux Ossian était gracieux.

J'allais vers les ondes noires du Lego pour demander la main de cette vierge ; douze de mes guerriers, fils de Morven où ruissellent les torrents, m'accompagnaient. Nous arrivâmes à la demeure de Branno, ami des étrangers : Branno à l'armure retentissante. – D'où viennent, demanda-t-il, ces armes d'acier ? Elle n'est pas facile à conquérir la vierge qui a refusé les fils aux yeux bleus d'Erin. Mais sois béni, ô fils de Fingal, heureuse est la vierge qui t'attend. Eussè-je douze filles de beauté, je te les offrirais toutes, ô fils de la gloire ! – Il ouvrit alors la salle où était cette vierge, Everallin à la sombre chevelure. La joie enflamma nos poitrines d'acier et la vierge de Branno en fut bénie.

Sur la colline au-dessus, apparurent les guerriers du majestueux Cormac. Ils étaient huit, les héros du chef ; et la lande était embrasée par leurs armes. Il y avait là Colla, Durra et ses blessures, il y avait le puissant Toscar, et Tago, là se tenait Frestal le victorieux ; Dairo aux exploits fortunés, et Dala, rempart des guerriers dans les chemins étroits. – L'épée flamboyait dans la main de Cormac et la grâce habitait ce héros.

Ils étaient huit, les héros d'Ossian ; Ullin, l'orageux fils de la guerre ; Mullo aux généreux exploits ; le noble, le gracieux Scelacha ; Oglan, et l'irascible Cerdal, et le regard de mort de Duma-riccan. Et pourquoi te nommerais-je en dernier, Ogar, si renommé sur toutes les collines d'Ardven ?

Ogar affronta le robuste Dala, face à face, sur le champ des héros. La bataille des chefs était comme le vent sur les vagues écumeuses de l'océan. Ogar se souvint de la dague ; cette arme qu'il aimait ; neuf fois de suite elle plongea dans le flanc de Dala. Le sort de cette bataille orageuse

youth of love! I cut his head away.—Five times I shook it by the lock. The friends of Cormac fled.

Whoever would have told me, lovely maid, when then I strove in battle; that blind, forsaken, and forlorn I now should pass the night; firm ought his mail to have been, and unmatched his arm in battle.

Now on Lena's gloomy heath the voice of music died away. The unconstant blast blew hard, and the high oak shook its leaves around me; of Everallin were my thoughts, when she, in all the light of beauty, and her blue eyes rolling in tears, stood on a cloud before my sight, and spoke with feeble voice.

O Ossian, rise and save my son; save Oscar chief of men, near the red oak of Lubar's stream, he fights with Lochlin's sons.—She sunk into her cloud again. I clothed me with my steel. My spear supported my steps, and my rattling armour rung. I hummed, as I was wont in danger, the songs of heroes of old. Like distant thunder Lochlin heard; they fled; my son pursued.

I called him like a distant stream. My son return over Lena. No further pursue the foe, though Ossian is behind thee.—He came; and lovely in my ear was Oscar's sounding steel. Why didst thou stop my hand, he said, till death had covered all? For dark and dreadful by the stream they met thy son and Fillan. They watched the terrors of the night. Our swords have conquered some. But as the winds of night pour the ocean over the white sands of Mora, so dark advance the sons of Lochlin over Lena's rustling heath. The ghosts of night shriek afar; and I have seen the meteors of death. Let me awake the king of Morven, he that smiles in danger; for he is like the son of heaven that rises in a storm.

changea. Trois fois je transperçai le bouclier de Cormac : trois fois il brisa sa lance. Mais, ô malheureux enfant de l'amour ! je lui tranchai la tête. – Cinq fois je l'agitai par la chevelure. Les amis de Cormac s'enfuirent.

Quiconque m'aurait dit, aimable vierge, lorsque je luttais dans les batailles que, plus tard, je passerais mes nuits aveugle, oublié, délaissé, aurait eu besoin d'une armure solide et d'un bras invincible.

Mais alors, sur la lande de Lena recouverte par les ténèbres, la voix de la musique expira[1]. Les bourrasques inconstantes soufflaient avec force et le chêne altier agitait ses feuilles autour de moi ; mes pensées étaient tournées vers Everallin, et elle m'apparut alors sur un nuage, dans toute la lumière de sa beauté, ses yeux bleus noyés de pleurs, et parla d'une voix affaiblie.

Ô Ossian, lève-toi et sauve mon fils ; sauve Oscar, ce chef des hommes, il est près du chêne rouge au bord du torrent de Lubar, il combat les fils de Lochlin. – Elle disparut à nouveau dans son nuage. Je me vêtis d'acier. Ma lance soutenait mes pas et les sons mats et métalliques de mon armure m'accompagnaient. Comme à l'accoutumée dans le danger, je répétais à voix basse les chants des héros de l'ancien temps. Lochlin m'entendit venir comme le tonnerre au loin ; ils s'enfuirent ; mon fils les poursuivit[2].

Je l'appelai d'une voix semblable au torrent lointain. Mon fils, reviens sur la Lena. Ne poursuis plus l'ennemi, même si Ossian marche derrière toi. – Il revint ; et l'acier d'Oscar qui résonnait était doux à mon oreille. Pourquoi avoir arrêté mon bras, dit-il, avant que la mort n'ait tout recouvert ? Car, sombres et terribles sur les bords du torrent, ils assaillirent ton fils et Fillan. Ils veillaient, attentifs aux terreurs de la nuit. Nos épées en ont arrêté quelques-uns. Mais, semblables aux vents nocturnes qui poussent les flots océaniques sur les sables blancs de Mora, les sombres fils de Lochlin avancent sur la lande bruissante de Lena. Les fantômes de la nuit crient dans le lointain ; et j'ai vu les

---

1   Le poète revient à son thème principal. Si l'on devait déterminer à quel moment de l'année se déroule le poème, d'après la scène ici décrite, je serais tenté de le placer en automne : les arbres perdent leurs feuilles et les vents sont changeants, deux traits caractéristiques de l'automne. [Macpherson]

2   Ossian donne au lecteur une très haute image de lui-même. Ses chants suffisent à effrayer l'ennemi. Ce passage rappelle l'*Iliade* 18, lorsque la voix d'Achille fait fuir les Troyens attroupés autour du corps de Patrocle. [Macpherson] – Macpherson cite ensuite seulement la traduction de Pope 18, 255 *sqq.* (215 *sqq.*, dans le texte grec).

Fingal had started from a dream, and leaned on Trenmor's shield; the dark-brown shield of his fathers; which they had lifted of old in the battles of their race.–The hero had seen in his rest the mournful form of Agandecca; she came from the way of the ocean, and slowly, lonely, moved over Lena. Her face was pale like the mist of Cromla; and dark were the tears of her cheek. She often raised her dim hand from her robe; her robe which was of the clouds of the desart: she raised her dim hand over Fingal, and turned away her silent eyes.

Why weeps the daughter of Starno, said Fingal, with a sigh? Why is thy face so pale, thou daughter of the clouds?–She departed on the wind of Lena; and left him in the midst of the night.–She mourned the sons of her people that were to fall by Fingal's hand.

The hero started from rest, and still beheld her in his soul.–The sound of Oscar's steps approached. The king saw the grey shield on his side. For the faint beam of the morning came over the waters of Ullin.

What do the foes in their fear? said the rising king of Morven. Or fly they through ocean's foam, or wait they the battle of steel? But why should Fingal ask? I hear their voice on the early wind.–Fly over Lena's heath, O Oscar, and awake our friends to battle.

The king stood by the stone of Lubar; and thrice raised his terrible voice. The deer started from the fountains of Cromla; and all the rocks shook on their hills. Like the noise of a hundred mountain-streams, that burst, and roar, and foam: like the clouds that gather to a tempest on the blue face of sky; so met the sons of the desart, round the terrible voice of Fingal. For pleasant was the voice of the king of Morven to the warriors of his land: often had he led them to battle, and returned with the spoils of the foe.

Come to battle, said the king, ye children of the storm. Come to the death of thousands. Comhal's son will see the fight.–My sword shall wave on that hill, and be the shield of my people. But never may you need it, warriors; while the son of Morni fights, the chief of mighty men.–He shall lead my battle; that his fame may rise in the song.–O ye ghosts of heroes dead! ye riders of the storm of Cromla! receive my falling people with joy, and bring them to your hills.–And may the

funestes météores. Il me faut réveiller le roi de Morven, lui qui sourit dans le danger ; il est comme le fils des cieux qui se lève dans la tempête.

Fingal venait de s'éveiller d'un rêve et il était appuyé sur le bouclier de Trenmor ; le bouclier brun sombre de ses pères ; celui qu'ils avaient toujours porté dans les batailles de leur race. – Le héros avait vu dans son sommeil l'ombre funèbre d'Agandecca ; elle était venue par la voie de l'océan et, lentement, solitaire, elle s'avançait sur la Lena. Son visage était aussi pâle que la brume de la Cromla ; et les larmes sur ses joues étaient sombres. Souvent, elle lâchait sa robe et levait une main indistincte ; les nuages du désert étaient le tissu de sa robe : elle levait une main indistincte au-dessus de Fingal, puis elle détournait ses yeux silencieux.

Pourquoi la fille de Starno pleure-t-elle, demanda Fingal en soupirant ? Pourquoi ton visage est-il si pâle, ô fille des nuages ? – Elle disparut sur les vents de Lena ; il était seul au milieu de la nuit. – Elle pleurait les fils de son peuple qui allaient périr de la main de Fingal.

Le héros s'éveilla de son repos et il la voyait encore dans son âme. – Le bruit des pas d'Oscar s'approchait. Le roi vit à son côté son bouclier gris. Car le rayon blafard du matin paraissait par-delà les eaux d'Ullin.

Que fait l'ennemi dans sa terreur ? demanda le roi de Morven en se levant. A-t-il fui à travers l'écume océane, ou attend-il la bataille de l'acier ? Mais Fingal a-t-il besoin de demander ? J'entends leurs voix sur le vent matinal. – Vole sur la lande de Lena, ô Oscar, et réveille nos amis pour le combat.

Le roi se tenait près de la pierre de Lubar ; et par trois fois il éleva sa voix terrible. Sur la Cromla, le cerf tressaillit et s'enfuit de la source ; et les rocher tremblaient tous sur leurs collines. Comme le bruit de cent torrents blanchis par l'écume qui rugissent, qui s'élancent et jaillissent du haut des montagnes : comme les nuages qui s'amassent et forment une tempête sur la face bleue du ciel ; ainsi accouraient les fils du désert vers la terrible voix de Fingal. Car la voix du roi de Morven était agréable aux guerriers de sa terre : souvent il les avait conduits vers la bataille et ils étaient revenus chargés du butin de l'ennemi.

Venez au combat, dit le roi, ô enfants des tempêtes. Venez pour la mort de mille et mille guerriers. Le fils de Comhal contemplera cette lutte. – Vous verrez mon épée telle un étendard flotter sur cette colline ; elle sera un bouclier pour mon peuple. Mais vous n'aurez pas besoin de son secours, guerriers, tant que le fils de Morni, chef des hommes

blast of Lena carry them over my seas, that they may come to my silent dreams, and delight my soul in rest.

Fillan and Oscar, of the dark-brown hair! fair Ryno, with the pointed steel! advance with valour to the fight; and behold the son of Morni. Let swords be like his in the strife: and behold the deeds of his hands. Protect the friends of your father: and remember the chiefs of old. My children, I shall see you yet, though here ye should fall in Erin. Soon shall our cold, pale ghosts meet in a cloud, and fly over the hills of Cona.

Now like a dark and stormy cloud, edged round with the red lightning of heaven, and flying westward from the morning's beam, the king of hills removed. Terrible is the light of his armour, and two spears are in his hand.–His gray hair falls on the wind.–He often looks back on the war. Three bards attend the son of fame, to carry his words to the heroes.–High on Cromla's side he sat, waving the lightning of his sword, and as he waved we moved.

Joy rose in Oscar's face. His cheek is red. His eye sheds tears. The sword is a beam of fire in his hand. He came, and smiling, spoke to Ossian.–O ruler of the fight of steel! my father, hear thy son. Retire with Morven's mighty chief; and give me Ossian's fame. And if here I fall; my king, remember that breast of snow, that lonely sun-beam of my love, the white handed daughter of Toscar. For with red cheek from the rock, and bending over the stream, her soft hair flies about her bosom as she pours the sigh for Oscar. Tell her I am on my hills a lightly-bounding son of the wind; that hereafter, in a cloud, I may meet the lovely maid of Toscar.

Raise, Oscar, rather raise my tomb. I will not yield the fight to thee. For first and bloodiest in the war my arm shall teach thee how to fight. But, remember, my son, to place this sword, this bow, and the horn of my deer, within that dark and narrow house, whose mark is one gray stone. Oscar, I have no love to leave to the care of my son; for graceful Evirallin is no more, the lovely daughter of Branno.

puissants, combattra. — Il conduira ma bataille ; et sa gloire s'élèvera dans les chants. — Ô fantômes des héros morts ! ô vous qui chevauchez les tempêtes de la Cromla ! accueillez dans la joie mes guerriers lorsqu'ils tomberont, et menez-les à vos collines. — Puissent alors les vents violents de Lena les porter jusqu'à mes mers, afin qu'ils puissent visiter mes rêves silencieux et réjouir mon âme lorsqu'elle se repose.

Fillan et Oscar à la chevelure brun sombre ! et toi, blond Ryno à l'acier effilé ! marchez avec vaillance au combat ; et voyez le fils de Morni. Que vos épées soient comme la sienne dans la mêlée : et voyez les exploits de ses mains. Protégez les amis de votre père : et souvenez-vous des chefs du temps passé. Mes enfants, nous nous reverrons, quand bien même vous tomberiez en Erin. Bientôt nos fantômes pâles et froids se retrouveront dans un nuage et voleront au-dessus des collines de Cona.

Semblable à un nuage sombre et orageux, bordé d'éclairs rouges venus des cieux, et fuyant vers l'occident les rayons du matin, le roi des collines s'éloigna. La lueur de son armure est terrible et il porte deux lances à la main. — Il abandonne au vent ses cheveux gris. — Plusieurs fois, il se retourne vers la guerre. Trois bardes accompagnent le fils de la gloire pour porter ses paroles aux héros. — Très haut sur les pentes de la Cromla il s'assit, l'éclat de son épée flottait et s'agitait dans les airs et à ce signal nous réglâmes notre marche.

La joie s'éleva sur le visage d'Oscar. Sa joue est rouge. Ses yeux versent des larmes. L'épée est un rayon de feu entre ses mains. Il s'approcha et, souriant, parla à Ossian. — Ô toi qui règles les combats de l'acier ! mon père, entends ton fils. Retire-toi en compagnie du puissant chef de Morven ; et cède-moi la gloire d'Ossian. Si je devais tomber ici ; ô mon roi, n'oublie pas ce sein de neige, le rayon de soleil solitaire de mon amour, la fille aux blanches mains de Toscar. Car, du haut du rocher, les joues rougies, penchée vers le torrent, elle laisse ses doux cheveux épars flotter sur son sein et poussent ses soupirs pour Oscar. Dis-lui que je suis maintenant sur mes collines un fils du vent léger et bondissant ; qu'un jour, dans un nuage, je retrouverai la charmante vierge de Toscar.

Élève, Oscar, élève plutôt ma tombe. Je ne veux point te céder le combat. Car mon bras, le premier et le plus sanglant dans les guerres, doit t'apprendre à te battre. Mais n'oublie pas, mon fils, de placer cette épée, cet arc et le bois de mon cerf au creux de cette maison étroite et ténébreuse, marquée d'une pierre grise. Oscar, je n'ai plus d'amante à

Such were our words, when Gaul's loud voice came growing on the wind. He waved on high the sword of his father, and rushed to death and wounds.

As waves white-bubbling over the deep come swelling, roaring on; as rocks of ooze meet roaring waves: so foes attacked and fought. Man met with man, and steel with steel. Shields sound; men fall. As a hundred hammers on the son of the furnace, so rose, so rung their swords.

Gaul rushed on like a whirlwind in Ardven. The destruction of heroes is on his sword. Swaran was like the fire of the desert in the echoing heath of Gormal. How can I give to the song the death of many spears? My sword rose high, and flamed in the strife of blood. And, Oscar, terrible wert thou, my best, my greatest son! I rejoiced in my secret soul, when his sword flamed over the slain. They fled amain through Lena's heath: and we pursued and slew. As stones that bound from rock to rock; as axes in echoing woods; as thunder rolls from hill to hill in dismal broken peals; so blow succeeded to blow, and death to death, from the hand of Oscar and mine.

But Swaran closed round Morni's son, as the strength of the tide of Inistore. The king half-rose from his hill at the sight, and half-assumed the spear. Go, Ullin, go, my aged bard, begun the king of Morven. Remind the mighty Gaul of battle; remind him of his fathers. Support the yielding fight with song; for song enlivens war. Tall Ullin went, with steps of age, and spoke to the king of swords.

Son of the chief of generous steeds! high-bounding king of spears. Strong arm in every perilous toil. Hard heart that never yields. Chief of the pointed arms of death. Cut down the foe; let no white sail bound round dark Inistore. Be thine arm like thunder. Thine eyes like fire, thy heart of solid rock. Whirl round thy sword as a meteor at night, and lift thy shield like the flame of death. Son of the chief of generous steeds, cut down the foe; destroy.–The hero's heart beat high. But Swaran came with battle. He cleft the shield of Gaul in twain; and the sons of the desert fled.

qui confier mon fils ; car la gracieuse Evirallin, aimable fille de Branno, n'est plus.

Voilà quelles étaient nos paroles lorsque la voix de Gaul descendit, forte, poussée par le vent. Il leva et agita haut dans les airs l'épée de son père et se précipita vers la mort et les blessures.

Comme des vagues blanches d'écume bouillonnant sur l'abîme se gonflent, s'avancent et rugissent ; comme des rochers humides et luisants que les vagues viennent frapper en rugissant : les ennemis attaquèrent et combattirent. L'homme vint à la rencontre de l'homme, et l'acier de l'acier. Le bruit des boucliers ; la chute des hommes. Comme cent marteaux sur les fils de la fournaise, ainsi se levaient et retentissaient leurs épées.

Gaul s'élança comme un tourbillon sur l'Ardven. Sur son épée, la destruction des héros. Swaran était comme le feu du désert qui résonne sur les bruyères du Gormal. Comment offrir un chant à la mort de toutes ces lances ? Mon épée s'élevait bien haut et s'enflammait à cette sanglante mêlée. Toi, Oscar, tu étais redoutable, le meilleur, le plus grand de mes fils ! Je me réjouissais en mon âme secrète lorsque son épée flamboyait au-dessus des cadavres. Ils fuirent en désordre sur la lande de Lena : nous pourchassâmes, nous tuâmes. Comme des pierres qui bondissent de rocher en rocher ; comme la hache qui résonnent dans les bois ; comme le tonnerre qui roule de colline en colline ses éclats brisés et menaçants ; ainsi le coup succédait au coup, et la mort à la mort, de la main d'Oscar et de la mienne[1].

Mais Swaran, semblable à la puissante marée d'Inistore, s'approchait du fils de Morni et l'encerclait. Lorsqu'il vit cela, le roi se leva sur sa colline, prêt à partir, et saisit sa lance, prêt à frapper. Va, Ullin, va ô mon vieux barde, dit le roi de Morven. Rappelle au puissant Gaul ce qu'est une bataille ; rappelle-lui ses pères. Soutiens le combat qui s'épuise par tes chants ; car le chant donne vie à la guerre. Ullin à la haute taille partit, les pas appesantis par la vieillesse, et il s'adressa au roi des épées.

Fils du chef aux coursiers généreux ! roi des lances, toi qui t'élance très haut. Bras qui toujours reste fort dans les travaux périlleux. Cœur

---

1   Ossian ne manque jamais une occasion de peindre son fils adoré en des termes élogieux. Le discours qu'il adresse à son père est digne d'un héros ; il exprime à la fois l'obéissance due à un parent, et l'enthousiasme propre à un jeune guerrier. Il est judicieux de souligner ici les exploits d'Oscar, car la belle Malvina, à qui le livre est adressé, était amoureuse de ce héros. [Macpherson]

Now Fingal arose in his might, and thrice he reared his voice. Cromla answered around, and the sons of the desert stood still.–They bent their red faces to earth, ashamed at the presence of Fingal. He came like a cloud of rain in the days of the sun, when slow it rolls on the hill, and fields expect the shower. Swaran beheld the terrible king of Morven, and stopped in the midst of his course. Dark he leaned on his spear, rolling his red eyes around. Silent and tall he seemed as an oak on the banks of Lubar, which had its branches blasted of old by the lightning of heaven. It bends over the stream, and the gray moss whistles in the wind: so stood the king. Then slowly he retired to the rising heath of Lena. His thousands pour around the hero, and the darkness of battle gathers on the hill.

Fingal, like a beam from heaven, shone in the midst of his people. His heroes gather around him, and he sends forth the voice of his power. Raise my standards on high,–spread them on Lena's wind, like the flames of an hundred hills. Let them sound on the winds of Erin, and remind us of the fight. Ye sons of the roaring streams, that pour from a thousand hills, be near the king of Morven: attend to the words of his power. Gaul strongest arm of death! O Oscar, of the future fights; Connal, son of the blue steel of Sora; Dermid of the dark-brown hair, and Ossian king of many songs, be near your father's arm.

solide qui jamais ne cède. Chef aux armes de mort aiguisées. Frappe et couche l'adversaire ; que nulle voile blanche ne bondisse au nord des eaux sombres d'Inistore. Que ton bras soit comme le tonnerre. Tes yeux comme la flamme, ton cœur un pur roc. Fais voler ton épée autour de toi, telle un météore de nuit, et lève ton bouclier comme le feu de la mort. Fils du chef aux coursiers généreux, frappe et couche l'adversaire ; et détruis. – Le cœur du héros battait intensément. Mais Swaran s'approchait avec toute sa bataille. Il fendit en deux le bouclier de Gaul ; et les fils du désert prirent la fuite[1].

Fingal, alors, dans sa puissance se leva vraiment et par trois fois sa voix retentit. La Cromla lui répondit et les fils du désert s'arrêtèrent aussitôt. – Ils baissèrent vers la terre leurs visages qui rougissaient ; ils eurent honte que Fingal les vît ainsi. Il s'avançait comme un nuage de pluie en un jour de soleil lorsque, lentement, il recouvre la colline et que les champs attendent l'ondée. Swaran aperçut le terrible roi de Morven et s'immobilisa. Sombre, il s'appuyait sur sa lance ; ses yeux étaient rouges et roulaient dans ses orbites. Silencieux, immense, il ressemblait à ce chêne sur les rives de la Lubar dont les branches furent jadis brûlées par la foudre des cieux. Il se penche au-dessus du torrent et la mousse grisâtre siffle dans le vent : voilà comment se tenait le roi. Puis, à pas lents, il se retira vers les hauteurs de la lande de Lena. Ses milliers de guerriers se regroupent autour du héros et l'obscurité des batailles s'amasse sur la colline.

Fingal, tel un rayon venu des cieux, brillait au milieu de ses guerriers. Ses héros s'assemblent autour de lui et il fait entendre la voix de sa puissance. Levez haut mes étendards, – qu'ils se gonflent dans les vents de Lena, comme les flammes de cent collines[2]. Qu'ils claquent dans les vents d'Erin et nous rappellent au combat. Vous, fils des tumultueux torrents qui descendent des mille collines, soyez aux côtés du roi de Morven : obéissez aux paroles de sa puissance. Gaul, bras de mort invincible ! ô Oscar, combattant des guerres à venir ; Connal, fils

---

1 La versification du chant de guerre d'Ullin est différente de celle du reste du poème. Elle coule comme un torrent ; elle est une liste presque ininterrompue d'épithètes. Cette coutume – encourager les soldats par des vers improvisés – survivait encore très récemment. On possède plusieurs de ces chants de guerre, mais ils ne sont souvent que des amoncellements d'adjectifs, sans grande beauté ni harmonie, totalement dépourvus de mérite poétique. [Macpherson]

2 Macpherson cite en note le *Paradis perdu* 1, 534-5.

We reared the sun-beam of battle; the standard of the king. Each hero's soul exulted with joy, as, waving, it flew on the wind. It was studded with gold above, as the blue wide shell of the nightly sky. Each hero had his standard too; and each his gloomy men.

Behold, said the king of generous shells, how Lochlin divides on Lena.–They stand like broken clouds on the hill, or an half consumed grove of oaks; when we see the sky through its branches, and the meteor passing behind. Let every chief among the friends of Fingal take a dark troop of those that frown so high; nor let a son of the echoing groves bound on the waves of Inistore.

Mine, said Gaul, be the seven chiefs that came from Lano's lake.–Let Inistore's dark king, said Oscar, come to the sword of Ossian's son.–To mine the king of Iniscon, said Connal, heart of steel! Or Mudan's chief or I, said brown-haired Dermid, shall sleep on clay-cold earth. My choice, though now so weak and dark, was Terman's battling king; I promised with my hand to win the hero's dark-brown shield.–Blest and victorious be my chiefs, said Fingal of the mildest look; Swaran, king of roaring waves, thou art the choice of Fingal.

Now, like an hundred different winds that pour through many vales; divided, dark, the sons of the hill advanced, and Cromla echoed around.

How can I relate the deaths when we closed in the strife of our steel? O daughter of Toscar! bloody were our hands! The gloomy ranks of Lochlin fell like the banks of the roaring Cona.–Our arms were victorious on Lena; each chief fulfilled his promise. Beside the murmur of Branno thou didst often sit, O maid; when thy white bosom rose frequent, like the down of the swan when slow she sails the lake, and sidelong winds are blowing.–Thou hast seen the sun retire red and slow behind his cloud; night gathering round on the mountain, while the unfrequent blast roared in narrow vales. At length the rain beats hard; and thunder rolls in peals. Lightning glances on the rocks. Spirits ride on beams of fire. And the strength of the mountain-streams comes roaring down the hills. Such was the noise of battle, maid of the arms of snow. Why, daughter of the hill, that tear? the maids of Lochlin have cause to weep. The people of their country fell, for bloody was the blue

de l'acier bleuté de Sora ; Dermid aux cheveux brun sombre et Ossian, roi des chants innombrables, approchez du bras de votre père.

Nous levâmes le rayon de soleil des batailles ; l'étendard du roi[1]. En le voyant flotter au vent, l'âme de chaque héros exultait de joie. Son champ était parsemé d'or, telles des étoiles sur la vaste voûte azur d'un ciel nocturne. Et chaque héros avait lui aussi son étendard ; et chaque étendard sa troupe ténébreuse de guerriers.

Voyez, dit le roi aux conques généreuses, comme Lochlin est divisé sur la Lena. – Ils sont là comme des nuages déchiquetés au-dessus d'une colline, telle une forêt de chênes que l'incendie a brûlée à moitié ; on voit alors le ciel entre leurs branches clairsemées, et le météore passer. Que chacun des chefs amis de Fingal choisisse et attaque une troupe de ces sombres ennemis qui, là-haut, nous contemplent menaçants ; que nul de ces fils venus de forêts pleines d'échos ne bondisse jamais plus sur la vague d'Inistore.

À moi, dit Gaul, les sept chefs venus du lac de Lano. – Que le sombre roi d'Inistore, dit Oscar, vienne trouver l'épée du fils d'Ossian. – Et la mienne, le roi d'Iniscon, dit Connal au cœur d'acier ! Ou le chef de Mudan ou moi, l'un de nous dormira sur l'argile glacé de la terre. Et moi, qui suis maintenant obscur et faible, je choisis le roi belliqueux de Terman ; je jurai de conquérir ce héros et de capturer son bouclier brun sombre. – Soyez bénis et soyez victorieux, ô mes chefs, dit Fingal au regard si paisible ; Swaran, roi des vagues rugissantes, Fingal t'a choisi.

Comme cent vents venus de différents quadrants qui glissent à travers diverses vallées ; les fils de la colline avançaient, divisés, sombres, et la Cromla renvoyait leurs échos.

Comment puis-je raconter les morts quand se referma la mêlée de notre acier ? Ô fille de Toscar ! couvertes de sang étaient nos mains ! Les troupes ténébreuses de Lochlin s'effondraient comme les berges de la Cona qui toujours rugit. – Nos armes furent victorieuses sur la Lena ; chaque chef accomplit sa promesse. Non loin du murmure du Branno souvent tu t'asseyais, ô jeune vierge ; alors ton sein blanc se gonflait, se soulevait semblable au duvet du cygne qui, silencieux, navigue sur le lac, avec, à ses côtés, le souffle des vents. – Tu as vu le soleil se retirer rouge et lent

---

1   L'étendard de Fingal était appelé *rayon de soleil* ; probablement parce qu'il était d'une couleur vive et brodé d'or. Commencer une bataille se disait, dans les compositions anciennes, *lever le rayon de soleil*. [Macpherson]

steel of the race of my heroes. But I am sad, forlorn, and blind; and no more the companion of heroes. Give, lovely maid, to me thy tears, for I have seen the tombs of all my friends.

It was then by Fingal's hand a hero fell, to his grief.—Gray-haired he rolled in the dust, and lifted his faint eyes to the king. And is it by me thou hast fallen, said the son of Comhal, thou friend of Agandecca! I saw thy tears for the maid of my love in the halls of the bloody Starno. Thou hast been the foe of the foes of my love, and hast thou fallen by my hand? Raise, Ullin, raise the grave of the son of Mathon; and give his name to the song of Agandecca; for dear to my soul hast thou been, thou darkly-dwelling maid of Ardven.

Cuchullin, from the cave of Cromla, heard the noise of the troubled war. He called to Connal chief of swords, and Carril of other times. The gray-haired heroes heard his voice, and took their aspen spears. They came, and saw the tide of battle, like the crowded waves of the ocean; when the dark wind blows from the deep, and rolls the billows through the sandy vale.

Cuchullin kindled at the sight, and darkness gathered on his brow. His hand is on the sword of his fathers: his red-rolling eyes on the foe. He thrice attempted to rush to battle, and thrice did Connal stop him. Chief of the isle of mist, he said, Fingal subdues the foe. Seek not a part of the fame of the king; himself is like a storm.

derrière son nuage[1] ; la nuit s'épaissit sur la montagne et des bourrasques par intervalle hurlent dans les étroites vallées[2]. Enfin la pluie s'abat avec force ; et les grondements de tonnerre roulent et éclatent. L'éclair bondit de rocher en rocher. Des esprits chevauchent les rayons de feu. Et la force des torrents des montagnes descend en rugissant des collines[3]. Tel était le vacarme de ce combat, ô vierge aux bras de neige. Pourquoi, fille de la colline, cette larme ? c'est aux vierges de Lochlin qu'il appartient de pleurer. Les guerriers de leur pays sont tombés, car l'acier bleu de la race de mes héros était couvert de sang. Mais je suis triste, aveugle et délaissé ; je ne suis plus en compagnie des héros. Donne-moi, aimable vierge, donne-moi tes larmes, car j'ai vu les tombes de tous mes amis.

Ce fut alors que Fingal vit tomber par sa main un héros qu'il allait pleurer. – Ce guerrier aux cheveux gris roula dans la poussière et leva ses yeux qui s'éteignaient vers le roi. Et c'est moi qui t'ai couché à terre, dit le fils de Comhal, toi qui fus l'ami d'Agandecca ! J'ai vu autrefois tes larmes pour la vierge de mon amour dans le palais du sanguinaire Starno. Tu fus l'ennemi des ennemis de mon amour et c'est par ma main que tu es tombé ? Élève, Ullin, élève une tombe pour le fils de Mathon ; et redis son nom dans les chants d'Agandecca ; car tu fus cher à mon âme, vierge qui demeure enténébrée en Ardven.

Cuchullin, dans sa caverne sur la Cromla, entendit le bruit de cette guerre confuse. Il appela Connal, chef des épées, et Carril des temps anciens. Ces héros aux cheveux gris entendirent sa voix et prirent leurs lances de frêne. Ils s'approchèrent et virent le flot de la bataille, telles les vagues innombrables de l'océan qui s'avancent puis refluent ; lorsque les vents soufflent vers le rivage et déroulent les lames dans la baie sablonneuse.

Lorsqu'il vit cela, Cuchullin s'enflamma et les ténèbres s'amassèrent sur son front. Il porte la main à l'épée de ses pères : il roule ses yeux rouges vers l'ennemi. Par trois fois il voulut s'élancer dans la mêlée, par trois fois Connal l'en empêcha. Chef de l'île des brumes, dit-il, Fingal triomphe de l'ennemi. Ne prends point part à la gloire du roi ; à lui seul il est comme une tempête.

---

1 Macpherson cite en note les *Géorgiques*, v. 440 *sqq.*, ainsi que la traduction de Dryden.
2 Macpherson cite en note les *Géorgiques*, v. 356 *sqq.*, ainsi que la traduction de Dryden.
3 Macpherson cite en note l'*Énéide* 4, 165, ainsi que la traduction de Dryden.

Then, Carril, go, replied the chief, and greet the king of Morven. When Lochlin falls away like a stream after rain, and the noise of the battle is over, then be thy voice sweet in his ear to praise the king of swords. Give him the sword of Caithbat; for Cuchullin is worthy no more to lift the arms of his fathers.

But, O ye ghosts of the lonely Cromla! ye souls of chiefs that are no more! be ye the companions of Cuchullin, and talk to him in the cave of his sorrow. For never more shall I be renowned among the mighty in the land. I am like a beam that has shone; like a mist that fled away, when the blast of the morning came, and brightened the shaggy side of the hill. Connal, talk of arms no more: departed is my fame.—My sighs shall be on Cromla's wind, till my footsteps cease to be seen.—And thou, white-bosom'd Bragéla, mourn over the fall of my fame; for, vanquished, I will never return to thee, thou sun-beam of Dunscaich.

Alors, Carril, va, répondit le chef, et félicite le roi de Morven. Lorsque Lochlin aura passé comme un torrent après la pluie, et que le bruit des batailles se sera tu, alors que ta voix soit douce à son oreille pour célébrer le roi des épées. Donne-lui l'épée de Caithbat ; car Cuchullin n'est plus digne de lever les armes de ses pères.

Quant à vous, ô fantômes de la Cromla solitaire ! vous, âmes des chefs disparus ! soyez les compagnons de Cuchullin et venez lui parler dans la cave de son malheur. Car désormais je ne serai plus renommé parmi les puissants sur ces terres. Je suis comme un rayon qui a fini de briller ; comme une brume qui s'est envolée lorsque la brise matinale est venue pour éclairer la pente broussailleuse de la colline. Connal, ne me parle plus d'armes : ma gloire s'en est allée. — Le vent de la Cromla portera mes soupirs, jusqu'à ce que disparaisse la trace de mes pas. — Et toi, Bragéla au sein si blanc, tu peux pleurer la chute de ma gloire ; car, vaincu, je ne reviendrai plus vers toi, ô rayon de soleil de Dunscaich.

BOOK V

ARGUMENT

Cuchullin and Connal still remain on the hill. Fingal and Swaran meet; the combat is described. Swaran is overcome, bound and delivered over as a prisoner to the care of Ossian and Gaul the son of Morni; Fingal, his younger sons, and Oscar, still pursue the enemy. The episode of Orla a chief of Lochlin, who was mortally wounded in the battle, is introduced. Fingal, touched with the death of Orla, orders the pursuit to be discontinued; and calling his sons together, he is informed that Ryno, the youngest of them, was killed. He laments his death, hears the story of Lamderg1 and Gelchossa, and returns towards the place where he had left Swaran. Carril, who had been sent by Cuchullin to congratulate Fingal on his victory, comes in the mean time to Ossian. The conversation of the two poets closes the action of the fourth day.

LIVRE CINQUIÈME[1]

ARGUMENT

Cuchullin et Connal restent sur la colline. Description du combat de Fingal et Swaran. Swaran est vaincu, enchaîné et livré à Ossian et Gaul, fils de Morni ; Fingal, ses plus jeunes fils et Oscar poursuivent l'ennemi. Épisode d'Orla, un des chefs de Lochlin, qui fut mortellement blessé au cours du combat. Fingal, touché par la mort d'Orla, ordonne que l'on cesse la poursuite ; il rappelle ses fils et apprend alors que le plus jeune d'entre eux, Ryno, a été tué. Il pleure sa mort, écoute l'histoire de Lamderg et Gelchossa, puis revient à l'endroit où il avait laissé Swaran. Carril, envoyé par Cuchullin pour féliciter Fingal de sa victoire, rencontre Ossian. L'entretien des deux poètes clôt le quatrième jour.

---

1   Nous sommes toujours au quatrième jour. Le poète, en faisant de Connal, resté en compagnie de Cuchullin sur la Cromla, le narrateur de ce passage, peut se permettre ces louanges adressées à Fingal. Le début de ce livre, dans la langue originale, est un des moments les plus beaux du poème. La versification est régulière et majestueuse, en accord avec le caractère serein de Connal. – Aucun poète n'a su mieux qu'Ossian adapter la cadence de ses vers au tempérament de celui qui les dit. Il est très probable que le poème ait été à l'origine composé pour être accompagné à la harpe, car la versification est variée et adaptée à l'expression des passions humaines. [Macpherson]

Now Connal, on Cromla's windy side, spoke to the chief of the noble car. Why that gloom, son of Semo? Our friends are the mighty in battle. And renowned art thou, O warrior! many were the deaths of thy steel. Often has Bragéla met with blue-rolling eyes of joy, often has she met her hero, returning in the midst of the valiant; when his sword was red with slaughter, and his foes silent in the fields of the tomb. Pleasant to her ears were thy bards, when thine actions rose in the song.

But behold the king of Morven; he moves below like a pillar of fire. His strength is like the stream of Lubar, or the wind of the echoing Cromla; when the branchy forests of night are overturned.

Happy are thy people, O Fingal, thine arm shall fight their battles: thou art the first in their dangers; the wisest in the days of their peace. Thou speakest and thy thousands obey; and armies tremble at the sound of thy steel. Happy are thy people, Fingal, chief of the lonely hills.

Who is that so dark and terrible, coming in the thunder of his course? who is it but Starno's son to meet the king of Morven? Behold the battle of the chiefs: it is like the storm of the ocean, when two spirits meet far distant, and contend for the rolling of the wave. The hunter hears the noise on his hill; and sees the high billows advancing to Ardven's shore.

Such were the words of Connal, when the heroes met in the midst of their falling people. There was the clang of arms! there every blow, like the hundred hammers of the furnace! Terrible is the battle of the kings, and horrid the look of their eyes. Their dark-brown shields are cleft in twain; and their steel flies, broken, from their helmets. They fling their weapons down. Each rushes to the grasp of his foe. Their sinewy arms bend round each other: they turn from side to side, and strain and stretch their large spreading limbs below. But when the pride of their strength arose, they shook the hill with their heels; rocks tumble from their places on high; the green-headed bushes are overturned. At length the strength of Swaran fell; and the king of the groves is bound.

Sur les pentes de la Cromla où soufflent les vents, Connal parlait au chef au noble char. Pourquoi cet air sombre, fils de Semo ? Nos amis sont les puissants dans les combats. Quant à toi, ô guerrier, tu es renommé ! nombreux furent les morts par ton acier. Souvent Bragéla est allée à ta rencontre, ses yeux de joie dardant des regards bleus, souvent elle est allée à la rencontre de son héros lorsqu'il revenait au milieu des braves ; son épée alors était rougie par les massacres et ses ennemis silencieux dans le champ de leurs tombes. Lui étaient agréables les voix de tes bardes lorsque tes exploits s'élevaient avec leurs chants.

Mais vois le roi de Morven ; il s'avance là-bas comme une colonne de feu. Sa force est comme le torrent de Lubar, comme le vent qui retentit sur les pentes de la Cromla ; lorsqu'il arrache les épaisses forêts de nuit.

Heureux est ton peuple, ô Fingal, ton bras toujours combattra pour eux : lorsqu'ils sont en danger tu es le premier ; le plus sage lorsqu'ils vivent en paix. Tu parles et tes mille guerriers t'obéissent ; et les armées tremblent au bruit de ton acier. Heureux est ton peuple, Fingal, chef des collines solitaires.

Mais quel est celui qui s'avance, si sombre et si terrible dans le tonnerre de ses pas ? quel autre que le fils de Starno à la rencontre du roi de Morven ? Regarde cette bataille de chefs : elle est comme la tempête sur l'océan lorsque deux esprits se rencontrent au loin et luttent pour savoir qui fera rouler les vagues. Sur sa colline le chasseur entend le tumulte ; il voit la crête des longues lames s'avancer vers les rivages d'Ardven.

Telles furent les paroles de Connal lorsque les héros se retrouvèrent au milieu de leurs guerriers qui tombaient. Voici le fracas des armes ! chaque coup comme les cent marteaux de la fournaise ! Terrible est la bataille des rois et terrifiant le regard dans leurs yeux. Leurs boucliers brun sombre se fendent en deux ; l'acier de leurs heaumes vole, brisé, en éclats. Ils jettent à terre leurs armes. Chacun s'élance pour étreindre son adversaire[1]. Leurs bras nerveux s'enlacent : ils oscillent d'un côté puis de l'autre, les muscles puissants de leurs jambes appuyées sur le sol se raidissent et se tendent. Mais quand s'éleva l'orgueil de leur force, la colline trembla sous leurs talons ; les rochers de très haut viennent

---

1 Macpherson cite en note l'*Iliade* 23, 824 dans la traduction de Pope (710 *sqq.*, dans le texte grec).

Thus have I seen on Cona; (but Cona I behold no more) thus have I seen two dark hills removed from their place by the strength of the bursting stream. They turn from side to side, and their tall oaks meet one another on high. Then they fall together with all their rocks and trees. The streams are turned by their sides, and the red ruin is seen afar.

Sons of the king of Morven, said the noble Fingal, guard the king of Lochlin; for he is strong as his thousand waves. His hand is taught to the battle, and his race of the times of old. Gaul, thou first of my heroes, and Ossian king of songs, attend the friend of Agandecca, and raise to joy his grief.–But, Oscar, Fillan, and Ryno, ye children of the race! pursue the rest of Lochlin over the heath of Lena; that no vessel may hereafter bound on the dark-rolling waves of Inistore.

They flew like lightning over the heath. He slowly moved as a cloud of thunder when the sultry plain of summer is silent. His sword is before him as a sun-beam, terrible as the streaming meteor of night. He came toward a chief of Lochlin, and spoke to the son of the wave.

Who is that like a cloud at the rock of the roaring stream? He cannot bound over its course; yet stately is the chief! his bossy shield is on his side; and his spear like the tree of the desart. Youth of the dark-brown hair, art thou of Fingal's foes?

I am a son of Lochlin, he cries, and strong is my arm in war. My spouse is weeping at home, but Orla will never return.

Or fights or yields the hero, said Fingal of the noble deeds? foes do not conquer in my presence: but my friends are renowned in the hall. Son of the wave, follow me, partake the feast of my shells, and pursue the deer of my desart.

s'écraser à terre ; les buissons aux têtes verdoyantes sont déracinés. Enfin la force de Swaran faiblit ; et le roi des forêts est enchaîné.

Ainsi ai-je vu sur la Cona ; (la Cona que je ne vois plus) ainsi ai-je vu deux sombres collines arrachées de leurs bases par la force de torrents impétueux. Elles oscillent d'un côté puis de l'autre, et les chênes qu'elles portent se mêlent très haut. Puis elles s'écroulent ensemble avec tous leurs arbres et leurs rochers. Le cours des torrents est détourné par leurs pentes et leurs ruines rougeâtres se voient de très loin.

Fils du roi de Morven, dit le noble Fingal, retenez le roi de Lochlin ; car il est aussi fort que ses mille vagues. Sa main est instruite à la bataille, sa race est celle des temps anciens. Gaul, premier de mes héros, et toi, Ossian, roi des chants, prenez soin de l'ami d'Agandecca, élevez sa tristesse vers la joie. – Quant à vous, Oscar, Fillan et Ryno, enfants de ma race ! poursuivez ce qui reste de Lochlin sur la lande de Lena ; que jamais plus ne bondissent leurs vaisseaux sur les vagues sombres et houleuses d'Inistore.

Ils s'envolèrent aussitôt comme l'éclair sur la lande. Il s'avança lentement, pareil au nuage qui tonne quand la plaine brûlante de l'été est silencieuse. Son épée est devant lui pareille à un rayon de soleil, terrible comme le météore qui déchire la nuit. Il s'approcha d'un des chefs de Lochlin et parla au fils de la vague.

Qui est là, tel un nuage, accroché à ce rocher au bord du torrent qui rugit ? Il ne peut bondir et le traverser ; quelle majesté cependant ! le bouclier bosselé de ce chef repose à ses côtés ; et sa lance est comme l'arbre du désert. Jeune homme aux cheveux brun sombre, es-tu l'ennemi de Fingal ?

Je suis un des fils de Lochlin, crie-t-il, et mon bras est fort dans la guerre. Mon épouse pleure chez moi, mais Orla jamais plus ne reviendra[1].

Le héros va-t-il se battre ou se rendre ? demanda Fingal aux nobles exploits, les ennemis ne triomphent pas en ma présence : mes amis sont célébrés en ma demeure. Fils de la vague, suis-moi, viens partager le festin des conques et poursuivre le cerf de mes déserts.

---

1 L'histoire d'Orla est si belle et si touchante dans la langue originale que, dans le nord de l'Écosse, de nombreuses personnes peuvent la réciter, alors que le reste du poème leur est totalement inconnu. Elle apporte de la variété au récit et réveille l'attention du lecteur qui n'attendait plus grand-chose de la suite du poème, maintenant que le combat contre Swaran s'est conclu par la défaite de celui-ci. [Macpherson]

No: said the hero, I assist the feeble: my strength shall remain with the weak in arms. My sword has been always unmatched, O warrior: let the king of Morven yield.

I never yielded, Orla, Fingal never yielded to man. Draw thy sword and chuse thy foe. Many are my heroes.

And does the king refuse the combat, said Orla of the dark-brown hair? Fingal is a match for Orla: and he alone of all his race.–But, king of Morven, if I shall fall; (as one time the warrior must die;) raise my tomb in the midst, and let it be the greatest on Lena. And send, over the dark-blue wave, the sword of Orla to the spouse of his love; that she may shew it to her son, with tears, to kindle his soul to war.

Son of the mournful tale, said Fingal, why dost thou awaken my tears? One day the warriors must die, and the children see their useless arms in the hall. But, Orla, thy tomb shall rise, and thy white-bosomed spouse weep over thy sword.

They fought on the heath of Lena, but feeble was the arm of Orla. The sword of Fingal descended, and cleft his shield in twain. It fell and glittered on the ground, as the moon on the stream of night.

King of Morven, said the hero, lift thy sword, and pierce my breast. Wounded and faint from battle my friends have left me here. The mournful tale shall come to my love on the banks of the streamy Loda; when she is alone in the wood; and the rustling blast in the leaves.

No; said the king of Morven, I will never wound thee, Orla. On the banks of Loda let her see thee escaped from the hands of war. Let thy gray-haired father, who, perhaps, is blind with age, hear the sound of thy voice in his hall.–With joy let the hero rise, and search for his son with his hands.

But never will he find him, Fingal; said the youth of the streamy Loda.–On Lena's heath I shall die; and foreign bards will talk of me. My broad belt covers my wound of death. And now I give it to the wind.

The dark blood poured from his side, he fell pale on the heath of Lena. Fingal bends over him as he dies, and calls his younger heroes.

Oscar and Fillan, my sons, raise high the memory of Orla. Here let the dark-haired hero rest far from the spouse of his love. Here let him rest in his narrow house far from the sound of Loda. The sons of the feeble will find his bow at home, but will not be able to bend it. His

Non : répondit le héros, je secours les faibles : ma force est pour ceux que les armes trahissent. Mon épée, ô guerrier, n'a jamais connu de rival : que le roi de Morven me cède.

Je n'ai jamais cédé, Orla, Fingal n'a jamais cédé à un mortel. Tire ton épée et choisis ton adversaire. Nombreux sont mes héros.

Le roi refuse donc le combat, dit Orla aux cheveux brun sombre ? Fingal est un rival digne d'Orla : lui seul de toute sa race. – Cependant, roi de Morven, si je devais tomber ; (puisqu'un jour le guerrier doit mourir ;) élève ma tombe au milieu de cette plaine, qu'elle soit la plus haute de Lena. Et par-delà la vague bleu obscur envoie l'épée d'Orla à l'épouse de son amour ; afin qu'avec ses larmes elle puisse la montrer à son fils pour allumer en son âme le désir des combats.

Enfant au funeste récit, dit Fingal, pourquoi réveiller mes pleurs ? Un jour les guerriers doivent mourir et les enfants voir dans leur demeure leurs armes devenues inutiles. Orla, ta tombe sera élevée et ton épouse au sein blanc pleurera sur ton épée.

Ils combattirent sur la lande de Lena, mais le bras d'Orla était faible. L'épée de Fingal s'abattit et fendit en deux son bouclier. Ses éclats tombèrent sur le sol : ils scintillaient comme la lune sur le torrent de la nuit.

Roi de Morven, dit le héros, lève ton épée et transperce ma poitrine. Blessé et affaibli par la bataille, je fus abandonné ici par mes amis. Sur les bords de la Loda aux flots tumultueux, mon amour entendra ce funeste récit ; quand elle sera seule dans les bois ; avec le souffle puissant du vent qui fait frémir les feuilles.

Non ; dit le roi de Morven, jamais je ne te blesserai, Orla. Sur les bords de la Loda, qu'elle puisse te revoir, échappé des mains de la guerre. Que ton père aux cheveux gris, que la vieillesse a peut-être déjà privé de la vue, puisse entendre le son de ta voix en sa demeure. – Ce héros se lèvera alors plein de joie et ses mains chercheront son fils.

Mais elles ne le trouveront pas, Fingal ; répondit le jeune guerrier de la Loda aux flots tumultueux. – Sur la lande de Lena je vais mourir ; des bardes étrangers parleront de moi. Mon large baudrier cache la plaie de ma mort. Et je le jette maintenant au vent.

Le sombre sang jaillit de son flanc, il tomba pâle sur la lande de Lena. Fingal se penche sur lui tandis qu'il agonise et appelle ses jeunes héros.

Oscar et Fillan, mes fils, élevez très haut une tombe en la mémoire d'Orla. Qu'ici repose le héros aux cheveux sombres loin de l'épouse de

faithful dogs howl on his hills, and his boars, which he used to pursue, rejoice. Fallen is the arm of battle; the mighty among the valiant is low!

Exalt the voice, and blow the horn, ye sons of the king of Morven: let us go back to Swaran, and send the night away on song. Fillan, Oscar, and Ryno, fly over the heath of Lena. Where, Ryno, art thou, young son of fame? Thou art not wont to be the last to answer thy father.

Ryno, said Ullin first of bards, is with the awful forms of his fathers. With Trathal king of shields, and Trenmor of the mighty deeds. The youth is low,—the youth is pale,—he lies on Lena's heath.

And fell the swiftest in the race, said the king, the first to bend the bow? Thou scarce hast been known to me: why did young Ryno fall? But sleep thou softly on Lena, Fingal shall soon behold thee. Soon shall my voice be heard no more, and my footsteps cease to be seen. The bards will tell of Fingal's name; the stones will talk of me. But, Ryno, thou art low indeed,—thou hast not received thy fame. Ullin, strike the harp for Ryno; tell what the chief would have been. Farewell, thou first in every field. No more shall I direct thy dart. Thou that hast been so fair; I behold thee not—Farewell.

The tear is on the cheek of the king; for terrible was his son in war. His son! that was like a beam of fire by night on the hill; when the forests sink down in its course, and the traveller trembles at the sound.

Whose fame is in that dark-green tomb, begun the king of generous shells? four stones with their heads of moss stand there; and mark the narrow house of death. Near it let my Ryno rest, and be the neighbour of the valiant. Perhaps some chief of fame is here to fly with my son on clouds. O Ullin, raise the songs of other times. Bring to memory the dark dwellers of the tomb. If in the field of the valiant they never fled from danger, my son shall rest with them, far from his friends, on the heath of Lena.

son amour. Qu'ici il repose en son étroite maison, loin du murmure de la Loda. La race des faibles trouvera son arc suspendu chez lui, mais nul ne pourra le bander. Ses chiens fidèles hurlent sur les collines, et les sangliers, abandonnés par leur chasseur, se réjouissent. Le bras des batailles est retombé ; le puissant parmi les braves est à terre.

Faites entendre vos voix, faites retentir vos cors, ô fils du roi de Morven : retournons vers Swaran et dissipons la nuit par nos chants. Fillan, Oscar et Ryno, volez sur la lande de Lena. Où donc es-tu, Ryno, jeune fils de la gloire ? Tu n'as pas coutume de répondre le dernier à la voix de ton père.

Ryno, répondit Ullin, le premier des bardes, est parmi les ombres vénérables de ses pères. En compagnie de Trathal, roi des boucliers, et de Trenmor aux très hauts faits. Le jeune guerrier est à terre, – le jeune guerrier est pâle, – il est couché sur la lande de Lena.

Il est donc tombé, dit le roi, le plus rapide à la course, le premier à bander son arc ? Je t'ai si peu connu : pourquoi le jeune Ryno est-il tombé ? Mais dors doucement sur la Lena, Fingal te reverra bientôt. Bientôt l'on n'entendra plus ma voix et l'on ne verra plus trace de mes pas. Les bardes répéteront le nom de Fingal ; les pierres parleront de moi. Mais toi, Ryno, tu es plus bas que terre – tu n'avais pas encore reçu ta gloire. Ullin touche ta harpe pour Ryno ; dis-nous ce que ce chef aurait pu devenir. Adieu, toi qui fus le premier sur chaque champ de bataille. Jamais plus je ne guiderai ta flèche. Tu étais si beau et je ne te vois plus – adieu.

Des larmes sont sur la joue du roi ; car son fils était terrible dans la guerre. Son fils ! qui était comme un rayon de feu la nuit sur la colline ; quand la forêt sombre et disparaît sur son passage et que le voyageur tremble au bruit de sa chute.

Quel est celui dont la gloire est dans cette tombe vert sombre, demanda le roi aux conques généreuses ? quatre pierres dressent leurs têtes couronnées de mousse ; elles marquent l'étroite maison de la mort. Que Ryno repose à leur côté, en compagnie des braves. Quelque chef de renom gît peut-être ici, prêt à s'envoler avec mon fils sur les nuages. Ô Ullin, que s'élève un chant des temps anciens. Réveille le souvenir des sombres habitants de la tombe. S'ils n'ont jamais fui le danger sur le champ des braves, mon fils reposera en leur compagnie, loin de ses amis, sur la lande de Lena.

Here, said the mouth of the song, here rest the first of heroes. Silent is Lamderg in this tomb, and Ullin king of swords. And who, soft smiling from her cloud, shews me her face of love? Why, daughter, why so pale art thou, first of the maids of Cromla? Dost thou sleep with the foes in battle, Gelchossa, white-bosomed daughter of Tuathal?–Thou hast been the love of thousands, but Lamderg was thy love. He came to Selma's mossy towers, and, striking his dark buckler, spoke:

Where is Gelchossa, my love, the daughter of the noble Tuathal? I left her in the hall of Selma, when I fought with the gloomy Ulfadda. Return soon, O Lamderg, she said, for here I am in the midst of sorrow. Her white breast rose with sighs. Her cheek was wet with tears. But I see her not coming to meet me; and to sooth my soul after battle. Silent is the hall of my joy; I hear not the voice of the bard.–Bran does not shake his chains at the gate, glad at the coming of Lamderg. Where is Gelchossa, my love, the mild daughter of the generous Tuathal?

Lamderg! says Ferchios the son of Aidon, Gelchossa may be on Cromla; she and the maids of the bow pursuing the flying deer.

Ferchios! replied the chief of Cromla, no noise meets the ear of Lamderg. No sound is in the woods of Lena. No deer fly in my sight. No panting dog pursues. I see not Gelchossa my love, fair as the full moon setting on the hills of Cromla. Go, Ferchios, go to Allad the gray-haired son of the rock. His dwelling is in the circle of stones. He may know of Gelchossa.

The son of Aidon went; and spoke to the ear of age. Allad! thou that dwellest in the rock, thou that tremblest alone, what saw thine eyes of age?

Ici, répondit la bouche du chant, ici reposent les premiers des héros. Silencieux dans cette tombe, sont Lamderg et Ullin, roi des épées. Mais quelle est celle qui me sourit doucement de son nuage et me montre le visage de son amour ? Pourquoi, ô vierge, ô première entre les filles de la Cromla, cette pâleur ? Dors-tu avec les guerriers qui pour toi se livrèrent bataille, ô Gelchossa, fille au sein blanc de Tuathal ? – Tu fus aimée de mille guerriers mais tu n'aimas que Lamderg. Il vint vers les tours recouvertes de mousse de Selma, frappa son sombre bouclier et dit :

Où est Gelchossa, mon amour, fille du noble Tuathal[1] ? Je l'ai laissée dans le palais de Selma quand j'allai combattre le sombre Ulfadda. Reviens bientôt, ô Lamderg, me dit-elle, car je suis ici plongée dans ma peine. Son sein blanc se soulevait à chacun de ses soupirs. Sa joue était mouillée de larmes. Mais je ne la vois pas venir à ma rencontre ; et apaiser mon âme après la bataille. Le palais de ma joie est silencieux ; je n'entends pas la voix du barde. – Bran[2] au portail n'agite pas ses chaînes, joyeux au retour de Lamderg. Où est Gelchossa, mon amour, la douce fille du généreux Tuathal ?

Lamderg ! dit Ferchios, fils d'Aidon, Gelchossa est peut-être sur la Cromla ; pour y chasser en compagnie des filles de l'arc le cerf qui fuit comme le vent.

Ferchios ! répondit le chef de la Cromla, nul bruit ne parvient aux oreilles de Lamderg. Nul son dans les bois de Lena. Je ne vois nul cerf fuir comme le vent. Nul chien haletant à sa poursuite. Je ne vois pas Gelchossa mon amour, belle comme la pleine lune qui se couche derrière les collines de Cromla. Va, Ferchios, va trouver Allad, le fils du rocher aux cheveux gris. Il demeure dans le cercle de pierres. Il donnera peut-être des nouvelles de Gelchossa[3].

Le fils d'Aidon partit ; il parla à l'oreille de la vieillesse. Allad ! toi qui demeures dans le rocher, toi qui trembles solitaire, qu'ont vu les yeux de ta vieillesse ?

---

1   Voir fragment XVI.
2   Bran était, et reste, un nom couramment donné aux lévriers. Très souvent, les habitants du nord de l'Écosse donnent à leur chien les noms des héros que l'on rencontre dans ce poème ; preuve qu'ils sont connus de tous. [Macpherson]
3   Allad est de toute évidence un druide : il est appelé *fils du rocher* car il habite dans une caverne ; le cercle de pierres auquel il est fait référence marque l'emplacement du temple druidique. On le consulte parce qu'on lui prête une connaissance surnaturelle des choses ; c'est des druides que provient cette invention ridicule de clairvoyance, à laquelle crurent longtemps les habitants des *Highlands* et des Hébrides. [Macpherson]

I saw, answered Allad the old, Ullin the son of Cairbar. He came like a cloud from Cromla; and he hummed a surly song like a blast in a leafless wood. He entered the hall of Selma.–Lamderg, he said, most dreadful of men, fight or yield to Ullin. Lamderg, replied Gelchossa, the son of battle, is not here. He fights Ulfadda mighty chief. He is not here, thou first of men. But Lamderg never yielded. He will fight the son of Cairbar.

Lovely art thou, said terrible Ullin, daughter of the generous Tuathal. I carry thee to Cairbar's halls. The valiant shall have Gelchossa. Three days I remain on Cromla, to wait that son of battle, Lamderg. On the fourth Gelchossa is mine, if the mighty Lamderg flies.

Allad! said the chief of Cromla, peace to thy dreams in the cave. Ferchios, sound the horn of Lamderg that Ullin may hear on Cromla. Lamderg, like a roaring storm, ascended the hill from Selma. He hummed a surly song as he went, like the noise of a falling stream. He stood like a cloud on the hill, that varies its form to the wind. He rolled a stone, the sign of war. Ullin heard in Cairbar's hall. The hero heard, with joy, his foe, and took his father's spear. A smile brightens his dark-brown cheek, as he places his sword by his side. The dagger glittered in his hand. He whistled as he went.

Gelchossa saw the silent chief, as a wreath of mist ascending the hill.–She struck her white and heaving breast; and silent, tearful, feared for Lamderg.

Cairbar, hoary chief of shells, said the maid of the tender hand; I must bend the bow on Cromla; for I see the dark brown hinds.

She hasted up the hill. In vain! the gloomy heroes fought.–Why should I tell the king of Morven how wrathful heroes fight!–Fierce Ullin fell. Young Lamderg came all pale to the daughter of generous Tuathal.

J'ai vu, répondit le vieil Allad, Ullin, fils de Cairbar. Il est venu comme le nuage descend de la Cromla ; et il murmurait un chant lugubre comme le souffle du vent dans une forêt sans feuilles. Il est entré dans le palais de Selma. – Lamderg, dit-il, toi le plus redoutable des hommes, combats ou cède à Ullin. Lamderg, répondit Gelchossa, le fils des batailles, n'est pas ici. Il se bat contre le puissant chef d'Ulfadda. Il n'est pas ici, ô toi, le premier des hommes. Mais jamais Lamderg n'a cédé. Il combattra le fils de Cairbar.

Tu es gracieuse, dit le terrible Ullin, fille du généreux Tuathal. Je t'emmène dans la demeure de Cairbar. Gelchossa sera pour le brave. Je resterai trois jours sur la Cromla pour attendre le fils des batailles, Lamderg. Au quatrième Gelchossa m'appartient si le puissant Lamderg fuit le combat.

Allad ! dit le chef de la Cromla, paix à tes rêves dans la grotte. Ferchios, fais retentir le cor de Lamderg et qu'Ullin l'entende sur la Cromla. Lamderg, comme l'orage rugissant, quitta Selma et gravit la colline[1]. Il murmurait en s'approchant un chant aussi lugubre que le bruit du torrent dans sa chute. En haut de la colline il était comme un nuage accroché auquel le vent donne des formes changeantes. Il fit rouler une pierre, signe de guerre. Ullin l'entendit dans la demeure de Cairbar. Le héros entendit son adversaire et se réjouit et il saisit la lance de son père. Un sourire illumine sa joue brun sombre, tandis qu'il suspend son épée à son côté. Un poignard étincelait dans sa main. Il s'avançait en sifflant.

Gelchossa vit le chef silencieux qui gravissait la colline telle une nappe de brume. – Elle frappa son sein blanc qui palpitait ; silencieuse, en larmes, elle tremblait pour Lamderg.

Cairbar, chef vénérable aux conques généreuses, dit la vierge à la tendre main ; je dois aller bander mon arc sur la Cromla ; car j'y vois les biches au pelage brun sombre.

Elle gravit la colline aussi vite que possible. En vain ! les sombres héros combattaient déjà. – Pourquoi dirais-je au roi de Morven comment combattent des héros courroucés ! – Le sauvage Ullin tomba. Le jeune Lamderg, pâle, revint vint vers la fille du généreux Tuathal.

---

1   Le lecteur pourra constater des différences avec la version de ce passage publiée dans les fragments de poésie antique. – Les sources orales en ont conservé des versions très diverses et le traducteur a choisi ici la moins grandiloquente d'entre elles. [Macpherson]

What blood, my love, the soft-haired woman said, what blood runs down my warrior's side?–It is Ullin's blood, the chief replied, thou fairer than the snow of Cromla! Gelchossa, let me rest here a little while. The mighty Lamderg died.

And sleepest thou so soon on earth, O chief of shady Cromla? three days she mourned beside her love.–The hunters found her dead. They raised this tomb above the three. Thy son, O king of Morven, may rest here with heroes.

And here my son shall rest, said Fingal, the noise of their fame has reached my ears. Fillan and Fergus! bring hither Orla; the pale youth of the stream of Loda. Not unequalled shall Ryno lie in earth when Orla is by his side. Weep, ye daughters of Morven; and ye maids of the streamy Loda. Like a tree they grew on the hills; and they have fallen like the oak of the desart; when it lies across a stream, and withers in the wind of the mountain.

Oscar! chief of every youth! thou seest how they have fallen. Be thou, like them, on earth renowned. Like them the song of bards. Terrible were their forms in battle; but calm was Ryno in the days of peace. He was like the bow of the shower seen far distant on the stream; when the sun is setting on Mora, and silence on the hill of deer. Rest, youngest of my sons, rest, O Ryno, on Lena. We too shall be no more; for the warrior one day must fall.

Such was thy grief, thou king of hills, when Ryno lay on earth. What must the grief of Ossian be, for thou thyself art gone. I hear not thy distant voice on Cona. My eyes perceive thee not. Often forlorn and dark I sit at thy tomb; and feel it with my hands. When I think I hear thy voice; it is but the blast of the desart.–Fingal has long since fallen asleep, the ruler of the war.

Then Gaul and Ossian sat with Swaran on the soft green banks of Lubar. I touched the harp to please the king. But gloomy was his brow. He rolled his red eyes towards Lena. The hero mourned his people.

Quel est ce sang, mon amour, dit la jeune femme aux doux cheveux, quel est ce sang qui coule sur le flanc de mon guerrier ? – C'est le sang d'Ullin, répondit le chef, ô toi, plus belle que la neige sur la Cromla ! Gelchossa, laisse-moi reposer ici un instant. Le puissant Lamderg mourut.

Et si tôt tu dors sur la terre, ô chef de la Cromla aux ombres épaisses ? trois jours elle pleura la mort de son amour près de lui. – Les chasseurs la retrouvèrent morte. Ils élevèrent cette tombe au-dessus de ces trois corps. Ton fils, ô roi de Morven, peut reposer ici en compagnie de ces héros.

Et mon fils reposera ici, dit Fingal, le bruit de leur gloire a souvent retenti à mon oreille. Fillan et Fergus ! portez ici Orla ; le pâle et jeune guerrier des torrents de la Loda. Ryno ne sera pas couché près d'un rival indigne lorsqu'Orla reposera à ses côtés. Pleurez, fille de Morven ; et vous vierges de la Loda aux flots tumultueux, pleurez. Comme l'arbre, ils poussèrent sur la colline ; et ils sont tombés comme le chêne du désert ; quand il est couché au travers d'un torrent et que le vent de la montagne le dessèche[1].

Oscar ! chef de la jeunesse ! tu vois comme ils sont tombés. Sois comme eux, renommé sur la terre. Comme eux, chanté par les bardes. Ils étaient terrifiants dans la bataille ; mais calme était Ryno dans la paix. Il était comme l'arc de pluie que l'on voit au loin sur le torrent ; quand se couche le soleil sur la Mora et le silence sur la colline des cerfs. Repose ici, toi qui étais le plus jeune de mes fils, repose-toi ô Ryno, sur la plaine de Lena. Bientôt, comme toi, nous ne serons plus ; tôt ou tard le guerrier doit périr.

Telle était ta tristesse, ô roi des collines, quand Ryno était allongé sur la terre. Quelle doit donc être la tristesse d'Ossian, depuis que toi-même tu t'en es allé. Je n'entends plus ta voix lointaine sur la Cona. Mes yeux ne t'aperçoivent plus. Souvent, esseulé, obscur, je m'assieds sur ta tombe ; et je le sens sous mes mains. Quand je crois entendre ta voix ; ce n'est que le souffle du désert. – Il y a déjà longtemps que Fingal dort, l'arbitre de la guerre.

Alors Gaul et Ossian s'assirent avec Swaran sur les rives douces et vertes de la Lubar. Je touchai la harpe pour distraire le roi. Mais sombre était son front. Il portait son regard douloureux, ses yeux rougis, vers la Lena. Le héros pleurait ses hommes.

---

1   Macpherson cite en note l'*Iliade* 16, 483 *sqq.*, ainsi que la traduction de Pope.

I lifted my eyes to Cromla, and I saw the son of generous Semo.—Sad and slow he retired from his hill towards the lonely cave of Tura. He saw Fingal victorious, and mixed his joy with grief. The sun is bright on his armour, and Connal slowly followed. They sunk behind the hill like two pillars of the fire of night: when winds pursue them over the mountain, and the flaming heath resounds. Beside a stream of roaring foam his cave is in a rock. One tree bends above it; and the rushing winds echo against its sides. Here rests the chief of Dunscaich, the son of generous Semo. His thoughts are on the battle he lost; and the tear is on his cheek. He mourned the departure of his fame that fled like the mist of Cona. O Bragéla, thou art too far remote to cheer the soul of the hero. But let him see thy bright form in his soul; that his thoughts may return to the lonely sun-beam of Dunscaich.

Who comes with the locks of age? It is the son of songs. Hail, Carril of other times, thy voice is like the harp in the halls of Tura. Thy words are pleasant as the shower that falls on the fields of the sun. Carril of the times of old, why comest thou from the son of the generous Semo?

Ossian king of swords, replied the bard, thou best raisest the song. Long hast thou been known to Carril, thou ruler of battles. Often have I touched the harp to lovely Evirallin. Thou too hast often accompanied my voice in Branno's hall of generous shells. And often, amidst our voices, was heard the mildest Evirallin. One day she sung of Cormac's fall, the youth that died for her love. I saw the tears on her cheek, and on thine, thou chief of men. Her soul was touched for the unhappy, though she loved him not. How fair among a thousand maids was the daughter of the generous Branno!

Bring not, Carril, I replied, bring not her memory to my mind. My soul must melt at the remembrance. My eyes must have their tears. Pale in the earth is she the softly-blushing fair of my love. But sit thou on the heath, O Bard, and let us hear thy voice. It is pleasant as the gale of spring that sighs on the hunter's ear; when he wakens from dreams of joy, and has heard the music of the spirits of the hill.

Je levai les yeux vers la Cromla et je vis le fils du généreux Semo. — Triste, lentement, il quittait sa colline pour gagner la grotte solitaire de Tura. Il avait vu Fingal victorieux et la tristesse se mêlait à sa joie. Le soleil brille sur son armure, et Connal le suivait à pas lent. Ils disparurent derrière la colline, telles deux colonnes de feu dans la nuit : les vents les pourchassent sur la montagne et la lande incendiée résonne sur leur passage. Non loin d'un torrent à l'écume rugissante, sa grotte est dans le rocher. Un arbre se penche au dessus ; entre ses parois le vent s'engouffre et résonne. C'est là que s'est retiré le chef de Dunscaich, fils du généreux Semo. Il pense à la bataille qu'il a perdue ; sur ses joues, les larmes. Il pleurait sa gloire qui s'était envolée comme la brume de la Cona. Ô Bragéla, tu es trop loin pour consoler l'âme du héros. Mais qu'il puisse seulement voir briller ton image en son âme ; et qu'ainsi ses pensées reviennent vers le rayon de soleil solitaire de Dunscaich.

Qui s'avance ici sous la chevelure de sa vieillesse ? C'est le fils de chants. Salut à toi, Carril des temps anciens, ta voix est comme la harpe dans le palais de Tura. Tes paroles sont agréables comme la pluie qui tombe sur les champs du soleil. Carril des temps anciens, pourquoi as-tu quitté le fils du généreux Semo ?

Ossian, roi des épées, répondit le barde, mieux que nous tous tu sais élever la voix des chants. Depuis longtemps tu es connu de Carril, ô arbitre des combats. Bien souvent ai-je touché ma harpe pour la belle, l'aimable Evirallin. Souvent tu t'es joint à ma voix dans la grande salle de Branno aux conques généreuses. Et souvent, à nos voix se mêlait celle de la si douce Evirallin. Un jour, elle chanta la chute de Cormac, le jeune guerrier qui mourut pour son amour. Je vis les larmes sur ses joues, ainsi que sur les tiennes, ô chef des hommes. Son âme était touchée par le sort de ce malheureux, bien qu'elle ne l'aimât point. Comme elle était belle, belle entre toutes les vierges, la fille du généreux Branno !

Ne la rappelle point, Carril, répondis-je, ne la rappelle point à ma mémoire. À ce souvenir mon âme ne peut s'empêcher de fondre. Mes yeux ne peuvent retenir leurs larmes. Elle est pâle dans la terre, celle qui rougissait tendrement, cette beauté que j'aimais. Mais assieds-toi ici sur la lande, ô barde, et fais-nous entendre ta voix. Elle est aussi agréable que la brise printanière qui soupire à l'oreille du chasseur ; lorsqu'il s'éveille des rêves de sa joie et qu'il a entendu la musique des esprits de la colline.

BOOK VI

ARGUMENT

Night comes on. Fingal gives a feast to his army, at which Swaran is present. The king commands Ullin his bard to give the song of peace; a custom always observed at the end of a war. Ullin relates the actions of Trenmor great grandfather to Fingal, in Scandinavia, and his marriage with Inibaca, the daughter of a king of Lochlin who was ancestor to Swaran; which consideration, together with his being brother to Agandecca, with whom Fingal was in love in his youth, induced the king to release him, and permit him to return, with the remains of his army, into Lochlin, upon his promise of never returning to Ireland, in a hostile manner. The night is spent in settling Swaran's departure, in songs of bards, and in a conversation in which the story of Grumal is introduced by Fingal. Morning comes. Swaran departs; Fingal goes on a hunting party, and finding Cuchullin in the cave of Tura, comforts him, and sets sail, the next day, for Scotland; which concludes the poem.

LIVRE SIXIÈME[1]

ARGUMENT

La nuit descend. Fingal donne pour son armée un festin auquel Swaran assiste. Le roi demande à Ullin son barde de chanter le chant de la paix, coutume toujours observée à la fin d'une guerre. Ullin raconte les exploits de Trenmor, bisaïeul de Fingal, en Scandinavie, et son mariage avec Inibaca, fille d'un roi de Lochlin ancêtre de Swaran ; ce motif, joint à ce qu'il était frère d'Agandecca, que Fingal aima dans sa jeunesse, décide ce dernier à lui rendre sa liberté. Il permet à Swaran de retourner en Lochlin avec ce qui reste de son armée, à condition de ne jamais revenir en Irlande avec des intentions hostiles. La nuit se passe dans les préparatifs du départ de Swaran et dans les chants des bardes. Lors d'une conversation, Fingal présente l'histoire de Grumal. Le jour paraît. Swaran part ; Fingal va chasser et il rencontre Cuchullin dans la grotte de Tura. Il le console et, le lendemain, il s'embarque pour l'Écosse.

---

1   Le sixième livre s'ouvre sur la quatrième nuit et se clôt au matin du sixième jour. Le poème en entier dure cinq journées, cinq nuits et le début d'une sixième journée. L'action se déroule sur la lande de Lena et sur la montagne de Cromla, sur la côte d'Ulster. [Macpherson]

The clouds of night come rolling down and rest on Cromla's dark-brown steep. The stars of the north arise over the rolling of the waves of Ullin; they shew their heads of fire through the flying mist of heaven. A distant wind roars in the wood; but silent and dark is the plain of death.

Still on the darkening Lena arose in my ears the tuneful voice of Carril. He sung of the companions of our youth, and the days of former years; when we met on the banks of Lego, and sent round the joy of the shell. Cromla, with its cloudy steeps, answered to his voice. The ghosts of those he sung came in their rustling blasts. They were seen to bend with joy towards the sound of their praise.

Be thy soul blest, O Carril, in the midst of thy eddying winds. O that thou wouldst come to my hall when I am alone by night!—And thou dost come, my friend, I hear often thy light hand on my harp; when it hangs on the distant wall, and the feeble sound touches my ear. Why dost thou not speak to me in my grief, and tell when I shall behold my friends? But thou passest away in thy murmuring blast; and thy wind whistles through the gray hair of Ossian.

Now on the side of Mora the heroes gathered to the feast. A thousand aged oaks are burning to the wind.—The strength of the shells goes round. And the souls of warriors brighten with joy. But the king of Lochlin is silent, and sorrow reddens in the eyes of his pride. He often turned toward Lena and remembered that he fell.

Fingal leaned on the shield of his fathers. His gray locks slowly waved on the wind, and glittered to the beam of night. He saw the grief of Swaran, and spoke to the first of Bards.

Raise, Ullin, raise the song of peace, and sooth my soul after battle, that my ear may forget the noise of arms. And let a hundred harps be near to gladden the king of Lochlin. He must depart from us with joy.—None ever went sad from Fingal. Oscar! the lightning of my sword is against the strong in battle; but peaceful it lies by my side when warriors yield in war.

Le flot des nuages de la nuit descend et se pose sur les pentes abruptes et brun sombre de la Cromla. Les étoiles du nord se lèvent au-dessus des flots agités d'Ullin ; elles montrent leurs têtes enflammées à travers la brume qui vole dans les cieux. Dans le lointain, le vent rugit entre les arbres ; mais la plaine de la mort est sombre et silencieuse.

Sur la Lena qui s'obscurcissait, j'entendais encore s'élever la voix mélodieuse de Carril. Il chantait les compagnons de notre jeunesse et les jours maintenant révolus de nos jeunes années ; lorsque nous nous réunissions sur les bords du Lego et que la joie des conques passait de main en main. La Cromla et ses pentes abruptes couvertes de nuages répondaient à sa voix. Les fantômes des héros qu'il chantait arrivaient sur leurs bourrasques frémissantes. On les voyait se pencher avec joie vers la voix de leurs louanges.

Bénie soit ton âme, ô Carril, au milieu du tourbillon des vents. Oh, si tu pouvais venir en ma demeure quand je suis seul la nuit ! – Et tu viens, mon ami, souvent j'entends ta main légère qui touche ma harpe ; lorsqu'elle est suspendue au mur loin de moi, un son affaibli me parvient alors. Pourquoi ne me parles-tu pas lorsque je suis triste, pour me dire si je reverrai bientôt mes amis ? Mais le murmure de ton souffle s'épuise et t'emporte ; et ce vent en passant siffle dans la grise chevelure d'Ossian.

Cependant, sur les pentes de la Mora, les héros se rassemblaient pour le festin. Mille chênes antiques brûlent au vent. – La vigueur des conques passe de main en main[1]. Et l'âme des héros brille de joie. Mais le roi de Lochlin est silencieux, la tristesse rougit dans les yeux de sa fierté. Souvent il tournait la tête vers la Lena et se rappelait sa chute.

Fingal était appuyé sur le bouclier de ses pères. Sa chevelure grise flottait doucement au vent et luisait sous le rayon de la nuit. Il vit la douleur de Swaran et il s'adressa au premier des bardes.

Que s'élève, Ullin, que s'élève le chant de la paix et qu'il adoucisse mon âme après la bataille, afin que mes oreilles oublient le bruit des

---

1 La *vigueur des conques* signifie la liqueur que les héros buvaient ; il nous est maintenant impossible de savoir ce qu'elle était exactement. Le traducteur a lu, dans plusieurs poèmes antiques, que l'on trouvait, dans le palais de Fingal, bougies en cire et vin à profusion. Ils sont désignés par leurs noms latins : il est donc vraisemblable que nos ancêtres (si l'on admet qu'ils pussent les connaître) les avaient hérités des Romains. Les Calédoniens, au cours de leurs fréquentes incursions dans les provinces romaines, ont pu découvrir ces commodités et les ramener dans leur propre pays avec leur butin. [Macpherson]

Trenmor, said the mouth of the songs, lived in the days of other years.
He bounded over the waves of the north: companion of the storm. The
high rocks of the land of Lochlin, and its groves of murmuring sounds
appeared to the hero through the mist;—he bound his white-bosomed
sails.—Trenmor pursued the boar that roared along the woods of Gormal.
Many had fled from its presence; but the spear of Trenmor slew it.

Three chiefs, that beheld the deed, told of the mighty stranger.
They told that he stood like a pillar of fire in the bright arms of his
valour. The king of Lochlin prepared the feast, and called the blooming
Trenmor. Three days he feasted at Gormal's windy towers; and got his
choice in the combat.

The land of Lochlin had no hero that yielded not to Trenmor. The
shell of joy went round with songs in praise of the king of Morven; he
that came over the waves, the first of mighty men.

Now when the fourth gray morn arose, the hero launched his ship;
and walking along the silent shore waited for the rushing wind. For
loud and distant he heard the blast murmuring in the grove.

Covered over with arms of steel a son of the woody Gormal appeared.
Red was his cheek and fair his hair. His skin like the snow of Morven.
Mild rolled his blue and smiling eye when he spoke to the king of swords.

Stay, Trenmor, stay thou first of men, thou hast not conquered
Lonval's son. My sword has often met the brave. And the wise shun
the strength of my bow.

Thou fair-haired youth, Trenmor replied, I will not fight with Lonval's
son. Thine arm is feeble, sun-beam of beauty. Retire to Gormal's dark-
brown hinds.

armes. Et que cent harpes s'approchent pour consoler le roi de Lochlin. Il doit nous quitter joyeux. – Jamais la tristesse n'accompagne ceux qui s'éloignent de Fingal. Oscar ! l'éclair de mon épée s'oppose au fort dans la bataille ; mais elle repose paisible à mon côté lorsque les guerriers m'ont cédé dans la guerre.

Trenmor, commença la bouche des chants, vivait en des temps lointains[1]. Il voguait sur les vagues du nord : compagnon des tempêtes. Les rochers élevés des terres de Lochlin, ses bois aux murmures incessants, apparurent au héros à travers la brume ; – il baissa ses voiles blanches et gonflées comme le sein des vierges. – Trenmor poursuivit un sanglier redoutable qui grondait et grognait dans les bois du Gormal. Plus d'un chasseur avaient fui devant lui ; mais la lance de Trenmor le transperça.

Trois chefs, témoins de cet exploit, parlèrent de ce puissant étranger. Ils dirent qu'il était comme une colonne de feu dans les armes brillantes de sa bravoure. Le roi de Lochlin prépara le festin et convia l'éclatant Trenmor. Trois jours durant, ils festoyèrent dans les tours de Gormal où soufflent les vents ; et au combat il eut le choix des armes.

Sur les terres de Lochlin nul héros qui ne cédât à Trenmor. Les conques de joie passèrent de main en main tandis que des chants louaient le roi de Morven ; celui qui était venu par-delà les vagues, premier parmi les puissants.

Quand se leva, gris, le quatrième matin, ce héros mit à flot son bateau ; il marchait sur le rivage silencieux en attendant que se lève le vent. Car il entendait au loin de bruyantes bourrasques murmurer dans les arbres.

Couvert de ses armes d'acier, parut alors un fils du Gormal aux vastes forêts. Rouge sa joue et blonde sa chevelure. Sa peau comme la neige de Morven. Ses yeux bleus dansaient en douceur et souriaient lorsqu'il s'adressa au roi des épées.

Ne pars pas, Trenmor, ne pars pas, ô premier des mortels, tu n'as pas encore vaincu le fils de Lonval. Mon épée souvent s'est mesurée au brave. Et il est sage d'éviter la force de mon arc.

Jeune homme aux cheveux blonds, répondit Trenmor, je ne combattrai pas le fils de Lonval. Ton bras est faible, ô gracieux rayon de soleil. Retourne vers les biches brun sombre du Gormal.

---

1   Trenmor est le grand-père de Fingal. Ce récit est introduit afin d'expliquer la libération de Swaran. [Macpherson]

But I will retire, replied the youth, with the sword of Trenmor; and exult in the sound of my fame. The virgins shall gather with smiles around him who conquered Trenmor. They shall sigh with the sighs of love, and admire the length of thy spear; when I shall carry it among thousands, and lift the glittering point to the sun.

Thou shalt never carry my spear, said the angry king of Morven.–Thy mother shall find thee pale on the shore of the echoing Gormal; and, looking over the dark-blue deep, see the sails of him that slew her son.

I will not lift the spear, replied the youth, my arm is not strong with years. But with the feathered dart I have learned to pierce a distant foe. Throw down that heavy mail of steel; for Trenmor is covered all over.–I first will lay my mail on earth.–Throw now thy dart, thou king of Morven.

He saw the heaving of her breast. It was the sister of the king.–-She had seen him in the halls of Gormal; and loved his face of youth.–The spear dropt from the hand of Trenmor: he bent his red cheek to the ground, for he had seen her like a beam of light that meets the sons of the cave, when they revisit the fields of the sun, and bend their aching eyes.

Chief of the windy Morven, begun the maid of the arms of snow; let me rest in thy bounding ship, far from the love of Corlo. For he, like the thunder of the desart, is terrible to Inibaca. He loves me in the gloom of his pride, and shakes ten thousand spears.

Rest thou in peace, said the mighty Trenmor, behind the shield of my fathers. I will not fly from the chief, though he shakes ten thousand spears.

Three days he waited on the shore; and sent his horn abroad. He called Corlo to battle from all his echoing hills. But Corlo came not to battle. The king of Lochlin descended. He feasted on the roaring shore; and gave the maid to Trenmor.

King of Lochlin, said Fingal, thy blood flows in the veins of thy foe. Our families met in battle, because they loved the strife of spears. But often did they feast in the hall; and send round the joy of the shell.–Let thy face brighten with gladness, and thine ear delight in the harp. Dreadful as the storm of thine ocean thou hast poured thy valour forth; thy voice has been like the voice of thousands when they engage in battle. Raise, to-morrow, thy white sails to the wind, thou brother of Agandecca. Bright as the beam of noon she comes on my

J'y retournerai, répondit le jeune homme, mais avec l'épée de Trenmor; je goûterai alors la clameur de ma gloire. Les vierges se presseront alors souriantes autour du vainqueur de Trenmor. Elles soupireront les soupirs d'amour et admireront la longueur de ta lance; quand je la porterai au milieu de la multitude et que je lèverai sa pointe éblouissante dans le soleil.

Jamais tu ne porteras ma lance, dit le roi de Morven courroucé. – Ta mère te retrouvera pâle sur le rivage du Gormal où résonne l'écho; elle regardera vers le large, par-delà les eaux bleu sombre, et elle verra les voiles du meurtrier de son fils.

Je ne lèverai point la lance, répondit le jeune guerrier, les années n'ont pas encore endurci mon bras. Mais, d'un trait empenné, je sais transpercer l'adversaire au loin. Défais-toi de cette lourde armure d'acier; car Trenmor est tout entier protégé. – Le premier je déposerai à terre ma cotte de maille. – Maintenant tu peux décocher ton trait, ô roi de Morven.

Il vit son sein qui se gonflait. C'était la sœur du roi. – Elle l'avait vu dans le palais de Gormal; elle aima la jeunesse de son visage. – La lance tomba de la main de Trenmor: il baissa vers le sol sa joue vermeille, car il était comme ces fils des cavernes qu'un rayon de lumière vient frapper lorsqu'ils revoient les champs du soleil, et qu'ils baissent leurs yeux blessés.

Chef de Morven où soufflent les vents, lui dit la vierge aux bras de neige; laisse-moi me reposer dans ton bateau bondissant, loin de l'amour de Corlo. Car il est, comme le tonnerre du désert, la terreur d'Inibaca. Il m'aime de toutes les ténèbres de son orgueil et brandit dix mille lances.

Repose en paix, dit le puissant Trenmor, à l'abri du bouclier de mes pères. Je ne fuirai pas ce chef, même s'il brandit dix mille lances.

Trois jours durant il attendit sur le rivage; il fit, au loin, retentir son cor. Sur toutes ses collines où résonnait l'écho, il invita Corlo à se battre. Mais Corlo ne vint pas se battre. Le roi de Lochlin descendit. Il festoya sur le rivage rugissant; il donna la vierge à Trenmor.

Roi de Lochlin, dit Fingal, ton sang coule dans les veines de ton ennemi. Nos familles se rencontrèrent dans la bataille, car elles aimaient la lutte des lances. Mais souvent elles festoyèrent dans leurs grandes salles; et firent passer la joie des conques de main en main. – Que la gaîté éclaire ton visage et que la harpe enchante ton oreille. Aussi terrifiant que la tempête sur tes mers, tu as déversé sur nous toute ta bravoure; ta voix était comme celle de milliers de guerriers qui s'affrontent. Hisse, dès demain, tes blanches voiles dans le vent, ô frère

mournful soul. I saw thy tears for the fair one, and spared thee in the halls of Starno; when my sword was red with slaughter, and my eye full of tears for the maid.–Or dost thou chuse the fight? The combat which thy fathers gave to Trenmor is thine: that thou mayest depart renowned like the sun setting in the west.

King of the race of Morven, said the chief of the waves of Lochlin; never will Swaran fight with thee, first of a thousand heroes! I saw thee in the halls of Starno, and few were thy years beyond my own.–When shall I, said I to my soul, lift the spear like the noble Fingal? We have fought heretofore, O warrior, on the side of the shaggy Malmor; after my waves had carried me to thy halls, and the feast of a thousand shells was spread. Let the bards send him who overcame to future years, for noble was the strife of heathy Malmor.

But many of the ships of Lochlin have lost their youths on Lena. Take these, thou king of Morven, and be the friend of Swaran. And when thy sons shall come to the mossy towers of Gormal, the feast of shells shall be spread, and the combat offered on the vale.

Nor ship, replied the king, shall Fingal take, nor land of many hills. The desart is enough to me with all its deer and woods. Rise on thy waves again, thou noble friend of Agandecca. Spread thy white sails to the beam of the morning, and return to the echoing hills of Gormal.

Blest be thy soul, thou king of shells, said Swaran of the dark-brown shield. In peace thou art the gale of spring. In war the mountain-storm. Take now my hand in friendship, thou noble king of Morven. Let thy bards mourn those who fell. Let Erin give the sons of Lochlin to earth; and raise the mossy stones of their fame. That the children of the north hereafter may behold the place where their fathers fought. And some hunter may say, when he leans on a mossy tomb, here Fingal and Swaran fought, the heroes of other years. Thus hereafter shall he say, and our fame shall last for ever.

Swaran, said the king of the hills, to-day our fame is greatest. We shall pass away like a dream. No sound will be in the fields of our battles. Our tombs will be lost in the heath. The hunter shall not know the place of our rest. Our names may be heard in song, but the strength of our arms will cease. O Ossian, Carril, and Ullin, you know of heroes that are no more. Give us the song of other years. Let the night pass away on the sound, and morning return with joy.

d'Agandecca. Aussi éclatante que le rayon du midi, elle se pose sur mon âme en deuil. J'ai vu les larmes que tu versas pour cette beauté et je t'ai épargné dans le palais de Starno ; alors que mon épée était rougie par les massacres et mes yeux pleins de larmes pour cette vierge. – Ou choisiras-tu de te battre ? Le choix des armes que tes pères donnèrent à Trenmor t'appartient : tu pourras alors t'en aller glorieux comme le soleil qui se couche à l'occident.

Roi de la race de Morven, répondit le chef des vagues de Lochlin ; jamais Swaran ne se battra avec toi, ô premier entre mille héros ! Je te vis dans le palais de Starno et tu ne comptais guère plus d'années que moi. – Quand, demandais-je à mon âme, pourrai-je lever ma lance comme le noble Fingal ? Nous avons combattu depuis, ô guerrier, sur les pentes de la Malmor couvertes de broussailles ; quand mes vagues m'eurent porté jusqu'à ton palais et que le festin aux mille conques fut donné. Que les bardes transmettent à l'avenir le souvenir du vainqueur, car elle fut noble, cette lutte sur les bruyères de la Malmor.

Mais plusieurs vaisseaux de Lochlin ont perdu leurs jeunes guerriers sur la Lena. Prend-les, ô roi de Morven, et sois l'ami de Swaran. Et lorsque tes fils viendront aux tours couvertes de mousse de Gormal, le festin des conques leur sera donné et, dans la vallée, nos champions pourront se mesurer.

Fingal ne prendra ni vaisseau, répondit le roi, ni terre couverte de collines. Le désert me suffit, le désert, ses cerfs et ses bois. Remonte sur tes vagues, ô noble ami d'Agandecca. Déploie tes blanches voiles sous le rayon du matin et retourne vers les collines pleines d'échos du Gormal.

Bénie soit ton âme, ô roi aux riches conques, dit Swaran au bouclier brun sombre. Dans la paix, tu es la brise printanière. Dans la guerre, l'orage sur les montagnes. Accepte donc ma main en signe d'amitié, ô noble roi de Morven. Que tes bardes chantent l'élégie de ceux qui sont tombés. Qu'Erin rende les fils de Lochlin à la terre ; et qu'elle élève à leur gloire des pierres que recouvrira la mousse. Afin que les fils du nord puissent plus tard voir en quel lieu se battirent leurs pères. Que le chasseur puisse dire, en s'appuyant sur la mousse de leurs tombes, c'est ici que Fingal et Swaran combattirent, ces héros des années révolues. Ainsi parlera-t-il, et nos renommées seront éternelles.

Swaran, dit le roi des collines, aujourd'hui notre renommée est à son faîte. Nous nous évanouirons comme les songes. Nul bruit ne

We gave the song to the kings, and a hundred harps accompanied our voice. The face of Swaran brightened like the full moon of heaven, when the clouds vanish away, and leave her calm and broad in the midst of the sky.

It was then that Fingal spoke to Carril the chief of other times. Where is the son of Semo; the king of the isle of mist? has he retired, like the meteor of death, to the dreary cave of Tura?

Cuchullin, said Carril of other times, lies in the dreary cave of Tura. His hand is on the sword of his strength. His thoughts on the battle which he lost. Mournful is the king of spears; for he has often been victorious. He sends the sword of his war to rest on the side of Fingal. For, like the storm of the desart, thou hast scattered all his foes. Take, O Fingal, the sword of the hero; for his fame is departed like mist when it flies before the rustling wind of the vale.

No: replied the king, Fingal shall never take his sword. His arm is mighty in war; and tell him his fame shall never fail. Many have been overcome in battle, that have shone afterwards like the sun of heaven.

O Swaran, king of the resounding woods, give all thy grief away.–The vanquished, if brave, are renowned; they are like the sun in a cloud when he hides his face in the south, but looks again on the hills of grass.

Grumal was a chief of Cona. He sought the battle on every coast. His soul rejoiced in blood; his ear in the din of arms. He poured his warriors on the sounding Craca; and Craca's king met him from his grove; for then within the circle of Brumo he spoke to the stone of power.

Fierce was the battle of the heroes, for the maid of the breast of snow. The fame of the daughter of Craca had reached Grumal at the streams of Cona; he vowed to have the white-bosomed maid, or die on the echoing Craca. Three days they strove together, and Grumal on the fourth was bound.

subsistera sur les champs de nos batailles. Nos tombes seront oubliées sous la bruyère. Le chasseur ne connaîtra point le lieu de notre repos. Nos noms, peut-être, seront répétés dans les chants, mais la force de nos bras s'éteindra. Ô Ossian, Carril, et toi Ullin, vous connaissez ces héros qui ne sont plus. Donnez-nous ce chant qui vient des années révolues. Que sur cette musique s'enfuie la nuit et revienne le matin avec joie.

Nous offrîmes nos chants à ces rois et cent harpes accompagnaient nos voix. Le visage de Swaran s'éclaircit comme la pleine lune des cieux quand les nuages s'évanouissent et la laissent calme et vaste dans le ciel.

C'est alors que Fingal parla avec Carril, chef des temps anciens. Où est le fils de Semo ; le roi de l'île des brumes ? s'est-il retiré, tel le météore funeste, en la morne caverne de Tura ?

Cuchullin, dit Carril des temps anciens, est étendu en la morne caverne de Tura. La main posée sur l'épée de sa force. Ses pensées vers la bataille qu'il a perdue. Le roi des lances est abattu ; car, souvent, il fut victorieux. Il renvoie l'épée de ses guerres afin qu'elle repose au côté de Fingal. Car, telle la tempête venue du désert, tu as dissipé tous ses ennemis. Accepte, ô Fingal, l'épée de ce héros ; car sa gloire s'est évanouie comme la brume que chasse le vent frémissant de la vallée.

Non : répondit le roi, Fingal jamais n'acceptera son épée. Son bras fut puissant dans les guerres ; et dis-lui que sa gloire jamais ne faiblira. Nombreux furent ceux qui, vaincus dans une bataille, resplendirent ensuite pareils au soleil des cieux.

Ô Swaran, roi des forêts bruissantes, défais-toi de toute ta tristesse. — Les vaincus, s'ils sont valeureux, sont renommés ; ils sont comme le soleil dans un nuage qui cache sa face dans le midi, mais qui, bien vite, réapparaît sur les collines herbeuses.

Grumal était chef de Cona. Il cherchait bataille sur toutes les côtes. Son âme exultait dans le sang ; son oreille, dans la clameur des armes. Il lâcha ses guerriers sur la tumultueuse Craca ; et le roi de Craca sortit de ses forêts pour venir à sa rencontre ; car alors, dans le cercle de Brumo, il s'adressait à la pierre du pouvoir.

Eut lieu alors un furieux combat entre ces héros pour une vierge au sein de neige. La renommée de la fille de Craca était parvenue jusqu'à Grumal, près des torrents de Cona ; il avait fait serment de posséder cette vierge au sein blanc, ou de mourir sur Craca où résonne l'écho. Trois jours durant ils luttèrent, et, au quatrième, Grumal fut vaincu et enchaîné.

Far from his friends they placed him in the horrid circle of Brumo; where often, they said, the ghosts of the dead howled round the stone of their fear. But afterwards he shone like a pillar of the light of heaven. They fell by his mighty hand, and Grumal had his fame.

Raise, ye bards of other times, raise high the praise of heroes; that my soul may settle on their fame; and the mind of Swaran cease to be sad.

They lay in the heath of Mora; the dark winds rustled over the heroes.—A hundred voices at once arose, a hundred harps were strung; they sung of other times, and the mighty chiefs of former years.

When now shall I hear the bard; or rejoice at the fame of my fathers? The harp is not strung on Morven; nor the voice of music raised on Cona. Dead with the mighty is the bard; and fame is in the desert no more.

Morning trembles with the beam of the east, and glimmers on gray-headed Cromla. Over Lena is heard the horn of Swaran, and the sons of the ocean gather around.—Silent and sad they mount the wave, and the blast of Ullin is behind their sails. White, as the mist of Morven, they float along the sea.

Call, said Fingal, call my dogs, the long-bounding sons of the chace. Call white-breasted Bran; and the surly strength of Luäth.—Fillan, and Ryno—but he is not here; my son rests on the bed of death. Fillan and Fergus, blow my horn, that the joy of the chace may arise; that the deer of Cromla may hear and start at the lake of roes.

The shrill sound spreads along the wood. The sons of heathy Cromla arise.—A thousand dogs fly off at once, gray-bounding through the heath. A deer fell by every dog, and three by the white-breasted Bran. He brought them, in their flight, to Fingal, that the joy of the king might be great.

One deer fell at the tomb of Ryno; and the grief of Fingal returned. He saw how peaceful lay the stone of him who was the first at the chace.—No more shalt thou rise, O my son, to partake of the feast of Cromla. Soon will thy tomb be hid, and the grass grow rank on thy grave. The sons of the feeble shall pass over it, and shall not know that the mighty lie there.

Loin de ses amis, il fut placé dans l'horrible cercle de Brumo ; on disait alors que, souvent, les fantômes des morts s'y rendaient pour hurler autour de la pierre de leur terreur. Mais, bientôt, il brilla comme une colonne de lumière venue des cieux. Ils tombèrent par la puissance de sa main et Grumal retrouva sa gloire.

Que s'élèvent, ô bardes des anciens temps, que s'élèvent très haut les louanges des héros ; que mon âme s'apaise en entendant leur gloire ; que l'esprit de Swaran cesse enfin d'être triste.

Ils se couchèrent dans les bruyères de la Mora ; les vents obscurs soupiraient en passant au-dessus des héros. – Cent voix alors, ensemble, s'élevèrent, cent harpes furent accordées ; elles chantèrent les temps passés et les chefs puissants des années révolues.

Quand entendrai-je à nouveau le barde ; quand me réjouirai-je de la gloire de mes pères ? La harpe n'est plus jamais accordée en Morven ; la voix de la musique ne s'élève plus sur la Cona. Le barde mort est en compagnie des puissants ; et, dans le désert, la gloire n'est plus.

Le matin tremble sur son rayon à l'orient et scintille au sommet grisâtre de la Cromla. Sur la Lena l'on entend le cor de Swaran et les fils de l'océan se rassemblent. – Silencieux et amers, ils montent sur la vague et le souffle d'Ullin enfle leurs voiles. Blanches comme la brume de Morven, elles voguent au loin sur la mer.

Appelez, dit Fingal, appelez mes chiens, les fils toujours bondissants de la chasse. Appelez Bran au blanc poitrail ; et la force hargneuse de Luäth. – Fillan, et toi Ryno – mais il n'est plus parmi nous ; mon fils repose sur le lit de la mort. Fillan et Fergus, faites retentir mon cor, que se lève la joie de la chasse ; que le cerf de la Cromla nous entende et qu'il tressaille au bord du lac des chevreuils.

Perçant, l'appel résonne à travers les bois. Les fils de la Cromla couverte de bruyères s'éveillent. – Mille chiens s'élancent à la fois, bonds grisâtres à travers la lande. Pour chaque chien tomba un cerf, et trois pour Bran au blanc poitrail. Il les rabattit, dans leur fuite, vers Fingal, afin que la joie du roi fût grande.

Un des cerfs s'abattit sur la tombe de Ryno ; alors la douleur de Fingal revint. Il vit qu'une pierre très paisible recouvrait celui qui fut le premier à la chasse. – Jamais plus tu ne te lèveras, ô mon fils, pour partager le festin de la Cromla. Bientôt, ta tombe sera cachée, et les

Ossian and Fillan, sons of my strength, and Gaul king of the blue swords of war, let us ascend the hill to the cave of Tura, and find the chief of the battles of Erin.–Are these the walls of Tura? gray and lonely they rise on the heath. The king of shells is sad, and the halls are desolate. Come let us find the king of swords, and give him all our joy.–But is that Cuchullin, O Fillan, or a pillar of smoke on the heath? The wind of Cromla is on my eyes, and I distinguish not my friend.

Fingal! replied the youth, it is the son of Semo. Gloomy and sad is the hero; his hand is on his sword. Hail to the son of battle, breaker of the shields!

Hail to thee, replied Cuchullin, hail to all the sons of Morven. Delightful is thy presence, O Fingal, it is like the sun on Cromla; when the hunter mourns his absence for a season, and sees him between the clouds. Thy sons are like stars that attend thy course, and give light in the night. It is not thus thou hast seen me, O Fingal, returning from the wars of the desert; when the kings of the world had fled, and joy returned to the hill of hinds.

Many are thy words, Cuchullin, said Connan of small renown. Thy words are many, son of Semo, but where are thy deeds in arms? Why did we come over the ocean to aid thy feeble sword? Thou flyest to thy cave of sorrow, and Connan fights thy battles: Resign to me these arms of light; yield them, thou son of Erin.

No hero, replied the chief, ever sought the arms of Cuchullin; and had a thousand heroes sought them it were in vain, thou gloomy youth. I fled not to the cave of sorrow, as long as Erin's warriors lived.

Youth of the feeble arm, said Fingal, Connan, say no more. Cuchullin is renowned in battle, and terrible over the desert. Often have I heard thy fame, thou stormy chief of Innis-fail. Spread now thy white sails for the isle of mist, and see Bragéla leaning on her rock. Her tender eye is in tears, and the winds lift her long hair from her heaving breast. She listens to the winds of night to hear the voice of thy rowers; to hear the song of the sea, and the sound of thy distant harp.

herbes folles couvriront cette pierre. Les fils des hommes sans force la fouleront de leurs pieds sans savoir qu'ici git le puissant.

Ossian et Fillan, fils de ma force, et toi Gaul, roi des épées bleues de la guerre, gravissez avec moi la colline jusqu'à la caverne de Tura, et allons trouver le chef des batailles d'Erin. — Sont-ce là les murailles de Tura ? grises et désertes elles se dressent sur la lande. Le roi aux riches conques est triste et ses salles sont abandonnées. Trouvons le roi des épées et offrons-lui notre joie. — Est-ce Cuchullin que j'aperçois, ô Fillan, ou est-ce une colonne de fumée sur la lande ? Le vent de la Cromla souffle dans mes yeux et je ne distingue pas mon ami.

Fingal ! répondit le jeune guerrier, c'est le fils de Semo. Le héros est sombre et triste ; sa main est sur son épée. Salut au fils des batailles, à celui qui brise les boucliers !

Salut à toi, répondit Cuchullin, salut à tous les fils de Morven. Ta présence me remplit de joie, ô Fingal, elle est comme le soleil sur la Cromla ; toute une saison il disparaît et le chasseur pleure son absence, puis il le voit apparaître entre les nuages. Tes fils sont comme des astres qui accompagnent ta course et qui dispense la lumière dans la nuit. Ce n'est pas ainsi que tu me vis, ô Fingal, lorsque je revenais des guerres du désert ; quand les rois du monde[1] étaient en fuite et que la joie revenait sur la colline des biches.

Tu parles beaucoup, Cuchullin, dit Connan, guerrier sans grand renom[2]. Tu parles beaucoup, fils de Semo, mais qu'en est-il de tes exploits guerriers ? Pourquoi avons-nous dû franchir l'océan pour secourir ton épée affaiblie ? Tu fuis dans la caverne de ta tristesse et Connan doit combattre pour toi : Abandonne-moi ces armes de lumière ; cède-les moi, ô fils d'Erin.

Nul héros, répondit le chef, n'a jamais cherché à prendre les armes de Cuchullin ; et si mille héros l'avaient essayé, leurs efforts eussent été vains, ô jeune et sombre guerrier. Tant que les guerriers d'Erin vivaient, je n'ai pas fui dans la caverne de ma tristesse.

Jeune guerrier au bras faible, dit Fingal, Connan, tais-toi. Cuchullin est fameux dans les combats et les déserts le craignent. J'ai souvent

---

1   C'est ici le seul passage du poème qui fait allusion aux guerres de Fingal contre les Romains : l'empereur de Rome est désigné dans ces compositions antiques du terme honorifique de *roi du monde*. [Macpherson]

2   Connan était de la famille de Morni. Il apparaît dans de nombreux autres poèmes, toujours avec le même tempérament. Le poète l'avait ignoré jusqu'à présent et son attitude ici justifie cette négligence. [Macpherson]

And long shall she listen in vain; Cuchullin shall never return. How can I behold Bragéla to raise the sigh of her breast? Fingal, I was always victorious in the battles of other spears!

And hereafter thou shalt be victorious, said Fingal king of shells. The fame of Cuchullin shall grow like the branchy tree of Cromla. Many battles await thee, O chief, and many shall be the wounds of thy hand. Bring hither, Oscar, the deer, and prepare the feast of shells; that our souls may rejoice after danger, and our friends delight in our presence.

We sat, we feasted, and we sung. The soul of Cuchullin rose. The strength of his arm returned; and gladness brightened on his face. Ullin gave the song, and Carril raised the voice. I, often, joined the bards, and sung of battles of the spear.—Battles! where I often fought; but now I fight no more. The fame of my former actions is ceased; and I sit forlorn at the tombs of my friends.

Thus they passed the night in the song; and brought back the morning with joy. Fingal arose on the heath, and shook his glittering spear in his hand.—He moved first toward the plains of Lena, and we followed like a ridge of fire. Spread the sail, said the king of Morven, and catch the winds that pour from Lena.—We rose on the wave with songs, and rushed, with joy, through the foam of the ocean.

entendu vanter ta gloire, orageux chef d'Innis-fail. Déploie maintenant tes voiles blanches pour l'île des brumes, et va voir Braglá appuyée sur son rocher. Ses yeux tendres sont en pleurs, le vent soulève ses longs cheveux et découvre son sein qui se gonfle de sanglots. Elle prête l'oreille aux vents de la nuit pour entendre les voix de tes rameurs[1] ; pour entendre le chant de la mer et la musique de ta harpe lointaine.

Et longtemps elle écoutera en vain ; Cuchullin ne reviendra jamais. Comment pourrais-je revoir Braglá et attiser les soupirs en son sein ? Fingal, toujours je fus victorieux dans les batailles d'autres lances !

Et tu seras encore victorieux, répondit Fingal, le roi aux riches conques. La gloire de Cuchullin grandira comme l'arbre touffu de la Cromla. De nombreuses batailles t'attendent, ô chef, et nombreuses seront les blessures par ta main. Apporte ici, Oscar, le cerf et prépare le festin des conques ; que nos âmes soient heureuses après le danger et que nos amis se réjouissent en notre compagnie.

Nous nous assîmes, nous festoyâmes et nous chantâmes. L'âme de Cuchullin se releva. La force de son bras revint ; et la joie s'alluma sur son visage. Ullin nous donna ses chants, et la voix de Carril s'éleva. Souvent je me joignais aux bardes et je chantais les batailles de la lance. – Ces batailles ! où souvent j'ai combattu ; mais je ne combats plus désormais. La gloire de mes exploits passés s'est éteinte ; et je suis assis esseulé sur la tombe de mes amis.

Ainsi passèrent-ils la nuit dans les chants ; et dans la joie jusqu'au retour du matin. Fingal se leva sur la bruyère et agita la lance qui scintillait dans sa main. – Le premier, il s'avança vers la plaine de Lena et nous le suivîmes comme un mur de feu. Déployez les voiles, dit le roi de Morven, et profitez des vents qui descendent de la Lena. – Les vagues soulevèrent nos bateaux et nos chants et nous fendîmes joyeux les flots écumeux de l'océan[2].

---

1 Les habitants du nord-ouest de l'Écosse et des Hébrides ont pour coutume de chanter lorsqu'ils rament. Cela fait passer le temps plus vite et stimule les rameurs. [Macpherson]

2 Les meilleurs critiques s'accordent à dire qu'une épopée doit avoir une fin heureuse. Cette règle, dans ses grandes lignes, est suivie par les trois poètes épiques les plus renommés, Homère, Virgile et Milton ; cependant, et j'ignore pourquoi, le dénouement de leurs poèmes jette sur l'esprit du lecteur un voile de mélancolie. L'un prend congé du lecteur durant des funérailles ; l'autre après la mort prématurée d'un des héros ; le troisième au milieu d'une scène de désolation. [Macpherson] – Macpherson cite ensuite la fin de l'*Iliade*, puis la traduction de Pope, celle de l'*Énéide*, puis la traduction de Dryden, et enfin celle du *Paradis perdu*.

COMÁLA: A DRAMATIC POEM

ARGUMENT

This poem is valuable on account of the light it throws on the antiquity of Ossian's compositions. The Caracul mentioned here is the same with Caracalla the son of Severus, who in the year 211 commanded an expedition against the Caledonians.–The variety of the measure shews that the poem was originally set to music, and perhaps presented before the chiefs upon solemn occasions.–Tradition has handed down the story more complete than it is in the poem.–"Comala, the daughter of Sarno king of Inistore or Orkney islands, fell in love with Fingal the son of Comhal at a feast, to which her father had invited him, upon his return from Lochlin, after the death of Agandecca. Her passion was so violent, that she followed him, disguised like a youth, who wanted to be employed in his wars. She was soon discovered by Hidallan the son of Lamor, one of Fingal's heroes, whose love she had slighted some time before–Her romantic passion and beauty recommended her so much to the king, that he had resolved to make her his wife; when news was brought him of Caracul's expedition. He marched to stop the progress of the enemy, and Comala attended him.–He left her on a hill, within sight of Caracul's army, when he himself went to battle, having previously promised, if he survived, to return that night." The sequel of the story may be gathered from the poem itself.

COMÁLA, POÈME DRAMATIQUE

3ᵉ édition, 1765

ARGUMENT[1]

Ce poème est important car il permet de mesurer l'antiquité des compositions d'Ossian. Caracul, dont il est question ici, est en vérité Caracalla, fils de Sévère, qui en 211 commanda une expédition contre les Calédoniens. La variété du mètre montre que ce poème fut à l'origine mis en musique et vraisemblablement chanté devant des chefs lors d'occasions solennelles. La tradition a conservé de l'histoire une version plus complète que celle du poème : « Comala, fille de Sarno, qui était roi d'Inistore, les îles Orcades, s'éprit de Fingal, fils de Comhal, lors d'un festin auquel Sarno l'avait invité à son retour de Lochlin, après la mort d'Agandecca. La passion de Comala était si violente que celle-ci décida de le suivre, déguisée en jeune guerrier, afin de se battre à ses côtés. Elle fut reconnue par Hidallan, fils de Lamor, un des héros de Fingal, dont elle avait dédaigné l'amour quelque temps auparavant. Sa passion romantique et sa beauté touchèrent tellement le roi, qu'il décida de l'épouser ; mais il apprend l'expédition de Caracul et se met en marche pour arrêter l'ennemi ; Comala l'accompagne. En vue de l'armée de Caracul il la laisse sur une colline et part pour le combat. Il promet de revenir, s'il survit, le soir même ». Le poème raconte la suite de l'histoire.

---

1 Ce résumé apparaît dans les notes des éditions de 1762 et 1765, et en tête du poème dans l'édition de 1773.

The Persons: FINGAL, HIDALLAN, COMALA, MELILCOMA and
DERSAGRENA (daughters of Morni), BARDS.

DERSAGRENA.

The chace is over.—No noise on Ardven but the torrent's roar!—
Daughter of Morni, come from Crona's banks. Lay down the bow and
take the harp. Let the night come on with songs, and our joy be great
on Ardven.

MELILCOMA.

And night comes on, thou blue-eyed maid, gray night grows dim
along the plain. I saw a deer at Crona's stream; a mossy bank he seemed
through the gloom, but soon he bounded away. A meteor played round
his branchy horns; and the awful faces of other times looked from the
clouds of Crona.

DERSAGRENA.

These are the signs of Fingal's death.—The king of shields is fallen!—
and Caracul prevails. Rise, Comala, from thy rocks; daughter of Sarno,
rise in tears. The youth of thy love is low, and his ghost is already on
our hills.

MELILCOMA.

There Comala sits forlorn! two gray dogs near shake their rough ears,
and catch the flying breeze. Her red cheek rests on her arm, and the
mountain wind is in her hair. She turns her blue-rolling eyes towards
the fields of his promise.—Where art thou, O Fingal, for the night is
gathering around?

Personnages : FINGAL, HIDALLAN, COMALA, MELILCOMA et DERSAGRENA (les filles de Morni), BARDES.

DERSAGRENA.

La chasse est finie. – Plus un bruit sur l'Ardven hormis le rugissement du torrent ! – Fille de Morni, quitte les bords de la Crona et viens. Pose l'arc et prends la harpe. Que vienne la nuit avec les chants, et que notre joie soit grande en Ardven.

MELILCOMA.

Et la nuit vient, ô jeune fille aux yeux bleus, la grise nuit s'obscurcit sur la plaine. J'ai vu un cerf sur la rive du torrent de Crona ; je l'ai pris, dans l'obscurité, pour une berge couverte de mousse, mais bientôt je le vis bondir et disparaître. Un météore jouait entre les rameaux de son bois ; et les fantômes du passé montraient leurs visages effroyables depuis les nuages de la Crona[1].

DERSAGRENA.

Ce sont les présages de la mort de Fingal. – Le roi des boucliers est tombé ! – Caracul triomphe. Lève-toi, Comala, sort de tes rochers ; fille de Sarno, lève-toi et verse tes pleurs. Ton jeune amour est à terre et son fantôme est déjà sur nos collines.

MELILCOMA.

Voilà Comala assise seule, abandonnée ! deux chiens au poil gris secouent leurs oreilles hirsutes et respirent la brise qui se lève. Sa joue vermeille repose sur son bras et le vent de la montagne est dans ses cheveux. Elle tourne ses yeux bleus, mouillés et soucieux, vers le champ de sa promesse. – Où es-tu, ô Fingal, car la nuit s'épaissit alentour ?

---

1 Macpherson cite en note l'*Énéide* 2, 522-3, et la traduction de Dryden.

COMALA.

O Carun of the streams! why do I behold thy waters rolling in blood?
Has the noise of the battle been heard on thy banks; and sleeps the king
of Morven?—Rise, moon, thou daughter of the sky! look from between
thy clouds, that I may behold the light of his steel, on the field of his
promise.—Or rather let the meteor, that lights our departed fathers
through the night, come, with its red light, to shew me the way to my
fallen hero. Who will defend me from sorrow? Who from the love of
Hidallan? Long shall Comala look before she can behold Fingal in the
midst of his host; bright as the beam of the morning in the cloud of
an early shower.

HIDALLAN.

Roll, thou mist of gloomy Crona, roll on the path of the hunter.
Hide his steps from mine eyes, and let me remember my friend no more.
The bands of battle are scattered, and no crowding steps are round the
noise of his steel. O Carun, roll thy streams of blood, for the chief of
the people fell.

COMALA.

Who fell on Carun's grassy banks, son of the cloudy night? Was
he white as the snow of Ardven? Blooming as the bow of the shower?
Was his hair like the mist of the hill, soft and curling in the day of
the sun? Was he like the thunder of heaven in battle? Fleet as the roe
of the desart?

HIDALLAN.

O that I might behold his love, fair-leaning from her rock! Her red
eye dim in tears, and her blushing cheek half hid in her locks! Blow,
thou gentle breeze, and lift the heavy locks of the maid, that I may
behold her white arm, and lovely cheek of her sorrow!

COMALA.

Ô flots impétueux de la Carun ! pourquoi me faut-il voir vos eaux rouler des flots de sang ? Le bruit de la bataille s'est-il fait entendre sur tes bords ; et dort-il, le roi de Morven ? – Lève-toi, ô lune, fille du ciel ! jette un regard entre tes nuages, afin que je voie la lumière de son acier sur le champ de sa promesse. – Ou plutôt, que vienne le météore qui éclaire nos pères disparus à travers la nuit, et que sa rouge lumière me conduise jusqu'à mon héros tombé. Qui me protégera de la peine ? Qui, de l'amour d'Hidallan ? Comala devra longtemps chercher Fingal du regard avant de l'apercevoir au milieu de ses troupes ; brillant comme le rayon du matin à travers le nuage de l'ondée matinale.

HIDALLAN[1].

Descends, brume de la sombre Crona, descends et recouvre le chemin du chasseur. Dérobe à mes yeux la trace de ses pas et dissimule à mon souvenir l'existence de cet ami. Les troupes des combattants sont dispersées, et les pas ne se pressent plus autour du bruit de son acier. Ô Carun, roule tes flots de sang : car le chef du peuple est tombé.

COMALA.

Qui donc est tombé sur les bords couverts d'herbe de la Carun, fils de la nuit nuageuse ? Était-il blanc comme la neige d'Ardven ? Éclatant comme l'arc de la pluie ? Sa chevelure était-elle comme la brume des collines, douce et bouclée dans le jour du soleil ? Était-il comme le tonnerre des cieux dans la bataille ? Agile comme le chevreuil du désert ?

HIDALLAN.

Ah, que ne puis-je voir celle qu'il aime se pencher si belle depuis son rocher ! Son œil rouge obscurci par les pleurs, et sa joue enflammée à moitié cachée par sa chevelure ! Souffle, douce brise, et soulève la

---

1   Hidallan avait été envoyé par Fingal afin d'annoncer à Comala son retour ; pour se venger de Comala, qui avait rejeté son amour, Hidallan lui dit que le roi a été tué lors de la bataille. Il va jusqu'à prétendre qu'il a enlevé le corps du champ de bataille pour permettre à Comala d'assister à son enterrement ; ce détail témoigne de l'antiquité du poème. [Macpherson]

COMALA.

And is the son of Comhal fallen, chief of the mournful tale? The thunder rolls on the hill!–The lightening flies on wings of fire! But they frighten not Comala; for her Fingal fell. Say, chief of the mournful tale, fell the breaker of shields?

HIDALLAN.

The nations are scattered on their hills; for they shall hear the voice of the chief no more.

COMALA.

Confusion pursue thee over thy plains; and destruction overtake thee, thou king of the world. Few be thy steps to thy grave; and let one virgin mourn thee. Let her be, like Comala, tearful in the days of her youth.–Why hast thou told me, Hidallan, that my hero fell? I might have hoped a little while his return, and have thought I saw him on the distant rock; a tree might have deceived me with his appearance; and the wind of the hill been the sound of his horn in mine ear. O that I were on the banks of Carun! that my tears might be warm on his cheek!

HIDALLAN.

He lies not on the banks of Carun: on Ardven heroes raise his tomb. Look on them, O moon, from thy clouds; be thy beam bright on his breast, that Comala may behold him in the light of his armour.

COMALA.

Stop, ye sons of the grave, till I behold my love. He left me at the chace alone. I knew not that he went to war. He said he would return with the night; and the king of Morven is returned. Why

chevelure épaisse de cette vierge, découvre à mes yeux son bras blanc et la belle joue de sa peine !

COMALA.

Il est donc tombé, le fils de Comhal, ô chef au récit funeste ? Le tonnerre roule sur la colline ! – L'éclair vole sur des ailes de feux ! Mais ils n'effraient pas Comala ; car son Fingal est tombé. Dis-moi, ô chef au récit funeste, est-il tombé celui qui brisait les boucliers ?

HIDALLAN.

Les nations sont dispersées sur les collines ; car jamais plus elles n'entendront la voix de leur chef.

COMALA.

Que le malheur te poursuive dans tes plaines ; que la destruction fonde sur toi, ô roi du monde. Je souhaite que ton chemin soit bref jusqu'à la tombe ; et qu'une vierge pleure ta disparition. Qu'elle rencontre les larmes, comme Comala, au temps de sa jeunesse. – Pourquoi m'as-tu dit, Hidallan, que mon héros était tombé ? J'aurais espéré quelque temps son retour, et j'aurais cru l'apercevoir sur le rocher lointain ; la forme d'un arbre aurait trompé mes yeux ; et dans le vent des collines j'aurais entendu le son de son cor. Ah ! que ne suis-je sur les bords de la Carun ! mes larmes réchaufferaient alors ses joues.

HIDALLAN.

Il n'est pas couché sur les bords de la Carun : en Ardven des héros élèvent sa tombe. Du haut de tes nuages, ô lune, regarde-les ; que tes rayons luisent et resplendissent sur son sein et que Comala puisse le voir dans la lumière de son armure.

COMALA.

Cessez, ô fils du tombeau, jusqu'à ce que j'aie vu mon amour. Il m'a laissée seule à la chasse. Je ne savais pas qu'il partait à la guerre. Il m'avait

didst thou not tell me that he would fall, O trembling son of the rock! Thou hast seen him in the blood of his youth, but thou didst not tell Comala!

MELILCOMA.

What sound is that on Ardven? Who is that bright in the vale? Who comes like the strength of rivers, when their crowded waters glitter to the moon?

COMALA.

Who is it but the foe of Comala, the son of the king of the world! Ghost of Fingal! do thou, from thy cloud, direct Comala's bow. Let him fall like the hart of the desert.—It is Fingal in the crowd of his ghosts.—Why dost thou come, my love, to frighten and please my soul?

FINGAL.

Raise, ye bards of the song, the wars of the streamy Carun. Caracul has fled from my arms along the fields of his pride. He sets far distant like a meteor that incloses a spirit of night, when the winds drive it over the heath, and the dark woods are gleaming around.

I heard a voice like the breeze of my hills. Is it the huntress of Galmal, the white-handed daughter of Sarno? Look from thy rocks, my love; and let me hear the voice of Comala.

COMALA.

Take me to the cave of thy rest, O lovely son of death!—

dit qu'il reviendrait avec la nuit ; et le roi de Morven est revenu. Pourquoi ne pas m'avoir dit qu'il devait tomber, ô fils tremblant du rocher[1] ! Tu l'as vu dans le sang de sa jeunesse et tu n'as rien dit à Comala !

MELILCOMA.

Quel est ce bruit sur l'Ardven ? Qui est là brillant dans la vallée ? Qui vient comme la force des rivières lorsque leurs eaux gonflées scintillent sous la lune ?

COMALA.

Qui d'autre que l'ennemi de Comala, le fils du roi du monde ! Fantôme de Fingal ! du haut de ton nuage dirige l'arc de Comala. Qu'il tombe comme le cerf dans le désert. – Voici Fingal entouré des fantômes de ses pères. – Pourquoi viens-tu, mon amour, pour effrayer et charmer mon âme ?

FINGAL.

Ô bardes aux chants nombreux ! élevez les guerres de la Carun impétueuse. Devant mes armes Caracul s'est enfui sur les champs de son orgueil. Il disparaît au loin comme le météore qui abrite l'esprit de la nuit, lorsque les vents le chassent à l'horizon de la lande et que les bois obscurs luisent alentour.

J'ai entendu une voix semblable à la brise de mes collines. Est-ce la chasseresse de Galmal, la fille aux blanches mains de Sarno ? Mon amour, qui te tiens dans les rocher, fais-moi voir ta figure ; fais-moi entendre la voix de Comala[2].

COMALA.

Emporte-moi dans la grotte de ton repos, ô gracieux fils de la mort ! –

---

1 Par *fils du rocher* elle veut dire un druide. Il est probable que quelques druides survécurent jusqu'au début du règne de Fingal, et que Comala en consulte un pour connaître l'issue de la guerre contre Caracul. [Macpherson]
2 Macpherson cite en note le *Cantique des cantiques*, chapitre 2, 14.

FINGAL.

Come to the cave of my rest.–The storm is over, and the sun is on our fields. Come to the cave of my rest, huntress of echoing Cona.

COMALA.

He is returned with his fame; I feel the right hand of his battles.–But I must rest beside the rock till my soul settle from fear.–Let the harp be near; and raise the song, ye daughters of Morni.

DERSAGRENA.

Comala has slain three deer on Ardven, and the fire ascends on the rock; go to the feast of Comala, king of the woody Morven!

FINGAL.

Raise, ye sons of song, the wars of the streamy Carun; that my white-handed maid may rejoice: while I behold the feast of my love.

BARDS.

Roll, streamy Carun, roll in joy, the sons of battle fled. The steed is not seen on our fields; and the wings of their pride spread in other lands. The sun will now rise in peace, and the shadows descend in joy. The voice of the chace will be heard; and the shields hang in the hall. Our delight will be in the war of the ocean, and our hands be red in the blood of Lochlin. Roll, streamy Carun, roll in joy, the sons of battle fled.

FINGAL.

Viens dans la grotte de mon repos. – L'orage est passé et le soleil est sur nos champs[1]. Viens dans la grotte de mon repos, chasseresse de Cona où résonne l'écho.

COMALA.

C'est lui, il revient avec sa gloire ; je touche la main droite de ses batailles. – Mais il faut que je me repose au pied de ce rocher en attendant que mon âme revienne de sa frayeur. – Approchez avec vos harpes ; et que s'élève votre chant, ô filles de Morni.

DERSAGRENA.

Comala a tué trois cerfs en Ardven et la flamme s'élève sur le rocher ; viens au festin de Comala, roi de Morven aux vastes forêts !

FINGAL.

Elevez, ô fils des chants, les guerres de la Carun impétueuse ; que ma vierge aux blanches mains se réjouisse : tandis que je contemplerai le festin de mon amour.

BARDES.

Laisse rouler tes flots, impétueuse Carun, laisse-les rouler de joie, les fils de la bataille ont fui. Les coursiers ne sont plus dans nos champs ; et les ailes de leur orgueil se sont envolées vers d'autres terres[2]. Le soleil se lèvera maintenant en paix et les ombres s'étendront dans la joie. On entendra la voix de la chasse ; les boucliers seront suspendus dans la grande salle. Nous nous réjouirons dans la guerre de l'océan et nos mains rougiront du sang de Lochlin. Laisse rouler tes flots, impétueuse Carun, laisse-les rouler de joie, les fils de la bataille ont fui.

---

1 Macpherson cite en note le *Cantique des cantiques*, chapitre 2, 13.
2 Le poète fait peut-être allusion ici à l'aigle romain. [Macpherson]

Melilcoma.

Descend, ye light mists from high; ye moon-beams, lift her soul.—Pale lies the maid at the rock! Comala is no more!

Fingal.

Is the daughter of Sarno dead; the white-bosomed maid of my love? Meet me, Comala, on my heaths, when I sit alone at the streams of my hills.

Hidallan.

Ceased the voice of the huntress of Galmal? Why did I trouble the soul of the maid? When shall I see thee, with joy, in the chace of the dark-brown hinds?

Fingal.

Youth of the gloomy brow! no more shalt thou feast in my halls. Thou shalt not pursue my chace, and my foes shall not fall by thy sword.—Lead me to the place of her rest that I may behold her beauty.—Pale she lies at the rock, and the cold winds lift her hair. Her bow-string sounds in the blast, and her arrow was broken in her fall. Raise the praise of the daughter of Sarno, and give her name to the wind of the hills.

Bards.

See! meteors roll around the maid; and moon-beams lift her soul! Around her, from their clouds, bend the awful faces of her fathers; Sarno of the gloomy brow; and the red-rolling eyes of Fidallan. When shall thy white hand arise, and thy voice be heard on our rocks? The maids shall seek thee on the heath, but they will not find thee. Thou shalt come, at times, to their dreams, and settle peace in their soul. Thy voice shall remain in their ears, and they shall think with joy on the dreams of their rest. Meteors roll around the maid, and moon-beams lift her soul!

MELILCOMA.

Descendez du ciel, brumes légères ; et toi, lune, soulève son âme. – La vierge est pâle étendue au pied du rocher ! Comala n'est plus !

FINGAL.

Est-elle morte, la fille de Sarno ; la vierge au sein blanc que j'aimais ? Rejoins-moi, Comala, sur mes landes, quand je serai seul assis près des torrents de mes collines.

HIDALLAN.

S'est elle éteinte, la voix de la chasseresse de Galmal ? Pourquoi ai-je troublé l'âme de cette vierge ? Quand te reverrai-je, avec joie, à la chasse des biches brun sombre ?

FINGAL.

Jeune homme au front assombri ! jamais plus tu ne viendras t'asseoir à mon festin. Tu ne poursuivras plus le gibier avec moi et mes ennemis ne tomberont plus sous les coups de ton épée. – Conduis-moi au lieu de son repos pour que je voie sa beauté. – Elle est pâle au pied du rocher, et les vents glacés soulèvent ses cheveux. Ce souffle fait résonner la corde de son arc, et sa flèche s'est brisée dans sa chute. Que s'élèvent les louanges pour la fille de Sarno, que son nom soit emporté par le vent des collines.

BARDES.

Voyez les météores tourner autour de cette vierge ! et les rayons de la lune soulever son âme ! Tout autour, depuis leurs nuages, se penchent les visages effroyables de ses pères ; Sarno au sombre front ; et les yeux rouges de Fidallan qui roulent dans ses orbites. Quand feras-tu jouer ta blanche main et quand feras-tu entendre ta voix sur nos rochers ? D'autres jeunes filles, tes compagnes, te chercheront sur la lande, mais elles ne te trouveront pas. Tu viendras parfois, dans leurs rêves, pour porter la paix à leurs âmes. Ta voix retentira longtemps à leurs

oreilles, et elles se souviendront avec joie des songes de leur repos[1]. Des météores tournent autour de cette vierge, et les rayons de la lune soulèvent son âme !

THE BATTLE OF LORA: A POEM

ARGUMENT

This poem is compleat; nor does it appear from tradition, that it was introduced, as an episode, into any of Ossian's great works.–It is called, in the original, *Duan a Chuldich*, or the *Culdee's poem*, because it was addressed to one of the first Christian missionaries, who were called, from their retired life, Culdees, or *sequestered persons*.–The story bears a near resemblance to that which was the foundation of the Iliad. Fingal, on his return from Ireland, after he had expelled Swaran from that kingdom, made a feast to all his heroes: he forgot to invite Ma-ronnan and Aldo, two chiefs, who had not been along with him on his expedition. They resented his neglect; and went over to Erragon king of Sora, a country of Scandinavia, the declared enemy of Fingal. The valour of Aldo soon gained him a great reputation in Sora: and Lorma the beautiful wife of Erragon fell in love with him.–He found means to escape with her, and to come to Fingal, who resided then in Selma on the western coast.–Erragon invaded Scotland, and was slain in battle by Gaul the son of Morni, after he had rejected terms of peace offered him by Fingal.–In this war Aldo fell, in a single combat, by the hands of his rival Erragon; and the unfortunate Lorma afterwards died of grief.

LA BATAILLE DE LORA : POÈME

3e édition, 1765

ARGUMENT[1]

Ce poème est complet et il ne semble pas qu'il ait fait partie d'un des grands ouvrages d'Ossian. Son titre original est *Duan a Chuldich*, c'est-à-dire « Le poème du Culdee », car il est adressé à un des premiers missionnaires chrétiens, qu'on appelait des « Culdees », ce qui veut dire « personne solitaire », en référence à leur vie retirée. L'histoire est proche de l'épisode fondateur de l'*Iliade* : Fingal, à son retour d'Irlande, après avoir chassé Swaran de ce royaume, donne un festin pour ses héros. Il oublie d'inviter Ma-ronnan et Aldo, deux chefs qui ne l'ont pas accompagné dans son expédition. Ils s'offensent de cet oubli et vont rejoindre Erragon, roi de Sora, en Scandinavie, ennemi déclaré de Fingal. La valeur d'Aldo lui vaut bientôt une grande réputation en Sora, et Lorma, la belle femme d'Erragon, s'éprend de lui. Il parvient à s'enfuir avec elle et va trouver Fingal à Selma, sur la côte occidentale de l'Écosse. Erragon tente d'envahir l'Écosse ; il est tué lors d'une bataille par Gaul, fils de Morni, après avoir rejeté les propositions de paix que Fingal lui a faites. Lors de cette guerre Aldo est tué en combat singulier par Erragon, son rival. La malheureuse Lorma meurt de chagrin.

---

1   Ce résumé apparaît dans les notes des éditions de 1762 et 1765, et en tête du poème dans l'édition de 1773.

Son of the distant land, who dwellest in the secret cell! do I hear
the sounds of thy grove? or is it the voice of thy songs? The torrent was
loud in my ear, but I heard a tuneful voice; dost thou praise the chiefs
of thy land; or the spirits of the wind?—But, lonely dweller of the rock!
look over that heathy plain: thou seest green tombs, with their rank,
whistling grass, with their stones of mossy heads: thou seest them, son
of the rock, but Ossian's eyes have failed.

A mountain-stream comes roaring down and sends its waters round
a green hill: four mossy stones, in the midst of withered grass, rear
their heads on the top: two trees, which the storms have bent, spread
their whistling branches around.—This is thy dwelling, Erragon; this
thy narrow house: the sound of thy shells has been long forgot in Sora:
and thy shield is become dark in thy hall.—Erragon, king of ships!
chief of distant Sora! how hast thou fallen on our mountains! How is
the mighty low!

Son of the secret cell! dost thou delight in songs? Hear the battle of
Lora; the sound of its steel is long since past. So thunder on the darkened
hill roars and is no more. The sun returns with his silent beams: the
glittering rocks, and green heads of the mountains smile.

The bay of Cona received our ships, from Ullin's rolling waves: our
white sheets hung loose to the masts: and the boisterous winds roared
behind the groves of Morven.—The horn of the king is sounded, and
the deer start from their rocks. Our arrows flew in the woods; the feast
of the hill was spread. Our joy was great on our rocks, for the fall of
the terrible Swaran.

Two heroes were forgot at our feast; and the rage of their bosoms
burned. They rolled their red eyes in secret: the sigh burst from their
breasts. They were seen to talk together, and to throw their spears on
earth. They were two dark clouds, in the midst of our joy; like pillars
of mist on the settled sea: it glitters to the sun, but the mariners fear
a storm.

Fils d'une terre lointaine qui demeure dans la secrète cellule ! est-ce le son de tes bois que j'entends ? ou la voix de tes chants ? Le grondement du torrent était puissant, mais j'ai entendu une voix mélodieuse ; chantes-tu les louanges des chefs de ta terre ; ou bien celles des esprits du vent[1] ? – Solitaire habitant du rocher ! regarde cette plaine couverte de bruyères : tu vois ces tombes vertes sur lesquelles siffle l'herbe drue, et ces pierres couronnées de mousse qui se dressent au-dessus : tu les vois, ô fils du rocher, mais les yeux d'Ossian se sont éteints.

Un torrent tombe de la montagne en rugissant et fait rouler ses eaux autour d'une verte colline : au sommet, quatre pierres couvertes de mousse dressent leurs têtes au milieu de l'herbe flétrie : deux arbres, courbés par les tempêtes, étendent leurs branches dans lesquelles siffle le vent. – Voici ta demeure, Erragon ; voici ton étroite maison : le son des conques est oublié depuis longtemps en Sora : ton bouclier a noirci dans ton palais. – Erragon, roi des vaisseaux ! chef de la lointaine Sora ! tu es pourtant tombé sur nos montagnes[2] ! Le puissant est à terre !

Fils de la secrète cellule ! te plais-tu dans les chants ? Écoute la bataille de Lora ; le bruit de son acier a cessé depuis longtemps. Tout comme le tonnerre qui rugit sur la colline obscure puis disparaît. Le soleil revient avec ses rayons silencieux : alors sourient les rochers qui scintillent et les vertes cimes des montagnes.

La baie de Cona reçut nos vaisseaux à notre retour des vagues houleuses d'Ullin[3] : nous avions relâché nos voiles blanches : et les vents impétueux rugissaient derrière les bois de Morven. – Le cor du roi retentit et les cerfs bondirent de leurs rochers. Nos flèches s'envolèrent dans la forêt ; on prépara le festin des collines. Notre joie à la chute du terrible Swaran était grande sur nos rochers.

Deux héros furent oubliés à notre festin ; et la rage brûlait en leurs seins. Ils roulaient en secret leurs yeux rouges : les soupirs s'échappaient de leurs poitrines. On les vit s'entretenir ensemble et jeter leurs lances à terre. Ils étaient deux sombres nuages au milieu de notre joie ; deux colonnes de brume sur une mer calme : les flots scintillent au soleil, mais le marin redoute la tempête.

---

1   Le poète fait ici allusion aux hymnes religieux des Culdees. [Macpherson]
2   Macpherson cite en note le *Deuxième livre de Samuel* 1, 19 et 25.
3   Lorsque Fingal revint de ses guerres contre Swaran. [Macpherson]

Raise my white sails, said Ma-ronnan, raise them to the winds of the west; let us rush, O Aldo, through the foam of the northern wave. We are forgot at the feast: but our arms have been red in blood. Let us leave the hills of Fingal, and serve the king of Sora.–His countenance is fierce, and the war darkens round his spear. Let us be renowned, O Aldo, in the battles of echoing Sora.

They took their swords and shields of thongs; and rushed to Lumar's sounding bay. They came to Sora's haughty king, the chief of bounding steeds.–Erragon had returned from the chace: his spear was red in blood. He bent his dark face to the ground: and whistled as he went.–He took the strangers to his feasts: they fought and conquered in his wars.

Aldo returned with his fame towards Sora's lofty walls.–From her tower looked the spouse of Erragon, the humid, rolling eyes of Lorma.– Her dark-brown hair flies on the wind of ocean: her white breast heaves, like snow on the heath; when the gentle winds arise, and slowly move it in the light. She saw young Aldo, like the beam of Sora's setting sun. Her soft heart sighed: tears filled her eyes; and her white arm supported her head.

Three days she sat within the hall, and covered grief with joy.–On the fourth she fled with the hero, along the rolling sea.–They came to Cona's mossy towers, to Fingal king of spears.

Aldo of the heart of pride! said the rising king of Morven, shall I defend thee from the wrath of Sora's injured king? who will now receive my people into their halls, or give the feast of strangers, since Aldo, of the little soul, has carried away the fair of Sora? Go to thy hills, thou feeble hand, and hide thee in thy caves; mournful is the battle we must fight, with Sora's gloomy king.–Spirit of the noble Trenmor! when will Fingal cease to fight? I was born in the midst of battles, and my steps must move in blood to my tomb. But my hand did not injure the weak, my steel did not touch the feeble in arms.–I behold thy tempests, O Morven, which will overturn my halls; when my children are dead in battle, and none remains to dwell in Selma. Then will the feeble come, but they will not know my tomb: my renown is in the song: and my actions shall be as a dream to future times.

Hissez mes voiles blanches, dit Ma-ronnan, hissez-les aux vents d'ouest ; partons, ô Aldo, et fendons l'écume de la vague du nord. Nous avons été oubliés au festin : mais nos armes se sont rougies dans le sang. Quittons les collines de Fingal et allons servir le roi de Sora. — Il est fier et farouche, et la guerre s'obscurcit autour de sa lance. Allons, ô Aldo, nous couvrir de gloire dans les batailles de Sora où résonne l'écho.

Ils prirent leurs épées et leurs boucliers aux liens de cuir ; et se précipitèrent vers la baie assourdissante de Lumar. Ils arrivèrent devant le roi altier de Sora, chef aux coursiers bondissants. — Erragon revenait de la chasse : sa lance était rouge de sang. Il penchait son visage sombre vers le sol : il sifflait en marchant. — Il emmena les étrangers à ses festins : ils combattirent et triomphèrent dans ses guerres.

Aldo revint dans sa gloire vers les murailles élevées de Sora. — Du haut de sa tour l'épouse d'Erragon regardait, les yeux humides et vifs de Lorma regardaient. — Ses cheveux brun sombre flottaient, portés par le vent de l'océan : sa blanche poitrine se gonfle comme la neige sur la lande ; lorsqu'une douce brise se lève et la pousse lentement dans la lumière. Elle vit le jeune Aldo, tel le rayon du soleil couchant de Sora. Son tendre cœur soupirait : des larmes emplissaient ses yeux ; sa tête s'appuyait sur son bras blanc.

Trois jours durant, elle resta assise dans son palais et cacha sa tristesse sous la joie. — Au quatrième elle s'enfuit avec son héros sur la mer houleuse. — Ils vinrent aux tours recouvertes de mousse de Cona et se présentèrent à Fingal, roi des lances.

Aldo au cœur d'orgueil ! dit le roi de Morven en se levant, devrai-je te protéger du courroux du roi de Sora que tu as offensé ? qui voudra désormais recevoir mes hommes dans sa demeure, ou les inviter au festin de l'étranger, puisqu'Aldo, cette petite âme, a enlevé la belle de Sora ? Retire-toi sur tes collines, toi dont la main est faible, et cache-toi dans tes cavernes ; amère est cette bataille que nous devrons engager avec le sombre roi de Sora. — Esprit du noble Trenmor ! quand Fingal pourra-t-il cesser de se battre ? Je suis né au milieu des batailles[1], et jusqu'au tombeau je devrai marcher dans le sang. Mais jamais ma main n'offensa le faible, jamais mon acier ne toucha le guerrier sans défense. — Je vois dans l'avenir les tempêtes, ô Morven, qui renverseront mes

---

1   Comhal, père de Fingal, fut tué au combat, contre la tribu de Morni, le jour même où Fingal naquit ; on peut donc dire de lui qu'il est *né au milieu des batailles*. [Macpherson]

His people gathered around Erragon, as the storms round the ghost of night; when he calls them from the top of Morven, and prepares to pour them on the land of the stranger.–He came to the shore of Cona, and sent his bard to the king; to demand the combat of thousands; or the land of many hills.

Fingal sat in his hall with the companions of his youth around him. The young heroes were at the chace, and far distant in the desert. The gray-haired chiefs talked of other times, and of the actions of their youth; when the aged Narthmor came, the king of streamy Lora.

This is no time, begun the chief, to hear the songs of other years: Erragon frowns on the coast, and lifts ten thousand swords. Gloomy is the king among his chiefs! he is like the darkened moon, amidst the meteors of night.

Come, said Fingal, from thy hall, thou daughter of my love; come from thy hall, Bosmina, maid of streamy Morven! Narthmor, take the steeds of the strangers, and attend the daughter of Fingal: let her bid the king of Sora to our feast, to Selma's shaded wall.–Offer him, Bosmina, the peace of heroes, and the wealth of generous Aldo: our youths are far distant, and age is on our trembling hands.

She came to the host of Erragon, like a beam of light to a cloud.–In her right hand shone an arrow of gold; and in her left a sparkling shell, the sign of Morven's peace. Erragon brightened in her presence as a rock, before the sudden beams of the sun; when they issue from a broken cloud, divided by the roaring wind.

Son of the distant Sora, begun the mildly blushing maid, come to the feast of Morven's king, to Selma's shaded walls. Take the peace of heroes, O warrior, and let the dark sword rest by thy side.–And if thou chusest the wealth of kings, hear the words of the generous Aldo.– He gives to Erragon an hundred steeds, the children of the rein; an hundred maids from distant lands; an hundred hawks with fluttering wing, that fly across the sky. An hundred girdles shall also be thine, to bind high-bosomed women; the friends of the births of heroes, and the cure of the sons of toil.–Ten shells studded with gems shall shine

palais ; lorsque mes enfants seront morts dans les combats et que personne ne demeurera plus à Selma. Alors viendront les faibles, mais ils ne reconnaîtront pas ma tombe : mon renom vivra dans les chants : et mes prouesses paraîtront des songes aux siècles à venir.

Les guerriers d'Erragon se rassemblèrent autour de lui comme la tempête autour du fantôme de la nuit ; quand il les appelle du sommet de Morven et se prépare à les lancer sur le pays de l'étranger. – Il vint sur le rivage de Cona et envoya son barde au roi ; il demande le combat de la multitude ; ou bien le pays aux nombreuses collines.

Fingal était assis dans la grande salle de son palais au milieu des compagnons de sa jeunesse. Les jeunes héros était partis à la chasse ; ils étaient très loin dans le désert. Les chefs aux cheveux gris parlaient des temps passés et des prouesses de leur jeunesse ; soudain arriva le vieux Narthmor, roi de la tumultueuse Lora.

Ce n'est plus le moment, commença le chef, d'écouter les chants des temps passés : Erragon, menaçant sur la côte, lève dix mille épées. Ténébreux roi parmi ses chefs ! il est comme la lune obscurcie, au milieu des météores de la nuit.

Sors de ta demeure, dit Fingal, ô fille de mon amour ; sors de ta demeure, Bosmina, vierge de Morven où ruissellent les torrents ! Narthmor, prends les coursiers des étrangers[1] et accompagne la fille de Fingal : qu'elle invite le roi de Sora à notre festin, sous les murs ombragés de Selma. – Offre-lui, Bosmina, la paix des héros et les richesses du généreux Aldo : nos jeunes guerriers sont très loin et la vieillesse est dans nos mains tremblantes.

Elle arriva sur les troupes d'Erragon, tel un rayon de lumière sur un nuage. – Dans sa main droite brillait une flèche d'or ; dans sa main gauche scintillait une conque, signe de la paix de Morven. En sa présence le visage d'Erragon s'éclaire comme le rocher sous les rayons soudains du soleil ; quand ils sortent d'un nuage déchiré, divisé par le vent qui rugit.

Fils de la lointaine Sora, commença la douce et rougissante vierge, viens au festin du roi de Morven, à l'ombre des murs de Selma. Accepte la paix des héros, ô guerrier, et laisse reposer cette sombre épée à ton côté. – Et si tu choisis la richesse des rois, écoute les paroles du généreux Aldo. – Il donne à Erragon cent coursiers, les fils dociles des rênes ; cent

---

1   La phrase suggère que ces chevaux furent capturés lors d'incursions dans la province romaine. [Macpherson]

in Sora's towers: the blue water trembles on their stars, and seems to be sparkling wine.—They gladdened once the kings of the world, in the midst of their echoing halls. These, O hero, shall be thine; or thy white-bosomed spouse.—Lorma shall roll her bright eyes in thy halls; though Fingal loves the generous Aldo:—Fingal!—who never injured a hero, though his arm is strong.

Soft voice of Cona! replied the king, tell him, that he spreads his feast in vain.—Let Fingal pour his spoils around me; and bend beneath my power. Let him give me the swords of his fathers, and the shields of other times; that my children may behold them in my halls, and say, "These are the arms of Fingal."

Never shall they behold them in thy halls, said the rising pride of the maid; they are in the mighty hands of heroes who never yielded in war.—King of the echoing Sora! the storm is gathering on our hills. Dost thou not foresee the fall of thy people, son of the distant land?

She came to Selma's silent halls; the king beheld her down-cast eyes. He rose from his place, in his strength, and shook his aged locks.—He took the sounding mail of Trenmor, and the dark-brown shield of his fathers. Darkness filled Selma's hall, when he stretched his hand to his spear:—the ghosts of thousands were near, and foresaw the death of the people. Terrible joy rose in the face of the aged heroes: they rushed to meet the foe; their thoughts are on the actions of other years: and on the fame of the tomb.

Now the dogs of the chace appeared at Trathal's tomb: Fingal knew that his young heroes followed them, and he stopt in the midst of his course.—Oscar appeared the first;—then Morni's son, and Nemi's race:—Fercuth shewed his gloomy form: Dermid spread his dark hair on the wind. Ossian came the last. O son of the rock, I hummed the song of other times: my spear supported my steps over the little streams, and my thoughts were of mighty men. Fingal struck his bossy shield; and gave the dismal sign of war; a thousand swords, at once unsheathed, gleam on the waving heath. Three gray-haired sons of song raise the tuneful, mournful voice.—Deep and dark with sounding steps, we rush, a gloomy ridge, along: like the shower of a storm when it pours on the narrow vale.

vierges venues de terres lointaines ; cent faucons aux ailes agiles volant
à travers le ciel. Tu auras encore cent corsets pour ceindre les femmes
aux hautes poitrines, amis de la naissance des héros et remèdes des fils
de l'enfantement[1]. – Dix conques incrustées de pierres brilleront dans
les tours de Sora : l'eau bleutée de ces étoiles tremble et semble un vin
pétillant. – Jadis elles réjouissaient les rois du monde dans leurs grandes
salles pleines d'échos. Ces richesses, ô héros, seront à toi ; ou, si tu pré-
fères, ton épouse au sein blanc. – Lorma roulera ses yeux vifs dans ta
demeure ; et pourtant Fingal aime le généreux Aldo : – Fingal ! – jamais
encore il n'a offensé un héros, quoique son bras soit fort.

Douce voix de Cona ! répondit le roi, dis-lui qu'il prépare son festin en
vain. – Que Fingal lui-même vienne déposer le butin de ses conquêtes à
mes pieds ; et qu'il se soumette à mon pouvoir. Qu'il me donne l'épée de
ses pères et les boucliers des temps passés ; afin que mes enfants puissent
les contempler en mon palais et dire, « voici les armes de Fingal ».

Jamais ils ne les contempleront en ton palais, répondit la fierté
offensée de la vierge ; elles sont entre les mains puissantes de héros qui
jamais n'ont cédé dans les combats. – Roi de Sora où résonne l'écho !
les nués se rassemblent et l'orage se prépare sur nos collines. Ne vois-tu
pas venir la chute de ton peuple, fils des terres lointaines ?

Elle revint au palais silencieux de Selma ; le roi vit ses yeux baissés.
Il se leva dans sa force et secoua sa chevelure âgée. – Il prit l'armure
solide et sonore de Trenmor et le bouclier brun sombre de ses pères.
L'obscurité envahit la grande salle de Selma lorsqu'il tendit la main vers
sa lance : – les fantômes de mille guerriers étaient autour de lui et ils
voyaient les morts imminentes. Une joie terrible se leva sur le visage de
ses vieux héros : ils se précipitèrent vers l'ennemi ; leurs pensées sont
tournées vers les prouesses des temps passés : vers la gloire de leur tombe.

À cet instant parurent près de la tombe de Trathal les chiens de la
chasse : Fingal comprit que ses jeunes héros les suivaient et il s'arrêta au
milieu de sa course. – Oscar parut le premier ; – puis le fils de Morni, de
la race de Nemi : – la forme sombre et menaçante de Fercuth apparut :
Dermid livrait au vent sa noire chevelure. Ossian venait en dernier. Ô

---

1   Dans le nord de l'Écosse, de nombreuses familles conservaient, jusqu'à une époque récente,
     des corsets sacrés : les femmes qui accouchaient les portaient car ils étaient censés alléger
     leur douleur et accélérer la mise au monde. Ils étaient décorés de figures mystiques et on
     les nouait à leur taille au cours d'une cérémonie aux origines druidiques. [Macpherson]

The king of Morven sat on his hill: the sun-beam of battle flew on the wind: the companions of his youth are near, with all their waving locks of age.–Joy rose in the hero's eyes when he beheld his sons in war; when he saw them amidst the lightning of swords, and mindful of the deeds of their fathers.–Erragon came on, in his strength, like the roar of a winter stream: the battle falls in his course, and death is at his side.

Who comes, said Fingal, like the bounding roe, like the hart of echoing Cona? His shield glitters on his side; and the clang of his armour is mournful.–He meets with Erragon in the strife!–Behold the battle of the chiefs!–it is like the contending of ghosts in a gloomy storm.–But fallest thou, son of the hill, and is thy white bosom stained with blood? Weep, unhappy Lorma, Aldo is no more.

The king took the spear of his strength; for he was sad for the fall of Aldo: he bent his deathful eyes on the foe; but Gaul met the king of Sora.–Who can relate the fight of the chiefs?–The mighty stranger fell.

Sons of Cona! Fingal cried aloud, stop the hand of death.–Mighty was he that is now so low! and much is he mourned in Sora! The stranger will come towards his hall, and wonder why it is silent. The king is fallen, O stranger, and the joy of his house is ceased.–Listen to the sound of his woods: perhaps his ghost is there; but he is far distant, on Morven, beneath the sword of a foreign foe.

Such were the words of Fingal, when the bard raised the song of peace; we stopped our uplifted swords, and spared the feeble foe. We laid Erragon in that tomb; and I raised the voice of grief: the clouds of night came rolling down, and the ghost of Erragon appeared to some.–His face was cloudy and dark; and an half-formed sigh is in his breast.–Blest be thy soul, O king of Sora! thine arm was terrible in war!

fils du rocher[1], je murmurais un chant des temps passés : je m'appuyais sur ma lance pour franchir les petits ruisseaux et je pensais aux hommes puissants. Fingal frappa son bouclier bosselé ; et donna le sinistre signal de la guerre ; mille épées sortent aussitôt de leurs fourreaux et étincellent sur la lande ondoyante[2]. Trois fils du chant aux cheveux gris élèvent leurs voix mélodieuses et lugubres. – Profonds et ténébreux, en un menaçant bataillon nous fondons sur la plaine où nos pas résonnent : comme l'averse orageuse qui se déverse sur l'étroite vallée.

Le roi de Morven était assis sur sa colline : le rayon de soleil de la bataille volait, porté par le vent : les compagnons de sa jeunesse sont près de lui, et la chevelure de leur vieillesse flotte autour d'eux. – La joie monta aux yeux du héros lorsqu'il vit ses fils dans la guerre ; quand il les vit entre les éclairs des épées, imitant les exploits de leurs pères. – Erragon s'avança dans sa force, tel le rugissement d'un torrent hivernal : la bataille tombe sur son passage et la mort est à ses côtés.

Qui s'approche, dit Fingal, tel un chevreuil bondissant, tel le cerf de Cona où résonne l'écho ? Son bouclier scintille à son côté ; lugubre, le fracas de son armure. – Il rencontre Erragon au cœur de la mêlée ! – Voyez la bataille des chefs ! – telle une lutte de fantômes au cœur d'une ténébreuse tempête. – Mais est-ce toi qui tombes, fils de la colline, et ta blanche poitrine est-elle tachée de sang ? Pleure, malheureuse Lorma, Aldo n'est plus.

Le roi saisit la lance de sa force ; il était triste qu'Aldo fût tombé : il tourna ses yeux funestes vers l'ennemi ; mais Gaul avait rejoint le roi de Sora. – Qui pourrait raconter le combat de ces chefs ? – Le puissant étranger tomba.

Fils de Cona ! s'écria Fingal, arrêtez la main de la mort. – Qu'il était puissant celui qui maintenant est à terre ! et que de larmes couleront en Sora ! L'étranger s'approchera de son palais et s'étonnera de son silence. Le roi est tombé, ô étranger, et la joie de sa maison s'est tue. – Écoute les bruits de ses forêts : son fantôme y erre peut-être ; mais lui, il est très loin, en Morven, sous l'épée d'un guerrier étranger.

Telles furent les paroles de Fingal lorsque s'élevèrent les voix des bardes qui entonnaient le chant de la paix ; nos épées prêtes à frapper s'arrêtèrent pour épargner l'adversaire affaibli. Nous étendîmes Erragon dans cette tombe ; et ma voix s'éleva pour chanter la tristesse : les nuages

---

1   Le poète s'adresse au Culdee. [Macpherson]
2   Macpherson cite en note le *Paradis perdu* 1, 663-6.

Lorma sat, in Aldo's hall, at the light of a flaming oak: the night came, but he did not return; and the soul of Lorma is sad.—What detains thee, hunter of Cona? for thou didst promise to return.—Has the deer been distant far; and do the dark winds sigh, round thee, on the heath? I am in the land of strangers, where is my friend, but Aldo? Come from thy echoing hills, O my best beloved!

Her eyes are turned toward the gate, and she listens to the rustling blast. She thinks it is Aldo's tread, and joy rises in her face:—but sorrow returns again, like a thin cloud on the moon.—And thou wilt not return, my love? Let me behold the face of the hill. The moon is in the east. Calm and bright is the breast of the lake! When shall I behold his dogs returning from the chace? When shall I hear his voice, loud and distant on the wind? Come from thy echoing hills, hunter of woody Cona!

His thin ghost appeared, on a rock, like the watry beam of the moon, when it rushes from between two clouds, and the midnight shower is on the field.—She followed the empty form over the heath, for she knew that her hero fell.—I heard her approaching cries on the wind, like the mournful voice of the breeze, when it sighs on the grass of the cave.

She came, she found her hero: her voice was heard no more: silent she rolled her sad eyes; she was pale as a watry cloud, that rises from the lake, to the beam of the moon.

Few were her days on Cona: she sunk into the tomb: Fingal commanded his bards; and they sung over the death of Lorma. The daughters of Morven mourned her for one day in the year, when the dark winds of autumn returned.

Son of the distant land, thou dwellest in the field of fame: O let thy song rise, at times, in the praise of those that fell: that their thin ghosts may rejoice around thee; and the soul of Lorma come on a moon-beam, when thou liest down to rest, and the moon looks into thy cave. Then shalt thou see her lovely; but the tear is still on her cheek.

de la nuit descendirent et roulèrent sur la plaine, et quelques-uns virent le fantôme d'Erragon. – Son visage était un nuage obscur ; et un soupir à peine soulève sa poitrine. – Bénie soit ton âme, ô roi de Sora ! ton bras était terrible dans la guerre !

Lorma était assise dans le palais d'Aldo, à la lumière d'un chêne embrasé : la nuit tombait, mais il ne revenait pas ; et l'âme de Lorma était triste. – Qui te retient, ô chasseur de la Crona ? car tu avais promis de revenir. – Le cerf était-il trop loin ; et les sombres vents soufflent-ils autour de toi sur la lande ? Je suis dans le pays des étrangers, où est mon seul ami, Aldo ? Reviens de tes collines pleines d'échos, ô toi que j'aime plus que tout !

Ses yeux se tournent vers le portail et elle prête l'oreille au souffle frémissant du vent. Elle croit reconnaître le pas d'Aldo et la joie rayonne sur son visage : – mais bientôt la douleur l'obscurcit à nouveau, tel un fin nuage devant la lune. – Ne reviendras-tu pas, mon amour ? Allons voir sur les pentes de la colline. La lune est à l'orient, le sein du lac calme et lumineux ! Quand verrai-je ses chiens revenir de la chasse ? Quand pourrai-je entendre sa voix, puissante et lointaine dans le vent ? Reviens de tes collines pleines d'échos, ô chasseur des bois de Cona !

Son spectre diaphane apparut sur un rocher, tel l'humide et vaporeux rayon de la lune quand il jaillit entre deux nuages et que l'ondée de minuit est sur le champ de bataille. – Elle suivit l'ombre sur la lande, car elle savait que son héros était tombé. – J'entendis ses cris portés par le vent, telle la voix lugubre de la brise lorsqu'elle soupire sur l'herbe de la grotte.

Elle arriva en ce lieux, elle trouva son héros : sa voix se tue à jamais : elle roulait en silence ses yeux tristes ; elle était pâle comme la vapeur humide qui s'élève du lac sous les rayons de la lune.

Elle survécut quelques jours en Cona : elle sombra dans sa tombe : Fingal ordonna à ses bardes de chanter la mort de Lorma. Tous les ans, quand revenaient les sombres vents de l'automne, les filles de Morven pleuraient son destin toute une journée[1].

Fils d'une terre lointaine, tu demeures dans le champ de gloire : oh ! que ta voix s'élève quelquefois pour chanter les louanges de ceux qui sont tombés : que leurs spectres diaphanes se réjouissent autour de

---

1   Macpherson cite en note le *Livre des juges* 11, 40.

toi ; et que l'âme de Lorma vienne sur un rayon de lune, quand tu te couches pour dormir et que la lune luit dans ta caverne[1]. Tu la verras alors, gracieuse ; mais toujours sur sa joue une larme.

---

1   Macpherson cite en note le premier livre de *Fingal* : « Mais toi, ô Morna, viens sur un rayon de lune à la fenêtre de mon repos ; quand mes pensées sont à la paix ; que le fracas des armes s'est éteint ».

CARTHON: A POEM

ARGUMENT

This poem is compleat, and the subject of it, as of most of Ossian's compositions, tragical. In the time of Comhal the son of Trathal, and father of the celebrated Fingal, Clessámmor the son of Thaddu and brother of Morna, Fingal's mother, was driven by a storm into the river Clyde, on the banks of which stood Balclutha, a town belonging to the Britons between the walls. He was hospitably received by Reuthámir, the principal man in the place, who gave him Moina his only daughter in marriage. Reuda, the son of Cormo, a Briton who was in love with Moina, came to Reuthámir's house, and behaved haughtily towards Clessámmor. A quarrel insued, in which Reuda was killed; the Britons, who attended him pressed so hard on Clessámmor, that he was obliged to throw himself into the Clyde, and swim to his ship. He hoisted sail, and the wind being favourable, bore him out to sea. He often endeavoured to return, and carry off his beloved Moina by night; but the wind continuing contrary, he was forced to desist.

Moina, who had been left with child by her husband, brought forth a son, and died soon after.—Reuthámir named the child Carthon, *i.e. the murmur of waves*, from the storm which carried off Clessámmor his father, who was supposed to have been cast away. When Carthon was three years old, Comhal the father of Fingal, in one of his expeditions against the Britons, took and burnt Balclutha. Reuthámir was killed in the attack: and Carthon was carried safe away by his nurse, who fled farther into the country of the Britons. Carthon, coming to man's estate was resolved to revenge the fall of Balclutha on Comhal's posterity. He

CARTHON : POÈME

3e édition, 1765

ARGUMENT[1]

Ce poème est complet et le sujet en est, comme dans la plupart des compositions d'Ossian, tragique. Au temps de Comhal, fils de Trathal et père du célèbre Fingal, Clessámmor, fils de Thaddu et frère de Morna (qui était la mère de Fingal), dut, au cours d'une tempête, trouver refuge dans la ville fortifiée de Balclutha, au bord de l'estuaire de la Clyde, ville occupée par une colonie de Bretons insulaires. Reuthámir, le personnage le plus important de cette ville, le reçut avec hospitalité et lui donna en mariage Moina, sa fille unique. Reuda, fils de Cormo, breton lui aussi, et qui était amoureux de Moina, vint dans la maison de Reuthámir et offensa Clessámmor. Une querelle s'ensuivit et Reuda fut tué. Les Bretons qui accompagnaient ce dernier forcèrent Clessámmor à se jeter dans la Clyde et à regagner son bateau à la nage. Il hissa les voiles et un vent favorable le porta jusqu'à la mer. Plus tard, il tenta plusieurs fois de revenir afin d'enlever Moina, mais les vents contraires l'en empêchèrent.

Moina, qu'il avait laissée enceinte, donna naissance à un fils et mourut peu après. Reuthámir le nomma Carthon, c'est-à-dire « murmure des vagues », en souvenir de la tempête qui avait emporté son père que l'on croyait perdu. Carthon avait trois ans lorsque Comhal, au cours d'une expédition contre les Bretons, prit Balclutha et la brûla. Reuthámir périt dans l'attaque et Carthon fut sauvé par sa nourrice, qui se réfugia plus avant dans les terres que contrôlaient les Bretons. Carthon, lorsqu'il atteint l'âge adulte, décide de venger la chute de Balclutha en détruisant

---

1   Ce résumé apparaît dans les notes des éditions de 1762 et 1765, et en tête du poème dans l'édition de 1773.

set sail, from the Clyde, and, falling on the coast of Morven, defeated two of Fingal's heroes, who came to oppose his progress. He was, at last, unwittingly killed by his father Clessámmor, in a single combat. This story is the foundation of the present poem, which opens on the night preceding the death of Carthon, so that what passed before is introduced by way of episode. The poem is addressed to Malvina the daughter of Toscar.

la descendance de Comhal. Il fait voile vers la côte de Morven et tue deux héros envoyés par Fingal. Finalement, il est vaincu en combat singulier par son père – qui ignore sa véritable identité. Le début du poème se situe pendant la nuit qui précède la mort de Carthon ; il est adressé à Malvina, fille de Toscar.

A tale of the times of old! The deeds of days of other years!–The murmur of thy streams, O Lora, brings back the memory of the past. The sound of thy woods, Garmallar, is lovely in mine ear. Dost thou not behold, Malvina, a rock with its head of heath? Three aged firs bend from its face; green is the narrow plain at its feet; there the flower of the mountain grows, and shakes its white head in the breeze. The thistle is there alone, and sheds its aged beard. Two stones, half sunk in the ground, shew their heads of moss. The deer of the mountain avoids the place, for he beholds the gray ghost that guards it: for the mighty lie, O Malvina, in the narrow plain of the rock. A tale of the times of old! the deeds of days of other years!

Who comes from the land of strangers, with his thousands around him? the sun-beam pours its bright stream before him; and his hair meets the wind of his hills. His face is settled from war. He is calm as the evening beam that looks, from the cloud of the west, on Cona's silent vale. Who is it but Comhal's son, the king of mighty deeds! He beholds his hills with joy, and bids a thousand voices rise.–Ye have fled over your fields, ye sons of the distant land! The king of the world sits in his hall, and hears of his people's flight. He lifts his red eye of pride, and takes his father's sword. Ye have fled over your fields, sons of the distant land!

Such were the words of the bards, when they came to Selma's halls.– A thousand lights from the stranger's land rose, in the midst of the people. The feast is spread around; and the night passed away in joy.– Where is the noble Clessámmor, said the fair-haired Fingal? Where is the companion of my father, in the days of my joy? Sullen and dark he passes his days in the vale of echoing Lora: but, behold, he comes from the hill, like a steeds in his strength, who finds his companions in the breeze; and tosses his bright mane in the wind.–Blest be the soul of Clessámmor, why so long from Selma?

Un récit des temps lointains! Les gestes des jours anciens! – Le murmure de tes ruisseaux, ô Lora, rappelle en moi les souvenirs du passé. Le son de tes forêts, Garmallar, charme mon oreille. Ne vois-tu pas, ô Malvina, ce haut roc couronné de bruyère? Trois sapins âgés plantés sur sa cime se penchent vers le sol; au pied de ce rocher, une étroite et verte vallée; là, pousse la fleur des montagnes et sa blanche tête est bercée par la brise. Le chardon est là, solitaire, et son duvet gris et desséché s'envole. Deux pierres, à moitié enfouies dans le sol, laissent dépasser leurs têtes recouvertes de mousse. Le cerf des montagnes évite l'endroit, car il y voit la sentinelle grise et spectrale[1] : car ici reposent les puissants, ô Malvina, dans la plaine étroite devant ce rocher. Un récit des temps lointains! les gestes des jours anciens!

Quel est celui qui revient du pays des étrangers, entouré de ses mille guerriers? les rayons du soleil déversent devant lui un torrent de lumière; et ses cheveux jouent avec le vent des collines. Son visage n'est plus à la guerre. Il est calme comme le rayon du soir qui, à travers le nuage du couchant, regarde vers la vallée silencieuse de la Cona. Quel autre serait-ce que le fils de Comhal, roi aux majestueux exploits[2]! Il contemple ses collines avec joie et ordonne que mille voix s'élèvent. – Vous avez fui sur vos plaines, ô fils des terres lointaines! Le roi du monde est assis en son palais et apprend la fuite de son peuple. Il lève l'œil rouge de son orgueil et prend l'épée de son père. Vous avez fui sur vos plaines, fils des terres lointaines!

Telles furent les paroles des bardes lorsqu'ils arrivèrent au palais de Selma. – Mille lumières conquises sur l'étranger élevèrent leur flamme, au milieu des guerriers[3]. On donne le festin; et la nuit passa dans la joie. – Où est le noble Clessámmor, dit Fingal aux cheveux blonds? Où est le

---

1   On croyait alors que les cerfs voyaient les fantômes des défunts. De nos jours encore, lorsqu'un animal sursaute sans raison, les personnes peu éduquées pensent qu'il a vu l'esprit d'un mort. [Macpherson]

2   Fingal revient d'une expédition contre les Romains; le traducteur possède un poème d'Ossian qui célèbre le succès de celle-ci. [Macpherson] Dans les notes aux éditions de 1762 et 1773, Macpherson indique que ce poème est intitulé « The Strife of Crona » (« la lutte de la Crona »). Dans une note à « Carric-thura », Macpherson précise qu'il n'a pu retrouver de version de ce poème qui soit suffisamment bien conservée pour être incluse.

3   Probablement des bougies de cire, butin couramment rapporté de la province romaine. [Macpherson]

Returns the chief, said Clessámmor, in the midst of his fame? Such was the renown of Comhal in the battles of his youth. Often did we pass over Caron to the land of the strangers: our swords returned, not unstained with blood: nor did the kings of the world rejoice.–Why do I remember the battles of my youth? My hair is mixed with gray. My hand forgets to bend the bow: and I lift a lighter spear. O that my joy would return, as when I first beheld the maid; the white-bosomed daughter of strangers, Moina with the dark-blue eyes!

Tell, said the mighty Fingal, the tale of thy youthful days. Sorrow, like a cloud on the sun, shades the soul of Clessámmor. Mournful are thy thoughts, alone, on the banks of the roaring Lora. Let us hear the sorrow of thy youth, and the darkness of thy days.

It was in the days of peace, replied the great Clessámmor, I came, in my bounding ship, to Balclutha's walls of towers. The winds had roared behind my sails, and Clutha's streams received my dark-bosomed vessel. Three days I remained in Reuthámir's halls, and saw that beam of light, his daughter. The joy of the shell went round, and the aged hero gave the fair. Her breasts were like foam on the wave, and her eyes like stars of light: her hair was dark as the raven's wing: her soul was generous and mild. My love for Moina was great: and my heart poured forth in joy.

The son of a stranger came; a chief who loved the white-bosomed Moina. His words were mighty in the hall, and he often half-unsheathed his sword.–Where, he said, is the mighty Comhal, the restless wanderer of the heath? Comes he, with his host, to Balclutha, since Clessámmor is so bold?

compagnon de mon père, à l'heure de ma joie ? Morne et sombre il passe ses jours dans la vallée de Lora pleine d'échos : mais, voyez, il descend de la colline, tel un coursier dans sa force qui sent dans la brise la présence de ses compagnons[1] ; et il secoue au vent son éclatante crinière. – Bénie soit l'âme de Clessámmor, pourquoi si longtemps absent de Selma ?

Le chef revient-il, dit Clessámmor, au milieu de sa gloire ? Telle était la renommée de Comhal dans les batailles de sa jeunesse. Souvent nous traversâmes la Caron pour rejoindre le pays des étrangers : nos épées revenaient mais elles n'étaient plus vierges de sang : et les rois du monde ne se réjouissaient point. – Pourquoi se rappeler les batailles de ma jeunesse ? À mes cheveux se mêle le gris. Ma main oublie de bander l'arc : et je lève une lance plus légère. Oh ! si ma joie pouvait revenir, comme lorsque je vis pour la première fois cette vierge au sein blanc ; la fille des étrangers, Moina[2] aux yeux bleu sombre !

Raconte-nous, dit le puissant Fingal, le récit de tes jeunes années. La peine, comme un nuage devant le soleil, assombrit l'âme de Clessámmor. Seul, sur les bords de la Lora aux flots rugissants, tes pensées sont lugubres. Dis-nous les peines de ta jeunesse et l'obscurité de tes jours.

C'était en temps de paix, répondit le grand Clessámmor, je vins, sur mon navire bondissant, sous les murs hérissés de tours de Balclutha. Les vents avaient rugi derrière mes voiles, et les flots de la Clutha reçurent mon navire au sombre poitrail. Trois jours durant je restai au palais de Reuthámir, et je vis ce rayon de lumière, sa fille. La joie des conques passa de main en main et ce héros âgé me donna cette beauté. Ses seins étaient comme l'écume sur la vague, et ses yeux des étoiles de lumière : ses cheveux étaient sombres comme l'aile du corbeau : son âme généreuse et tendre. Mon amour pour Moina était grand : et mon cœur s'épanchait de joie.

Vint le fils de l'étranger ; un chef qui aimait Moina au sein si blanc. Ses paroles étaient fortes dans la salle et souvent il tirait à demi son épée. – Où, dit-il, est le puissant Comhal, celui qui sans cesse parcourt la lande[3] ? Vient-il avec son armée à Balclutha, pour que Clessámmor soit si hardi ?

---

1   Macpherson cite en note le *Livre de Job* 31, 19 ; puis l'*Iliade* 6, 652-7 et la traduction de Pope ; puis l'*Énéide* 11, 743-8 et la traduction de Dryden.

2   Moina, *douce d'apparence et de tempérament*. Les noms britanniques dans ce poème proviennent du gaélique, preuve que la langue parlée sur l'île était partout la même. [Macpherson]

3   Le mot ici traduit par *celui qui sans cesse parcourt la lande* est *Scuta*, qui est la source du mot *Scoti* utilisé par les Romains : le nom était employé par les Bretons insulaires pour désigner les Calédoniens, à cause de leurs incursions incessantes sur leurs terres. [Macpherson]

My soul, I replied, O warrior! burns in a light of its own. I stand without fear in the midst of thousands, though the valiant are distant far.–Stranger! thy words are mighty, for Clessámmor is alone. But my sword trembles by my side, and longs to glitter in my hand.–Speak no more of Comhal, son of the winding Clutha!

The strength of his pride arose. We fought; he fell beneath my sword. The banks of Clutha heard his fall, and a thousand spears glittered around. I fought: the strangers prevailed: I plunged into the stream of Clutha. My white sails rose over the waves, and I bounded on the dark-blue sea.–Moina came to the shore, and rolled the red eye of her tears: her dark hair flew on the wind; and I heard her cries.–Often did I turn my ship! but the winds of the East prevailed. Nor Clutha ever since have I seen: nor Moina of the dark brown hair.–She fell in Balclutha: for I have seen her ghost. I knew her as she came through the dusky night, along the murmur of Lora: she was like the new moon seen through the gathered mist: when the sky pours down its flaky snow, and the world is silent and dark.

Raise, ye bards, said the mighty Fingal, the praise of unhappy Moina. Call her ghost, with your songs, to our hills; that she may rest with the fair of Morven, the sun-beams of other days, and the delight of heroes of old.–I have seen the walls of Balclutha, but they were desolate. The fire had resounded in the halls: and the voice of the people is heard no more. The stream of Clutha was removed from its place, by the fall of the walls.–The thistle shook, there, its lonely head: the moss whistled to the wind. The fox looked out, from the windows, the rank grass of the wall waved round his head.–Desolate is the dwelling of Moina, silence is in the house of her fathers.–Raise the song of mourning, bards, over the land of strangers. They have but fallen before us: for, one day, we must fall.–Why dost thou build the hall, son of the winged days? Thou lookest from thy towers to-day; yet a few years, and the blast of the desart comes; it howls in thy empty court, and whistles round thy half-worn shield.–And let the blast of the desart come! we shall be renowned in our day. The mark of my arm shall be in the battle, and my name in the song of bards.–Raise the song; send round the shell: and let joy be heard in my hall.–When thou, sun of heaven, shalt fail! if thou shalt fail, thou mighty light! if thy brightness is for a season, like Fingal; our fame shall survive thy beams.

Mon âme, répondis-je, ô guerrier! brûle de son propre feu. Je me tiens sans peur entouré d'ennemis innombrables, même si les braves sont très loin. – Étranger, tes paroles sont fortes parce que Clessámmor est seul. Mais mon épée frémit mon côté, impatiente de briller dans ma main. – Ne parle plus de Comhal, fils de la Clutha au cours sinueux.

La force de son orgueil se leva. Nous combattîmes; il tomba sous mon épée. Les rives de la Clutha entendirent sa chute et mille lances scintillèrent autour de moi. Je combattis : les étrangers l'emportèrent : je me jetai dans les flots de la Clutha. Mes voiles blanches se déployèrent au-dessus des vagues et je bondis sur la mer bleu obscur. – Moina vint sur le rivage, elle roulait ses yeux de larmes et rougis : sa sombre chevelure flottait dans le vent; et j'entendais ses cris. – Plusieurs fois j'essayai de revenir vers la côte! mais les vents d'est m'emportèrent. Depuis, je n'ai jamais revu la Clutha : je n'ai jamais revu Moina aux cheveux brun sombre. – Elle est morte à Balclutha : car j'ai vu son fantôme. Je l'ai reconnue lorsqu'elle est venue à travers la nuit ténébreuse, portée par le murmure de la Lora : elle était comme la lune nouvelle cachée par une brume épaisse[1] : lorsque le ciel verse sa neige à gros flocons et que le monde est obscur et silencieux.

Que s'élèvent vos voix, ô bardes[2], dit le puissant Fingal, à la gloire de la malheureuse Moina. Appelez de vos chants son fantôme vers nos collines; afin qu'elle repose en compagnies des belles de Morven, ces rayons de soleil des siècles passés, celles qui ravissaient les héros de l'ancien temps. – J'ai vu les murs de Balclutha, mais ils étaient abandonnés[3]. La flamme avait retenti dans ses salles : et la voix de son peuple s'est tue. La chute de ses murs a détourné le cours de la Clutha. – Le chardon balançait là-bas sa tête solitaire : la mousse frémissait et sifflait dans le vent. Le renard faisait le guet depuis les fenêtres et la mauvaise herbe qui

---

1   Macpherson cite en note l'Énéide 6, 450 *sqq.*, et la traduction de Dryden.

2   Le titre de ce poème, dans la version originale, est *Duan na nlaoi*, c'est-à-dire *Le Poème des hymnes* : sans doute parce qu'il comporte de nombreuses digressions, toutes écrites en mètre lyrique, comme, par exemple, ce chant de Fingal. Chez les historiens irlandais, Fingal est célèbre pour sa sagesse de législateur, pour son génie poétique et pour sa connaissance des événements à venir. – O'Flaherty va jusqu'à prétendre que les lois établies par Fingal étaient encore appliquées à son époque. [Macpherson] – Ruaidhrí Ó Flaithbheartaigh ou Roderic O'Flaherty (1629 - 1716 ou 1718) était un historien irlandais, auteur de *Ogygia*, publié en 1685, une histoire de l'Irlande qui en retrace les origines préchrétiennes.

3   Le lecteur pourra comparer ce passage aux trois derniers versets du treizième chapitre du *Livre d'Ésaïe*, dans lequel le poète prédit la destruction de Babylone. [Macpherson]

Such was the song of Fingal, in the day of his joy. His thousand bards leaned forward from their seats, to hear the voice of the king. It was like the music of the harp on the gale of the spring.—Lovely were thy thoughts, O Fingal! why had not Ossian the strength of thy soul?—But thou standest alone, my father; and who can equal the king of Morven?

The night passed away in song, and morning returned in joy;—the mountains shewed their gray heads; and the blue face of ocean smiled.—The white wave is seen tumbling round the distant rock; the gray mist rises, slowly, from the lake. It came, in the figure of an aged man, along the silent plain. Its large limbs did not move in steps; for a ghost supported it in mid air. It came towards Selma's hall, and dissolved in a shower of blood.

The king alone beheld the terrible sight, and he foresaw the death of the people. He came, in silence, to his hall; and took his father's spear.—The mail rattled on his breast. The heroes rose around. They looked, in silence, on each other, marking the eyes of Fingal.—They saw the battle in his face: the death of armies on his spear.—A thousand shields, at once, are placed on their arms; and they drew a thousand swords. The hall of Selma brightened around. The clang of arms ascends.—The gray dogs howl in their place. No word is among the mighty chiefs.—Each marked the eyes of the king; and half assumed his spear.

envahit les murailles s'agitait tout autour de sa tête. – Elle est déserte, la demeure de Moina, le silence règne dans la maison de ses pères. – Que s'élève un chant de deuil, ô bardes, pour le pays des étrangers. Ils sont seulement tombés quelque temps avant nous : car, un jour, nous devrons aussi tomber. – Pourquoi bâtir ce palais, ô fils des jours ailés ? Aujourd'hui tu regardes du haut de tes tours ; encore quelques années, et le souffle du désert est là ; il hurle dans tes cours abandonnées et siffle autour de ton bouclier à demi usé. – Mais qu'il vienne le souffle du désert ! couvrons-nous de gloire tant que nous sommes vivants. La marque de mon bras sera dans la bataille et mon nom dans le chant des bardes. – Que s'élève le chant ; faites passer les conques : que la joie retentisse dans ma grande salle. – Lorsque tu disparaîtras, ô fils des cieux ! si toi aussi, puissante lumière ! tu devais disparaître, si ton éclat, comme celui de Fingal, n'est que pour un temps ; notre renommée, alors, survivra à tes rayons.

Ainsi chantait Fingal à l'heure de sa joie. Ses mille bardes, assis près de lui, se penchaient pour entendre la voix du roi. Elle était comme la musique de la harpe portée par la brise printanière. – Tes pensées étaient plaisantes, ô Fingal ! pourquoi Ossian n'a-t-il pas reçu la force de ton âme ? – Mais tu es à nul autre pareil, ô mon père ; et qui peut égaler le roi de Morven ?

La nuit se passa dans les chants et le matin revint dans la joie ; – les montagnes montraient leurs têtes grises ; et la face bleue de l'océan souriait. – On voit la vague blanche se briser contre le rocher lointain ; la brume grise s'élève, lentement, à la surface du lac. Elle prit la forme d'un vieillard et s'approcha sur la plaine silencieuse. Ses jambes énormes ne marchaient pas ; un fantôme la soutenait au milieu des airs. Elle s'approcha du palais de Selma et se décomposa en une pluie de sang.

Seul le roi fut témoin de cette vision terrifiante et il en augura que la mort allait frapper. Il rentra, silencieusement, en son palais ; il prit la lance de son père. – Sa cotte de mailles résonnait sur sa poitrine. Les héros se levèrent autour de lui. Ils se regardaient, en silence, et observaient les yeux de Fingal. – Ils virent la bataille sur son visage : la mort des armées par sa lance. – Mille boucliers ensemble sont saisis ; et milles épées tirées. La grande salle de Selma toute entière s'illumine. Le fracas des armes s'élève. – Les chiens gris hurlent, immobiles. Pas un mot entre les chefs puissants. – Chacun observait les yeux du roi ; et porta la main vers sa lance.

Sons of Morven, begun the king, this is no time to fill the shell. The battle darkens near us; and death hovers over the land. Some ghost, the friend of Fingal, has forewarned us of the foe.–The sons of the stranger come from the darkly-rolling sea. For, from the water, came the sign of Morven's gloomy danger.–Let each assume his heavy spear, and gird on his father's sword.–Let the dark helmet rise on every head; and the mail pour its lightening from every side.–The battle gathers like a tempest, and soon shall ye hear the roar of death.

The hero moved on before his host, like a cloud before a ridge of heaven's fire; when it pours on the sky of night, and mariners foresee a storm. On Cona's rising heath they stood: the white-bosomed maids beheld them above like a grove; they foresaw the death of their youths, and looked towards the sea with fear.–The white wave deceived them for distant sails, and the tear is on their cheek.

The sun rose on the sea, and we beheld a distant fleet.–Like the mist of ocean they came: and poured their youth upon the coast.–The chief was among them, like the stag in the midst of the herd.–His shield is studded with gold, and stately strode the king of spears.–He moved towards Selma; his thousands moved behind.

Go, with thy song of peace, said Fingal; go, Ullin, to the king of swords. Tell him that we are mighty in battle; and that the ghosts of our foes are many.–But renowned are they who have feasted in my halls! they shew the arms of my fathers in a foreign land: the sons of the strangers wonder, and bless the friends of Morven's race; for our names have been heard afar; the kings of the world shook in the midst of their people.

Ullin went with his song. Fingal rested on his spear: he saw the mighty foe in his armour: and he blest the stranger's son.

Fils de Morven, commença le roi, ce n'est pas ici le moment de
remplir vos conques. La bataille s'obscurcit à nos portes ; et la mort
survole notre terre. Une ombre, fantôme ami de Fingal, nous a avertis
de l'arrivée de l'ennemi. – Les fils de l'étranger arrivent ici portés par
les flots obscurs et houleux de la mer. Car des eaux est venu le signe du
sombre danger de Morven. – Que chacun s'arme de sa lourde lance et
ceigne l'épée de son père[1]. – Que sur chaque tête soit posé un sombre
casque ; et que sur chaque flanc étincellent les cottes de mailles. – La
bataille se prépare, telles des nuées orageuses qui s'assemblent, et bientôt
vous entendrez rugir la mort.

Le héros s'avançait à la tête de son armée comme le nuage qui précède
un front de feu céleste ; quand il s'étend sur un ciel nocturne et que les
marins voient venir la tempête. Sur la lande montagneuse de Cona ils
se tenaient : aux vierges aux seins blancs, ils semblaient une forêt sur les
hauteurs ; elles devinaient la mort de leurs jeunes guerriers et regardaient
en direction de la mer avec effroi. – Elles prenaient les vagues blanches
pour des voiles lointaines et des larmes coulent sur leurs joues.

Le soleil se leva sur la mer, et nous vîmes une flotte lointaine. – Ils
vinrent comme les brumes océanes : et cette guerrière jeunesse se répandit
sur le rivage. – Leur chef était parmi eux, tel le cerf au milieu de son
troupeau. – Son bouclier est incrusté d'or, sa démarche orgueilleuse, sa
stature majestueuse : il est le roi des lances. – Il allait vers Selma ; des
milliers et des milliers de soldats le suivaient.

Va avec ton chant de paix, dit Fingal ; va, Ullin, trouver le roi des
épées. Dis-lui que nous sommes puissants dans la bataille ; et que les
fantômes de nos ennemis sont nombreux. – Mais ceux qui festoient
dans mon palais sont comblés de gloire ! ils montrent les armes de mes
ancêtres dans leurs terres lointaines[2] : les fils des étrangers les admirent et
bénissent les amis de la race de Morven ; car notre nom s'est fait entendre
bien loin ; et les rois du monde entourés de leurs guerriers ont tremblé.

Ullin partit avec son chant. Fingal s'appuya sur sa lance : il vit le
puissant ennemi dans son armure : et il bénit le fils de l'étranger.

1   Macpherson cite en note l'*Iliade* 2, 382 *sqq.*, et la traduction de Pope ; puis le *Paradis perdu*
    6, 541-6.
2   Chez les Écossais, une coutume antique voulait que l'on échangeât ses armes avec celles
    de ses invités ; les familles conservaient ensuite ces armes comme marques de l'amitié
    inaugurée par leurs ancêtres et qui subsistait entre elles. [Macpherson]

How stately art thou, son of the sea! said the king of woody Morven.
Thy sword is a beam of might by thy side: thy spear is a fir that defies
the storm. The varied face of the moon is not broader than thy shield.—
Ruddy is thy face of youth! soft the ringlets of thy hair!—But this tree
may fall; and his memory be forgot!—The daughter of the stranger will
be sad, and look to the rolling sea:—the children will say, "We see a ship;
perhaps it is the king of Balclutha." The tear starts from their mother's
eye. Her thoughts are of him that sleeps in Morven.

Such were the words of the king, when Ullin came to the mighty
Carthon: he threw down the spear before him; and raised the song of
peace.

Come to the feast of Fingal, Carthon, from the rolling sea! partake
the feast of the king, or lift the spear of war. The ghosts of our foes are
many: but renowned are the friends of Morven!

Behold that field, O Carthon; many a green hill rises there, with
mossy stones and rustling grass: these are the tombs of Fingal's foes,
the sons of the rolling sea.

Dost thou speak to the feeble in arms, said Carthon, bard of the
woody Morven? Is my face pale for fear, son of the peaceful song? Why,
then, dost thou think to darken my soul with the tales of those who
fell?—My arm has fought in the battle; my renown is known afar. Go to
the feeble in arms, and bid them yield to Fingal.—Have not I seen the
fallen Balclutha? And shall I feast with Comhal's son? Comhal! who
threw his fire in the midst of my father's hall! I was young, and knew
not the cause why the virgins wept. The columns of smoke pleased mine
eye, when they rose above my walls; I often looked back, with gladness,
when my friends fled along the hill.—But when the years of my youth
came on, I beheld the moss of my fallen walls: my sigh arose with the
morning, and my tears descended with night.—Shall I not fight, I said
to my soul, against the children of my foes? And I will fight, O bard;
I feel the strength of my soul.

His people gathered around the hero, and drew, at once, their shining
swords. He stands, in the midst, like a pillar of fire; the tear half-starting
from his eye; for he thought of the fallen Balclutha, and the crowded
pride of his soul arose. Sidelong he looked up to the hill, where our
heroes shone in arms; the spear trembled in his hand: and, bending
forward, he seemed to threaten the king.

Quelle majesté, ô fils de la mer ! dit le roi de Morven où s'étendent les bois. Ton épée est un rayon de puissance à ton côté : ta lance, un sapin qui défie la tempête. Le visage changeant de la lune n'est pas plus large que ton bouclier. – La jeunesse colore ton visage ! dansent tes boucles souples ! – Mais cet arbre peut s'abattre ; et son souvenir s'effacer ! – La fille de l'étranger s'affligera et regardera la mer houleuse : – ses enfants diront, « Un bateau s'approche ; peut-être est-ce le roi de Balclutha. » Une larme coule des yeux de leur mère. Ses pensées sont pour celui qui dort là-bas en Morven.

Telles étaient les paroles du roi quand Ullin s'approcha du puissant Carthon : il jeta à ses pieds sa lance ; et entonna le chant de la paix.

Viens au festin de Fingal, Carthon, toi qui es venu de la mer houleuse ! partage le festin du roi ou brandis la lance de la guerre. Les fantômes de nos ennemis sont nombreux : mais les amis de Morven sont comblés de gloire !

Regarde ce champ, ô Carthon ; tu vois tous ces verts monticules qui se dressent, tu vois ces pierres recouvertes de mousse et l'herbe qui frémit : ce sont les tombes des ennemis de Fingal, les fils de la mer houleuse.

Crois-tu parler à un guerrier sans courage, répondit Carthon, ô barde de Morven aux vastes forêts ? Vois-tu sur mon visage la pâleur de l'effroi, fils des chants pacifiques ? Pourquoi, alors, vouloir assombrir mon âme en me parlant de ceux qui sont tombés ? – Mon bras a combattu dans la bataille ; ma gloire est connue très loin. Va trouver les guerriers sans courage et dis-leur de céder à Fingal. – Ne sais-tu pas que j'ai vu la chute de Balclutha ? Et puis-je alors festoyer en compagnie du fils de Comhal ? Comhal ! qui a porté sa flamme dans le palais de mon père ! J'étais jeune et ne savais pas pourquoi pleuraient les vierges. Les colonnes de fumée qui s'élevaient au-dessus de mes murailles réjouissaient mon regard ; plusieurs fois je me retournai et je vis avec plaisir mes amis s'enfuir sur la colline. – Mais quand les années de l'enfance furent passées, je vis la mousse qui recouvrait les ruines de mes murailles : mes soupirs éclataient avec l'aube et mes larmes coulaient avec le crépuscule. – Ne combattrai-je pas, dis-je alors à mon âme, les fils de mes ennemis ? Et je combattrai, ô barde ; je sens la force de mon âme.

Ses guerriers se rassemblèrent autour du héros et tirèrent, tous à la fois, leurs épées étincelantes. Il se tient au milieu d'eux tel un pilier de feu ; une larme prête à s'échapper de ses yeux ; car il se rappelait la chute

Shall I, said Fingal to his soul, meet, at once, the king? Shall I stop him, in the midst of his course, before his fame shall arise? But the bard, hereafter, may say, when he sees the tomb of Carthon; Fingal took his thousands, along with him, to battle, before the noble Carthon fell.–No:–bard of the times to come! thou shalt not lessen Fingal's fame. My heroes will fight the youth, and Fingal behold the battle. If he overcomes, I rush, in my strength, like the roaring stream of Cona.

Who, of my heroes, will meet the son of the rolling sea? Many are his warriors on the coast; and strong is his ashen spear!

Cathul rose, in his strength, the son of the mighty Lormar: three hundred youths attend the chief, the race of his native streams. Feeble was his arm against Carthon, he fell; and his heroes fled.

Connal resumed the battle, but he broke his heavy spear: he lay bound on the field: and Carthon pursued his people.

Clessámmor! said the king of Morven, where is the spear of thy strength? Wilt thou behold Connal bound; thy friend, at the stream of Lora? Rise, in the light of thy steel, thou friend of Comhal. Let the youth of Balclutha feel the strength of Morven's race.

He rose in the strength of his steel, shaking his grizly locks. He fitted the shield to his side; and rushed, in the pride of valour.

Carthon stood, on that heathy rock, and saw the heroes approach. He loved the terrible joy of his face: and his strength, in the locks of age.–Shall I lift that spear, he said, that never strikes, but once, a foe? Or shall I, with the words of peace, preserve the warrior's life? Stately are his steps of age!–lovely the remnant of his years. Perhaps it is the love of Moina; the father of car-borne Carthon. Often have I heard, that he dwelt at the echoing stream of Lora.

de Balclutha et l'orgueil amassé dans son âme se soulevait. Il jeta un regard oblique vers la colline où nos héros brillaient dans leurs armes ; la lance tremblait dans sa main : il se penchait en avant et semblait menacer le roi.

Devrais-je maintenant, demanda Fingal à son âme, aller à la rencontre du roi ? Devrais-je l'arrêter au milieu de sa course, avant qu'il n'ait vu croître sa gloire ? Mais alors le barde, un jour, dirait en voyant la tombe de Carthon ; il fallut que Fingal vînt au combat avec ses mille guerriers pour que tombât le noble Carthon. – Non : – bardes à venir ! vous ne ternirez pas la gloire de Fingal. Mes héros combattront le jeune guerrier, et Fingal sera spectateur de cette bataille. S'il triomphe, je m'élancerai dans ma force comme le tumultueux torrent de la Cona.

Qui de mes héros veut affronter le fils de la mer houleuse ? Ses hommes sont nombreux sur la côte ; et solide sa lance de frêne !

Cathul, fils du puissant Lormar, se dressa dans sa force : trois cent jeunes guerriers suivent leur chef, la race de ses torrents natals[1]. Son bras fut faible contre Carthon, il tomba ; ses héros s'enfuirent.

Connal[2] reprit le combat, mais il rompit sa lourde lance : il fut terrassé et enchaîné sur le champ de bataille : et Carthon poursuivit ses hommes.

Clessámmor ! dit le roi de Morven[3], où est la lance de ta force ? Peux-tu voir Connal ainsi enchaîné ; ton ami, sur les rives du torrent de Lora ? Lève-toi, dans la lumière de ton acier, toi qui fus l'ami de Comhal. Que le jeune héros de Balclutha sente la force de la race de Morven.

Il se dressa dans la force de son acier, secoua sa chevelure grise et noire. Il plaça le bouclier à son côté ; et s'élança dans la fierté de sa bravoure.

Carthon se tenait là-bas, sur ce rocher couvert de bruyère, et il vit le héros s'approcher. Il aima la joie terrible sur son visage : et sa force sous la chevelure de sa vieillesse. – Lèverai-je cette lance, dit-il, qui jamais n'eut besoin de frapper l'ennemi deux fois ? Ou bien chercherai-je, par des paroles de paix, à préserver la vie du guerrier ? Les pas de sa vieillesse sont pleins de majesté ! – les vestiges de ses ans sont encore gracieux. Peut-être est-il l'amant de Moina ; le père de Carthon au char

---

1   Ce passage semble indiquer que le système clanique existait à l'époque de Fingal, bien qu'il ne fût alors pas aussi développé que celui qui existe de nos jours dans le nord de l'Écosse. [Macpherson]

2   La poésie antique a souvent célébré la bravoure et la sagesse de ce Connal ; il subsiste même une petite tribu, dans le nord de l'Écosse, qui prétend descendre de lui. [Macpherson]

3   Fingal ignorait à ce moment que Carthon était le fils de Clessámmor. [Macpherson]

Such were his words, when Clessámmor came, and lifted high his spear. The youth received it on his shield, and spoke the words of peace.–Warrior of the aged locks! Is there no youth to lift the spear? Hast thou no son, to raise the shield before his father, and to meet the arm of youth? Is the spouse of thy love no more? or weeps she over the tombs of thy sons? Art thou of the kings of men? What will be the fame of my sword if thou shalt fall?

It will be great, thou son of pride! begun the tall Clessámmor, I have been renowned in battle; but I never told my name to a foe. Yield to me, son of the wave, and then thou shalt know, that the mark of my sword is in many a field.

I never yielded, king of spears! replied the noble pride of Carthon: I have also fought in battles; and I behold my future fame. Despise me not, thou chief of men; my arm, my spear is strong. Retire among thy friends, and let young heroes fight.

Why dost thou wound my soul, replied Clessámmor with a tear? Age does not tremble on my hand; I still can lift the sword. Shall I fly in Fingal's sight; in the sight of him I loved? Son of the sea! I never fled: exalt thy pointed spear.

They fought, like two contending winds, that strive to roll the wave. Carthon bade his spear to err; for he still thought that the foe was the spouse of Moina.–He broke Clessámmor's beamy spear in twain: and seized his shining sword. But as Carthon was binding the chief; the chief drew the dagger of his fathers. He saw the foe's uncovered side; and opened, there, a wound.

Fingal saw Clessámmor low: he moved in the sound of his steel. The host stood silent, in his presence; they turned their eyes towards the hero.–He came, like the sullen noise of a storm, before the winds arise: the hunter hears it in the vale, and retires to the cave of the rock.

rapide. J'ai souvent ouï dire qu'il demeurait au bord du torrent plein d'échos de Lora.

Telles furent ses paroles lorsque Clessámmor s'avança et leva haut sa lance. Le jeune guerrier reçut le coup sur son bouclier et prononça les paroles de paix. – Guerrier à la chevelure âgée ! N'y a-t-il personne plus jeune pour brandir cette lance ? N'as-tu pas de fils qui puisse lever son bouclier pour protéger son père et affronter le bras de la jeunesse ? L'épouse de ton amour n'est-elle plus ? ou pleure-t-elle sur les tombes de tes fils ? Es-tu de la race des rois ? Quelle sera la gloire de mon épée si tu devais succomber ?

Grande, ô fils de l'orgueil ! répondit Clessámmor à la haute taille, je me suis distingué dans les batailles ; mais jamais je n'ai dit mon nom à l'ennemi[1]. Cède-moi, fils de la vague, et tu apprendras alors que la marque de mon épée est sur de nombreux champs de bataille.

Je n'ai jamais cédé, ô roi des lances ! répondit le noble orgueil de Carthon : moi aussi, j'ai combattu dans les batailles ; et je contemple ma gloire à venir. Ne me méprise pas, ô chef des hommes ; mon bras, ma lance sont forts. Retire-toi auprès de tes amis et laisse combattre les jeunes héros.

Pourquoi outrages-tu mon âme, répondit Clessámmor avec une larme ? La vieillesse ne tremble pas dans ma main ; je peux encore lever l'épée. Et je fuirais sous les yeux de Fingal ; sous les yeux de celui que j'aime ? Fils de la mer ! je n'ai jamais fui : lève ta lance acérée.

Ils combattirent, tels des vents contraires qui luttent pour soulever la vague. Carthon commandait à sa lance d'éviter l'adversaire ; car toujours il croyait voir en lui l'époux de Moina. – Il rompit en deux la lance radieuse de Clessámmor : il se saisit de son épée brillante. Mais tandis que Carthon attachait le chef, le chef tira la dague de ses pères. Il vit le flanc découvert de son adversaire ; il y ouvrit une blessure.

Fingal vit Clessámmor terrassé : il s'avança dans le bruit de son acier. Les troupes en sa présence s'arrêtèrent en silence ; elles tournèrent les yeux vers le héros. – Il vint, comme la rumeur morne de la tempête avant que la bourrasque ne se lève : le chasseur l'entend depuis la vallée et il se retire dans la caverne du rocher.

---

1   En ces âges héroïques, dire son nom à un ennemi était interprété comme un désir d'éviter le combat ; en effet, s'il avait existé une amitié entre les ancêtres des combattants, il leur était alors impossible de se battre et ces liens anciens devaient être réaffirmés. Un *homme qui dit son nom à l'ennemi* était une insulte pour désigner un lâche. [Macpherson]

Carthon stood in his place: the blood is rushing down his side: he saw the coming down of the king; and his hopes of fame arose; but pale was his cheek: his hair flew loose, his helmet shook on high: the force of Carthon failed; but his soul was strong.

Fingal beheld the hero's blood; he stopt the uplifted spear. Yield, king of swords! said Comhal's son; I behold thy blood. Thou hast been mighty in battle; and thy fame shall never fade.

Art thou the king so far renowned, replied the car-borne Carthon? Art thou that light of death, that frightens the kings of the world?–But why should Carthon ask? for he is like the stream of his desart; strong as a river, in his course: swift as the eagle of the sky.–O that I had fought with the king; that my fame might be great in the song! that the hunter, beholding my tomb, might say, he fought with the mighty Fingal. But Carthon dies unknown; he has poured out his force on the feeble.

But thou shalt not die unknown, replied the king of woody Morven: my bards are many, O Carthon, and their songs descend to future times. The children of the years to come shall hear the fame of Carthon; when they sit round the burning oak, and the night is spent in the songs of old. The hunter, sitting in the heath, shall hear the rustling blast; and, raising his eyes, behold the rock where Carthon fell. He shall turn to his son, and shew the place where the mighty fought; "There the king of Balclutha fought, like the strength of a thousand streams."

Joy rose in Carthon's face: he lifted his heavy eyes.–He gave his sword to Fingal, to lie within his hall, that the memory of Balclutha's king might remain on Morven.–The battle ceased along the field, for the bard had sung the song of peace. The chiefs gathered round the falling Carthon, and heard his words, with sighs. Silent they leaned on their spears, while Balclutha's hero spoke. His hair sighed in the wind, and his words were feeble.

Carthon se tenait immobile : le sang ruisselle de son flanc : il vit descendre le roi ; et s'élever ses espérances de gloire[1] ; mais ses joues étaient pâles : ses cheveux flottaient en désordre, son casque tremblait sur sa tête : la force de Carthon l'abandonnait ; mais son âme était forte.

Fingal vit le sang du héros ; il suspendit la course de sa lance levée. Cède, roi des épées ! dit le fils de Comhal ; je vois ton sang. Tu fus puissant dans cette bataille ; et ta gloire jamais ne s'évanouira.

Es-tu ce roi si fameux, répondit Carthon au char rapide ? Es-tu cette lumière de la mort qui épouvante les rois du monde ? – Mais quel besoin a Carthon de demander ? car il est comme le torrent qui traverse ses terres désertes ; impétueux comme la rivière qui poursuit son cours : rapide comme l'aigle dans le ciel. – Ah ! que n'ai-je combattu le roi ; ma gloire serait alors grande dans les chants ! le chasseur qui verrait ma tombe dirait alors, il a combattu le puissant Fingal. Mais Carthon meurt inconnu ; il a prodigué sa force contre le faible.

Non, tu ne mourras pas inconnu, répondit le roi de Morven aux vastes forêts : mes bardes sont nombreux, ô Carthon, et leurs chants retentiront jusqu'aux siècles futurs. Les enfants de l'avenir entendront la gloire de Carthon ; quand ils seront assis autour du chêne embrasé[2], et que la nuit se passera dans les chants des temps anciens. Le chasseur assis dans la lande entendra frémir le vent ; et il lèvera les yeux pour voir le rocher où Carthon est tombé. Il se tournera vers son fils et lui montrera le lieu où les puissants ont combattu ; « Ici le roi de Balclutha se battit, sa force était celle de mille torrents ».

La joie brilla sur le visage de Carthon : il leva ses yeux fatigués. – Il donna son épée à Fingal, afin qu'elle fût placée dans son palais et que le souvenir du roi de Balclutha se conservât en Morven. – La bataille cessa dans le champ, car le barde avait chanté la paix. Les chefs se rassemblèrent autour de Carthon qui expirait et, en soupirant, ils écoutèrent ses paroles. Silencieux, ils s'appuyaient sur leurs lances, tandis que le héros de Balclutha parlait. Ses cheveux soupiraient dans le vent et sa voix était sans force.

---

1   Cette phrase peut avoir deux significations : soit Carthon espère accroître sa renommée en tuant Fingal ; soit il espère devenir célèbre en mourant par sa main. La seconde hypothèse est la plus vraisemblable, puisque Carthon est déjà blessé. [Macpherson]

2   Dans le nord de l'Écosse, jusqu'à une époque récente, on brûlait un tronc complet de chêne lorsque l'on célébrait un événement. Au fil des ans, cette coutume était devenu sacrée et le peuple considérait qu'il aurait été sacrilège de ne pas la respecter. [Macpherson]

King of Morven, Carthon said, I fall in the midst of my course. A foreign tomb receives, in youth, the last of Reuthámir's race. Darkness dwells in Balclutha: and the shadows of grief in Crathmo.–But raise my remembrance on the banks of Lora: where my fathers dwelt. Perhaps the husband of Moina will mourn over his fallen Carthon.

His words reached the heart of Clessámmor: he fell, in silence, on his son. The host stood darkened around: no voice is on the plains of Lora. Night came, and the moon, from the east, looked on the mournful field: but still they stood, like a silent grove that lifts its head on Gormal, when the loud winds are laid, and dark autumn is on the plain.

Three days they mourned over Carthon; on the fourth his father died. In the narrow plain of the rock they lie; and a dim ghost defends their tomb. There lovely Moina is often seen; when the sun-beam darts on the rock, and all around is dark. There she is seen, Malvina, but not like the daughters of the hill. Her robes are from the stranger's land; and she is still alone.

Fingal was sad for Carthon; he desired his bards to mark the day, when shadowy autumn returned. And often did they mark the day and sing the hero's praise. Who comes so dark from ocean's roar, like autumn's shadowy cloud? Death is trembling in his hand! his eyes are flames of fire!–Who roars along dark Lora's heath? Who but Carthon king of swords? The people fall! see! how he strides, like the sullen ghost of Morven!–But there he lies a goodly oak, which sudden blasts overturned! When shalt thou rise, Balclutha's joy! lovely car-borne Carthon?–Who comes so dark from ocean's roar, like autumn's shadowy cloud?

Such were the words of the bards, in the day of their mourning: I have accompanied their voice; and added to their song. My soul has been mournful for Carthon; he fell in the days of his valour: and thou, O Clessámmor! where is thy dwelling in the air?–Has the youth forgot his wound? And flies he, on the clouds, with thee?–I feel the sun, O Malvina, leave me to my rest. Perhaps they may come to my dreams; I think I hear a feeble voice.–The beam of heaven delights to shine on the grave of Carthon: I feel it warm around.

Roi de Morven, dit Carthon, je tombe au milieu de ma course. Une tombe étrangère reçoit, dans sa jeunesse, le dernier de la race de Reuthámir. L'obscurité règne à Balclutha : et les ombres du chagrin à Crathmo. — Mais qu'on élève mon souvenir sur les rives de la Lora : où vécurent mes pères. Peut-être l'époux de Moina pleurera-t-il son Carthon ici tombé.

Ses paroles allèrent jusqu'au cœur de Clessámmor : sans un bruit, il tomba sur son fils. L'armée obscurcie resta immobile autour d'eux : plus une voix sur les plaines de la Lora. La nuit vint et la lune à l'orient regardait ce champ plein de deuil : mais toujours ils se tenaient immobiles, comme des arbres silencieux dont les têtes se dressent sur le Gormal lorsque les vents bruyants se taisent soudain et que l'automne est sur la plaine.

Trois jours durant ils pleurèrent Carthon ; au quatrième, son père mourut. Dans la plaine étroite devant ce rocher ils reposent ; et un fantôme indistinct défend leur tombe. On y voit souvent la gracieuse Moina ; quand le rayon du soleil darde sur le rocher et que tout est sombre alentour. On l'y voit, Malvina, mais elle n'est pas comme les filles de nos collines. Ses vêtements sont d'une terre étrangère ; elle est toujours seule.

Fingal fut triste pour Carthon ; il commanda à ses bardes de célébrer ce jour, chaque année lorsque reviendrait l'automne aux ombres profondes. Et souvent ils célébrèrent ce jour et chantèrent les louanges du héros. Qui va là, si sombre, sorti du mugissement de l'océan, pareil au nuage automnal chargé d'ombres profondes ? La mort tremble dans sa main ! ses yeux sont des flammes ardentes ! — Qui rugit ainsi sur la lande de Lora ? Qui d'autre que Carthon, roi des épées ? Les guerriers tombent ! voyez ! comme il marche à grands pas, pareil à l'ombre lugubre de Morven ! — Mais il est là, couché, ce chêne superbe déraciné par un souffle brutal ! Quand te relèveras-tu, ô joie de Balclutha ! gracieux Carthon au char rapide ? — Qui va là, si sombre, sorti du mugissement de l'océan, pareil au nuage automnal chargé d'ombres profondes ?

Telles étaient les paroles des bardes au jour de leur douleur : moi aussi, j'ai accompagné leurs voix ; je me suis mêlé à leur chant. Mon âme a porté le deuil de Carthon ; il est tombé alors que sa bravoure était encore jeune : et toi, ô Clessámmor ! où demeures-tu dans les airs ? — Ton jeune fils a-t-il oublié sa blessure ? Et vole-t-il, sur les nuages, à tes côtés ? — Mais je sens venir le soleil, ô Malvina, laisse-moi me reposer. Ils viendront peut-être visiter mes rêves ; je crois entendre une faible

O thou that rollest above, round as the shield of my fathers! Whence
are thy beams, O sun! thy everlasting light? Thou comest forth, in thy
awful beauty, and the stars hide themselves in the sky; the moon, cold
and pale, sinks in the western wave. But thou thyself movest alone: who
can be a companion of thy course! The oaks of the mountains fall: the
mountains themselves decay with years; the ocean shrinks and grows
again: the moon herself is lost in heaven; but thou art for ever the same;
rejoicing in the brightness of thy course. When the world is dark with
tempests; when thunder rolls, and lightning flies; thou lookest in thy
beauty, from the clouds, and laughest at the storm. But to Ossian, thou
lookest in vain; for he beholds thy beams no more; whether thy yellow
hair flows on the eastern clouds, or thou tremblest at the gates of the
west. But thou art perhaps, like me, for a season, and thy years will
have an end. Thou shalt sleep in thy clouds, careless of the voice of the
morning.–Exult then, O sun, in the strength of thy youth! Age is dark
and unlovely; it is like the glimmering light of the moon, when it shines
through broken clouds, and the mist is on the hills; the blast of the
north is on the plain, the traveller shrinks in the midst of his journey.

voix. – Le rayon des cieux se plaît à éclairer la tombe de Carthon : je la sens réchauffée par ses rayons.

Ô toi qui roules au-dessus de nous, rond comme le bouclier de mes pères[1] ! D'où viennent tes rayons, ô soleil ! ta lumière éternelle ? Tu t'avances, dans ta beauté majestueuse, et les étoiles se cachent dans le ciel ; la lune, froide et pâle, plonge à l'occident sous la vague. Tu te meus solitaire : qui pourrait être le compagnon ta course ! Les chênes sur les montagnes tombent : les montagnes elles-mêmes sont détruites par les années ; l'océan s'abaisse puis s'élève à nouveau : la lune elle aussi se perd dans les cieux ; mais toi, tu restes à jamais le même ; tu te réjouis de l'éclat de ta course. Quand le monde est noir de tempêtes ; que roule le tonnerre et vole l'éclair ; tu sors des nuages dans toute ta beauté et tu te ris de l'orage. Mais tu chercheras en vain le regard d'Ossian ; car tes rayons, il ne les verra jamais plus ; soit que ta chevelure dorée flotte sur les nuages de l'orient, soit que tu frémisses aux portes de l'occident. Mais tu n'as peut-être, comme moi, qu'une saison, et tes années auront un terme. Tu t'endormiras dans tes nuages, sans te soucier de la voix du matin. – Alors réjouis-toi, ô soleil, dans la force de ta jeunesse ! La vieillesse est sombre et sans charme ; elle ressemble à la faible lueur de la lune lorsqu'elle brille à travers les nuages déchirés et que la brume est sur les collines[2] ; le vent du nord souffle sur la plaine, le voyageur s'arrête, incertain, au milieu de son voyage.

---

1   Ce passage ressemble à l'invocation de Satan au soleil, dans le quatrième livre du *Paradis perdu*. [Macpherson] – Macpherson cite ensuite les vers 32-37 de ce poème.
2   Macpherson cite l'*Énéide* 6, 270 *sqq.*, et la traduction de Dryden.

TEMORA: AN EPIC POEM

ARGUMENT

Immediately after the death of Cuchullin, Cairbar, lord of Atha, openly set up for himself in Connaught, and having privately murdered young king Cormac, became, without opposition, sole monarch of Ireland. The murder of Cormac was so much resented by Fingal, that he resolved on an expedition into Ireland against Cairbar. Early intelligence of his designs came to Cairbar, and he had gathered the tribes together into Ulster, to oppose Fingal's landing; at the same time his brother Cathmor kept himself with an army near Temora.—This Cathmor is one of the finest characters in the old poetry. His humanity, generosity, and hospitality, were unparalleled: in short, he had no fault, but too much attachment to so bad a brother as Cairbar.—The present poem has its name from Temora, the royal palace of the Irish kings, near which the last and decisive battle was fought between Fingal and Cathmor. What has come to the translator's hands, in a regular connection, is little more than the opening of the poem.—This work appears, from the story of it, which is still preserv'd, to have been one of the greatest of Ossian's compositions. The variety of the characters makes it interesting; and the war, as it is carried on by Fingal and Cathmor, affords instances of the greatest bravery, mixed with incomparably generous actions and sentiments. One is at a loss for which side to declare himself: and often wishes, when both commanders march to battle, that both may return victorious. At length the good fortune of Fingal preponderates, and the family of Cormac are re-established on the Irish throne.

TEMORA : POÈME EPIQUE

1ʳᵉ édition, 1762

ARGUMENT[1]

Immédiatement après la mort de Cuchullin, Cairbar, seigneur d'Atha, dans le Connaught, assassine en secret le jeune roi Cormac et devient, sans rencontrer aucune opposition, le seul roi de toute l'Irlande. Fingal, que ce meurtre offense, décide de lever une expédition contre Cairbar. Celui-ci, informé de son projet, rassemble ses tribus afin d'empêcher Fingal d'accoster. Pendant ce temps, Cathmor, frère de Cairbar, se tient à la tête de son armée aux environs de Temora. – Cathmor est l'un des personnages les plus admirables que l'on puisse trouver dans la poésie antique. Sa grande humanité, sa générosité, son sens de l'hospitalité, sont à nul autre pareil : il n'a aucun défaut, si ce n'est son trop grand attachement pour un frère, Cairbar, indigne d'une telle bonté. – Temora était la résidence des souverains d'Irlande. Ce fut non loin de ce palais que Fingal et Cathmor livrèrent leur dernière bataille, celle qui devait décider de leur sort. Le seul fragment intact que le traducteur de ce poème a pu trouver est le début de l'épopée. – Celle-ci, si l'on en juge par ce qui subsiste, fut sans doute l'une des œuvres les plus remarquables d'Ossian. La grande variété de personnages la rend fascinante ; la guerre conduite par Fingal et Cathmor donne lieu à des démonstrations de grande bravoure, auxquelles se mêlent des actions et des sentiments d'une générosité inégalée. Le lecteur hésite à soutenir l'un ou l'autre camp ; souvent il espère, lorsque les deux chefs conduisent leurs armées au combat, que tous deux reviendront victorieux. Finalement, c'est la

---

1   Cet argument est présenté par Macpherson dans une note à la première édition de ce poème en 1762. Celui-ci est presque identique au premier livre de l'épopée du même nom publiée en 1763 qui, elle, comporte huit livres.

The Irish traditions relate the affair in another light, and exclaim
against Fingal for appointing thirty judges, or rather tyrants, at Temora,
for regulating the affairs of Ireland. They pretend to enumerate many
acts of oppression committed by those judges; and affirm, that both they
and a part of Fingal's army, which was left in Ireland to enforce their
laws, were at last expelled the kingdom.–Thus the Irish traditions, say
the historians of that nation. It is said, however, that those gentlemen
sometimes create facts, in order afterwards to make remarks upon them;
at least, that they adopt for real facts, the traditions of their bards, when
they throw lustre on the ancient state of their country.

The present poem opens in the morning. Cairbar is represented as
retired from the rest of the Irish chiefs, and tormented with remorse
for the murder of Cormac, when news was brought him of Fingal's landing. What passed, preceding that day, and is necessary to be known
for carrying on the poem, is afterwards introduced by way of episode.

bonne fortune de Fingal qui l'emporte et la famille de Cormac est rétablie sur le trône irlandais.

Selon la tradition irlandaise, ces événements ce sont déroulés autrement : on reproche à Fingal d'avoir nommé trente juges, considérés comme des tyrans, pour qu'ils administrent les affaires irlandaises. On attribue à ces juges de nombreux actes d'oppression ; les historiens irlandais affirment également que, selon les sources traditionnelles de leur nation, ces juges, ainsi que les soldats de Fingal restés en Irlande pour faire respecter leurs lois, furent finalement expulsés du royaume. On dit aussi que ces historiens inventent parfois des légendes afin de bâtir leurs théories à partir celles-ci ; ou, qu'en tout cas, ils adoptent les fables de leurs bardes et les présentent comme des faits lorsque ceux-ci font honneur à l'histoire antique de leur pays.

Le poème commence au matin. Cairbar, tourmenté par les remords qu'il éprouve après l'assassinat de Cormac, s'est éloigné des autres chefs de l'armée irlandaise. On vient lui annoncer le débarquement de Fingal. Les événements qui précèdent cette journée, et qu'il est important de connaître pour la suite du poème, sont introduit ensuite sous forme d'épisodes.

The blue waves of Ullin roll in light. The green hills are covered with day. Trees shake their dusky heads in the breeze; and gray torrents pour their noisy streams.–Two green hills, with their aged oaks, surround a narrow plain. The blue course of the mountain-stream is there; Cairbar stands on its banks.–His spear supports the king: the red eyes of his fear are sad. Cormac rises in his soul, with all his ghastly wounds. The gray form of the youth appears in the midst of darkness, and the blood pours from his airy sides.–Cairbar thrice threw his spear on earth; and thrice he stroked his beard. His steps are short; he often stopt: and tossed his sinewy arms. He is like a cloud in the desart; that varies its form to every blast: the valleys are sad around, and fear, by turns, the shower.

The king, at length, resumed his soul, and took his pointed spear. He turned his eyes towards Lena. The scouts of the ocean appeared. They appeared with steps of fear, and often looked behind. Cairbar knew that the mighty were near, and called his gloomy chiefs. The sounding steps of his heroes came. They drew, at once, their swords. There Morlath stood with darkened face. Hidalla's bushy hair sighs in the wind. Red-haired Cormar bends on his spear, and rolls his side-long-looking eyes. Wild is the look of Malthos from beneath two shaggy brows.–Foldath stands like an oozy rock, that covers its dark sides with foam; his spear is like Slimora's fir, that meets the wind of heaven. His shield is marked with the strokes of battle; and his red eye despises danger. These and a thousand other chiefs surrounded car-borne Cairbar, when the scout of ocean came, Mor-annal, from streamy Lena.–His eyes hang forward from his face, his lips are trembling, pale.

Do the chiefs of Erin stand, he said, silent as the grove of evening? Stand they, like a silent wood, and Fingal on the coast? Fingal, who is terrible in battle, the king of streamy Morven.

Les vagues bleues d'Ullin ondoient dans la lumière. Le jour recouvre ses vertes collines. Les arbres agitent leurs têtes brunâtres dans la brise ; de gris torrents précipitent leurs eaux bruyantes. – Deux vertes collines et leurs chênes âgés dominent une étroite plaine. Ici s'écoule le torrent bleu de la montagne ; Cairbar est debout sur ses bords. – Le roi s'appuie sur sa lance : ses yeux rouges d'effroi sont tristes. Cormac se dresse dans son âme, avec toutes ses blessures affreuses. La forme grise du jeune guerrier lui apparaît au milieu de l'obscurité et le sang s'écoule de ses flancs fantomatiques. – Par trois fois Cairbar jeta sa lance à terre ; et par trois fois il porta la main à sa barbe. Ses pas sont courts ; souvent il s'arrêtait : il agitait alors ses bras robustes. Il est comme un nuage dans le désert ; sa forme varie à chaque souffle du vent : les vallées voisines s'attristent et redoutent, chacune à leur tour, la tourmente.

L'âme du roi, enfin, se ressaisit, et il s'empara de sa lance acérée. Il tourna le regard vers la Lena[1]. Les sentinelles de l'océan apparurent. Elles apparurent et elles marchaient avec la peur ; souvent elles regardaient derrière elles. Cairbar comprit que les puissants étaient proches et il appela ses sombres chefs. Les pas sonores de ses héros s'approchèrent. Tous tirèrent alors leurs épées. Il y avait là Morlath et son visage était obscur. La chevelure épaisse d'Hidallan soupire dans le vent. Cormar aux cheveux roux s'appuie sur sa lance et darde de tous côtés ses regards obliques. Sous ses sourcils broussailleux, Malthos montre un air farouche. – Foldath est comme un rocher luisant qui se laisse revêtir par l'écume ; sa lance est comme le sapin de la Slimora lorsqu'il affronte le vent des cieux. Son bouclier porte les marques des batailles ; son œil écarlate méprise le danger. Ces chefs, et mille autres encore, entouraient Cairbar au char rapide, lorsque de Lena où ruissellent les torrents arriva Morannal, sentinelle de l'océan. – Ses yeux semblent sortir de son visage, ses lèvres tremblent, pâles.

Les chefs d'Erin vont-ils rester ainsi, dit-il, immobiles et silencieux comme le bois sombre du soir ? Comme la forêt silencieuse, et Fingal sur la côte ? Fingal, roi de Morven où ruissèlent les torrents, terrible dans les batailles.

---

1   La scène décrite ici se déroule dans les mêmes lieux que ceux de l'épopée *Fingal*. C'est aussi là que furent tués les fils d'Usnoth. [Macpherson] – Il est question des fils d'Usnoth (Nathos, Althos et Ardan) plus loin dans le récit.

And hast thou seen the warrior, said Cairbar with a sigh? Are his heroes many on the coast? Lifts he the spear of battle? Or comes the king in peace?

He comes not in peace, O Cairbar: for I have seen his forward spear. It is a meteor of death: the blood of thousands is on its steel.—He came first to the shore, strong in the gray hair of age. Full rose his sinewy limbs, as he strode in his might. That sword is by his side which gives no second wound. His shield is terrible, like the bloody moon, when it rises in a storm.—Then came Ossian king of songs; and Morni's son, the first of men. Connal leaps forward on his spear: Dermid spreads his dark-brown locks.—Fillan bends his bow: Fergus strides in the pride of youth. Who is that with aged locks? A dark shield is on his side. His spear trembles at every step; and age is on his limbs. He bends his dark face to the ground; the king of spears is sad!—It is Usnoth, O Cairbar, coming to revenge his sons. He sees green Ullin with tears, and he remembers the tombs of his children. But far before the rest, the son of Ossian comes, bright in the smiles of youth, fair as the first beams of the sun. His long hair falls on his back.—His dark brows are half hid beneath his helmet of steel. His sword hangs loose on the hero's side. His spear glitters as he moves. I fled from his terrible eyes, king of high Temora!

Then fly, thou feeble man, said the gloomy wrath of Foldath: fly to the grey streams of thy land, son of the little soul! Have not I seen that Oscar? I beheld the chief in battle. He is of the mighty in danger: but there are others who lift the spear.—Erin has many sons as brave: yes—more brave, O car-borne Cairbar!—Let Foldath meet him in the strength of his course, and stop this mighty stream.—My spear is covered with the blood of the valiant; my shield is like Tura's wall.

Et l'as-tu vu ce guerrier, demanda Cairbar en soupirant ? Ses héros sont-ils nombreux sur la côte ? Lève-t-il la lance des batailles ? Où le roi vient-il en paix ?

Il ne vient pas en paix, ô Cairbar : j'ai vu sa lance, elle pointe vers nous[1]. Elle est un météore fatal : le sang de milliers de guerriers est sur son acier. – Il est descendu le premier sur le rivage, vigoureux sous la grise chevelure de sa vieillesse. Sur ses jambes robustes et dans toute sa puissance il avançait sans effort. Elle est à son côté, cette épée qui jamais ne se soucie d'infliger une seconde blessure[2]. Son bouclier terrifie, comme la lune sanglante lorsqu'elle se lève dans la tempête. – Ensuite vinrent Ossian, roi des chants ; et le fils de Morni, les premiers des hommes. Connal s'élance en prenant appui sur sa lance : Dermid laisse flotter sa chevelure brun sombre. – Fillan bande son arc : Fergus s'avance à grands pas dans l'orgueil de la jeunesse. Mais qui est ce héros à la chevelure âgée ? Il porte contre lui un sombre bouclier. Sa lance frémit à chacun de ses pas ; la vieillesse est sur ses membres. Il courbe son visage sombre vers le sol ; ce roi des lances est triste ! – Il se nomme Usnoth, ô Cairbar, il vient venger ses fils. Il voit la verte Ullin dans les larmes et il se souvient du tombeau de ses enfants. Mais voici le fils d'Ossian qui arrive et les devance tous, éclatant du sourire de la jeunesse, beau comme les premiers rayons du soleil. Ses longs cheveux tombent sur ses épaules. – Ses sombres sourcils disparaissent à moitié sous son heaume d'acier. Il porte au côté son épée lame nue. La lance de ce héros étincelle à chaque pas. J'ai fui ses terribles regards, ô roi de la haute Temora.

Eh bien fuis, si tu es un faible, répondit le ténébreux courroux de Foldath : fuis et retourne vers les gris torrents de tes terres, ô fils à l'âme sans grandeur ! Ne l'ai-je pas vu, cet Oscar ! J'ai vu ce qu'était ce chef dans la bataille. Face au danger, il est parmi les plus grands : mais d'autres que lui peuvent brandir une lance. – Erin a plus d'un fils tout aussi valeureux : oui – et même plus valeureux, ô Cairbar au char

---

1   Mor-annal fait ici allusion à l'apparence de la lance de Fingal. – Si un homme, en débarquant dans un pays étranger, marchait avec la pointe de sa lance dirigée vers l'avant, cela signifiait qu'il venait avec des dispositions hostiles, et il était en conséquence considéré comme un ennemi ; si la pointe de sa lance était dirigée vers l'arrière, c'était un signe amical et il était aussitôt invité à un festin, ainsi que les règles de l'hospitalité de l'époque l'exigeaient. [Macpherson]

2   La célèbre épée de Fingal, forgée par Luno en Lochlin, est appelée poétiquement le *fils de Luno* : on disait de cette épée qu'elle tuait un homme à chaque coup, et que Fingal ne l'utilisait que lorsque le danger était très grand. [Macpherson]

Shall Foldath alone meet the foe, replied the dark-browed Malthos?
Are not they numerous on our coast, like the waters of a thousand
streams? Are not these the chiefs who vanquished Swaran, when the
sons of Erin fled? And shall Foldath meet their bravest hero? Foldath
of the heart of pride! take the strength of the people by thy side; and
let Malthos come. My sword is red with slaughter, but who has heard
my words?

Sons of green Erin, begun the mild Hidalla, let not Fingal hear
your words: lest the foe rejoice, and his arm be strong in the land.–Ye
are brave, O warriors, and like the tempests of the desart; they meet
the rocks without fear, and overturn the woods in their course.–But
let us move in our strength, and slow as a gathered cloud, when the
winds drive it from behind.–Then shall the mighty tremble, and the
spear drop from the hand of the valiant.–We see the cloud of death,
they will say; and their faces will turn pale. Fingal will mourn in his
age; and say that his fame is ceased.–Morven will behold his chiefs no
more: the moss of years shall grow in Selma.

Cairbar heard their words, in silence, like the cloud of a shower:
it stands dark on Cromla, till the lightning bursts its side; the valley
gleams with red light; the spirits of the storm rejoice.–So stood the
silent king of Temora; at length his words are heard.

Spread the feast on Lena: and let my hundred bards attend. And
thou, red-hair'd Olla, take the harp of the king. Go to Oscar king of
swords, and bid him to our feast. To-day we feast and hear the song;
to-morrow break the spears. Tell him that I have raised the tomb of
Cathol; and that my bards have sung to his ghost.–Tell him that Cairbar
has heard his fame at the stream of distant Carun.

Cathmor is not here; the generous brother of Cairbar; he is not here
with his thousands, and our arms are weak. Cathmor is a foe to strife
at the feast: his soul is bright as the sun. But Cairbar shall fight with
Oscar, chiefs of the high Temora! His words for Cathol were many; and
the wrath of Cairbar burns. He shall fall on Lena: and my fame shall
rise in blood.

rapide ! – Laisse Foldath s'opposer à la force de sa course et arrêter ce torrent impétueux. – Ma lance est couverte du sang des braves ; mon bouclier est comme la muraille de Tura.

Foldath affronterait donc seul l'ennemi, répondit Malthos au front obscur ? Ne sont-ils pas sur nos côtes comme les eaux de torrents innombrables ? Ne sont-ce pas ces mêmes chefs qui vainquirent Swaran quand s'enfuirent les fils d'Erin ? Et Foldath voudrait affronter le plus valeureux de leurs héros ? Foldath au cœur d'orgueil ! prends avec toi la force de notre armée ; et que Malthos t'accompagne. Mon épée est rouge de massacres, mais qui jamais m'en a entendu parler ?

Fils de la verte Erin, reprit le paisible Hidalla, que Fingal n'entende point vos paroles : l'ennemi alors s'en réjouirait et son bras serait fort sur notre terre. – Vous êtes valeureux, ô soldats, et semblables aux ouragans sur le désert ; ils affrontent sans craintes les rocs et déracinent les forêts sur leur passage. – Mais nous devons avancer dans notre force, aussi lents que la nuée qui s'amasse lorsqu'elle est poussée par les vents. – Alors tremblera le puissant, alors la main du brave laissera tomber sa lance. – Voici le nuage de la mort, diront-ils ; leurs visages pâliront. Fingal se désolera dans sa vieillesse ; il dira que sa gloire s'en est allée. – Morven ne reverra jamais plus ses chefs : la mousse du temps recouvrira Selma.

Cairbar entendait leurs paroles, silencieux, tel un nuage prêt à éclater : il s'immobilise au-dessus de la Cromla jusqu'à ce que l'éclair jaillisse de ses flancs ; des lueurs rouges illuminent la vallée ; les esprits des tempêtes se réjouissent. – Tel se tenait le roi silencieux de Temora ; enfin l'on entend sa parole.

Que l'on prépare un festin sur la plaine de Lena : que mes cent bardes s'y rendent. Toi, Olla aux cheveux roux, prend la harpe du roi. Va trouver Oscar, roi des épées, et invite-le à notre festin. Aujourd'hui nous festoyons et écoutons les chants ; demain se briseront les lances. Dis-lui que j'ai fait élever la tombe de Cathol ; que mes bardes ont chanté pour son fantôme. – Dis-lui que Cairbar connaît sa gloire sur les rives lointaines de la Carun.

Cathmor n'est pas ici ; le généreux frère de Cairbar ; il n'est pas ici à la tête de ses milliers de guerriers, et nos bras sont affaiblis. Cathmor est ennemi de toute querelle lors d'un festin : son âme est aussi éclatante que le soleil. Mais Cairbar combattra Oscar, ô chefs de la haute Temora ! Nombreuses furent ses paroles pour Cathol ; il a enflammé

The faces of the heroes brightened. They spread over Lena's heath.
The feast of shells is prepared. The songs of the bards arose.

We heard the voice of joy on the coast, and we thought that the
mighty Cathmor came, Cathmor the friend of strangers! the brother of
red-haired Cairbar. But their souls were not the same: for the light of
heaven was in the bosom of Cathmor. His towers rose on the banks of
Atha: seven paths led to his halls. Seven chiefs stood on those paths,
and called the stranger to the feast! But Cathmor dwelt in the wood to
avoid the voice of praise.

Olla came with his songs. Oscar went to Cairbar's feast. Three hundred
heroes attended the chief, and the clang of their arms is terrible. The
gray dogs bounded on the heath, and their howling is frequent. Fingal
saw the departure of the hero: the soul of the king was sad. He dreads
the gloomy Cairbar: but who of the race of Trenmor feared the foe?

My son lifted high the spear of Cormac: an hundred bards met him
with songs. Cairbar concealed with smiles the death that was dark in
his soul. The feast is spread, the shells resound; joy brightens the face
of the host. But it was like the parting beam of the sun, when he is to
hide his red head, in a storm.

Cairbar rose in his arms; darkness gathers on his brow. The hundred
harps ceased at once. The clang of shields is heard. Far distant on the
heath Olla raised his song of woe. My son knew the sign of death; and
rising seized his spear.

le courroux de Cairbar. Il tombera sur la plaine de Lena : ma gloire se dressera dans le sang.

Les visages des héros s'illuminèrent. Ils se déployèrent sur la lande de Lena. On prépare le festin des conques. Le chant des bardes s'éleva.

Depuis la côte nous entendîmes cette joie et ces voix, et nous crûmes que le puissant Cathmor arrivait, Cathmor, ami des étrangers ! frère de Cairbar aux cheveux rouges[1]. Mais leurs âmes n'étaient pas semblables : la lumière des cieux était dans le sein de Cathmor. Ses tours se dressaient sur les bords de l'Atha : sept chemins conduisaient à son palais. Sept chefs veillaient sur ces chemins et conviaient l'étranger au festin ! Mais Cathmor demeurait dans les bois pour fuir la voix de la louange.

Olla vint avec ses chants. Oscar partit au festin de Cairbar. Trois cent héros suivirent ce chef et le fracas de leurs armes était redoutable. Les dogues gris bondissaient sur la lande et souvent ils hurlent. Fingal vit partir le héros : l'âme du roi était triste. Il redoute le ténébreux Cairbar : mais qui de la race de Trenmor a jamais craint l'ennemi ?

Mon fils brandissait haut la lance de Cormac : cent bardes l'accueillirent de leurs chants. Cairbar cachait sous ses sourires la mort qui assombrissait son âme. La fête commence, les conques résonnent ; la joie illumine le visage des guerriers. Mais elle était comme le dernier rayon du soleil mourant quand il s'apprête à cacher sa tête rougeoyante dans l'orage.

Cairbar se leva dans ses armes ; l'obscurité envahit son front. Soudain cent harpes se turent. On entend le fracas des boucliers[2]. Très loin sur

---

1 L'armée de Fingal entend la joie qui règne dans le camp de Cairbar. Le tempérament de Cathmor est en accord avec les mœurs de l'époque. Certains n'offraient l'hospitalité que pour se faire remarquer ; et d'autre suivaient naturellement une coutume léguée par leurs ancêtres. Mais ce qui distingue ici Cathmor, c'est son aversion pour les louanges : il se retire dans les bois pour éviter les remerciements de ses hôtes ; il pousse ainsi sa générosité encore plus loin que celle d'Axylos, chez Homère : le poète ne le dit pas explicitement, mais ce brave homme, assis à sa propre table, entendait peut-être avec plaisir les compliments que lui faisaient les gens qu'il recevait. [Macpherson] – Macpherson cite ensuite l'*Iliade* 6, 12 *sqq.*, et la traduction de Pope.

2 Lorsqu'un chef était décidé à tuer un homme dont il s'était rendu maître, on lui signifiait sa mort imminente en frappant le manche d'une lance contre un bouclier ; et, pendant ce temps, un barde faisait entendre un *chant de mort* dans le lointain. Une cérémonie d'un autre genre a perdurée en Écosse pour des occasions similaires. Tout le monde a entendu parler de la tête de taureau que l'on servit à Lord Douglas, dans son château à Edimbourg, peu avant sa mort, pour la lui signaler. [Macpherson] – William Douglas, 6ᵉ Comte de Douglas, fut décapité en 1440 après un repas où lui fut servie une tête de taureau noir.

Oscar! said the dark-red Cairbar, I behold the spear of Erin's kings. The spear of Temora glitters in thy hand, son of the woody Morven! It was the pride of an hundred kings, the death of heroes of old. Yield it, son of Ossian, yield it to car-borne Cairbar.

Shall I yield, Oscar replied, the gift of Erin's injured king: the gift of fair-haired Cormac, when Oscar scattered his foes? I came to his halls of joy, when Swaran fled from Fingal. Gladness rose in the face of youth: he gave the spear of Temora. Nor did he give it to the feeble, O Cairbar, neither to the weak in soul. The darkness of thy face is not a storm to me; nor are thine eyes the flames of death. Do I fear thy clanging shield? Does my soul tremble at Olla's song? No: Cairbar, frighten thou the feeble; Oscar is like a rock.

And wilt thou not yield the spear, replied the rising pride of Cairbar? Are thy words mighty because Fingal is near, the gray-haired warrior of Morven? He has fought with little men. But he must vanish before Cairbar, like a thin pillar of mist before the winds of Atha.

Were he who fought with little men near the chief of Atha: Atha's chief would yield green Erin to avoid his rage. Speak not of the mighty, Cairbar! but turn thy sword on me. Our strength is equal: but Fingal is renowned! the first of mortal men!

Their people saw the darkening chiefs. Their crowding steps are heard around. Their eyes roll in fire. A thousand swords are half unsheathed. Red-haired Olla raised the song of battle: the trembling joy of Oscar's soul arose: the wonted joy of his soul when Fingal's horn was heard.

Dark as the swelling wave of ocean before the rising winds, when it bends its head near the coast, came on the host of Cairbar.—Daughter of Toscar! why that tear? He is not fallen yet. Many were the deaths of his arm before my hero fell!—Behold they fall before my son like the groves in the desart, when an angry ghost rushes through night, and takes their green heads in his hand! Morlath falls: Maronnan dies: Conachar trembles in his blood. Cairbar shrinks before Oscar's sword; and creeps in darkness behind his stone. He lifted the spear in secret, and pierced my Oscar's side. He falls forward on his shield: his knee sustains the chief: but his spear is in his hand. See gloomy Cairbar falls. The steel pierced his forehead, and divided his red hair behind. He lay, like a

la lande Olla fit retentir le chant de la douleur. Mon fils reconnut le signal de la mort ; il se leva et saisit sa lance.

Oscar! dit Cairbar aux cheveux rouge sombre, j'aperçois la lance des rois d'Erin. La lance de Temora brille dans ta main, fils de Morven aux vastes forêts ! Elle fut l'orgueil de cent rois, la mort des héros des siècles passés. Cède-la, fils d'Ossian, cède-la à Cairbar au char rapide.

Je céderais, répondit Oscar, le don de l'infortuné roi d'Erin : le don de Cormac aux blonds cheveux, lorsqu'Oscar dispersa ses ennemis ? Je me rendis dans la grande salle de sa joie lorsque Swaran eut fui devant Fingal. L'allégresse rayonnait sur le visage du jeune roi : il me donna la lance de Temora. Et il ne l'a pas donnée à un faible, ô Cairbar, ni à une âme lâche. Les ténèbres sur ton visage ne sont point tempête pour moi ; tes yeux ne sont point flammes de mort. Est-ce que je crains le bruit de tes boucliers ? Est-ce que mon âme tremble au chant d'Olla ? Non : Cairbar, tu peux effrayer les faibles ; Oscar est un roc.

Tu ne céderas donc pas la lance, répondit l'orgueil exaspéré de Cairbar ? Tes paroles sont-elles puissantes car tu sais Fingal proche, le guerrier aux cheveux gris venu de Morven ? Il n'a combattu que des hommes sans grandeur. Mais il devra s'effacer devant Cairbar, comme une fine colonne de brume au souffle des vents d'Atha.

Si celui qui ne combattit que des hommes sans grandeur s'approchait du chef d'Atha : le chef d'Atha lui céderait toute la verte Erin pour échapper à sa rage. Ne parle plus de ce puissant, Cairbar ! mais tourne ton épée contre moi. Nos forces sont égales : Fingal, lui, est renommé ! le premier des mortels !

Les guerriers voyaient leurs chefs s'assombrir. Le bruit de leurs pas se pressent tout autour. Ils roulent des yeux enflammés. Mille épées sont à demi tirées. Olla aux cheveux roux entonna le chant des batailles : la joie palpita et envahit l'âme d'Oscar : cette joie qui toujours montait en lui quand résonnait le cor d'Ossian.

Sombre comme la vague de l'océan qui, lorsque les vents se lèvent, se gonfle et penche sa crête près des côtes, l'armée de Cairbar s'avança. – Fille de Toscar[1] ! pourquoi cette larme ? Il n'est pas encore tombé. Les morts furent nombreux par son bras avant que ne tombât mon héros ! – Regarde-les tomber devant mon fils comme les arbres du désert

---

1   Le poète s'adresse ici à Malvina, fille de Toscar, pour lui raconter la mort d'Oscar, dont elle était éprise. [Macpherson]

shattered rock, which Cromla shakes from its side. But never more shall Oscar rise! he leans on his bossy shield. His spear is in his terrible hand: Erin's sons stood distant and dark. Their shouts arose, like the crowded noise of streams, and Lena echoed around.

Fingal heard the sound; and took his father's spear. His steps are before us on the heath. He spoke the words of woe. I hear the noise of battle: and Oscar is alone. Rise, ye sons of Morven, and join the hero's sword.

Ossian rushed along the heath. Fillan bounded over Lena. Fergus flew with feet of wind. Fingal strode in his strength, and the light of his shield is terrible. The sons of Erin saw it far distant; they trembled in their souls. They knew that the wrath of the king arose: and they foresaw their death. We first arrived; we fought; and Erin's chiefs withstood our rage. But when the king came, in the sound of his course, what heart of steel could stand! Erin fled over Lena. Death pursued their flight.

We saw Oscar leaning on his shield. We saw his blood around. Silence darkened on every hero's face. Each turned his back and wept. The king strove to hide his tears. His gray beard whistled in the wind. He bends his head over his son: and his words are mixed with sighs.

And art thou fallen, Oscar, in the midst of thy course? the heart of the aged beats over thee! He sees thy coming battles. He beholds the battles which ought to come, but they are cut off from thy fame. When shall joy dwell at Selma? When shall the song of grief cease on Morven? My sons fall by degrees: Fingal shall be the last of his race. The fame which I have received shall pass away: my age will be without friends. I shall sit like a grey cloud in my hall: nor shall I expect the return of a son, in the midst of his sounding arms. Weep, ye heroes of Morven! never more shall Oscar rise!

lorsque un fantôme furieux se jette à travers la nuit et arrache de ses mains leurs têtes encore vertes ! Morlath tombe : Maronnan meurt : Conachar tremble dans son sang. Cairbar recule devant l'épée d'Oscar ; il rampe dans l'ombre derrière sa pierre. Dissimulé par celle-ci, il lève sa lance et transperce le flanc de mon cher Oscar. Il tombe en avant sur son bouclier : ce chef se soutient sur un genou : mais sa lance est encore dans sa main. Regarde tomber le ténébreux Cairbar[1]. L'acier a percé son front et ressort entre ses cheveux rouges. Il resta étendu comme un rocher brisé que la Cromla aurait jeté de ses pentes. Mais Oscar ne se relèvera jamais plus ! il est appuyé sur son boulier bosselé. Sa lance est dans sa main redoutable : les fils d'Erin se tenaient à quelque distance de là, immobiles et sombres. Leurs cris s'élevèrent, semblables au bruit confus des torrents, et la plaine de Lena retentit tout autour.

Fingal entendit ces cris ; il prit la lance de son père. Ses pas sur la lande devancent les nôtres. Il nous adressa ces paroles de douleur. J'entends le bruit des batailles : et Oscar est seul. Levez-vous, fils de Morven, et rejoignez l'épée du héros.

Ossian s'élança à travers la lande. Fillan bondit dans la plaine de Lena. Fergus se précipita et ses pas étaient comme le vent. Fingal s'avançait à grandes enjambées dans sa force, et la lumière de son bouclier était terrible. Les fils d'Erin la virent de très loin ; ils tremblèrent dans leurs âmes. Ils savaient que le courroux du roi s'était levé : et ils virent venir leur mort. Nous arrivâmes les premiers ; nous combattîmes ; les chefs d'Erin soutinrent notre rage. Mais quand arriva le roi dans le bruit de sa course, quel cœur d'acier eût pu résister ! Erin s'enfuit à travers la Lena. La mort poursuivait leur fuite.

Nous vîmes Oscar appuyé sur son bouclier. Nous vîmes son sang tout autour. Le silence obscurcit le visage des héros. Chacun se retourna pour pleurer. Le roi s'efforçait de cacher ses larmes. Le vent sifflait dans sa barbe grise. Il se penche sur son fils : à ses mots se mêlent des soupirs.

Tu es donc tombé, Oscar, au milieu de ta course ? le cœur d'un vieillard palpite sur toi. Il voit les combats que tu allais mener. Il voit

---

1   Les historiens irlandais situent la mort de Cairbar à la fin du troisième siècle : ils disent qu'il périt dans la bataille qui l'opposait à Oscar, fils d'Ossian, mais ils nient qu'il fût tué de ses mains. Comme ils ne s'appuient sur rien d'autre que les récits traditionnels de leurs propres bardes, le traducteur estime la version d'Ossian tout aussi probable ; il ne fait ici rien d'autre que confronter deux traditions divergentes. [Macpherson]

And they did weep, O Fingal; dear was the hero to their souls. He went out to battle, and the foes vanished; he returned, in peace, amidst their joy. No father mourned his son slain in youth; no brother his brother of love. They fell, without tears, for the chief of the people was low! Bran is howling at his feet: gloomy Luäth is sad, for he had often led them to the chace; to the bounding roes of the desert.

When Oscar beheld his friends around, his white breast rose with a sigh.—The groans, he said, of my aged heroes, the howling of my dogs, the sudden bursts of the song of grief, have melted Oscar's soul. My soul, that never melted before; it was like the steel of my sword.—Ossian, carry me to my hills! Raise the stones of my fame. Place the horn of the deer, and my sword within my narrow dwelling.—The torrent hereafter may wash away the earth of my tomb: the hunter may find the steel and say, "This has been Oscar's sword."

And fallest thou, son of my fame! And shall I never see thee, Oscar! When others hear of their sons, I shall not hear of thee. The moss is on the stones of his tomb, and the mournful wind is there. The battle shall be fought without him: he shall not pursue the dark-brown hinds. When the warrior returns from battles, and tells of other lands, he will say, I have seen a tomb, by the roaring stream, where a warrior darkly dwells: he was slain by car-borne Oscar, the first of mortal men.—I, perhaps, shall hear him, and a beam of joy will rise in my soul.

The night would have descended in sorrow, and morning returned in the shadow of grief: our chiefs would have stood like cold dropping rocks on Lena, and have forgot the war, had not the king dispersed his grief, and raised his mighty voice. The chiefs, as new wakened from dreams, lift their heads around.

les combats que tu aurais dû mener, mais ils sont retirés à ta gloire. Quand la joie demeurera-t-elle dans Selma ? Quand cessera le chant des malheurs en Morven ? L'un après l'autre tombent mes fils : Fingal sera le dernier de sa race. La gloire que j'ai reçue mourra avec moi : ma vieillesse sera sans ami. Assis dans mon palais je serai comme un nuage gris : je n'attendrai plus le retour d'un fils dans le bruit de ses armes. Pleurez, héros de Morven ! Oscar ne se relèvera jamais plus !

Et ils pleurèrent, ô Fingal, ils pleurèrent ; le héros était cher à leurs âmes. Il allait au combat et l'ennemi s'évanouissait ; il revenait en paix au milieu de leur joie. Nul père ne pleura son fils tué dans sa jeunesse ; nul frère, le frère qu'il aimait. Ceux-là périrent sans être pleurés, car le chef du peuple était à terre ! Bran hurle à ses pieds : Luäth est triste et gémit, car souvent il les avait conduits à la chasse ; vers les chevreuils bondissants du désert.

Quand Oscar vit ses amis autour lui, sa blanche poitrine se gonfla de soupirs. – Les gémissements, dit-il, de ces héros anciens, le hurlement de mes chiens, l'éclat soudain du chant des malheurs, ont attendri l'âme d'Oscar. Mon âme qui jamais ne s'était attendrie ; elle était semblable à l'acier de mon épée. – Ossian, porte-moi sur mes collines ! Élève des pierres à ma gloire. Place le bois d'un cerf et mon épée à mes côtés dans mon étroite demeure. – Le torrent emportera peut-être la terre de ma tombe : le chasseur trouvera l'acier et dira, « Ce fut là l'épée d'Oscar ».

Et tu es donc tombé, fils de ma gloire ! Et jamais plus je ne te reverrai, Oscar ! D'autres entendront parler de leurs fils, tandis que moi je n'entendrai plus parler de toi. La mousse est sur les pierres de sa tombe et souffle un vent lugubre. Le combat aura lieu sans lui : il ne poursuivra plus les biches brun sombre. Quand le guerrier reviendra de ses batailles et parlera des terres lointaines, il dira, j'ai vu une tombe, près d'un torrent tumultueux, où demeure enténébré un guerrier : il fut tué par Oscar au char rapide, le premier des mortels. – Peut-être alors l'entendrai-je, et un rayon de joie se lèvera dans mon âme.

La nuit serait descendue dans la tristesse et le matin serait revenu dans l'ombre du chagrin : nos chefs seraient restés debout, immobiles, pareils aux froids rochers qui ruissellent sur la Lena, et ils auraient oublié la guerre si notre roi n'avait dispersé son chagrin et élevé sa puissante voix. Les chefs, comme s'ils venaient de s'éveiller de leurs rêves, relèvent la tête autour de lui.

How long shall we weep on Lena; or pour our tears in Ullin? The mighty will not return. Oscar shall not rise in his strength. The valiant must fall one day, and be no more known on his hills.—Where are our fathers, O warriors! the chiefs of the times of old? They have set like stars that have shone, we only hear the sound of their praise. But they were renowned in their day, and the terror of other times. Thus shall we pass, O warriors, in the day of our fall. Then let us be renowned when we may; and leave our fame behind us, like the last beams of the sun, when he hides his red head in the west.

Ullin, my aged bard! take the ship of the king. Carry Oscar to Selma, and let the daughters of Morven weep. We shall fight in Erin for the race of fallen Cormac. The days of my years begin to fail: I feel the weakness of my arm. My fathers bend from their clouds, to receive their gray-haired son. But, Trenmor! before I go hence, one beam of my fame shall rise: so shall my days end, as my years begun, in fame: my life shall be one stream of light to other times.

Ullin rais'd his white sails: the wind of the south came forth. He bounded on the waves towards Selma's walls.—I remained in my grief, but my words were not heard.—The feast is spread on Lena: an hundred heroes reared the tomb of Cairbar: but no song is raised over the chief; for his soul had been dark and bloody. We remembered the fall of Cormac! and what could we say in Cairbar's praise?

The night came rolling down. The light of an hundred oaks arose. Fingal sat beneath a tree. The chief of Etha sat near the king, the gray-hair'd strength of Usnoth.

Old Althan stood in the midst, and told the tale of fallen Cormac. Althan the son of Conachar, the friend of car-borne Cuchullin: he dwelt with Cormac in windy Temora, when Semo's son fought with generous Torlath.—The tale of Althan was mournful, and the tear was in his eye.

The setting sun was yellow on Dora. Gray evening began to descend. Temora's woods shook with the blast of the unconstant wind. A cloud, at length, gathered in the west, and a red star looked from behind its edge.—I stood in the wood alone, and saw a ghost on the darkening air. His stride extended from hill to hill: his shield was dim on his side. It was the son of Semo: I knew the sadness of his face. But he passed away in his blast; and all was dark around.—My soul was sad. I went to the hall of shells. A thousand lights arose: the hundred bards had strung the

Combien de temps encore pleurerons-nous sur la Lena ; et verserons-nous nos larmes en Ullin ? Le puissant ne reviendra pas. Oscar ne se lèvera plus dans sa force. Le brave un jour doit tomber et ne plus être connu sur ses collines. – Où sont nos pères, ô guerriers ! les chefs des temps passés ? Ils se sont couchés comme les astres après avoir brillé, seul l'écho de leurs louanges parvient jusqu'à nous. Pourtant ils furent un jour renommés, terreurs d'autres époques. Ainsi nous passerons, ô guerriers, au jour de notre chute. Alors, puisqu'il en est encore temps, poursuivons la gloire ; et laissons derrière nous l'éclat de notre renommée, tels les derniers rayons du soleil lorsqu'il cache sa tête rougeoyante à l'occident.

Ullin, mon vieux barde ! prends le navire du roi. Ramène Oscar à Selma, et que pleurent les filles de Morven. Nous combattrons en Erin pour la race de Cormac disparu. Le jour de ma vie commence à décliner : je sens la faiblesse de mon bras. Mes pères se penchent depuis leurs nuages pour recevoir leur fils aux cheveux gris. Mais, ô Trenmor ! avant que je ne parte d'ici, un rayon de gloire va s'élever : mes jours se termineront comme mes années ont commencé, dans la gloire : ma vie sera un flot de lumière vers d'autres temps.

Ullin hissa ses voiles blanches : le vent du sud se leva. Les vagues houleuses le portèrent vers les murs de Selma. – Je restais dans ma tristesse, mais sans proférer une parole. – On prépare le festin sur la Lena : cent héros érigèrent la tombe de Cairbar : mais nul chant ne s'éleva pour ce chef ; son âme était sombre et de sang. Nous n'avions pas oublié la chute de Cormac ! quelle louange prononcer en la mémoire de Cairbar ?

La nuit descendit et nous recouvrit. La lumière de cent chênes s'éleva. Fingal était assis sous un arbre. Le chef d'Etha, la force aux cheveux gris d'Usnoth, était assis près du roi.

Althan l'ancien se tenait au milieu de nous et nous fit le récit de la chute de Cormac. Althan, fils de Conachar et ami de Cuchullin au char rapide : il demeurait avec Cormac dans Temora où soufflent les vents lorsque le fils de Semo combattit le généreux Torlath. – Le récit d'Althan était lugubre et des larmes étaient dans ses yeux.

Le soleil couchant jaunissait sur la Dora[1]. Un crépuscule gris descendait. Les bois de Temora s'agitaient au souffle d'un vent incertain. Un nuage, lentement, se formait à l'occident et une étoile rouge apparut à son extré-

---

1   C'est Althan qui parle ici. [Macpherson]

harp. Cormac stood in the midst, like the morning star, when it rejoices on the eastern hill, and its young beams are bathed in showers.–The sword of Artho was in the hand of the king; and he looked with joy on its polished studs: thrice he attempted to draw it, and thrice he failed: his yellow locks are spread on his shoulders: his cheeks of youth are red.–I mourned over the beam of youth, for he was soon to set.

Althan! he said, with a smile, hast thou beheld my father? Heavy is the sword of the king, surely his arm was strong. O that I were like him in battle, when the rage of his wrath arose! then would I have met, like Cuchullin, the car-borne son of Cantéla! But years may come on, O Althan! and my arm be strong.–Hast thou heard of Semo's son, the chief of high Temora? He might have returned with his fame; for he promised to return to-night. My bards wait him with their songs, and my feast is spread.–

I heard the king in silence. My tears began to flow. I hid them with my gray locks; but he perceived my grief.

Son of Conachar! he said, is the king of Tura low? Why bursts thy sigh in secret? And why descends the tear?–Comes the car-borne Torlath? Or the sound of the red-haired Cairbar?–They come!–for I see thy grief; and Tura's king is low!–Shall I not rush to battle?–But I cannot lift the arms of my fathers!–O had mine arm the strength of Cuchullin, soon would Cairbar fly; the fame of my fathers would be renewed; and the actions of other times!

He took his bow of yew. Tears flow from his sparkling eyes.–Grief saddens around: the bards bend forward from their harps. The blast touches their strings, and the sound of woe ascends.

A voice is heard at a distance, as of one in grief; it was Carril of other times, who came from the dark Slimora.–He told of the death of Cuchullin, and of his mighty deeds. The people were scattered around his tomb: their arms lay on the ground. They had forgot the battle, for the sound of his shield had ceased.

mité. – J'étais seul dans le bois, et je vis un fantôme dans les airs assombris.
Ses pas s'étendaient de colline en colline : il portait un bouclier indistinct
au côté. C'était le fils de Semo : je reconnus la peine de son visage. Mais
il s'évanouit avec le souffle du vent ; tout s'obscurcit alentour. – Mon âme
était en peine. Je regagnai la grande salle des conques. Mille lumières
s'élevaient : cent bardes avaient accordé leurs harpes. Cormac se tenait au
milieu d'eux, telle l'étoile du matin qui se réjouit sur la colline de l'orient
et qui baigne ses rayons naissants dans les ondées[1]. – L'épée d'Artho était
dans la main du roi ; il en contemplait avec joie les cabochons polis : par
trois fois il essaya de la tirer, et par trois fois il échoua : ses cheveux dorés
sont épars sur ses épaules : les joues de sa jeunesse sont vermeilles. – Je
pleurai sur ce rayon de jeunesse, car il devait bientôt s'éteindre.

Althan ! me dit-il en souriant, as-tu connu mon père ? Lourde est l'épée
du roi, son bras sans doute était fort. Ah ! que ne puis-je être comme lui
dans la bataille quand se levait la rage de son courroux ! j'aurais alors,
comme Cuchullin, affronté le fils au char rapide de Cantéla ! Mais les
années viendront sans doute, ô Althan ! et mon bras sera fort. – As-tu
des nouvelles du fils de Semo, du chef de la haute Temora ? Peut-être
est-il revenu avec sa gloire ; car il a promis de revenir ce soir. Mes bardes
l'attendent avec leurs chants et l'on a préparé mon festin. –

J'écoutais le roi silencieusement. Mes larmes commencèrent à couler.
Je les cachais derrière mes cheveux gris ; mais il s'aperçut de ma douleur.

Fils de Conachar ! dit-il, le roi de Tura est-il à terre ? Pourquoi
ces soupirs secrets t'échappent-ils ? Et pourquoi coulent tes larmes ?
– Entends-tu s'approcher Torlath au char rapide ? Ou les pas de Cairbar
aux cheveux roux ? – Ils s'approchent ! – car je vois ta douleur ; et le
roi de Tura est à terre ! – Ne devrais-je pas voler au combat ? – Mais
je ne peux soulever les armes de mes pères ! – Oh ! si mon bras avait
la force de Cuchullin, Cairbar serait bientôt en fuite ; la gloire de mes
pères renaîtrait ; et les exploits des temps anciens !

Il prit son arc d'if. Des larmes coulent de ses yeux étincelants. – La
tristesse se fait autour de lui : les bardes se penchent sur leurs harpes.
Le vent seul en caresse les cordes et un son lugubre s'élève.

On entend une voix à quelque distance, celle d'un homme plongé
dans la douleur ; c'était Carril des temps anciens qui revenait de la

---

1   Macpherson cite en note l'*Énéide* 8, 588 *sqq.*, et la traduction de Dryden.

But who, said the soft-voiced Carril, come like the bounding roes? their stature is like the young trees of the plain, growing in a shower:– Soft and ruddy are their cheeks: but fearless souls look forth from their eyes!–Who but the sons of Usnoth, the car-borne chiefs of Etha? The people rise on every side, like the strength of an half-extinguished fire, when the winds come suddenly from the desart, on their rustling wings.–The sound of Caithbat's shield was heard. The heroes saw Cuchullin, in the form of lovely Nathos. So rolled his sparkling eyes, and such were his steps on his heath.–Battles are fought at Lego: the sword of Nathos prevails. Soon shalt thou behold him in thy halls, king of woody Temora!–

And soon may I behold him, O Carril! replied the returning joy of Cormac. But my soul is sad for Cuchullin; his voice was pleasant in mine ear.–Often have we moved on Dora, at the chace of the dark-brown hinds: his bow was unerring on the mountains.–He spoke of mighty men.–He told of the deeds of my fathers; and I felt the joy of my breast.–But sit thou, at the feast, O Carril!; I have often heard thy voice. Sing in the praise of Cuchullin; and of that mighty stranger.

Day rose on Temora, with all the beams of the east. Trathin came to the hall, the son of old Gelláma.–I behold, he said, a dark cloud in the desart, king of Innis-fail! a cloud it seemed at first, but now a crowd of men. One strides before them in his strength; and his red hair flies in the wind. His shield glitters to the beam of the east. His spear is in his hand.

Call him to the feast of Temora, replied the king of Erin. My hall is the house of strangers, son of the generous Gelláma!–Perhaps it is the chief of Etha, coming in the sound of his renown.–Hail, mighty stranger, art thou of the friends of Cormac?–But Carril, he is dark, and unlovely; and he draws his sword. Is that the son of Usnoth, bard of the times of old?

sombre Slimora. – Il raconta la mort de Cuchullin, ainsi que ses très hauts faits. L'armée était éparse autour de sa tombe : leurs armes étaient à terre. Ils avaient oublié la guerre, car le bruit du bouclier de Cuchullin alors s'était tu.

Mais, dit Carril à la voix si douce, qui sont-ils, ceux qui s'avance vers nous comme des chevreuils bondissants ? ils se dressent comme de jeunes arbres que la pluie fait croître dans la plaine : – Leurs joues sont douces et vermeilles : mais leurs âmes sans peur se montrent dans leurs yeux ! – Qui d'autre que les fils d'Usnoth, les chefs aux chars rapides d'Etha ? Les guerriers se lèvent de toutes parts, tel un feu à moitié éteint qui repart avec force quand soudain les vents du désert reviennent sur leurs ailes frémissantes. – On entendit le son du bouclier de Caithbat. Les héros virent venir Cuchullin lorsque s'approcha la forme gracieuse de Nathos[1], Il jetait les mêmes regards ardents et vifs ; ainsi s'avançait-il sur sa lande. – On combat sur les bords du Lego : l'épée de Nathos est victorieuse. Bientôt tu le verras en ton palais, ô roi de Temora aux vastes forêts ! –

Puissé-je l'y voir bientôt, ô Carril ! répondit la joie revenue de Cormac. Mais mon âme est triste pour Cuchullin ; sa voix charmait mon oreille. – Souvent nous allâmes sur la Dora chasser les biches brun sombre : son arc était infaillible dans les montagnes. – Il me parlait des hommes puissants. – Il me racontait les exploits de mes pères ; et je sentais une joie en mon sein. – Mais assieds-toi, et prends part à notre festin, ô Carril ; j'ai souvent entendu ta voix. Chante les louanges de Cuchullin ; et celles du puissant étranger.

Le jour se leva sur Temora, avec tous les rayons de l'orient. Trathin, fils du vieux Gelláma, arriva dans la grande salle. – Roi d'Innis-fail, dit-il, j'ai vu au loin un sombre nuage sur le désert ! ce qui semblait d'abord un nuage est une troupe de guerriers. À leur tête marche un homme dans sa force ; ses cheveux roux flottent dans le vent. Son bouclier étincelle dans les rayons de l'orient. Il tient une lance à la main.

Invite-le au festin de Temora, répondit le roi d'Erin. Mon palais est la maison des étrangers, fils du généreux Gelláma ! – Peut-être est-ce le chef d'Etha qui s'avance au son de sa renommée. – Salut à toi, puissant étranger, es-tu l'ami de Cormac ? – Mais, Carril, il est sombre et sans

---

1   C'est-à-dire qu'ils virent une ressemblance frappante entre Nathos et Cuchullin. [Macpherson]

It is not the son of Usnoth, said Carril, but the chief of Atha.—Why comest thou in thy arms to Temora, Cairbar of the gloomy brow? Let not thy sword rise against Cormac! Whither dost thou turn thy speed?

He passed on in his darkness, and seized the hand of the king. Cormac foresaw his death, and the rage of his eyes arose.—Retire, thou gloomy chief of Atha: Nathos comes with battle.—Thou art bold in Cormac's hall, for his arm is weak.—The sword entered Cormac's side: he fell in the halls of his fathers. His fair hair is in the dust. His blood is smoking round.

And art thou fallen in thy halls, I said, O son of noble Artho? The shield of Cuchullin was not near. Nor the spear of thy father. Mournful are the mountains of Erin, for the chief of the people is low!—Blest be thy soul, O Cormac! thou art snatched from the midst of thy course.

My words came to the ears of Cairbar, and he closed us in the midst of darkness. He feared to stretch his sword to the bards: though his soul was dark. Three days we pined alone: on the fourth, the noble Cathmor came.—He heard our voice from the cave; he turned the eye of his wrath on Cairbar.

Chief of Atha! he said, how long wilt thou pain my soul? Thy heart is like the rock of the desart; and thy thoughts are dark.—But thou art the brother of Cathmor, and he will fight thy battles.—But Cathmor's soul is not like thine, thou feeble hand of war! The light of my bosom is stained with thy deeds: the bards will not sing of my renown. They may say, "Cathmor was brave, but he fought for gloomy Cairbar." They will pass over my tomb in silence, and my fame shall not be heard.—Cairbar! loose the bards: they are the sons of other times. Their voice shall be heard in other ages, when the kings of Temora have failed.

We came forth at the words of the chief. We saw him in his strength. He was like thy youth, O Fingal, when thou first didst lift the spear.— His face was like the sunny field when it is bright: no darkness moved over his brow. But he came with his thousands to Ullin; to aid the red-haired Cairbar: and now he comes to revenge his death, O king of woody Morven.—

grâce; il tire son épée. Dis-moi, barde des temps anciens, est-ce là le fils d'Usnoth?

Ce n'est pas le fils d'Usnoth, dit Carril, mais le chef d'Atha. – Pourquoi viens-tu en armes à Temora, Cairbar au visage ténébreux? Ne lève point ton épée contre Cormac! Où portes-tu tes pas précipités?

Obscurément il s'avança et saisit la main du roi. Cormac vit qu'il allait mourir et la rage de ses yeux s'éleva. – Retire-toi, sombre chef d'Atha: Nathos revient et la guerre est avec lui. – Tu es audacieux dans le palais de Cormac parce que son bras est faible. – L'épée transperça le flanc de Cormac: il tomba dans le palais de ses pères. Ses blonds cheveux sont dans la poussière. Son sang fume autour de lui.

Et tu tombes dans ton palais, dis-je[1], ô noble fils d'Artho? Le bouclier de Cuchullin n'était pas là pour toi. Ni la lance de ton père. Le deuil est sur les montagnes d'Erin, car le chef du peuple est à terre! – Bénie soit ton âme, ô Cormac! tu es fauché au milieu de ta course.

Cairbar entendit mes paroles et il nous enferma au milieu des ténèbres. Il n'osait lever l'épée sur des bardes: quelque noire que fût son âme[2]. Trois jours durant nous languîmes seuls: au quatrième, le noble Cathmor arriva. – Il entendit nos voix qui venaient de la caverne; il tourna son œil de colère vers Cairbar.

Chef d'Atha! dit-il, combien de temps encore seras-tu douleur à mon âme? Ton cœur est comme le rocher du désert; et tes pensées sont obscures. – Mais tu es le frère de Cathmor, et il combattra pour toi. – Mais l'âme de Cathmor n'est pas comme la tienne, car ta main est faible dans la guerre! La lumière de mon sein est souillée par tes actes: les bardes ne chanteront point en mon honneur. Ils diront sans doute, « Cathmor fut valeureux, mais il s'est battu pour le ténébreux Cairbar. » Ils passeront en silence sur ma tombe, et nul ne connaîtra ma gloire. – Cairbar! relâche ces bardes: ce sont les fils des temps anciens. Leurs voix retentiront dans l'avenir lorsque les rois de Temora ne seront plus.

En entendant les paroles de ce chef nous sortîmes. Nous le vîmes dans sa force. Il était tout comme ta jeunesse, ô Fingal, quand pour la première fois tu levais la lance. – Son visage était comme le champ ensoleillé qui resplendit: nulle obscurité ne passait sur son front. Mais il est venu en Ullin

---

1   C'est Althan qui parle. [Macpherson]
2   Les bardes étaient intouchables: même celui qui vient d'assassiner son propre souverain n'ose pas les tuer. [Macpherson]

And let him come, replied the king; I love a foe like Cathmor. His soul is great: his arm is strong, and his battles are full of fame.–But the little soul is like a vapour that hovers round the marshy lake: it never rises on the green hill, lest the winds meet it there: its dwelling is in the cave, and it sends forth the dart of death.

Usnoth! thou hast heard the fame of Etha's car-borne chiefs.–Our young heroes, O warrior, are like the renown of our fathers.–They fight in youth, and they fall: their names are in the song.–But we are old, O Usnoth, let us not fall like aged oaks; which the blast overturns in secret. The hunter came past, and saw them lying gray across a stream. How have these fallen, he said, and whistling passed along.

Raise the song of joy, ye bards of Morven, that our souls may forget the past.–The red stars look on us from the clouds, and silently descend. Soon shall the gray beam of the morning rise, and shew us the foes of Cormac.–Fillan! take the spear of the king; go to Mora's dark-brown side. Let thine eyes travel over the heath, like flames of fire. Observe the foes of Fingal, and the course of generous Cathmor. I hear a distant sound, like the falling of rocks in the desart.–But strike thou thy shield, at times, that they may not come through night, and the fame of Morven cease.–I begin to be alone, my son, and I dread the fall of my renown.

The voice of the bards arose. The king leaned on the shield of Trenmor.–Sleep descended on his eyes, and his future battles rose in his dreams. The host are sleeping around. Dark-haired Fillan observed the foe. His steps are on a distant hill: we hear, at times, his clanging shield.

avec ses mille et mille guerriers ; pour aider Cairbar aux cheveux roux :
et maintenant pour venger sa mort, ô roi de Morven aux vastes forêts. –
Alors qu'il vienne, répondit le roi ; j'aime un ennemi tel que Cathmor.
Son âme est grande : son bras est fort et ses batailles pleines de gloire. –
Alors que l'âme sans grandeur est comme la vapeur qui se forme autour
d'un lac marécageux : elle ne s'élève jamais jusqu'aux vertes collines
par peur d'y rencontrer le vent : sa demeure est une caverne d'où elle
lance ses traits de mort.

Usnoth ! tu connais la gloire des chefs d'Etha aux chars rapides. –
Nos jeunes héros, ô guerrier, suivent la renommée de nos pères. – Ils
combattent en leur jeunesse puis ils tombent : leurs noms sont dans les
chants. – Mais nous sommes vieux, ô Usnoth, ne tombons pas comme
des chênes âgés ; le souffle du vent les renverse en secret. Le chasseur
passa à côté et il les vit gisant grisâtres au travers du torrent. Comment
sont-ils tombés, dit-il, et il s'éloigna en sifflant.

Bardes de Morven, que s'élève un chant de joie, afin que nos âmes
oublient le passé. – Les étoiles rouges nous regardent depuis leurs nuages
et descendent en silence. Bientôt les rayons gris du matin vont se lever et
nous montrer les ennemis de Cormac. – Fillan ! prends la lance du roi ;
va sur les pentes brun sombre de la Mora. Que tes regards volent sur
la lande comme des langues de feu. Observe les ennemis de Fingal et
la course du généreux Cathmor. J'entends un bruit lointain, semblable
à la chute des rochers dans le désert. – Frappe de temps en temps sur
ton bouclier, afin qu'ils ne viennent pas à travers la nuit pour détruire
la gloire de Morven. – Je commence à être seul, mon fils, et je redoute
la chute de ma renommée.

La voix des bardes s'éleva. Le roi s'appuya sur le bouclier de Trenmor.
– Le sommeil descendit sur sa paupière et des batailles à venir se levèrent
dans ses songes. L'armée dort autour de lui. Fillan aux cheveux sombres
observait l'ennemi. Ses pas sont sur une colline éloignée : on entend, de
temps en temps, retentir son bouclier[1].

---

1   Macpherson joint en note une version légèrement modifié du fragment VII, qui raconte
une autre version de la mort d'Oscar, fils d'Ossian (qui, par ailleurs, portait dans ce
fragment le nom d'Oscur). Pour justifier cette incohérence, Macpherson prétend que le
fragment fut composé par un imitateur d'Ossian, que l'Oscar dont il parle est en réalité
un autre Oscar, le fils de Caruth, mais que leurs ressemblances excusent cette confusion.

CARRIC-THURA: A POEM

ARGUMENT

Fingal, returning from an expedition which he had made into the Roman province, resolved to visit Cathulla king of Inistore, and brother to Comála, whose story is related, at large, in the dramatic poem, published in this collection. Upon his coming in sight of Carric-thura, the palace of Cathulla, he observed a flame on its top, which, in those days, was a signal of distress. The wind drove him into a bay, at some distance from Carric-thura, and he was obliged to pass the night on the shore. Next day he attacked the army of Frothal king of Sora who had besieged Cathulla in his palace of Carric-thura, and took Frothal himself prisoner, after he had engaged him in a single combat. The deliverance of Carric-thura is the subject of the poem, but several other episodes are interwoven with it. It appears from tradition, that this poem was addressed to a Culdee, or one of the first Christian missionaries, and that the story of the *Spirit of Loda*, supposed to be the ancient Odin of Scandinavia, was introduced by Ossian in opposition to the Culdee's doctrine. Be this as it will, it lets us into Ossian's notions of a superior being; and shews that he was not addicted to the superstition which prevailed all the world over, before the introduction of Christianity.

CARRIC-THURA : POÈME

3ᵉ édition, 1765

ARGUMENT[1]

Fingal, de retour d'une province romaine où il était parti en expédition, décida de rendre visite à Cathulla, roi d'Inistore et frère de Comala. Arrivé en vue de Carric-thura, le palais de Cathulla, il aperçut une flamme qui brûlait au sommet, signal de détresse à l'époque. Le vent le poussa dans une baie, à quelque distance de Carric-thura, et il fut obligé de passer la nuit sur le rivage. Le lendemain il attaqua l'armée de Frothal, roi de Sora, qui assiégeait Cathulla dans son palais et il fit Frothal prisonnier après s'être battu avec lui en combat singulier. Ce poème raconte la délivrance de Carric-thura, mais de nombreux épisodes y sont introduits. La tradition veut que ce poème soit adressé à un Culdee, ou un autre des premiers missionnaires chrétiens, et que l'histoire de « l'Esprit de Loda », que l'on suppose être l'Odin des Scandinaves, ait été introduite par Ossian pour l'opposer aux croyances du Culdee. Quoi qu'il en soit, cet épisode permet de comprendre qu'Ossian avait des notions de l'Être suprême et qu'il n'était pas prisonnier des superstitions qui régnaient sur le monde avant l'introduction du Christianisme.

---

1 Ce résumé apparaît dans les notes des éditions de 1762 et 1765, et en tête du poème dans l'édition de 1773.

Hast thou left thy blue course in heaven, golden-haired son of the sky! The west has opened its gates; the bed of thy repose is there. The waves come to behold thy beauty: they lift their trembling heads: they see thee lovely in thy sleep; but they shrink away with fear. Rest, in thy shadowy cave, O sun! and let thy return be in joy.–But let a thousand lights arise to the sound of the harps of Selma: let the beam spread in the hall, the king of shells is returned! The strife of Crona is past, like sounds that are no more: raise the song, O bards, the king is returned with his fame!

Such was the song of Ullin, when Fingal returned from battle: when he returned in the fair blushing of youth; with all his heavy locks. His blue arms were on the hero; like a gray cloud on the sun, when he moves in his robes of mist, and shews but half his beams. His heroes follow the king: the feast of shells is spread. Fingal turns to his bards, and bids the song to rise.

Voices of echoing Cona! he said, O bards of other times! Ye, on whose souls the blue hosts of our fathers rise! strike the harp in my hall; and let Fingal hear the song. Pleasant is the joy of grief! it is like the shower of spring, when it softens the branch of the oak, and the young leaf lifts its green head. Sing on, O bards, to-morrow we lift the sail. My blue course is through the ocean, to Carric-thura's walls; the mossy walls of Sarno, where Comála dwelt. There the noble Cathulla spreads the feast of shells. The boars of his woods are many, and the sound of the chace shall arise.

Cronnan, son of song! said Ullin, Minona, graceful at the harp! raise the song of Shilric, to please the king of Morven. Let Vinvela come in her beauty, like the showery bow, when it shews its lovely head on the lake, and the setting sun is bright. And she comes, O Fingal! her voice is soft but sad.

Tu as donc quitté ta course bleue à travers les cieux, fils du ciel à la chevelure d'or[1] ! L'occident a ouvert ses portes ; c'est là le lit de ton repos. Les vagues s'approchent pour contempler ta beauté : elles lèvent leurs têtes frémissantes : elles te voient charmant dans ton sommeil ; mais elles se retirent avec crainte. Repose dans ta caverne pleine d'ombres, ô soleil ! et que ton retour soit dans la joie. — Mais que mille lumières s'élèvent au son des harpes de Selma : que leurs rayons s'étendent dans la grande salle, le roi aux riches conques est de retour ! La lutte de la Crona[2] est passée, tel un son qui se serait évanoui : que s'élèvent vos chants, ô bardes, le roi est revenu avec sa gloire !

Voici ce que chantait Ullin lorsque Fingal revint de la bataille : lorsqu'il revint dans la fraîcheur et la beauté de sa jeunesse ; et de sa riche chevelure. Sur le héros étaient ses armes bleues ; tel un nuage gris qui voile le soleil lorsqu'il se meut dans sa robe de brume et ne montre que la moitié de ses rayons. Les héros suivent le roi : on prépare le festin des conques. Fingal se tourne vers ses bardes et commande aux chants de s'élever.

Voix nombreuses de Cona où résonne l'écho ! dit-il, ô bardes des temps anciens ! Vous, dont les âmes exaltent les armées bleues de nos pères ! faites résonner vos harpes dans mon palais ; et chantez pour Fingal. J'aime entendre la joie de la tristesse ! elle est comme l'ondée du printemps quand elle attendrit la branche du chêne et que la jeune feuille relève sa verte tête. Chantez, ô bardes, demain nous lèverons les voiles. Ma course bleue traverse l'océan, vers les murailles de Carric-thura ; les murailles couvertes de mousse de Sarno où demeurait Comála. Là-bas, le noble Cathulla prépare le festin des conques. Les sangliers de ses bois sont nombreux, et le son de la chasse se fera entendre.

Cronnan, fils des chants ! dit Ullin, Minona gracieuse à la harpe ! que s'élève le chant de Shilric pour plaire au roi de Morven[3]. Que Vinvela s'avance dans sa beauté, tel l'arc pluvieux lorsqu'il montre sa tête char-

---

1   Le chant d'Ullin, par lequel débute le poème, est composé en mètres lyriques. Fingal avait l'habitude, lorsqu'il rentrait de ses expéditions, d'envoyer ses bardes annoncer son retour. Ossian appelle ces sortes de triomphes les *chants de la victoire*. [Macpherson]

2   Ossian a chanté cette *Lutte de la Crona* dans un autre poème, lié à celui-ci. Cependant le traducteur n'a pu en retrouver de version qui ne soit pas trop altérée. [Macpherson] Voir plus haut « Carthon ».

3   Il semble probable que les rôles de Shilric et Vinvela furent joués par Cronnan et Minona, dont les noms suggèrent qu'ils étaient des chanteurs habitués aux représentations publiques.

[Fragment I]

And I remember the chief, said the king of woody Morven; he
consumed the battle in his rage. But now my eyes behold him not.
I met him, one day, on the hill; his cheek was pale; his brow was
dark. The sigh was frequent in his breast: his steps were towards
the desart. But now he is not in the crowd of my chiefs, when the
sounds of my shields arise. Dwells he in the narrow house, the chief
of high Carmora?'

Cronnan! said Ullin of other times, raise the song of Shilric; when
he returned to his hills, and Vinvela was no more, He leaned on her
gray mossy stone; he thought Vinvela lived. He saw her fair-moving
on the plain: but the bright form lasted not: the sun-beam fled from
the field, and she was seen no more. Hear the song of Shilric, it is
soft but sad.

[Fragment II]

Such was the song of Cronnan, on the night of Selma's joy. But
morning rose in the east; the blue waters rolled in light. Fingal bade his
sails to rise, and the winds come rustling from their hills. Inis-tore rose
to sight, and Carric-thura's mossy towers. But the sign of distress was
on their top: the green flame edged with smoke. The king of Morven
struck his breast: he assumed, at once, his spear. His darkened brow
bends forward to the coast: he looks back to the lagging winds. His
hair is disordered on his back. The silence of the king is terrible.

Night came down on the sea; Rotha's bay received the ship. A rock
bends along the coast with all its echoing wood. On the top is the circle
of Loda, and the mossy stone of power. A narrow plain spreads beneath,
covered with grass and aged trees, which the midnight winds, in their
wrath, had torn from the shaggy rock. The blue course of a stream is
there: and the lonely blast of ocean pursues the thistle's beard.

mante au-dessus du lac et que le soleil couchant est radieux. La voici qui s'avance, ô Fingal ! sa voix est douce mais triste.

[Ici est inséré le fragment I]

Et je me souviens de ce chef, dit le roi de Morven aux vastes forêts ; sa rage dévorait les batailles. Maintenant mes yeux ne le voient plus. Je l'ai rencontré, un jour, sur la colline ; sa joue était pâle ; son front était sombre. De fréquents soupirs s'élevaient de sa poitrine : ses pas allaient vers le désert. Mais il n'est plus désormais parmi mes chefs quand s'élève le son de mes boucliers. Demeure-t-il dans la maison étroite, le chef de la haute Carmora ?

Cronnan ! dit Ullin des temps passés, que s'élève le chant de Shilric ; quand il revint dans ses collines et que Vinvela n'était plus. Il s'appuya contre la pierre grise de sa tombe recouverte de mousse ; il pensait que Vinvela vivait encore. Il la vit errer gracieuse sur la plaine : mais la forme radieuse disparut aussitôt : le rayon de soleil s'enfuit de ce champ et l'on ne la vit plus. Écoutez le chant de Shilric, il est doux mais triste.

[Ici est inséré le fragment II]

Voila ce que chantait Cronnan, en cette nuit de joie à Selma. Mais le matin se levait à l'orient ; les eaux bleues tanguaient et roulaient dans la lumière. Fingal commanda que l'on hissât ses voiles, et les vents descendirent des collines en frémissant. Inis-tore apparut, ainsi que les tours couvertes de mousse de Carric-thura. Mais au sommet, le signe du danger : une flamme verte bordée de fumée. Le roi de Morven se frappa le sein : aussitôt il saisit sa lance. Son front assombri est tourné impatient vers le rivage : il accuse du regard les vents indolents. Ses cheveux flottent en désordre. Le silence du roi est terrible.

La nuit descendit sur la mer ; la baie de Rotha reçut le vaisseau. Un roc couronné de forêts pleines d'échos suit la courbe de la côte. Au sommet, le cercle de Loda et la pierre du pouvoir couverte de mousse. Au pied de cette falaise une étroite plaine herbeuse s'étend, jonchée d'arbres vieillis que les vents de minuit, dans leur courroux, ont arrachés

---

Les poèmes dramatiques d'Ossian furent tous présentés à Ossian lors d'occasion officielles. [Macpherson]

The flame of three oaks arose: the feast is spread around: but the soul of the king is sad, for Carric-thura's battling chief. The wan, cold moon rose, in the east. Sleep descended on the youths: Their blue helmets glitter to the beam; the fading fire decays. But sleep did not rest on the king: he rose in the midst of his arms, and slowly ascended the hill to behold the flame of Sarno's tower.

The flame was dim and distant; the moon hid her red face in the east. A blast came from the mountain, and bore, on its wings, the spirit of Loda. He came to his place in his terrors, and he shook his dusky spear.—His eyes appear like flames in his dark face; and his voice is like distant thunder. Fingal advanced with the spear of his strength, and raised his voice on high.

Son of night, retire: call thy winds and fly! Why dost thou come to my presence, with thy shadowy arms? Do I fear thy gloomy form, dismal spirit of Loda? Weak is thy shield of clouds: feeble is that meteor, thy sword. The blast rolls them together; and thou thyself dost vanish. Fly from my presence son of night! call thy winds and fly!

Dost thou force me from my place, replied the hollow voice? The people bend before me. I turn the battle in the field of the valiant. I look on the nations and they vanish: my nostrils pour the blast of death. I come abroad on the winds: the tempests are before my face. But my dwelling is calm, above the clouds, the fields of my rest are pleasant.

Dwell then in thy calm field, said Fingal, and let Comhal's son be forgot. Do my steps ascend, from my hills, into thy peaceful plains? Do I meet thee, with a spear, on thy cloud, spirit of dismal Loda? Why then dost thou frown on Fingal? or shake thine airy spear? But thou frownest in vain: I never fled from mighty men. And shall the sons of the wind frighten the king of Morven? No: he knows the weakness of their arms.

du rocher broussailleux. Un torrent bleu coule là : et le souffle solitaire des vents océaniques poursuit le duvet des chardons qui s'enfuit.

La flamme de trois chênes s'éleva : le festin est préparé : mais l'âme du roi est attristée par la guerre du chef de Carric-thura. Une lune livide et froide s'était levée à l'orient. Le sommeil descendit sur les jeunes guerriers : Leurs heaumes reflètent ses rayons ; les feux mourants s'éteignent. Mais le sommeil ne se posa point sur le roi : il se leva ceint de ses armes et lentement monta sur la colline pour voir la flamme sur la tour de Sarno.

La flamme était faible et lointaine ; la lune cachait sa face rougeâtre dans l'orient. Un souffle impétueux descendit de la montagne et apporta, sur ses ailes, l'esprit de Loda. Il descendit sur sa pierre dans toute sa terreur et agita sa lance ténébreuse. – Ses yeux semblent des flammes dans son visage obscur ; sa voix est comme un tonnerre lointain. Fingal s'avança avec la lance de sa force et éleva très haut sa voix.

Fils de la nuit, retire-toi : appelle tes vents et fuis ! Pourquoi venir en ma présence avec l'ombre de tes armes ? Crois-tu que ta forme sombre m'effraie, ô lugubre esprit de Loda ? Ton bouclier de nuage est sans force : faible ce météore, ton épée. Les vents les poussent et les confondent ; et tu t'évanouis avec eux. Fuis loin de moi, fils de la nuit ! rappelle tes vents et fuis !

Veux-tu me forcer à quitter le lieu où l'on me vénère, répondit la voix sépulcrale ? Des peuples se prosternent devant moi. Je décide du sort des batailles dans le champ des braves. Je regarde les nations et elles s'évanouissent : mes narines exhalent le souffle de la mort. Je voyage porté par les vents : les tempêtes précèdent mon visage[1]. Mais ma demeure est calme, au-dessus des nuages, les champs de mon repos sont plaisants.

Demeure donc dans ton calme champ, dit Fingal, et oublie le fils de Comhal. Mes pas gravissent-ils mes collines pour rejoindre tes plaines paisibles ? Vais-je à ta rencontre, armé de ma lance, sur ton nuage, esprit lugubre de Loda ? Pourquoi alors menacer Fingal du regard ? et agiter ta lance aérienne ? Mais tu menaces en vain : je n'ai jamais fui devant les hommes, quelque puissants qu'ils fussent. Et les fils du vent voudraient effrayer le roi de Morven ? Non : il connaît la faiblesse de leurs armes.

---

1   La ressemblance est frappante entre les terreurs de cette divinité factice et celles du vrai Dieu, telles que le psaume 18 les décrit. [Macpherson]

Fly to thy land, replied the form: receive the wind and fly. The blasts are in the hollow of my hand: the course of the storm is mine. The king of Sofa is my son, he bends at the stone of my power. His battle is around Carric-thura; and he will prevail. Fly to thy land, son of Comhal, or feel my flaming wrath.

He lifted high his shadowy spear; and bent forward his terrible height. But the king, advancing, drew his sword; the blade of dark-brown Luno. The gleaming path of the steel winds through the gloomy ghost. The form fell shapeless into air, like a column of smoke, which the staff of the boy disturbs, as it rises from the half-extinguished furnace.

The spirit of Loda shrieked, as, rolled into himself, he rose on the wind. Inistore shook at the sound. The waves heard it on the deep: they stopped, in their course, with fear: the companions of Fingal started, at once; and took their heavy spears. They missed the king: they rose with rage; all their arms resound.

The moon came forth in the east. The king returned in the gleam of his arms. The joy of his youths was great; their souls settled, as a sea from a storm. Ullin raised the song of gladness. The hills of Inistore rejoiced. The flame of the oak arose; and the tales of heroes are told.

But Frothal, Sora's battling king, sits in sadness beneath a tree. The host spreads around Carric-thura. He looks towards the walls with rage. He longs for the blood of Cathulla, who, once, overcame the king in war.—When Annir reigned in Sora, the father of car-borne Frothal, a blast rose on the sea, and carried Frothal to Inistore. Three days he feasted in Sarno's halls, and saw the slow rolling eyes of Comála. He loved her, in the rage of youth, and rushed to seize the white-armed maid. Cathulla met the chief. The gloomy battle rose, Frothal is bound in the hall: three days he pined alone. On the fourth, Sarno sent him to his ship, and he returned to his land. But wrath darkened in his soul against the noble Cathulla. When Annir's stone of fame arose, Frothal came in his strength. The battle burned round Carric-thura, and Sarno's mossy walls.

Fuis vers tes terres, répondit la forme : reçois une brise favorable et fuis. Les vents sont au creux de ma main : c'est moi qui commande la course des tempêtes. Le roi de Sora est mon fils, il se prosterne devant la pierre de mon pouvoir. Sa bataille assiège Carric-thura ; et il triomphera. Fuis vers tes terres, fils de Comhal, ou tu connaîtras mon courroux enflammé.

Il leva sa lance ténébreuse ; et pencha en avant sa stature terrifiante. Mais le roi s'avança et tira son épée ; la lame brun sombre de Luno. Le passage étincelant de l'acier serpente à travers le ténébreux fantôme. L'ombre s'affaisse sans forme dans les airs, telle une colonne de fumée qui s'élève d'une fournaise à moitié éteinte et que le bâton d'un enfant a troublée.

L'esprit de Loda poussa un cri perçant et, roulé sur lui-même, s'éleva porté par le vent. À ce cri Inistore trembla. Les vagues de l'abîme l'entendirent : elles s'arrêtèrent épouvantées : les compagnons de Fingal tressaillirent et s'éveillèrent aussitôt ; ils saisirent leurs lourdes lances. Ils s'aperçurent alors que le roi n'était plus là : ils se levèrent dans leur rage ; toutes leurs armes résonnèrent.

La lune apparut à l'orient. Le roi revint dans la lueur de ses armes. La joie de ses jeunes guerriers fut grande ; leurs âmes s'apaisèrent, comme la mer après la tempête. La voix d'Ullin s'éleva pour chanter leur joie. Les collines d'Inistore se réjouirent. Les flammes des chênes s'élevèrent ; et l'on raconte les récits des héros.

Mais Frothal, roi de Sora, occupé de batailles, est assis plein de tristesse sous un arbre. Les armées sont autour de Carric-thura. Il lance vers les murailles des regards furieux. Il désire le sang de Cathulla qui, un jour, gagna la guerre contre le roi. – Lorsqu'Annir, père de Frothal au char rapide, régnait sur la Sora, une rafale s'éleva sur les flots et conduisit Frothal à Inistore. Trois jours durant ils festoyèrent dans le palais de Sarno et il vit les yeux vifs et langoureux de Comála. Il l'aima de toute la rage de sa jeunesse et voulut aussitôt se saisir de cette vierge aux bras blancs. Cathulla s'opposa au chef. Le triste combat se déchaîna, Frothal est emprisonné dans le palais : trois jours durant il demeura seul et amer. Au quatrième, Sarno le renvoya à son vaisseau et il retourna sur ses terres. Mais la rage obscurcissait son âme contre le noble Cathulla. Dès que la pierre à la gloire d'Annir fut dressée[1], Frothal revint avec toutes

---

1 C'est-à-dire, après la mort d'Annir. Dresser une pierre à la gloire d'une personne voulait dire que cette personne était morte. [Macpherson]

Morning rose on Inistore. Frothal struck his dark-brown shield. His chiefs started at the sound; they stood, but their eyes were turned to the sea. They saw Fingal coming in his strength; and first the noble Thubar spoke.

Who comes like the stag of the mountain, with all his herd behind him? Frothal, it is a foe; I see his forward spear. Perhaps it is the king of Morven, Fingal the first of men. His actions are well known on Gormal; the blood of his foes is in Starno's halls. Shall I ask the peace of kings? He is like the thunder of heaven.

Son of the feeble hand, said Frothal, shall my days begin in darkness? Shall I yield before I have conquered in battle, chief of streamy Tora? The people would say in Sora, Frothal flew forth like a meteor; but the dark cloud met it, and it is no more. No: Thubar, I will never yield; my fame shall surround me like light. No: I will never yield, king of streamy Tora.

He went forth with the stream of his people, but they met a rock: Fingal stood unmoved, broken they rolled back from his side. Nor did they roll in safety; the spear of the king pursued their flight. The field is covered with heroes. A rising hill preserved the flying host.

Frothal saw their flight. The rage of his bosom rose. He bent his eyes to the ground, and called the noble Thubar.–Thubar! my people fled. My fame has ceased to rise. I will fight the king; I feel my burning soul.

Send a bard to demand the combat. Speak not against Frothal's words.–But, Thubar! I love a maid; she dwells by Thano's stream, the white-bosomed daughter of Herman, Utha with the softly-rolling eyes. She feared the daughter of Inistore, and her soft sighs rose, at my departure. Tell to Utha that I am low; but that my soul delighted in her.

Such were his words, resolved to fight. But the soft sigh of Utha was near. She had followed her hero over the sea, in the armour of a man. She rolled her eye on the youth, in secret, from beneath a glittering helmet. But now she saw the bard as he went, and the spear fell thrice from her hand. Her loose hair flew on the wind. Her white breast rose, with sighs. She lifted up her eyes to the king; she would speak, but thrice she failed.

ses forces. La bataille brûlait autour de Carric-thura et des murailles couvertes de mousse de Sarno.

Le matin se leva sur Inistore. Frothal frappa son bouclier brun sombre. Ses chefs tressaillirent à ce bruit ; ils se levèrent mais leurs yeux étaient tournés vers la mer. Ils virent Fingal qui s'avançait dans sa force ; le noble Thubar parla le premier.

Qui vient pareil au cerf de la montagne, à la tête de toute sa troupe ? Frothal, c'est un ennemi ; je vois sa lance levée. Peut-être est-ce le roi de Morven, Fingal, le premier des mortels. Ses hauts faits sont bien connus sur le Gormal ; le sang de ses ennemis est sur les murs du palais de Starno. Devrais-je lui demander la paix des rois[1] ? Il est comme le tonnerre des cieux.

Fils d'une main sans force, dit Frothal, et mes jours commenceraient dans l'obscurité ? Devrais-je céder avant d'avoir gagné des batailles, chef de la Tora aux flots puissants ? Le peuple de Sora dirait alors, Frothal est parti tel un météore ; mais il a rencontré un nuage noir et il s'est évanoui. Non : Thubar, jamais je ne céderai ; ma gloire sera comme une armée de lumière autour de moi. Non : jamais je ne céderai, roi de la Tora aux flots puissants.

Il s'élança avec le torrent de ses hommes, mais ils rencontrèrent un rocher : c'était Fingal, inébranlable, et ils se brisèrent et roulèrent loin de lui. Mais nul salut dans cette fuite ; la lance du roi les poursuivait. Le champ de bataille se couvre de héros. Une colline élevée protégea la troupe en déroute.

Frothal vit leur fuite. La rage en son sein s'éveilla. Il baissa les yeux vers le sol et appela le noble Thubar. – Thubar ! mes hommes ont fui. Ma gloire ne grandira plus. Je dois combattre ce roi ; je sens brûler mon âme.

Envoie un barde demander le combat. Ne réplique pas aux paroles de Frothal. – Mais, Thubar ! j'aime une vierge ; elle demeure au bord du torrent de Thano, la fille au sein blanc d'Herman, Utha qui roule ses doux yeux. Elle redoutait la fille d'Inistore[2] et elle soupirait tendrement lorsque je m'en allais. Dis à Utha que je suis à terre ; mais qu'elle ravissait mon âme.

Résolu à combattre, telles furent ses paroles. Mais les tendres soupirs d'Utha étaient proches. Elle avait suivi son héros sur la mer, sous l'armure d'un homme. Sous son heaume brillant elle coulait en secret

---

1   Paix conclue en des termes honorables. [Macpherson]
2   Frothal veut parler de Comála, dont Utha ignorait probablement la mort ; Utha craignait donc que la passion de Frothal pour Comála ne se réveillât. [Macpherson]

Fingal heard the words of the bard; he came in the strength of steel.
They mixed their deathful spears, and raised the gleam of their swords.
But the steel of Fingal descended and cut Frothal's shield in twain. His
fair side is exposed; half bent he foresees his death.

Darkness gathered on Utha's soul. The tear rolled down her cheek.
She rushed to cover the chief with her shield; but a fallen oak met her
steps. She fell on her arm of snow; her shield, her helmet flew wide.
Her white bosom heaved to the sight; her dark-brown hair is spread
on earth.

Fingal pitied the white-armed maid: he stayed the uplifted sword.
The tear was in the eye of the king, as, bending forward, he spoke.
King of streamy Sora! fear not the sword of Fingal. It was never stained
with the blood of the vanquished; it never pierced a fallen foe. Let thy
people rejoice along the blue waters of Tora: let the maids of thy love
be glad. Why shouldest thou fall in thy youth, king of streamy Sora?

Frothal heard the words of Fingal, and saw the rising maid: they
stood in silence, in their beauty: like two young trees of the plain, when
the shower of spring is on their leaves, and the loud winds are laid.

Daughter of Herman, said Frothal, didst thou come from Tora's
streams; didst thou come, in thy beauty, to behold thy warrior low?
But he was low before the mighty, maid of the slow-rolling eye! The
feeble did not overcome the son of car-borne Annir. Terrible art thou,
O king of Morven! in battles of the spear. But, in peace, thou art like
the sun, when he looks through a silent shower: the flowers lift their
fair heads before him; and the gales shake their rustling wings. O that
thou wert in Sora! that my feast were spread!–The future kings of Sora
would see thy arms and rejoice. They would rejoice at the fame of their
fathers, who beheld the mighty Fingal.

Son of Annir, replied the king, the fame of Sora's race shall be
heard.–When chiefs are strong in battle, then does the song arise! But
if their swords are stretched over the feeble: if the blood of the weak
has stained their arms; the bard shall forget them in the song, and their
tombs shall not be known. The stranger shall come and build there,

ses regards vers le jeune guerrier. Elle vit partir le barde et par trois fois elle laissa tomber la lance qu'elle tenait. Ses cheveux détachés flottaient dans le vent. Sa blanche poitrine se gonflait de soupirs. Elle leva les yeux vers le roi ; par trois fois elle essaya, en vain, de parler.

Fingal entendit les paroles du barde ; il s'avança dans la force de son acier. Leurs lances funestes se mêlèrent et jaillit la lueur des épées. Mais l'acier de Fingal s'abattit et coupa en deux le bouclier de Frothal. Son beau flanc est exposé ; penché à demi vers la terre il voit venir sa mort.

Les ténèbres s'amassèrent sur l'âme d'Utha. Des larmes roulèrent sur ses joues. Elle s'élança pour protéger le chef de son bouclier ; mais un chêne abattu arrêta ses pas. Elle tomba sur son bras de neige ; son bouclier, son heaume s'envolèrent. On vit palpiter son sein blanc ; ses cheveux brun sombre sont épars sur le sol.

Fingal eut pitié de la vierge aux bras blancs : il retint son épée levée. Des larmes étaient dans les yeux du roi lorsque, penché vers Frothal, il prononça ces mots. Roi de Sora où ruissellent les torrents ! ne crains pas l'épée de Fingal. Jamais elle ne fut souillée du sang des vaincus ; jamais elle ne transperça l'adversaire terrassé. Que ton peuple se réjouisse aux bords des eaux bleues de la Tora : que les vierges de ton amour soient heureuses. Pourquoi devrais-tu tomber dans ta jeunesse, roi de Sora où ruissellent les torrents ?

Frothal entendit les paroles de Fingal et vit la vierge se relever : ils se tenaient silencieux dans leur beauté : comme deux jeunes arbres de la plaine lorsque l'ondée du printemps est sur leurs feuilles et que les vents bruyants se taisent.

Fille d'Herman, dit Frothal, es-tu venue depuis les flots de la Tora ; es-tu venue dans ta beauté pour voir ton guerrier à terre ? Mais il est tombé devant le puissant, ô vierge au doux regard ! Le faible n'a pas vaincu le fils d'Annir au char rapide. Aux combats de la lance tu es redoutable, ô roi de Morven ! Mais dans la paix tu es comme le soleil qui apparaît au milieu de l'ondée silencieuse : quand elles l'aperçoivent, les fleurs relèvent leurs têtes gracieuses ; les zéphyrs agitent leurs ailes frémissantes. Ah si tu étais en Sora ! et si mon festin était prêt ! – Les futurs rois de Sora verraient tes armes et se réjouiraient. Ils se réjouiraient de la gloire de leurs pères qui contemplèrent le puissant Fingal.

Fils d'Annir, répondit le roi, la gloire de la race de Sora ne sera pas tue. – Quand les chefs sont forts au combat, alors s'élève un chant ! Mais

and remove the heaped-up earth. An half-worn sword shall rise before him; and bending above it, he will say, "These are the arms of chiefs of old, but their names are not in song."—Come thou, O Frothal, to the feast of Inistore; let the maid of thy love be there; and our faces will brighten with joy.

Fingal took his spear, moving in the steps of his might. The gates of Carric-thura are opened. The feast of shells is spread.—The voice of music arose. Gladness brightened in the hall.—The voice of Ullin was heard; the harp of Selma was strung.—Utha rejoiced in his presence, and demanded the song of grief; the big tear hung in her eye, when the soft Crimora spoke. Crimora the daughter of Rinval, who dwelt at Lotha's mighty stream. The tale was long, but lovely; and pleased the blushing maid of Tora.

[Fragment IV]

And did they return no more? said Utha's bursting sigh. Fell the mighty in battle, and did Crimora live?—Her steps were lonely, and her soul was sad for Connal. Was he not young and lovely; like the beam of the setting sun? Ullin saw the virgin's tear, and took the softly-trembling harp: the song was lovely, but sad, and silence was in Carric-thura.

[Fragment V]

And soft be your rest, said Utha, children of streamy Lotha. I will remember you with tears, and my secret song shall rise; when the wind is in the groves of Tora, and the stream is roaring near. Then shall ye come on my soul, with all your lovely grief.

Three days feasted the kings: on the fourth their white sails arose. The winds of the north carry the ship of Fingal to Morven's woody land.—But the spirit of Loda sat, in his cloud, behind the ships of Frothal. He hung forward with all his blasts, and spread the white-bosomed sails.—The wounds of his form were not forgot; he still feared the hand of the king.

si leurs épées sont allées trouver le faible : si le sang des ennemis sans force souille leurs armes ; le barde les oubliera dans ses chants et leurs tombes seront ignorées. L'étranger viendra là pour y bâtir et il enlèvera la terre amoncelée. Une épée à moitié usée apparaîtra devant lui ; il se penchera et il dira, « Voici les armes des chefs de l'ancien temps, mais on n'entend pas leurs noms dans les chants ». – Viens, ô Frothal, au festin d'Inistore ; que la vierge de ton amour t'accompagne ; et la joie illuminera nos visages.

Fingal prit sa lance et s'avança dans les pas de sa puissance. Les portes de Carric-thura sont ouvertes. On prépare le festin des conques. – La musique éleva sa voix. La gaité illumina la grande salle. – On entendit alors la voix d'Ullin ; la harpe de Selma fut accordée. – Utha se réjouit de l'entendre et demanda le chant de la tristesse ; des larmes se gonflaient dans ses yeux lorsque parla la douce Crimora[1]. Crimora, fille de Rinval, qui demeurait aux bords du puissant torrent de Lotha. Le récit fut long, mais touchant ; il plut à la vierge rougissante de Tora.

[Ici est inséré le fragment IV]

Et ils ne revinrent jamais plus ? interrompit Utha dans un soupir. Les puissants sont-ils tombés dans la bataille, Crimora vit-elle encore ? – Ses pas étaient solitaires, et son âme triste pour Connal. N'était-il pas jeune et gracieux ; comme le rayon du soleil couchant ? Ullin vit les larmes de la vierge et reprit sa harpe qui doucement vibrait : le chant était beau, mais triste, et le silence se fit dans Carric-thura.

[Ici est inséré le fragment V]

Et que ce repos soit doux, dit Utha, enfants de la Lotha aux flots puissants. Je me souviendrai de vous, des larmes dans les yeux, et mon chant secret s'élèvera ; lorsque le vent est là dans les bois de Tora et que le torrent gronde non loin. Alors vous descendrez sur mon âme dans votre adorable tristesse.

Trois jours durant les rois festoyèrent : au quatrième, furent hissées leurs blanches voiles. Les vents du nord ramènent le vaisseau de Fingal vers Morven aux vastes forêts. – Mais dans son nuage l'esprit de Loda

---

1   L'épisode suivant est justifié par les ressemblances entre les aventures de Crimora et celles d'Utha. [Macpherson]

était assis, derrière les vaisseaux de Frothal. Il se penchait de toute la
force de son souffle et gonflait les seins blancs de ses voiles. – Il n'avait
pas oublié les blessures que son ombre avait reçues ; il craignait encore
la main du roi[1].

---

1 L'épisode de Fingal et de l'Esprit de Loda, que l'on suppose être Odin, est le passage le plus
extravaguant de toute l'œuvre d'Ossian. On trouve cependant des exemples comparables
chez les meilleurs poètes ; de plus, il faut admettre que tout ce que dit Ossian s'accorde
parfaitement aux idées que l'on se faisait alors des fantômes. Les hommes croyaient à cette
époque que l'âme des morts était matérielle, et donc capable de ressentir la douleur. Je
laisse à d'autres le soin de déterminer si Ossian, dans ce passage, nous fournit les preuves
qu'il possédait une notion du divin ; il semble, en tous cas, qu'il eût estimé que les êtres
supérieurs devaient prendre en compte ce qui se passait entre les hommes. [Macpherson]

THE SONGS OF SELMA

ARGUMENT

This poem fixes the antiquity of a custom, which is well known to have prevailed afterwards, in the north of Scotland, and in Ireland. The bards, at an annual feast, provided by the king or chief, repeated their poems, and such of them as were thought, by him, worthy of being preserved, were carefully taught to their children, in order to have them transmitted to posterity.—It was one of those occasions that afforded the subject of the present poem to Ossian.—It is called in the original, The Songs of Selma, which title it was thought proper to adopt in the translation.

The poem is entirely lyric, and has a great variety of versification. The address to the evening star, with which it opens, has, in the original, all the harmony that numbers could give it; flowing down with all that tranquillity and softness, which the scene described naturally inspires.—Three of the songs which are introduced in this piece, were published among the fragments of ancient poetry, printed last year.

LES CHANTS DE SELMA

3e édition, 1765

ARGUMENT[1]

Ce poème permet de dater l'ancienneté d'une coutume qui a long-temps perduré dans le nord de l'Écosse et en Irlande. Les bardes, lors d'un festin annuel que donnait leur roi ou leur chef, lui récitaient leurs poèmes. Ceux qu'il jugeait dignes d'être conservés étaient enseignés aux enfants afin qu'ils les transmissent à la postérité. Ce fut l'une de ces fêtes qui fournit à Ossian le sujet de ce poème. Le titre original en est « Les Chants de Selma » et nous l'avons donc conservé.

Ce poème est entièrement lyrique et la versification est très variée. L'apostrophe à l'étoile du soir, au début, est, dans la langue originale, aussi harmonieuse qu'il est possible ; les vers coulent avec le calme et la douceur qu'une telle scène inspire tout naturellement. Trois des chants qui sont ici récités furent publiés l'an passé dans les « Fragments de poésie antique ».

---

1   Ce résumé apparaît dans les notes des éditions de 1762 et 1765. Dans l'édition de 1773 il est remplacé par cet argument : « Adresse à l'étoile du soir. Apostrophe à Fingal et à son siècle. Minona chante les infortunes de Colma devant le roi ; les bardes font une démonstration de leurs talents, selon la coutume établie par les anciens monarques calédoniens ».

Star of the descending night! fair is thy light in the west! thou liftest thy unshorn head from thy cloud: thy steps are stately on thy hill. What dost thou behold in the plain? The stormy winds are laid. The murmur of the torrent comes from afar. Roaring waves climb the distant rock. The flies of evening are on their feeble wings, and the hum of their course is on the field. What dost thou behold, fair light? But thou dost smile and depart. The waves come with joy around thee, and bathe thy lovely hair. Farewell, thou silent beam!—Let the light of Ossian's soul arise.

And it does arise in its strength! I behold my departed friends. Their gathering is on Lora, as in the days that are past.—Fingal comes like a watry column of mist; his heroes are around. And see the bards of the song, gray-haired Ullin; stately Ryno; Alpin, with the tuneful voice, and the soft complaint of Minona!—How are ye changed, my friends, since the days of Selma's feast! when we contended, like the gales of the spring, that, flying over the hill, by turns bend the feebly-whistling grass.

Minona then came forth in her beauty; with down-cast look and tearful eye; her hair flew slowly on the blast that rushed unfrequent from the hill.—The souls of the heroes were sad when she raised the tuneful voice; for often had they seen the grave of Salgar, and the dark dwelling of white-bosomed Colma. Colma left alone on the hill, with all her voice of music! Salgar promised to come: but the night descended round.—Hear the voice of Colma, when she sat alone on the hill!

[Fragment X]

Such was thy song, Minona softly-blushing maid of Torman. Our tears descended for Colma, and our souls were sad.—Ullin came with the harp, and gave the song of Alpin.—The voice of Alpin was pleasant: the soul of Ryno was a beam of fire. But they had rested in the narrow house: and their voice was not heard in Selma.—Ullin had returned one day from the chace, before the heroes fell. He heard their strife on the hill; their song was soft but sad. They mourned the fall of Morar, first of mortal men. His soul was like the soul of Fingal; his sword like the

Étoile de la nuit qui descend! belle est ta lumière à l'occident! tu sors des nuages ta tête à la chevelure sauvage : tes pas sont majestueux sur ta colline. Que regardes-tu dans la plaine? Les vents orageux se sont apaisés. On entend au loin le murmure du torrent. Les vagues rugissantes escaladent les rochers reculés. Les insectes du soir flottent sur leurs ailes fragiles, et le bruit de leur vol flotte sur les champs. Que regardes-tu, belle lumière? Mais tu souris puis tu t'en vas. Les vagues se pressent joyeuses autour de toi et baignent ta gracieuse chevelure. Adieu, rayon silencieux! – Que se lève la lumière de l'âme d'Ossian.

Et je sens qu'elle se lève de tout son éclat! Je revois mes amis disparus. Ils sont assemblés au bord de la Lora, comme aux jours du passé. – Fingal s'avance, telle une humide colonne de brume; ses héros l'accompagnent. Et voyez les bardes des chants, Ullin aux cheveux gris; le majestueux Ryno; Alpin[1] à la voix mélodieuse, et la douce complainte de Minona! – Que vous êtes changés, ô mes amis! depuis ces jours où, pour les fêtes de Selma, nous luttâmes, telles les brises printanières qui volent sur la colline et couchent dans un sens, puis dans l'autre, l'herbe qui murmure à peine.

Minona s'avança alors dans sa beauté; le regard baissé et les yeux pleins de larmes; ses cheveux flottaient doucement au souffle du vent qui descendait parfois de la colline. – Les âmes des héros s'attristèrent lorsque s'éleva sa voix mélodieuse; car souvent ils avaient vu la tombe de Salgar, ainsi que la demeure obscure de Colma au sein si blanc. Colma délaissée sur la colline, et toute la voix de sa musique! Salgar avait promis de venir : mais la nuit descendait autour d'elle. – Écoutez la voix de Colma, lorsque elle était assise seule sur la colline!

[Ici est inséré le fragment X]

Tel fut ton chant, Minona, douce et rougissante fille de Torman. Nos larmes coulèrent pour Colma, et nos âmes s'attristèrent. – Ullin s'avança alors avec sa harpe et nous donna le chant d'Alpin. – La voix d'Alpin

---

1   Le nom Alpin a la même origine que les noms Albin ou Albion, qui désignaient autrefois la Grande-Bretagne; de « Alp » *haute*, et « in » *terre*. Le nom actuel de notre île a des racines celtiques, et ceux qui le font dériver d'une autre source trahissent leur ignorance de la langue antique de leur pays. – *Britain*, la *Bretagne*, vient de *Breac't in*, qui veut dire l'île bigarrée, appelée ainsi à cause de ses paysages changeants, ou bien des visages peints de ses habitants, ou encore de leurs habits bariolés. [Macpherson]

sword of Oscar.—But he fell, and his father mourned: his sister's eyes were full of tears.—Minona's eyes were full of tears, the sister of car-borne Morar. She retired from the song of Ullin, like the moon in the west, when she foresees the shower, and hides her fair head in a cloud.—I touched the harp, with Ullin; the song of mourning rose.

[Fragment XII]

The grief of all arose, but most the bursting sigh of Armin. He remembers the death of his son, who fell in the days of his youth. Carmor was near the hero, the chief of the echoing Galmal. Why bursts the sigh of Armin, he said? Is there a cause to mourn? The song comes, with its music, to melt and please the soul. It is like soft mist, that, rising from a lake, pours on the silent vale; the green flowers are filled with dew, but the sun returns in his strength, and the mist is gone. Why art thou sad, O Armin, chief of sea-surrounded Gorma?

[Fragment XI]

Such were the words of the bards in the days of song; when the king heard the music of harps, and the tales of other times. The chiefs gathered from all their hills, and heard the lovely sound. They praised the voice of Cona! the first among a thousand bards. But age is now on my tongue; and my soul has failed. I hear, sometimes, the ghosts of bards, and learn their pleasant song. But memory fails in my mind; I hear the call of years. They say, as they pass along, why does Ossian sing? Soon shall he lie in the narrow house, and no bard shall raise his fame.

était agréable à entendre : l'âme de Ryno était un rayon de feu. Mais ils reposaient maintenant dans l'étroite maison : et l'on n'entendait plus leurs voix dans Selma. – Ullin un jour revint de la chasse avant que les deux héros ne fussent tombés. Il entendit leur duel harmonieux sur la colline ; leurs chants étaient doux mais tristes. Ils déploraient la chute de Morar, premier parmi les mortels. Son âme était comme l'âme de Fingal ; son épée, comme l'épée d'Oscar. – Mais il tomba, et son père le pleura : les yeux de sa sœur s'emplirent de larmes. – Les yeux de Minona s'emplirent de larmes, Minona, sœur de Morar au char rapide. Face au chant d'Ullin, elle s'éloigna, telle la lune à l'occident lorsqu'elle voit venir la pluie et qu'elle cache sa belle tête dans un nuage. – Je touchai ma harpe avec Ullin. Le chant de douleur s'éleva.

[Ici est inséré le fragment XII]

La tristesse de tous s'éveilla, mais les plus profonds étaient les soupirs d'Armin. Il se rappelle la mort de ce fils qui tomba aux jours de sa jeunesse. Carmor, le chef de Galmal où résonne l'écho, était assis aux côtés de ce héros. Pourquoi ces profonds soupirs, Armin, demanda-t-il ? Faut-il ici s'attrister ? Le chant nous est donné avec sa musique afin d'attendrir et de charmer nos âmes. Il est comme une brume délicate qui s'élève du lac et emplit la vallée silencieuse ; les fleurs encore vertes se chargent de rosée, mais le soleil revient dans sa force et la brume se dissipe. Pourquoi es-tu triste, ô Armin, chef de Gorma qu'encercle la mer ?

[Ici est inséré le fragment XI]

Telles furent les paroles des bardes en ce temps consacré aux chants ; alors que le roi écoutait la musique des harpes et les récits des temps passés. Les chefs descendaient de leurs collines et se rassemblaient pour écouter ces sons harmonieux. Ils louèrent la voix de Cona ! premier entre mille bardes. Mais la vieillesse est maintenant sur ma langue ; et mon âme est éteinte. J'entends parfois les fantômes des bardes, et je tâche de retenir leur chant mélodieux. Mais la mémoire s'éteint dans mon esprit ; j'entends l'appel des années. Elles me disent, lorsqu'elles passent près de moi, pourquoi Ossian chante-t-il ? Bientôt il sera étendu dans l'étroite demeure et nul barde n'élèvera de chant à sa gloire.

Roll on, ye dark-brown years, for ye bring no joy on your course. Let the tomb open to Ossian, for his strength has failed. The sons of song are gone to rest: my voice remains, like a blast, that roars, lonely, on a sea-surrounded rock, after the winds are laid. The dark moss whistles there, and the distant mariner sees the waving trees.

Roulez sans cesse, sombres années, car votre course ne m'apporte nulle joie. Que s'ouvre la tombe d'Ossian, car sa force s'est éteinte. Les fils du chant sont allés à leur repos : ma voix seule reste, tel un souffle qui rugit, solitaire, sur un rocher qu'encercle la mer alors que les vents se sont apaisés. La mousse noire siffle là-bas, et le marin au loin aperçoit l'arbre qui ondoie.

[THE SIX BARDS]

FIRST BARD.

Night is dull and dark. The clouds rest on the hills. No star with green trembling beam; no moon looks from the sky. I hear the blast in the wood; but I hear it distant far. The stream of the valley murmurs; but its murmur is sullen and sad. From the tree at the grave of the dead the long-howling owl is heard. I see a dim form on the plain!—It is a ghost!—it fades—it flies. Some funeral shall pass this way: the meteor marks the path.

The distant dog is howling from the hut of the hill. The stag lies on the mountain moss: the hind is at his side. She hears the wind in his branchy horns. She starts, but lies again.

The roe is in the cleft of the rock; the heath-cock's head is beneath his wing. No beast, no bird is abroad, but the owl and the howling fox. She on a leafless tree: he in a cloud on the hill.

Dark, panting, trembling, sad the traveller has lost his way. Through shrubs, through thorns, he goes, along the gurgling rill. He fears the rock and the fen. He fears the ghost of night. The old tree groans to the blast; the falling branch resounds. The wind drives the withered burs, clung together, along the grass. It is the light tread of a ghost!—He trembles amidst the night.

LES SIX BARDES[1]

PREMIER BARDE.

La nuit est obscure, terne et impure. Sur les collines reposent les nuages. Nulle étoile ne fait vibrer ses rayons aux reflets glauques ; nulle lune n'apparaît dans le ciel. J'entends le souffle du vent dans les bois ; mais il vient de très loin. Le torrent dans la vallée murmure ; mais son murmure est triste et désolé. Dans l'arbre près de la tombe des morts la chouette hulule sans répit. Je vois sur la plaine une ombre indistincte ! – C'est un fantôme ! – il s'efface – il s'envole. On portera par ce chemin quelqu'un à sa tombe : ce météore lui a tracé la route.

J'entends un dogue hurler depuis une cabane sur la colline. Le cerf est couché sur la mousse de la montagne : sa biche à ses côtés. Le vent résonne dans sa ramure. La biche se redresse soudain, puis se recouche.

Le chevreuil est dans le creux d'un rocher ; le coq de bruyère cache sa tête sous son aile. Nulle bête, nul oiseau ne rode, hors la chouette et le renard qui glapit. Elle est sur l'arbre dénudé : il est dans un nuage sur la colline.

Enténébré, haletant, tremblant et triste le voyageur a perdu sa route. Il s'avance à travers buissons et ronces et suit le gargouillement des ruisseaux.

---

1   Ce poème fut publié dans une note qui accompagnait le texte de « Croma » ; nous utilisons ici la 3ᵉ édition, de 1765. Macpherson l'introduit ainsi : « Les bardes les plus réputés étaient capables d'improviser des chants. Ces compositions, qui étaient fort goûtées, se distinguent plus par leurs qualités musicales que par leur mérite poétique. Le traducteur n'a pu trouver qu'un seul poème de ce genre qu'il estime digne d'être préservé. Ce poème a été composé plus de mille ans après Ossian, mais les auteurs en ont copié la manière et ont adopté certaines de ses expressions. L'histoire est la suivante : cinq bardes passent la nuit chez un chef, lui-même poète. Ils sortent tour à tour pour observer la nuit. Lorsqu'ils rentrent, ils improvisent une description de ce qu'ils ont vu. » Il fut traduit et publié en français sous le titre de « Scène d'une nuit d'octobre dans le nord de l'Écosse » ou de « Description d'une nuit du mois d'octobre dans le nord de l'Écosse ».

Dark, dusky, howling is night, cloudy, windy, and full of ghosts! The dead are abroad! my friends, receive me from the night.

SECOND BARD.

The wind is up. The shower descends. The spirit of the mountain shrieks. Woods fall from high. Windows flap. The growing river roars. The traveller attempts the ford. Hark that shriek! he dies:—The storm drives the horse from the hill, the goat, the lowing cow. They tremble as drives the shower, beside the mouldering bank.

The hunter starts from sleep, in his lonely hut; he wakes the fire decayed. His wet dogs smoke around him. He fills the chinks with heath. Loud roar two mountain streams which meet beside his booth.

Sad on the side of a hill the wandering shepherd sits. The tree resounds above him. The stream roars down the rock. He waits for the rising moon to guide him to his home.

Ghosts ride on the storm to-night. Sweet is their voice between the squalls of wind. Their songs are of other worlds.

The rain is past. The dry wind blows. Streams roar, and windows flap. Cold drops fall from the roof. I see the starry sky. But the shower gathers again. The west is gloomy and dark. Night is stormy and dismal; receive me, my friends, from night.

Il craint les rochers et les tourbières. Il craint le fantôme de la nuit. Le vieil arbre gémit sous les rafales ; les branches tombent et résonnent. Le vent chasse devant lui sur l'herbe bardanes et chardons desséchés. Ce sont les pas légers d'un fantôme ! – Il tremble dans cette nuit.

Obscure et ténébreuse, glapissements et hululements emplissent cette nuit : nuages, noroît et revenants ! Les morts rodent ! amis, sauvez-moi de cette nuit.

SECOND BARDE.

Le vent s'est élevé. La pluie descend. L'esprit des montagnes pousse un cri perçant. Les arbres s'abattent avec fracas. Les fenêtres claquent au vent. La rivière gronde et se gonfle. Le voyageur tente de traverser le gué. Entendez-vous ce cri perçant ! il s'évanouit : – La tempête chasse de la colline le cheval, la chèvre, la vache mugissante. Chassés par la pluie battante, ils tremblent auprès des rives qui s'effondrent.

Le chasseur s'éveille soudain dans sa cabane solitaire ; il ravive le feu mourant. Ses chiens humides et fumants se pressent autour de lui. Avec la bruyère, il colmate les fissures des cloisons. Deux torrents descendent en hurlant des montagnes et se rejoignent devant sa hutte.

Triste, un pâtre vagabond est assis sur les pentes d'une colline. Les arbres résonnent au-dessus. Le torrent rugit en se jetant du rocher. Il attend que la lune se lève pour le guider vers sa demeure.

Cette nuit les fantômes chevauchent la tempête. Entre chaque bourrasque, l'on entend le murmure de leurs suaves voix. Leurs chants sont d'un autre monde.

La pluie a cessé. Un vent sec souffle. Les torrents rugissent et les fenêtres claquent. Des gouttes froides tombent du toit. Je vois le ciel étoilé. Mais la pluie s'amoncelle à nouveau. L'occident est sombre et nébuleux. La nuit est orageuse et sinistre ; sauvez-moi, amis, de la nuit.

THIRD BARD.

The wind still sounds between the hills: and whistles through the grass of the rock. The firs fall from their place. The turfy hut is torn. The clouds, divided, fly over the sky, and shew the burning stars. The meteor, token of death! flies sparkling through the gloom. It rests on the hill. I see the withered fern, the dark-browed rock, the fallen oak. Who is that in his shrowd beneath the tree, by the stream?

The waves dark-tumble on the lake, and lash its rocky sides. The boat is brimful in the cove; the oars on the racking tide. A maid sits sad beside the rock, and eyes the rolling stream. Her lover promised to come. She saw his boat, when yet it was light, on the lake. Is this his broken boat on the shore? Are these his groans on the wind?

Hark! the hail rattles around. The flaky snow descends. The tops of the hills are white. The stormy winds abate. Various is the night and cold; receive me, my friends, from night.

FOURTH BARD.

Night is calm and fair; blue, starry, settled is night. The winds, with the clouds, are gone. They sink behind the hill. The moon is up on the mountain. Trees glitter: streams shine on the rock. Bright rolls the settled lake; bright the stream of the vale.

I see the trees overturned; the shocks of corn on the plain. The wakeful hind rebuilds the shocks, and whistles on the distant field.

Calm, settled, fair is night!—Who comes from the place of the dead? That form with the robe of snow, white arms and dark-brown hair! It is the daughter of the chief of the people; she that lately fell! Come, let us view thee, O maid! thou that hast been the delight of heroes! The blast drives the phantom away; white, without form, it ascends the hill.

TROISIEME BARDE.

Toujours le vent rugit entre les collines : et siffle à travers les herbes des rochers. Les sapins déracinés s'abattent. La cabane de tourbe est emportée. Les nuages, déchirés, parcourent le ciel et laissent voir les étoiles incandescentes. Le météore, présage de mort ! voltige et étincelle à travers les ténèbres. Il se pose sur la colline. Je vois la fougère flétrie, la cime du rocher assombrie, le chêne renversé. Qui est-ce, là-bas sous l'arbre, près du torrent, enveloppé de voiles funèbres ?

Sur le lac, des vagues obscurcies se creusent et fouettent ses berges rocheuses. La barque est échouée dans la baie, pleine d'eau ; ses rames nagent sur les flots emportés. Une jeune fille est assise triste près du rocher et regarde couler le torrent. Son bien-aimé avait promis de venir. Elle a vu sa barque, au crépuscule, sur le lac. Est-ce là sa barque brisée sur le rivage ? Sont-ce ses gémissements qu'elle entend dans le vent ?

Écoutez ! la grêle crépite alentour. Les flocons de neige descendent. La cime des collines blanchit. Les vents orageux se taisent. La nuit est changeante et glaciale ; sauvez-moi, amis, de la nuit.

QUATRIEME BARDE.

La nuit est belle et calme ; bleue, étoilée, apaisée, cette nuit. Les vents et leurs nuages s'en sont allés. Ils s'abîment derrière la colline. La lune s'est levée sur la montagne. Les arbres scintillent : les torrents étincellent sur les rochers. Les flots du lac se balancent et brillent apaisés ; brille le torrent dans la vallée.

Je vois les arbres déracinés ; les gerbes de blé éparses dans la plaine. Au loin, le valet vigilant les lie et siffle dans le champ.

Calme, apaisée, belle est la nuit ! – Qui vois-je venir du séjour des morts ? Cette ombre à la robe de neige ; bras si blancs et cheveux brun sombre ! C'est la fille du chef des hommes ; elle est tombée naguère !

The breezes drive the blue mist, slowly over the narrow vale. It rises on the hill, and joins its head to heaven.–Night is settled, calm, blue, starry, bright with the moon. Receive me not, my friends, for lovely is the night.

FIFTH BARD.

Night is calm, but dreary. The moon is in a cloud in the west. Slow moves that pale beam along the shaded hill. The distant wave is heard. The torrent murmurs on the rock. The cock is heard from the booth. More than half the night is past. The house-wife, groping in the gloom, rekindles the settled fire. The hunter thinks that day approaches, and calls his bounding dogs. He ascends the hill and whistles on his way. A blast removes the cloud. He sees the starry plough of the north. Much of the night is to pass. He nods by the mossy rock.

Hark! the whirlwind is in the wood! A low murmur in the vale! It is the mighty army of the dead returning from the air.

The moon rests behind the hill. The beam is still on that lofty rock. Long are the shadows of the trees. Now it is dark over all. Night is dreary, silent, and dark; receive me, my friends, from night.

THE CHIEF.

Let clouds rest on the hills: spirits fly and travellers fear. Let the winds of the woods arise, the sounding storms descend. Roar streams and windows flap, and green-winged meteors fly; rise the pale moon from behind her hills, or inclose her head in clouds; night is alike to me, blue, stormy, or gloomy the sky. Night flies before the beam, when it is poured on the hill. The young day returns from his clouds, but we return no more.

Approche-toi, laisse-nous te regarder, ô vierge ! toi qui ravissais les héros !
Le souffle du vent chasse le fantôme ; blanc, informe, il gravit la colline.

Lentement, la brise chasse les brumes bleuâtres qui reposaient au fond
du vallon étroit. Elles s'élèvent sur la colline et rejoignent les cieux. – La
nuit est apaisée, calme, bleue, étoilée, illuminée de lune. Nul besoin de
me sauver, amis, de cette nuit délicieuse.

CINQUIEME BARDE.

La nuit est calme, mais lugubre. À l'occident, la lune est dans un
nuage. Sa pâle lueur se meut lentement le long de la colline assombrie. On
entend la vague au loin. Le torrent murmure sur son roc. Le coq chante,
non loin de la hutte. La nuit a passé le milieu de sa course. L'épouse, à
tâtons dans le noir, va ranimer le feu apaisé. Le chasseur croit que le jour
approche et appelle ses chiens qui accourent et bondissent. Il monte sur
la colline en sifflant. Une bourrasque écarte le nuage. Il voit le char étoilé
du nord. L'aube est loin encore. Il s'assoupit sur la mousse du rocher.

Écoutez ! le tourbillon courbe les bois ! Un murmure assourdi dans le
vallon ! C'est l'invincible armée des morts qui revient du haut des airs.

La lune se repose derrière la colline. Son rayon s'attarde sur ce rocher
élevé. Les ombres des arbres s'allongent. Maintenant tout est ténèbres.
La nuit est lugubre, silencieuse et obscure ; sauvez-moi, amis, de la nuit.

LE CHEF.

Qu'importe si les nuages se reposent sur les collines : volent les esprits
et tremblent les voyageurs. Qu'importe si les vents des forêts s'élèvent, si
les tempêtes tumultueuses s'abattent. Rugissent les torrents et claquent
les fenêtres, et s'envolent des météores aux ailes verdâtres ; si se lève une
lune pâle derrière les collines ou si elle cache son visage entre les nuages ;
la nuit pour moi est la même, que le ciel soit azuré, orageux ou d'encre.

Where are our chiefs of old? Where our kings of mighty name? The fields of their battles are silent. Scarce their mossy tombs remain. We shall also be forgot. This lofty house shall fall. Our sons shall not behold the ruins in grass. They shall ask of the aged, "Where stood the walls of our fathers?"

Raise the song, and strike the harp; send round the shells of joy. Suspend a hundred tapers on high. Youths and maids begin the dance. Let some gray bard be near me to tell the deeds of other times; of kings renowned in our land, of chiefs we behold no more. Thus let the night pass until morning shall appear in our halls. Then let the bow be at hand, the dogs, the youths of the chace. We shall ascend the hill with day; and awake the deer.

La nuit doit fuir devant le rayon qui jaillit au dessus la colline. Le jour nouveau nous revient des nuées, mais nous ne reviendrons jamais plus.

Où sont nos chefs d'antan ? Où, les rois aux puissants noms ? Les champs de leurs batailles sont silencieux. C'est à peine si subsistent leurs tombes couvertes de mousse. Et nous aussi, bientôt, serons oubliés. Cette demeure hautaine tombera. Nos fils n'en pourront trouver les ruines dans les herbes. Ils interrogeront les anciens, « Où s'élevaient les murs de nos pères ? ».

Que s'élèvent les chants et que l'on entende les harpes ; videz à la ronde les conques de joie. Que brillent cent bougies suspendues très haut. Jeunes guerriers et jeunes filles, commencez vos danses. Qu'un barde aux cheveux gris se tienne à mes côtés et me raconte les exploits des temps passés ; ces rois célèbres sur nos terres, ces chefs que l'on ne reverra plus. Et qu'ainsi la nuit se passe jusqu'à ce qu'apparaisse le matin dans notre palais. Alors, que l'arc soit prêt, et nos chiens et nos compagnons de chasse. Nous gravirons la colline pour réveiller les cerfs et l'aurore suivra nos pas.

BERRATHON: A POEM

ARGUMENT

This poem is reputed to have been composed by Ossian, a little time before his death; and consequently it is known in tradition by no other name than Ossian's last hymn. Fingal in his voyage to Lochlin whither he had been invited by Starno the father of Agandecca, so often mentioned in Ossian's poems, touched at Berrathon, an island of Scandinavia, where he was kindly entertained by Larthmor the petty king of the place, who was a vassal of the supreme kings of Lochlin. The hospitality of Larthmor gained him Fingal's friendship, which that hero manifested, after the imprisonment of Larthmor by his own son, by sending Ossian and Toscar, the father of Malvina so often mentioned, to rescue Larthmor, and to punish the unnatural behaviour of Uthal. Uthal was handsome to a proverb, and consequently much admired by the ladies. Nina-thoma the beautiful daughter of Torthóma, a neighbouring prince, fell in love and fled with him. He proved unconstant; for another lady, whose name is not mentioned, gaining his affections, he confined Nina-thoma to a desart island near the coast of Berrathon. She was relieved by Ossian, who, in company with Toscar, landing on Berrathon, defeated the forces of Uthal, and killed him in a single combat. Nina-thoma, whose love not all the bad behaviour of Uthal could erase, hearing of his death, died of grief. In the mean time Larthmor is restored, and Ossian and Toscar returned in triumph to Fingal.

The present poem opens with an elegy on the death of Malvina the daughter of Toscar, and closes with presages of the poet's death. It is almost altogether in a lyric measure, and has that melancholy air which distinguishes the remains of the works of Ossian. If ever he composed any

BERRATHON : POÈME

3e édition, 1765

ARGUMENT[1]

On considère ce poème comme le dernier qu'Ossian ait composé, quelque temps avant sa mort ; ainsi porte-t-il traditionnellement le titre de « Dernier hymne d'Ossian ». Fingal, lors de son voyage vers Lochlin (voir « Fingal », livre III), où il a été appelé par Starno, père d'Agandecca, relâche à Berrathon, petite île de Scandinavie, où il est reçu par Larthmor, roi de cette île et vassal du souverain suprême de Lochlin. L'hospitalité de Larthmor lui vaut l'amitié de Fingal, qui lui en donne bientôt une preuve éclatante : Larthmor est emprisonné par son propre fils et Fingal envoie Ossian et Toscar, père de Malvina, afin de le délivrer et de punir Uthal. Uthal était d'une grande beauté et admiré des femmes. La belle Nina-thoma, fille de Torthóma, prince voisin de Berrathon, s'en éprit et s'enfuit avec lui. Il la quitta pour une autre, dont on ignore le nom, et conduisit Nina-thoma sur une île déserte, non loin de Berrathon. Elle est délivrée par Ossian qui, accompagné d'Oscar, défait l'armée d'Uthal ; ce dernier est tué par Ossian en combat singulier. Nina-thoma, qui continue d'aimer Uthal malgré toutes ses perfidies, meurt de chagrin en apprenant la défaite de celui-ci. Larthmor est rétabli ; Ossian et Toscar retournent triomphants vers Fingal.

Ce poème s'ouvre par une élégie sur la mort de Malvina et se termine par une évocation de la fin prochaine du poète lui-même. Il est tout entier écrit en vers lyriques et arbore cet air mélancolique qui distingue les œuvres d'Ossian qui nous sont parvenues. S'il composât jamais quelque œuvre joyeuse, elle est aujourd'hui perdue. Ce qui est sérieux

---

1 Ce résumé apparaît dans les notes des éditions de 1762 et 1765, et en tête du poème dans l'édition de 1773.

thing of a merry turn it is long since lost. The serious and melancholy make the most lasting impressions on the human mind, and bid fairest for being transmitted from generation to generation by tradition. Nor is it probable that Ossian dealt much in chearful composition. Melancholy is so much the companion of a great genius, that it is difficult to separate the idea of levity from chearfulness, which is sometimes the mark of an amiable disposition, but never the characteristic of elevated parts.

et mélancolique marque l'esprit humain plus profondément que le reste et peut ainsi être préservé plus facilement de génération en génération. Il est par ailleurs peu probable qu'Ossian s'intéressât à des compositions plus gaies. La mélancolie est à ce point liée au génie véritable, que l'on peut difficilement imaginer des pensées joyeuses qui ne seraient pas en même temps superficielles. La gaîté est, certes, la marque des caractères aimables, mais jamais celle des esprits supérieurs.

Bend thy blue course, O stream, round the narrow plain of Lutha. Let the green woods hang over it from their mountains: and the sun look on it at noon. The thistle is there on its rock, and shakes its beard to the wind. The flower hangs its heavy head, waving, at times, to the gale. Why dost thou awake me, O gale, it seems to say, I am covered with the drops of heaven? The time of my fading is near, and the blast that shall scatter my leaves. To-morrow shall the traveller come, he that saw me in my beauty shall come; his eyes will search the field, but they will not find me?–So shall they search in vain, for the voice of Cona, after it has failed in the field. The hunter shall come forth in the morning, and the voice of my harp shall not be heard. "Where is the son of car-borne Fingal?" The tear will be on his cheek.

Then come thou, O Malvina, with all thy music, come; lay Ossian in the plain of Lutha: let his tomb rise in the lovely field.–Malvina! where art thou, with thy songs: with the soft sound of thy steps?–Son of Alpin art thou near? where is the daughter of Toscar?

I passed, O son of Fingal, by Tar-lutha's mossy walls. The smoke of the hall was ceased: silence was among the trees of the hill. The voice of the chace was over. I saw the daughters of the bow. I asked about Malvina, but they answered not. They turned their faces away: thin darkness covered their beauty. They were like stars, on a rainy hill, by night, each looking faintly through her mist.

Pleasant be thy rest, O lovely beam! soon hast thou set on our hills! The steps of thy departure were stately, like the moon on the blue, trembling wave. But thou hast left us in darkness, first of the maids of Lutha! We sit, at the rock, and there is no voice; no light but the meteor of fire! Soon hast thou set, Malvina, daughter of generous Toscar!

But thou risest like the beam of the east, among the spirits of thy friends, where they sit in their stormy halls, the chambers of the thunder.–A cloud hovers over Cona: its blue curling sides are high. The winds are beneath it, with their wings; within it is the dwelling of Fingal. There the hero sits in darkness; his airy spear is in his hand. His shield half covered with clouds, is like the darkened moon; when one half still remains in the wave, and the other looks sickly on the field.

Que ton cours azuré, ô torrent, s'incurve autour de la plaine étroite de Lutha. Que se penchent sur elle les bois verdoyants des montagnes : et que le soleil la regarde en plein midi. Là, sur son rocher, on trouve le chardon, et il secoue au vent son visage velu. La fleur penche sa tête alourdie, agitée parfois par la brise. Pourquoi m'éveilles-tu, ô brise, semble-t-elle demander, je suis recouverte par cette rosée des cieux ? Le temps de mon déclin est proche, ainsi que la rafale qui dispersera mes feuilles. Demain passera un voyageur, celui qui m'a vu dans ma beauté reviendra ; ses yeux parcourront cette plaine, mais ils ne me trouveront plus ? – Ainsi l'on cherchera en vain la voix de Cona quand elle se sera éteinte dans la plaine. Le chasseur s'approchera au matin et il n'entendra plus la voix de ma harpe. « Où est le fils de Fingal au char rapide ? » Une larme sera sur sa joue.

Alors viens, ô Malvina, avec toute ta musique, viens ; pour coucher Ossian dans la plaine de Lutha : que se dresse sa tombe dans ce champ tant aimé. – Malvina ! où êtes-vous, toi et tes chants : toi et le bruit délicat de tes pas ? – Fils d'Alpin, es-tu près de moi ? où est la fille de Toscar ?

Je suis passé, ô fils de Fingal, près des murs couverts de mousse de Tar-lutha. La fumée dans la grande salle avait cessé : silence sur les arbres des collines. La voix de la chasse s'était tue. Je vis les filles de l'arc. Je demandais : et Malvina ? mais elles ne me répondirent point. Elles détournèrent la tête : leur beauté se couvrit d'un voile de ténèbres. Elles étaient comme des étoiles sur la colline où s'abat la pluie, dans la nuit, et l'on distingue leurs regards à travers la brume.

Que ton repos soit doux, ô adorable rayon ! trop tôt tu te couchas derrière nos collines[1] ! À pas majestueux tu nous quittas, telle la lune derrière le bleu tremblant de la vague. Mais tu nous laisses dans l'obscurité, ô première entre les vierges de Lutha ! Nous sommes assis près du rocher, mais nulle voix ne s'élève ; nulle lumière hormis celle du météore de feu ! Trop tôt tu te couchas, Malvina, fille du généreux Toscar !

Mais tu te lèves comme le rayon de l'orient, entourée des ombres de tes amis assises dans leur palais orageux, les chambres du tonnerre. – Un nuage plane sur la Cona : ses volutes bleues s'élèvent très haut. Les vents et leurs ailes sont en-dessous ; dans ce nuage est la demeure de

---

1   Ossian parle. Il appelle Malvina « rayon de lumière » et file cette métaphore dans tout le paragraphe. [Macpherson]

His friends sit around the king, on mist; and hear the songs of Ullin: he strikes the half-viewless harp; and raises the feeble voice. The lesser heroes, with a thousand meteors, light the airy hall. Malvina rises, in the midst; a blush is on her cheek. She beholds the unknown faces of her fathers, and turns aside her humid eyes.

Art thou come so soon, said Fingal, daughter of generous Toscar? Sadness dwells in the halls of Lutha. My aged son is sad. I hear the breeze of Cona, that was wont to lift thy heavy locks. It comes to the hall, but thou art not there; its voice is mournful among the arms of thy fathers. Go with thy rustling wing, O breeze! and sigh on Malvina's tomb. It rises yonder beneath the rock, at the blue stream of Lutha. The maids are departed to their place; and thou alone, O breeze, mournest there.

But who comes from the dusky west, supported on a cloud? A smile is on his gray, watry face; his locks of mist fly on the wind: he bends forward on his airy spear: it is thy father, Malvina! Why shinest thou, so soon, on our clouds, he says, O lovely light of Lutha!—But thou wert sad, my daughter, for thy friends were passed away. The sons of little men were in the hall; and none remained of the heroes, but Ossian king of spears.

Fingal[1]. C'est là que le héros est assis, au milieu des ténèbres ; l'ombre de sa lance à la main. Son bouclier à moitié recouvert de nuages est une lune voilée ; une moitié dans les flots, l'autre lance une lueur blafarde sur le champ de bataille.

Les amis du roi sont assis autour de lui, sur la brume ; ils écoutent les chants d'Ullin : il touche une harpe presque invisible ; sa voix affaiblie s'élève. D'autres héros moins illustres éclairent de mille météores le palais aérien. Malvina se lève et s'avance au milieu d'eux ; ses joues rougissent. Elle contemple les visages inconnus de ses pères et détourne ses yeux mouillés.

Pourquoi venir si tôt, dit Fingal, fille du généreux Toscar ? La douleur habite les salles de Lutha. Mon vieux fils[2] est triste. J'entends la brise sur la Cona, celle qui naguère se plaisait à soulever ta lourde chevelure. Elle entre dans la grande salle, mais tu n'es plus là ; sa voix est lugubre entre les armes de tes pères. Va de ton aile frémissante, ô brise, soupirer sur la tombe de Malvina. Elle se dresse là-bas, au pied du rocher, sur les rives du torrent bleuâtre de Lutha. Les jeunes filles[3] sont retournées dans leurs demeures ; toi seule, ô brise, y fait encore retentir tes pleurs.

Mais qui s'approche, venu de l'occident crépusculaire, porté par un nuage ? Un sourire sur son visage vague et gris ; sa chevelure de brume flotte au vent : il s'appuie sur sa lance aérienne : c'est ton père, Malvina ! Pourquoi venir éclairer si tôt nos nuages, dit-il, ô adorable lumière de Lutha ! – Mais tu étais triste, ma fille, car tes amis n'étaient plus. Les fils d'hommes sans grandeur occupaient la grande salle de notre palais[4] ; des héros, nul ne restait hormis Ossian, roi des lances.

---

1   La description du palais idéal de Fingal est fort poétique et s'accorde aux notions que l'on avait à l'époque au sujet des défunts, qui étaient censés poursuivre, après leur mort, les plaisirs et les activités auxquelles ils avaient consacré leur vie. Les héros disparus d'Ossian, même s'ils ne sont pas parfaitement heureux, se trouvent néanmoins dans une situation préférable à celle qu'imaginaient les auteurs grecs antiques pour les leurs. Voir *Odyssée* 11. [Macpherson]

2   Ossian ; son amitié pour Malvina était grande, à la fois parce qu'elle aima son fils Oscar, et parce qu'elle était une auditrice attentive de ses poèmes. [Macpherson]

3   C'est-à-dire les jeunes vierges qui se réunirent sur sa tombe pour chanter son élégie funèbre. [Macpherson]

4   Ossian, pour exprimer son mépris, appelle *fils d'hommes sans grandeur* ceux qui succédèrent aux héros dont il célèbre les exploits. Nul récit ne garde la mémoire des événements qui, dans le nord de l'île, suivirent la mort de Fingal et des ses héros ; cependant, les termes peu flatteurs ici utilisés laissent à penser que ces successeurs ne furent point à la hauteur de leurs glorieux ancêtres. [Macpherson]

And dost thou remember Ossian, car-borne Toscar son of Conloch? The battles of our youth were many; our swords went together to the field. They saw us coming like two falling rocks; and the sons of the stranger fled. There come the warriors of Cona, they said; their steps are in the paths of the vanquished.

Draw near, son of Alpin, to the song of the aged. The actions of other times are in my soul: my memory beams on the days that are past. On the days of the mighty Toscar, when our path was in the deep. Draw near, son of Alpin, to the last sound of the voice of Cona.

The king of Morven commanded, and I raised my sails to the wind. Toscar chief of Lutha stood at my side, as I rose on the dark-blue wave. Our course was to sea-surrounded Berrathon, the isle of many storms. There dwelt, with his locks of age, the stately strength of Larthmor. Larthmor who spread the feast of shells to Comhal's mighty son, when he went to Starno's halls, in the days of Agandecca. But when the chief was old, the pride of his son arose, the pride of fair-haired Uthal, the love of a thousand maids. He bound the aged Larthmor, and dwelt in his sounding halls.

Long pined the king in his cave, beside his rolling sea. Morning did not come to his dwelling; nor the burning oak by night. But the wind of ocean was there, and the parting beam of the moon. The red star looked on the king, when it trembled on the western wave. Snitho came to Selma's hall: Snitho companion of Larthmor's youth. He told of the king of Berrathon: the wrath of Fingal rose. Thrice he assumed the spear, resolved to stretch his hand to Uthal. But the memory of his actions rose before the king, and he sent his son and Toscar. Our joy was great on the rolling sea; and we often half-unsheathed our swords. For never before had we fought alone, in the battles of the spear. Night came down on the ocean; the winds departed on their wings. Cold and pale is the moon. The red stars lift their heads. Our course is slow along the coast of Berrathon; the white waves tumble on the rocks.

Tu te souviens donc d'Ossian, ô fils de Conloch, Toscar au char rapide ? Nombreuses furent les batailles de notre jeunesse ; nos épées allaient ensemble sur le champ de bataille. On nous voyait venir comme deux rochers qui se détachent de la montagne ; les fils de l'étranger fuyaient. Voici les guerriers de Cona, disaient-ils ; ils foulent de leurs pas la route des vaincus.

Approche, fils d'Alpin, et écoute le chant du vieillard. Les prouesses d'un autre temps sont dans mon âme : les rayons de ma mémoire éclairent ces jours qui ne sont plus. Lorsque Toscar était puissant et que notre chemin était sur l'abîme. Approche, fils d'Alpin, et écoute le dernier écho de la voix de Cona[1].

Le roi de Morven commanda et je hissai mes voiles au vent. Toscar, le chef de Lutha, était à mes côtés lorsque la vague bleu obscur m'emporta. Nous nous dirigions vers Berrathon qu'encercle la mer, l'île aux nombreuses tempêtes. Là-bas demeurait, sous la chevelure de la vieillesse, la force majestueuse de Larthmor. Larthmor qui jadis donna le festin des conques pour le puissant fils de Comhal, lorsqu'il s'était rendu au palais de Starno, au temps d'Agandecca. Mais quand ce chef fut âgé, l'orgueil de son fils éclata, l'orgueil du blond Uthal, bien-aimé de mille vierges. Il enchaîna le vieux Larthmor et demeura dans son palais retentissant.

Le roi languissait depuis longtemps dans sa caverne, près de sa mer houleuse. Le matin n'entrait pas dans sa demeure ; ni, la nuit, le chêne embrasé. Mais le vent de l'océan entrait, et le dernier rayon de la lune. L'étoile rouge dardait sa lumière vers le roi lorsqu'elle tremblait sur la vague à l'occident. Snitho vint au palais de Selma : Snitho, compagnon de la jeunesse de Larthmor. Il parla du roi de Berrathon : le courroux de Fingal s'alluma. Trois fois il porta la main à sa lance, résolu à frapper Uthal. Mais le souvenir de ses hauts faits apparut au roi, et il décida d'envoyer son fils et Toscar[2]. Notre joie était grande sur la mer houleuse ; souvent nos mains se portaient vers nos épées à demi tirées[3]. Car jamais

---

1   Ossian semble suggérer ici que ce poème fut sa toute dernière composition ; ce qui justifie donc son titre traditionnel de *dernier hymne d'Ossian*. [Macpherson]

2   Le poète veut dire que Fingal n'a pas oublié ses propres exploits et qu'il ne voudrait pas les déshonorer par une guerre mesquine contre Uthal, chef dont les forces et la valeur lui sont incomparablement inférieures. [Macpherson]

3   L'impatience des jeunes guerriers, qui voguent là vers leur première expédition, est adroitement suggérée par leurs épées à demi tirées. La modestie d'Ossian, dans sa manière de raconter un épisode qui lui fait tant honneur, est tout à fait remarquable ; l'humanité qu'il

What voice is that, said Toscar, which comes between the sounds of the waves? It is soft but mournful, like the voice of departed bards. But I behold the maid, she sits on the rock alone. Her head bends on her arm of snow: her dark hair is in the wind. Hear, son of Fingal, her song, it is smooth as the gliding waters of Lavath.–We came to the silent bay, and heard the maid of night.

How long will ye roll around me, blue-tumbling waters of ocean? My dwelling was not always in caves, nor beneath the whistling tree. The feast was spread in Torthóma's hall; my father delighted in my voice. The youths beheld me in the steps of my loveliness, and they blessed the dark-haired Nina-thoma. It was then thou didst come, O Uthal! like the sun of heaven. The souls of the virgins are thine, son of generous Larthmor! But why dost thou leave me alone in the midst of roaring waters. Was my soul dark with thy death? Did my white hand lift the sword? Why then hast thou left me alone, king of high Finthormo!

The tear started from my eye, when I heard the voice of the maid. I stood before her in my arms, and spoke the words of peace.–Lovely dweller of the cave, what sigh is in that breast? Shall Ossian lift his sword in thy presence, the destruction of thy foes?–Daughter of Torthóma, rise, I have heard the words of thy grief. The race of Morven are around thee, who never injured the weak. Come to our dark-bosomed ship, thou brighter than that setting moon. Our course is to the rocky Berrathon, to the echoing walls of Finthormo.–She came in her beauty, she came with all her lovely steps. Silent joy brightened in her face, as when the shadows fly from the field of spring; the blue-stream is rolling in brightness, and the green bush bends over its course.

encore nous n'avions lutté seuls dans les batailles de la lance. La nuit descendit sur l'océan ; les vents s'en allèrent sur leurs ailes. La lune est froide et pâle. Les rouges étoiles relèvent la tête. Lentement, nous longeons la côte de Berrathon ; les vagues blanches se brisent sur les rochers.

Quelle est cette voix, dit Toscar, qui vient entre le bruit des vagues ? Elle est douce mais lugubre, comme la voix des bardes disparus. Mais je vois une fille, elle est assise, seule, sur un rocher. Sa tête repose sur son bras de neige : le vent soulève sa sombre chevelure. Écoute, fils de Fingal, son chant, il coule comme les eaux sereines de la Lavath. – Nous entrâmes dans la baie silencieuse et entendîmes cette jeune fille de la nuit.

Combien de temps encore rouleras-tu autour de moi, houle océane à l'écume bleue ? Ma demeure n'a pas toujours été dans une caverne ni sous un arbre gémissant. On servait des festins dans le palais de Torthóma ; mon père se plaisait à entendre ma voix. Les jeunes guerriers me regardaient marcher dans toute ma grâce, et ils bénissaient Nina-thoma à la sombre chevelure. C'est alors que tu parus, ô Uthal ! comme le soleil des cieux. L'âme des vierges t'appartient, fils du généreux Larthmor ! Mais pourquoi m'abandonner ici seule dans le grondement des eaux. Mon âme portait-elle ta mort en son sein obscur ? Ma blanche main a-t-elle levé l'épée ? Alors pourquoi m'abandonner, ô roi du très haut Finthormo !

Mes larmes montèrent lorsque j'entendis la voix de cette jeune fille. Je me présentais en armes devant elle et prononçais les paroles de paix. – Belle captive de ces cavernes, quel est ce soupir en ton sein ? Veux-tu qu'Ossian lève pour toi son épée, fléau de tes ennemis ? – Fille de Torthóma, lève-toi, j'ai entendu les paroles de ta douleur. La race de Morven t'entoure, qui jamais ne s'en prend au faible. Monte dans notre vaisseau à la sombre charpente, ô toi qui brille plus que la lune à l'horizon. Nous allons vers Berrathon hérissée de rocs, vers les murailles retentissantes de Finthormo. – Elle vint dans sa beauté, elle vint dans toute la grâce de ses pas. Une joie silencieuse illuminait son visage, comme la fuite des ombres sur les champs du printemps ; le ruisseau éclatant roule ses flots bleutés et le vert buisson se penche sur son cours.

---

montre à l'égard de Nina-thoma ne serait pas déplacée chez les héros qu'invente notre propre époque, pourtant considérablement plus polie. Bien qu'Ossian taise ses propres exploits, ou se contente d'y faire discrètement allusion, de nombreux récits traditionnels rendent justice à sa gloire martiale, à telle point que celle-ci a fini par dépasser les limites du vraisemblable. [Macpherson]

The morning rose with its beams. We came to Rothma's bay. A boar rushed from the wood; my spear pierced his side. I rejoiced over the blood, and foresaw my growing fame.—But now the sound of Uthal's train came from the high Finthormo; they spread over the heath to the chace of the boar. Himself comes slowly on, in the pride of his strength. He lifts two pointed spears. On his side is the hero's sword. Three youths carry his polished bows: the bounding of five dogs is before him. His warriors move on, at a distance, admiring the steps of the king. Stately was the son of Larthmor! but his soul was dark. Dark as the troubled face of the moon, when it foretels the storms.

We rose on the heath before the king; he stopt in the midst of his course. His warriors gathered around, and a gray-haired bard advanced. Whence are the sons of the strangers? begun the bard. The children of the unhappy come to Berrathon; to the sword of car-borne Uthal. He spreads no feast in his hall: the blood of strangers is on his streams. If from Selma's walls ye come, from the mossy walls of Fingal, chuse three youths to go to your king to tell of the fall of his people. Perhaps the hero may come and pour his blood on Uthal's sword; so shall the fame of Finthormo arise, like the growing tree of the vale.

Never will it rise, O bard, I said in the pride of my wrath. He would shrink in the presence of Fingal, whose eyes are the flames of death. The son of Comhal comes, and the kings vanish in his presence; they are rolled together, like mist, by the breath of his rage. Shall three tell to Fingal, that his people fell? Yes!—they may tell it, bard! but his people shall fall with fame.

I stood in the darkness of my strength; Toscar drew his sword at my side. The foe came on like a stream: the mingled sound of death arose. Man took man, shield met shield; steel mixed its beams with steel.—Darts hiss through air; spears ring on mails; and swords on broken bucklers bound. As the noise of an aged grove beneath the roaring wind, when a thousand ghosts break the trees by night, such was the din of arms.— But Uthal fell beneath my sword; and the sons of Berrathon fled.—It was then I saw him in his beauty, and the tear hung in my eye. Thou art fallen, young tree, I said, with all thy beauty round thee. Thou art fallen on thy plains, and the field is bare. The winds come from the desart, and there is no sound in thy leaves! Lovely art thou in death, son of car-borne Larthmor.

Le matin se leva avec ses rayons. Nous entrâmes dans la baie de Rothma. Un sanglier s'élança hors du bois ; ma lance perça son flanc. Je me réjouis de son sang et j'y vis l'annonce de ma gloire grandissante[1]. – C'est alors que nous entendîmes venir Uthal et sa suite ; ils descendaient des hauteurs de Finthormo ; ils se répandirent sur la lande pour y chasser le sanglier. Quant à lui, il s'approche à pas lents, dans l'orgueil de sa force. Il brandit deux lances acérées. Ce héros arbore au côté son épée. Trois jeunes guerriers portent ses arcs polis : devant lui, les bonds de cinq chiens. Ses guerriers le suivent, à quelque distance, et admirent la démarche du roi. Il était majestueux, le fils de Larthmor ! mais son âme était sombre. Sombre comme la face trouble de la lune quand elle annonce les tempêtes.

Nous nous levâmes sur la lande devant le roi ; il s'arrêta au milieu de sa course. Ses guerriers se rassemblèrent tout autour et un barde aux cheveux gris s'avança. D'où viennent les fils des étrangers ? demanda le barde. Les enfants du malheur viennent sur Berrathon ; ils y trouvent l'épée d'Uthal au char rapide. Nul festin en son palais : le sang des étrangers sur ses torrents. Si vous venez des murailles de Selma, des murailles couvertes de mousse de Fingal, choisissez trois jeunes guerriers pour aller annoncer au roi la chute de ses hommes. Le héros viendra alors peut-être lui-même pour répandre son sang sur l'épée d'Uthal ; ainsi la gloire de Finthormo s'élèvera, tel un arbre qui croît dans la vallée.

Jamais elle ne s'élèvera, ô barde, répondis-je dans l'orgueil de mon courroux. Il ne pourrait endurer la présence de Fingal, dont les yeux sont les flammes de la mort. Le fils de Comhal paraît et sa présence dissipe les autres rois ; ils s'envolent, telles des volutes de brume, dispersés par le souffle de sa rage. Tu veux que trois guerriers aillent lui annoncer que ses hommes ont péri ? Eh bien ! – qu'ils y aillent, ô barde ! mais ses hommes périront dans la gloire.

Je me tenais dans les ténèbres de ma force ; Toscar à mes côtés tira son épée. L'adversaire déferla comme un torrent : la musique confuse de la mort s'éleva. L'homme face à l'homme, écu contre écu ; l'acier mêlait

---

1   Ossian vit en cette chasse victorieuse, alors qu'il venait à peine d'accoster sur Berrathon, un présage heureux pour son séjour en ces lieux. De nos jours encore, les habitants des *Highlands* ont gardé cette superstition, et, lorsqu'ils entreprennent un projet incertain, ils voient dans le succès ou l'échec du premier geste qu'ils accomplissent, l'annonce de tous les succès et échecs à venir. [Macpherson]

Nina-thoma sat on the shore, and heard the sound of battle. She turned her red eyes on Lethmal the gray-haired bard of Selma, for he had remained on the coast, with the daughter of Torthóma. Son of the times of old! she said, I hear the noise of death. Thy friends have met with Uthal and the chief is low! O that I had remained on the rock, inclosed with the tumbling waves! Then would my soul be sad, but his death would not reach my ear. Art thou fallen on thy heath, O son of high Finthormo! thou didst leave me on a rock, but my soul was full of thee. Son of high Finthormo! art thou fallen on thy heath?

She rose pale in her tears, and saw the bloody shield of Uthal; she saw it in Ossian's hand; her steps were distracted on the heath. She flew; she found him; she fell. Her soul came forth in a sigh. Her hair is spread on his face. My bursting tears descend. A tomb arose on the unhappy; and my song was heard.

Rest, hapless children of youth! at the noise of that mossy stream. The virgins will see your tomb, at the chace, and turn away their weeping eyes. Your fame will be in the song; the voice of the harp will be heard in your praise. The daughters of Selma shall hear it; and your renown shall be in other lands.—Rest, children of youth, at the noise of the mossy stream.

ses éclairs à l'acier. – Les flèches sifflent dans les airs ; les lances vibrent contre les cottes de mailles ; et des épées bondissent en broyant les boucliers. Une forêt antique qui gémit sous la force d'un vent rugissant, lorsque mille fantômes brisent ses arbres dans la nuit, voici ce que fut le fracas des armes. – Mais Uthal tomba sous mon épée ; et les fils de Berrathon s'enfuirent. – Ce fut alors que je le vis dans sa beauté, et une larme parut dans mes yeux. Tu es tombé, jeune arbre, dis-je, et toute ta beauté avec toi[1]. Tu es tombé sur tes plaines et le champ est nu. Les vents du désert soufflent et nul son ne frémit dans tes feuilles ! Tu es beau dans la mort, fils de Larthmor au char rapide.

Nina-thoma était assise sur le rivage ; elle entendit le bruit de la bataille. Elle tourna ses yeux rougis vers Lethmal, le barde aux cheveux gris de Selma, car il était resté sur la côte avec la fille de Torthóma. Fils des temps anciens ! dit-elle, j'entends le son de la mort. Tes amis ont affronté Uthal et le chef est à terre ! Ah ! que ne suis-je restée sur mon rocher, encerclée par les vagues houleuses ! Mon âme serait peut-être triste, mais j'ignorerais sa mort. Es-tu tombé sur ta lande, ô fils du très haut Finthormo ! tu m'avais abandonnée sur un rocher, mais mon âme était pleine de toi. Fils du très haut Finthormo ! es-tu tombé sur ta lande ?

Elle se leva pâle dans ses larmes et vit le bouclier ensanglanté d'Uthal ; elle le vit entre les mains d'Ossian ; elle s'avança éperdue sur la lande. Elle accourut ; elle le trouva ; elle tomba. Son âme s'échappa dans un soupir. Ses cheveux recouvrent le visage d'Uthal. Mes larmes jaillissent et coulent. Une tombe fut élevée sur ces infortunés ; et l'on entendit mon chant.

Reposez ici, malheureux enfants ! au bruit de ce torrent bordé de mousse. Les vierges verront votre tombe, à la chasse, et détourneront leurs yeux pleins de larmes. Votre gloire sera dans les chants ; on entendra la voix de la harpe qui vous loue. Les filles de Selma l'entendront ; et votre renommée passera sur d'autres terres. – Reposez ici, trop jeunes enfants, au bruit de ce torrent bordé de mousse.

---

1 Pleurer les ennemis tombés est une pratique très courante chez les héros d'Ossian. Ceci est beaucoup plus humain que cette habitude dégradante d'insulter les morts si courante chez Homère, habitude que tous ses imitateurs – souvent plus doués pour imiter ses défauts que ses qualités – ont copiée, y compris Virgile, lui qui, partout ailleurs, est si magnanime. Il est probable qu'Homère nous ait donné les mœurs de son temps et non ses propres sentiments ; Ossian, lui, semble partager les sentiments de ses héros. Le respect que les Écossais des *Highlands*, même aux époques les plus barbares, ont toujours manifesté à l'égard de leurs morts leur vient sans doute de leurs ancêtres les plus lointains. [Macpherson]

Two days we remained on the coast. The heroes of Berrathon convened. We brought Larthmor to his halls; the feast of shells was spread.–The joy of the aged was great; he looked to the arms of his fathers; the arms which he left in his hall, when the pride of Uthal arose.–We were renowned before Larthmor, and he blessed the chiefs of Morven; but he knew not that his son was low, the stately strength of Uthal. They had told, that he had retired to the woods, with the tears of grief; they had told it, but he was silent in the tomb of Rothma's heath.

On the fourth day we raised our sails to the roar of the northern wind. Larthmor came to the coast, and his bards raised the song. The joy of the king was great, he looked to Rothma's gloomy heath; he saw the tomb of his son; and the memory of Uthal rose.–Who of my heroes, he said, lies there: he seems to have been of the kings of spears? Was he renowned in my halls, before the pride of Uthal rose?

Ye are silent, ye sons of Berrathon, is the king of heroes low?–My heart melts for thee, O Uthal; though thy hand was against thy father.–O that I had remained in the cave! that my son had dwelt in Finthormo!–I might have heard the tread of his feet, when he went to the chace of the boar.–I might have heard his voice on the blast of my cave. Then would my soul be glad: but now darkness dwells in my halls.

Such were my deeds, son of Alpin, when the arm of my youth was strong; such were the actions of Toscar, the car-borne son of Conloch. But Toscar is on his flying cloud; and I am alone at Lutha: my voice is like the last sound of the wind, when it forsakes the woods. But Ossian shall not be long alone, he sees the mist that shall receive his ghost. He beholds the mist that shall form his robe, when he appears on his hills. The sons of little men shall behold me, and admire the stature of the chiefs of old. They shall creep to their caves, and look to the sky with fear; for my steps shall be in the clouds, and darkness shall roll on my side.

Lead, son of Alpin, lead the aged to his woods. The winds begin to rise. The dark wave of the lake resounds. Bends there not a tree from Mora with its branches bare? It bends, son of Alpin, in the rustling blast. My harp hangs on a blasted branch. The sound of its strings is mournful.–Does the wind touch thee, O harp, or is it some passing ghost!–It is the hand of Malvina! but bring me the harp, son of Alpin; another song shall rise. My soul shall depart in the sound; my fathers

Deux jours durant nous restâmes sur la côte. Les héros de Berrathon se rassemblèrent. Nous conduisîmes Larthmor dans son palais ; on donna le festin des conques. – La joie du vieillard était grande ; il regardait les armes de ses pères ; les armes qu'il avait abandonnées dans son palais quand l'orgueil d'Uthal s'était éveillé. – Nous étions renommés auprès de Larthmor, et il bénit les chefs de Morven ; mais il ignorait que la violente majesté d'Uthal, son fils, était à terre. On lui avait dit qu'il s'était retiré dans les bois avec ses larmes de douleur ; on avait dit ceci, mais il était muet dans sa tombe sur la lande de Rothma.

Au quatrième jour nous hissâmes nos voiles dans la clameur du vent du nord. Larthmor vint sur le rivage et ses bardes firent entendre leurs chants. La joie du roi était grande, il regardait la sombre lande de Rothma ; il vit la tombe de son fils ; et la mémoire d'Uthal s'éveilla. – Qui de mes héros, dit-il, est couché là-bas : il semble qu'il soit de la race du roi des lances ? Était-il renommé en mon palais avant que l'orgueil d'Uthal ne s'éveillât ?

Vous êtes silencieux, ô fils de Berrathon, le roi des héros serait donc à terre ? – Ô Uthal, pour toi pleure mon cœur ; bien que ta main fût levée contre ton père. – Ah, que ne suis-je resté dans ma caverne ! mon fils demeurerait encore à Finthormo ! – J'aurais alors pu entendre ses pas lorsqu'il allait chasser le sanglier. – J'aurais alors pu entendre sa voix portée à ma caverne par les rafales du vent. Mon âme alors se serait réjouie : mais c'est l'obscurité qui désormais demeure en mon palais.

Voilà ce que furent mes exploits, fils d'Alpin, quand le bras de ma jeunesse était fort ; voilà ce que furent les prouesses de Toscar au char rapide, fils de Conloch. Mais Toscar est sur son nuage vagabond ; et je suis seul dans Lutha : ma voix est comme le dernier mot du vent lorsqu'il quitte les bois. Mais Ossian ne sera plus seul très longtemps, il voit les brumes qui accueilleront son fantôme. Il voit déjà la brume qui l'habillera lorsqu'il apparaîtra sur ses collines. Les fils d'hommes sans grandeur me verront alors et admireront la splendeur des chefs du temps passé. Ils iront se cacher dans leurs cavernes et regarderont vers le ciel, pleins de terreur ; car je marcherai alors dans les nuages et les ténèbres tourbillonneront à mes côtés.

Conduis, fils d'Alpin, conduis le vieillard dans ses bois. Le vent se lève. La vague obscure résonne sur le lac. Ne vois-tu pas se courber sur la Mora un arbre aux branches dénudées ? Il se courbe, fils d'Alpin, dans le souffle du vent qui murmure. Ma harpe est suspendue à une branche

shall hear it in their airy hall.–Their dim faces shall hang, with joy, from their clouds; and their hands receive their son.

The aged oak bends over the stream. It sighs with all its moss. The withered fern whistles near, and mixes, as it waves, with Ossian's hair.–Strike the harp and raise the song: be near, with all your wings, ye winds. Bear the mournful sound away to Fingal's airy hall. Bear it to Fingal's hall, that he may hear the voice of his son; the voice of him that praised the mighty.–The blast of the north opens thy gates, O king, and I behold thee sitting on mist, dimly gleaming in all thine arms. Thy form now is not the terror of the valiant: but like a watery cloud; when we see the stars behind it with their weeping eyes. Thy shield is like the aged moon: thy sword a vapour half-kindled with fire. Dim and feeble is the chief, who travelled in brightness before.–

But thy steps are on the winds of the desert, and the storms darken in thy hand. Thou takest the sun in thy wrath, and hidest him in thy clouds. The sons of little men are afraid; and a thousand showers descend.–

But when thou comest forth in thy mildness; the gale of the morning is near thy course. The sun laughs in his blue fields; and the gray stream winds in its valley.–The bushes shake their green heads in the wind. The roes bound towards the desert.

foudroyée. Le son de ses cordes est lugubre. – Est-ce le vent qui te caresse, ô harpe, ou est-ce un fantôme qui passe ! – C'est la main de Malvina ! apporte-moi donc cette harpe, fils d'Alpin ; un autre chant va s'élever. Mon âme s'élèvera sur ces sons ; mes pères l'entendront dans leur palais aérien. – Leurs visages indistincts se pencheront, réjouis, depuis leurs nuages ; et leurs mains accueilleront leur fils.

Un vieux chêne s'incline au-dessus du torrent[1]. Toute la mousse qui le couvre soupire. Non loin, la fougère flétrie qui ondoie siffle et se mêle aux cheveux d'Ossian. – Touchons la harpe et que s'élève un chant : approchez-vous, de toutes vos ailes, ô vents. Portez ces sons lugubres jusqu'au palais aérien de Fingal. Portez-les jusqu'au palais de Fingal et qu'il entende la voix de son fils ; la voix de celui qui chantait les louanges des puissants. – Un souffle puissant venu du nord ouvre tes portes, ô roi, et je te vois assis sur les brumes, dans le faible éclat de tes armes. Ton ombre n'effraie plus le brave : elle est un nuage pluvieux ; on devine au travers la lueur larmoyante des étoiles. Ton bouclier est une lune à son déclin : ton épée une nuée qu'un feu mourant éclaire à moitié. Indistinct et faible, ce chef qui jadis marchait dans la lumière. – Mais tu portes tes pas sur les vents du désert, et les tempêtes s'obscurcissent dans ta main[2]. Tu emportes le soleil dans ta colère et tu le caches dans les nuages. Les fils des hommes sans grandeur tremblent ; mille déluges s'abattent. – Mais quand tu t'avances dans ta sérénité ; la brise du matin accompagne ta course. Le soleil rit dans ses champs azurés ; et le torrent gris serpente dans sa vallée. – Les buissons agitent au vent leurs vertes cimes. Le chevreuil bondit vers le désert.

---

1 Ici débute le passage lyrique avec lequel, a-t'on coutume de dire, Ossian concluait ses poèmes. – On le chante encore dans le nord du pays ; la musique en est simple et sauvage, mais peu variée. [Macpherson]

2 Cette magnifique description du pouvoir de Fingal sur les vents et les tempêtes, cette image du héros qui saisit le soleil et le cache derrière les nuages, s'accorde mal avec le paragraphe précédent, où il n'était qu'un faible fantôme qui avait perdu ce titre de TERREUR DES BRAVES ; mais elle correspond à l'idée alors répandue que les âmes des défunts commandaient aux vents et aux tempêtes, bien qu'ils ne pussent plus affronter des guerriers vivants. – Ce sont les louanges exagérées des poètes envers leurs amis disparus qui souvent encouragèrent la déification superstitieuse des héros défunts ; et ces nouvelles divinités ne devaient leurs pouvoirs qu'à l'imagination des bardes qui chantaient leurs élégies. – Il ne semble pas cependant que les louanges adressées à Fingal eussent eu cet effet sur ses compatriotes ; sans doute à cause de l'idée qu'ils se faisaient du pouvoir : une force physique et une bravoure exceptionnelles, mais qui ne survivaient pas à la mort. [Macpherson]

But there is a murmur in the heath! the stormy winds abate! I hear the voice of Fingal. Long has it been absent from mine ear!—Come, Ossian, come away, he says: Fingal has received his fame. We passed away, like flames that had shone for a season, our departure was in renown. Though the plains of our battles are dark and silent; our fame is in the four gray stones. The voice of Ossian has been heard; and the harp was strung in Selma.—Come Ossian, come away, he says, and fly with thy fathers on clouds.

And come I will, thou king of men! the life of Ossian fails. I begin to vanish on Cona; and my steps are not seen in Selma. Beside the stone of Mora I shall fall asleep. The winds whistling in my grey hair shall not waken me.—Depart on thy wings, O wind: thou canst not disturb the rest of the bard. The night is long, but his eyes are heavy; depart, thou rustling blast.

But why art thou sad, son of Fingal? Why grows the cloud of thy soul? The chiefs of other times are departed; they have gone without their fame. The sons of future years shall pass away; and another race arise. The people are like the waves of ocean: like the leaves of woody Morven, they pass away in the rustling blast, and other leaves lift their green heads.—

Did thy beauty last, O Ryno? Stood the strength of car-borne Oscar? Fingal himself passed away; and the halls of his fathers forgot his steps.— And shalt thou remain, aged bard! when the mighty have failed?—But my fame shall remain, and grow like the oak of Morven; which lifts its broad head to the storm, and rejoices in the course of the wind.

Mais soudain un murmure dans la lande ! les vents orageux se taisent ! j'entends la voix de Fingal. Elle n'avait pas frappé mon oreille depuis longtemps ! – Viens, Ossian, viens avec moi, dit-il : Fingal a recueilli sa gloire. Nous avons passé, telles des flammes qui brillèrent toute une saison, nous sommes partis pleins d'honneur. Même si les plaines de nos batailles sont sombres et silencieuses ; notre gloire est dans ces quatre pierres grises. La voix d'Ossian a été entendue ; et sa harpe accordée à Selma. – Viens, Ossian, viens avec moi, dit-il, et vole avec tes pères sur les nuages.

Je viens, je viens, ô roi des hommes ! la vie d'Ossian s'évanouit. Je disparais déjà de Cona ; et l'on ne me voit plus marcher dans Selma. Près de la pierre de Mora je m'endormirai. Les vents qui sifflent dans mes cheveux gris ne m'éveilleront plus. – Tu peux partir sur tes ailes, ô vent : tu ne troubleras plus le repos du barde. La nuit sera longue, mais ses yeux sont lourds ; tu peux t'en aller, souffle frémissant.

Mais pourquoi cette tristesse, fils de Fingal ? Pourquoi ce nuage dans ton âme ? Les chefs des temps anciens s'en sont allés ; ils sont partis sans leur gloire. Les fils des siècles à venir seront emportés ; une autre race viendra. Les peuples sont comme les vagues de l'océan : comme les feuilles sur les arbres nombreux de Morven[1], le souffle frémissant du vent les emporte et d'autres feuilles lèvent vers le ciel leurs têtes verdoyantes. –

Ta beauté a-t-elle duré, ô Ryno[2] ? La force d'Oscar au char rapide a-t-elle survécu ? Fingal lui-même fut emporté ; et le palais de ses pères a oublié ses pas. – Et tu voudrais rester ici, vieux barde ! alors que les puissants ont disparu ? – Mais ma gloire, elle, survivra, et croîtra comme le chêne de Morven ; il tend vers l'orage sa tête robuste et se réjouit de la marche du vent.

---

1   On trouve la même pensée, exprimée par des mots très proches, chez Homère. La traduction de Pope trahit l'original ; il a, en particulier, omit la très belle image du vent qui disperse sur le sol les feuilles mortes [Macpherson]. Macpherson cite ensuite l'*Iliade* 6, 46 *sqq.*, et la traduction de Pope.

2   Macpherson ajoute ici en note l'*élégie* que Minvane adresse à Ryno lorsqu'elle aperçoit la flotte de Fingal qui revient d'Irlande. Voir « Minvane » plus bas.

[MINVANE]

She blushing sad, from Morven's rocks, bends over the darkly-rolling sea. She saw the youths in all their arms.–Where, Ryno, where art thou?

Our dark looks told that he was low!—That pale the hero flew on clouds! That in the grass of Morven's hills, his feeble voice was heard in wind!

And is the son of Fingal fallen, on Ullin's mossy plains? Strong was the arm that conquered him!–Ah me! I am alone.

Alone I will not be, ye winds! that lift my dark-brown hair. My sighs will not long mix with your stream; for I must sleep with Ryno.

I see thee not with beauty's steps returning from the chace.–The night is round Minvane's love; and silence dwells with Ryno.

Where are thy dogs, and where thy bow? Thy shield that was so strong? Thy sword like heaven's descending fire? The bloody spear of Ryno?

I see them mixed in thy ship; I see them stained with blood.–No arms are in thy narrow hall, O darkly-dwelling Ryno!

When will the morning come, and say, arise, thou king of spears! arise, the hunters are abroad. The hinds are near thee, Ryno!

Away, thou fair-haired morning, away! the slumbering king hears thee not! The hinds bound over his narrow tomb; for death dwells round young Ryno.

MINVANE[1]

Elle, triste visage rougi, du haut des rochers de Morven, se penche vers la mer obscurément houleuse. Elle vit les jeunes guerriers dans leurs armes. – Où, Ryno, où es-tu ?

Nos sombres regards lui dirent qu'il était tombé ! – Ce pâle héros volait maintenant sur les nuages ! On entendait sur l'herbe des collines de Morven sa faible voix dans le vent !

Le fils de Fingal serait donc tombé sur les plaines tourbeuses d'Ullin ? Le bras qui l'a terrassé était sans doute puissant ! – Hélas ! je suis seule.

Seule pour peu de temps, ô vents ! qui soulevez ma chevelure brun sombre. Mes soupirs ne se mêleront pas pour très longtemps à vos torrents ; car il me faut dormir avec Ryno.

Je ne te vois plus, chaussé de beauté au retour de la chasse. – La nuit entoure l'amour de Minvane ; et le silence demeure avec Ryno.

Où sont tes chiens, où, ton arc ? Ton bouclier si solide ? Ton épée qui était le feu descendu des cieux ? La lance ensanglantée de Ryno ?

Je les vois éparses au fond de son vaisseau ; je vois le sang qui les recouvre. – Tes armes ne sont pas dans ton palais étroit, ô Ryno à la demeure enténébrée !

Quand viendra-t-il, le matin, pour te dire, lève-toi, ô roi des lances ! lève-toi, les chasseurs sont partis. Les biches sont près de toi, Ryno !

Retire-toi, matin aux cheveux pâles, retire-toi ! le roi dort et ne t'entend pas ! Les biches bondissent sur sa tombe étroite ; la mort demeure auprès du jeune Ryno.

---

1 Ce fragment fut publié dans une note à « Berrathon » ; nous utilisons ici la 3ᵉ édition, de 1765. Macpherson l'introduit ainsi : « Ryno, fils de Fingal, tué en Irlande pendant les guerres contre Swaran, était remarquable par sa grande beauté, par son agilité et par ses exploits extraordinaires. Minvane, fille de Morni et sœur de Gaul, aimait Ryno. Sa complainte sur la mort de son amant formait un épisode au sein d'une longue composition d'Ossian. Seule cette complainte nous est parvenue, et comme elle possède quelque mérite poétique, je l'ai incluse dans cette note. Le poète décrit Minvane sur un rocher de Morven, d'où elle regarde la flotte de Fingal qui rentre d'Irlande. » Ce titre lui fut donné par les traducteurs français.

But I will tread softly, my king! and steal to the bed of thy repose. Minvane will lie in silence, near her slumbering Ryno.

The maids shall seek me; but they shall not find me: they shall follow my departure with songs. But I will not hear you, O maids: I sleep with fair-haired Ryno.

Mais je marcherai sans bruit, ô mon roi ! et je me glisserai dans le lit où tu reposes. Minvane se couchera en silence, à côté de son Ryno endormi.

Les vierges, mes compagnes, me chercheront ; mais elles ne me trouveront pas : leurs chants suivront mon départ. Mais je ne vous entendrai pas, ô mes compagnes : je dors avec Ryno aux cheveux pâles.

Mais je marcherai sans bruit, ô mon roi! et je me glisserai dans le lit où tu reposes. Miranda se couchera tranquille à côté de son Ryou-endormi...

Toi repos, mes couvertures chevaucheront, mais elles ne me couvriront pas. Tantu t'entends sur la terre. Mais je ne vous entendrai pas, ô mes courtisanes? le dort avec deux flancs aux glaïeux, pelles

PRÉFACES, ESSAIS

PREFACE
[TO *FRAGMENTS OF ANCIENT POETRY*]

The public may depend on the following fragments as genuine remains of ancient Scottish poetry. The date of their composition cannot be exactly ascertained. Tradition, in the country where they were written, refers them to an æra of the most remote antiquity: and this tradition is supported by the spirit and strain of the poems themselves; which abound with those ideas, and paint those manners, that belong to the most early state of society. The diction too, in the original, is very obsolete; and differs widely from the style of such poems as have been written in the same language two or three centuries ago. They were certainly composed before the establishment of clanship in the northern part of Scotland, which is itself very ancient; for had clans been then formed and known, they must have made a considerable figure in the work of a Highland Bard; whereas there is not the least mention of them in these poems. It is remarkable that there are found in them no allusions to the Christian religion or worship; indeed, few traces of religion of any kind. One circumstance seems to prove them to be coeval with the very infancy of Christianity in Scotland. In a fragment of the same poems, which the translator has seen, a Culdee or Monk is represented as desirous to take down in writing from the mouth of Oscian, who is the principal personage in several of the following fragments, his warlike achievements and those of his family. But Oscian treats the Monk and his religion with disdain, telling him, that the deeds of such great men were subjects too high to be recorded by him, or by any of his religion: A full proof that Christianity was not as yet established in the country.

PRÉFACE
AUX *FRAGMENTS DE POÉSIE ANTIQUE*

Hugh Blair

2e édition, 1760

Le public peut tenir pour certain que les fragments qui suivent sont des vestiges authentiques de poèmes écossais antiques. On ne peut déterminer la date de leur composition avec précision. La tradition, dans le pays où ils furent écrits, les fait remonter à la plus ancienne antiquité : et cette tradition est confortée par l'esprit et les accents des poèmes mêmes, où l'on retrouve toutes les idées et les mœurs caractéristiques des sociétés primitives. La diction en est, elle aussi, totalement archaïque ; elle diffère radicalement du style de ces poèmes écrits dans la même langue il y a deux ou trois siècles. Ils furent certainement composés avant que le système clanique, lui-même fort ancien, ne fût établi dans le nord de l'Écosse ; en effet, si des clans avaient été constitués, ils auraient nécessairement occupé une place considérable dans l'œuvre d'un barde des *Highlands* ; or, il n'en est fait nulle part mention dans ces poèmes. Il est remarquable que l'on n'y trouve aucune allusion à la religion chrétiennes ni à ses cérémonies, et si peu, d'ailleurs, de traces de quelque religion que ce soit. Un indice semble témoigner qu'ils sont contemporains à la naissance du christianisme en Écosse. Dans un autre de ces fragments que le traducteur a pu consulter, un « Culdee », c'est-à-dire un moine, désire recopier par écrit ce que récite Oscian, dont les exploits guerriers, ainsi que ceux de sa famille, constituent le sujet principal de plusieurs des fragments qui vont suivre. Mais Oscian n'a que mépris pour ce moine et sa religion, et il lui répond qu'il n'est pas digne, ni lui ni tous ceux qui pratiquent sa religion, de consigner par écrit les hauts faits de ces grands hommes : une preuve irréfutable que le christianisme n'était pas encore établi dans ces régions.

Though the poems now published appear as detached pieces in this collection, there is ground to believe that most of them were originally episodes of a greater work which related to the wars of Fingal. Concerning this hero innumerable traditions remain, to this day, in the Highlands of Scotland. The story of Oscian, his son, is so generally known, that to describe one in whom the race of a great family ends, it has passed into a proverb; "Oscian the last of the heroes."

There can be no doubt that these poems are to be ascribed to the Bards; a race of men well known to have continued throughout many ages in Ireland and the north of Scotland. Every chief or great man had in his family a Bard or poet, whose office it was to record in verse, the illustrious actions of that family. By the succession of these Bards, such poems were handed down from race to race; some in manuscript, but more by oral tradition. And tradition, in a country so free of inter-mixture with foreigners, and among a people so strongly attached to the memory of their ancestors, has preserved many of them in a great measure incorrupted to this day.

They are not set to music, nor sung. The versification in the original is simple; and to such as understand the language, very smooth and beautiful. Rhyme is seldom used: but the cadence, and the length of the line varied, so as to suit the sense. The translation is extremely literal. Even the arrangement of the words in the original has been imitated; to which must be imputed some inversions in the style, that otherwise would not have been chosen.

Of the poetical merit of these fragments nothing shall here be said. Let the public judge, and pronounce. It is believed, that, by a careful inquiry, many more remains of ancient genius, no less valuable than those now given to the world, might be found in the same country where these have been collected. In particular there is reason to hope that one work of considerable length, and which deserves to be styled an heroic poem, might be recovered and translated, if encouragement were given to such an undertaking. The subject is, an invasion of Ireland by Swarthan King of Lochlyn; which is the name of Denmark in the Erse language. Cuchulaid, the General or Chief of the Irish tribes, upon intelligence of the invasion, assembles his forces; councils are held; and battles fought. But after several unsuccessful engagements, the Irish are forced to submit. At length, Fingal King of Scotland, called

Bien que les poèmes publiés ici soient des fragments disjoints, il y a des raisons de penser que la plupart furent, à l'origine, des épisodes au sein d'une vaste œuvre qui racontait les guerres de Fingal. Les *Highlands* d'Écosse conservent encore aujourd'hui d'innombrables légendes et chants qui parlent de ce héros. L'histoire de son fils Oscian est si connue, que lorsque l'on veut décrire le dernier descendant d'une famille importante, on le désigne du proverbial : « Oscian, dernier des héros ».

Il ne fait aucun doute que ces poèmes nous viennent des bardes ; ces hommes jouèrent un rôle capital en Irlande et dans le nord de l'Écosse, où leur existence fut attestée pendant des siècles. Chaque chef de clan, chaque homme important, avait dans sa famille un barde ou un poète dont la fonction était de préserver dans ses vers les actions glorieuses de sa famille. Les bardes, en se succédant, se transmettaient les poèmes, sous forme de manuscrits ou, plus généralement, oralement. Cette transmission orale et ce respect pour les traditions, dans un pays si bien protégé des influences étrangères, et au sein d'un peuple si fortement attaché à la mémoire de ses ancêtres, ont permis à nombre de ces poèmes de nous parvenir presque inaltérés.

Ils n'ont pas d'accompagnement musical et ils ne sont pas chantés. La versification dans les textes originaux est simple et, si l'on comprend cette langue, très régulière et très belle. On trouve peu de rimes, mais la cadence et la longueur des vers varient pour suivre le sens. La traduction en est totalement littérale. Le traducteur a imité jusqu'à l'ordre des mots, ce qui explique des inversions qui, sinon, n'auraient pas été choisies.

Nous ne dirons rien ici du mérite poétique de ces fragments. Le public sera seul juge. Nous sommes certains que des recherches attentives pourraient découvrir, dans le pays où ces fragments furent recueillis, de nombreux autres vestiges du génie antique, tout aussi précieux que ceux ici livrés au public. Nous croyons même qu'il serait possible de retrouver et de traduire un ouvrage de grande longueur, qui mériterait le nom d'épopée, si des voix s'élevaient en faveur de ce projet. Le sujet en est l'invasion de l'Irlande par Swarthan, roi de Lochlyn, c'est-à-dire le Danemark en langue Erse. Cuchulaid, général ou chef des tribus irlandaises, en apprenant cette menace, rassemble ses forces ; on tient conseil et l'on se bat. Mais, ne parvenant pas à remporter de victoire après plusieurs combats, les forces irlandaises doivent se soumettre. Fingal, roi d'Écosse (appelée dans le poème « désert des collines »), finit

in this poem, "The Desert of the hills," arrives with his ships to assist Cuchulaid. He expels the Danes from the country; and returns home victorious. This poem is held to be of greater antiquity than any of the rest that are preserved: And the author speaks of himself as present in the expedition of Fingal. The three last poems in the collection are fragments which the translator obtained of this Epic poem; and tho' very imperfect, they were judged not unworthy of being inserted. If the whole were recovered, it might serve to throw considerable light upon the Scottish and Irish antiquities.

par débarquer et vient en aide à Cuchulaid. Il chasse les Danois et rentre dans son pays, victorieux. On suppose que ce poème est le plus ancien de tous ceux que l'on a conservés, et l'auteur lui-même était présent lors de l'expédition de Fingal. Les trois derniers poèmes de la collection qui suit sont des fragments de cette épopée que le traducteur a retrouvés ; bien qu'ils soient très imparfaits, ils ne furent pas jugés indignes d'être inclus. Si l'ensemble était recueilli, il éclairerait les antiquités écossaises et irlandaises sous un jour nouveau.

A DISSERTATION CONCERNING
THE ANTIQUITY, &C. OF THE POEMS
OF OSSIAN THE SON OF FINGAL

Inquiries into the antiquities of nations afford more pleasure than any real advantage to mankind. The ingenious may form systems of history on probabilities and a few facts; but at a great distance of time, their accounts must be vague and uncertain. The infancy of states and kingdoms is as destitute of great events, as of the means of transmitting them to posterity. The arts of polished life, by which alone facts can be preserved with certainty, are the production of a well-formed community. It is then historians begin to write, and public transactions to be worthy remembrance. The actions of former times are left in obscurity, or magnified by uncertain traditions. Hence it is that we find so much of the marvellous in the origin of every nation; posterity being always ready to believe any thing, however fabulous, that reflects honour on their ancestors. The Greeks and Romans were remarkable for this weakness. They swallowed the most absurd fables concerning the high antiquities of their respective nations. Good historians, however, rose very early amongst them, and transmitted, with lustre, their great actions to posterity. It is to them that they owe that unrivalled fame they now enjoy, while the great actions of other nations are involved in fables, or lost in obscurity. The Celtic nations afford a striking instance of this kind. They, though once the masters of Europe from the mouth of the river Oby, in Russia, to Cape Finisterre, the western point of Gallicia in Spain, are very little mentioned in history. They trusted their fame to tradition and the songs of their bards, which, by the vicissitude of

DISSERTATION SUR L'ANTIQUITÉ DES POÈMES D'OSSIAN, FILS DE FINGAL, ET AUTRES QUESTIONS

James Macpherson

3ᵉ édition, 1765

Les recherches qui portent sur l'antiquité des nations divertissent mais ne rendent pas de réel service à l'humanité. Les plus sagaces bâtissent des systèmes historiques à partir de ce qu'ils estiment probable et de quelques faits ; mais, lorsqu'ils parlent de périodes très lointaines, leurs discours restent vagues et incertains. L'enfance des états et des royaumes ne connait pas d'événements marquants et n'aurait, quoi qu'il en soit, nul moyen de les transmettre à la postérité. Les arts des sociétés polies, qui, seuls, peuvent garantir la conservation fiable des faits, n'apparaissent que dans les communautés civilisées. Alors, seulement, les historiens commencent à écrire et des actes publics sont dignes d'être préservés. Les exploits des temps passés sont soit oubliés, soit magnifiés par des traditions incertaines. C'est ainsi qu'aux origines de chaque nation on trouve tellement de récits fabuleux ; on est toujours prêt à croire aux prouesses de ses ancêtres, aussi invraisemblables qu'elles pussent être, lorsqu'elles leur font honneur. Les Grecs et les Romains furent victimes de cette faiblesse. Ils croyaient aveuglément les fables les plus invraisemblables lorsqu'elles concernaient l'antiquité de leurs nations. Cependant, ils eurent très tôt des historiens sérieux qui transmirent à la postérité, en les parant de splendeur, les exploits de leurs ancêtres. C'est à ces travaux qu'ils doivent la gloire sans pareille dont ils jouissent aujourd'hui, tandis que les exploits des autres nations sont soit mêlés d'affabulation, soit perdus dans l'obscurité du passé. Les nations celtiques nous en fournissent un exemple probant. Bien qu'elles fussent autrefois maîtresses de l'Europe, depuis l'embouchure de

human affairs, are long since lost. Their ancient language is the only monument that remains of them; and the traces of it being found in places so widely distant from each other, serves only to shew the extent of their ancient power, but throws very little light on their history.

Of all the Celtic nations, that which possessed old Gaul is the most renowned; not perhaps on account of worth superior to the rest, but for their wars with a people who had historians to transmit the fame of their enemies, as well as their own, to posterity. Britain was first peopled by them, according to the testimony of the best authors; its situation in respect to Gaul makes the opinion probable; but what puts it beyond all dispute, is that the same customs and language prevailed among the inhabitants of both in the days of Julius Cæsar.

The colony from Gaul possessed themselves, at first, of that part of Britain which was next to their own country; and spreading northward, by degrees, as they increased in numbers, peopled the whole island. Some adventurers passing over from those parts of Britain that are within sight of Ireland, were the founders of the Irish nation: which is a more probable story than the idle fables of Milesian and Gallician colonies. Diodorus Siculus mentions it as a thing well known in his time, that the inhabitants of Ireland were originally Britons; and his testimony is unquestionable, when we consider that, for many ages, the language and customs of both nations were the same.

Tacitus was of opinion that the ancient Caledonians were of German extract. By the language and customs which always prevailed in the North of Scotland, and which are undoubtedly Celtic, one would be tempted to differ in opinion from that celebrated writer. The Germans, properly so called, were not the same with the ancient Celtæ. The manners and customs of the two nations were similar; but their language different. The Germans are the genuine descendants of the ancient Daæ, afterwards well known by the name of Daci, and passed originally into Europe by the way of the northern countries, and settled beyond the Danube, towards the vast regions of Transilvania, Wallachia, and Moldavia; and from thence advanced by degrees into Germany. The Celtæ, it is certain, sent many colonies into that country, all of whom retained their own laws, language, and customs; and it is of them, if any colonies came from Germany into Scotland, that the ancient Caledonians were descended.

l'Obi[1], en Russie, jusqu'au cap Finisterre, le point le plus occidental de la Galice, en Espagne, c'est à peine si elles sont mentionnées dans les livres d'histoire. Elles confièrent aux traditions orales et aux chants des bardes le soin de conserver le souvenir de leur gloire : dans la tourmente de l'histoire ces souvenirs moururent avec les hommes qui les détenaient. Le seul témoignage qui subsiste encore est l'antique langage de ces hommes ; langage dont les traces visibles en des lieux si distants les uns des autres permettent, certes, de mesurer la grandeur révolue de ce peuple, mais qui ne peuvent suffire à en reconstituer l'histoire avec précision.

De tous les peuples celtiques, ceux qui contrôlaient la Gaule sont les plus renommés ; non pas qu'ils fussent plus valeureux que les autres, mais ils menèrent des guerres contre un peuple qui eut des historiens pour transmettre à la postérité la gloire de ses ennemis, en même temps que la sienne. Selon les meilleurs auteurs, ce sont eux qui, les premiers, peuplèrent la Grande-Bretagne ; la situation géographique de ces deux régions rend cette opinion probable ; mais ce qui la rend certaine est que, à l'époque de Jules César, elles partageaient les mêmes coutumes et le même langage.

Les colons venus de Gaule prirent tout d'abord possession de la région la plus proche de leur propre pays ; puis, à mesure que la colonie s'étendait, ils remontèrent progressivement vers le nord et finirent par peupler toute l'île de Grande-Bretagne. Quelques aventuriers, lorsqu'ils virent l'Irlande si proche, traversèrent la mer et fondèrent la nation irlandaise : cette hypothèse est beaucoup plus probable que celle des légendaires colonies de Milesiens ou de Galiciens. Diodore de Sicile signale, comme une chose bien connue à l'époque que les habitants d'Irlande venaient originellement de Grande-Bretagne ; et son témoignage est indiscutable si l'on considère que, pendant des siècles, la langue et les mœurs des deux nations étaient semblables.

L'opinion de Tacite était que les Calédoniens antiques étaient d'origine germanique. Si l'on examine la langue et les coutumes du nord de l'Écosse, indéniablement celtes, on ne peut s'empêcher de douter de

---

1   Dans cet essai Macpherson s'appuie sur les sources suivantes, qu'il cite en note : Pline l'Ancien, *Histoire naturelle*, Jules César, *Commentaires sur la Guerre des Gaules*, Tacite, *La Vie d'Agricola*, *La Germanie*, Pomponius Mela, *De situ orbi libri III* (*Description de la terre, livre III*), Diodore de Sicile, *Bibliothèque historique*, Strabon, *Géographie*, Tite-Live, *Histoire de Rome depuis sa fondation*.

But whether the Caledonians were a colony of the Celtic Germans,
or the same with the Gauls that first possessed themselves of Britain, is
a matter of no moment at this distance of time. Whatever their origin
was, we find them very numerous in the time of Julius Agricola, which
is a presumption that they were long before settled in the country. The
form of their government was a mixture of aristocracy and monarchy,
as it was in all the countries where the Druids bore the chief sway. This
order of men seems to have been formed on the same system with the
Dactyli Idæi and Curetes of the ancients. Their pretended intercourse
with heaven, their magic and divination were the same. The knowledge
of the Druids in natural causes, and the properties of certain things,
the fruit of the experiments of ages, gained them a mighty reputation
among the people. The esteem of the populace soon increased into
a veneration for the order; which a cunning and ambitious tribe of
men took care to improve, to such a degree, that they, in a manner,
ingrossed the management of civil, as well as religious, matters. It is
generally allowed that they did not abuse this extraordinary power;
the preserving their character of sanctity was so essential to their
influence, that they never broke out into violence or oppression. The
chiefs were allowed to execute the laws, but the legislative power was
entirely in the hands of the Druids. It was by their authority that the
tribes were united, in times of the greatest danger, under one head. This
temporary king, or Vergobretus, was chosen by them, and generally
laid down his office at the end of the war. These priests enjoyed long
this extraordinary privilege among the Celtic nations who lay beyond

l'opinion de ce célèbre auteur. Les Celtæ antiques n'appartiennent pas aux peuples germaniques *stricto sensu*. Les mœurs et les coutumes des deux nations sont similaires ; mais leurs langages sont différents. Les Germains sont les descendants directs des antiques Daæ, connus plus tard sous le nom de Daces, qui, après avoir traversé les contrées nordiques, s'étaient installés en Europe ; ils avaient franchi le Danube pour envahir les vastes territoires de la Transylvanie, de la Valachie, de la Moldavie ; puis ils avaient peu à peu gagné la Germanie. Les Celtæ, sans aucun doute, établirent également de nombreuses colonies dans ce pays ; celles-ci conservèrent les lois, la langue et les coutumes de leur région d'origine ; s'il y eut jamais des migrations depuis la Germanie vers l'Écosse, ce sont ces peuples celtiques qui les accomplirent.

La distance temporelle est cependant telle, qu'il n'importe guère que ces Calédoniens fussent une colonie de Celtes germaniques ou bien des descendants des Gaulois qui envahirent la Grande-Bretagne. Quelle que soit leur origine, ils étaient en tout cas fort nombreux à l'époque de Julius Agricola, ce qui laisse à penser qu'ils s'étaient établis dans ce pays depuis longtemps. Leur gouvernement mêlait des éléments de monarchie et d'oligarchie, comme ce fut d'ailleurs le cas dans toutes les nations où les druides pouvaient influencer les chefs. Cette caste présente de nombreuses similitudes avec les Dactyles idéens et les Curètes de l'antiquité. Ils prétendaient également pouvoir contrôler les cieux ; leur magie et leur divination étaient similaires. Les connaissances que ces druides possédaient sur les évènements naturels et sur les propriétés des choses, fruits de plusieurs siècles d'expérience, leur garantissaient une réputation extraordinaire auprès du peuple. Cette estime se transforma bien vite en vénération ; par la ruse et l'ambition, quelques membres de cette communauté cultivèrent ce pouvoir et parvinrent à s'immiscer dans les affaires civiles, puis par les contrôler tout autant que les affaires religieuses. On admet en général qu'ils n'abusèrent point de ce pouvoir extraordinaire ; afin de préserver le caractère sacré de leur fonction, essentiel à leur influence, ils n'eurent jamais recours à la violence ni à l'oppression. Les chefs avaient gardé la responsabilité de faire exécuter les lois, mais le pouvoir législatif était entre les mains des druides. Lorsqu'un très grand danger menaçait, c'est par leur autorité que les tribus étaient unies sous un seul souverain. C'est eux qui choisissaient un roi temporaire, appelé Vergobretus, qui était généralement démis

the pale of the Roman empire. It was in the beginning of the second century that their power among the Caledonians begun to decline. The poems that celebrate Trathal and Cormac, ancestors to Fingal, are full of particulars concerning the fall of the Druids, which account for the total silence concerning their religion in the poems that are now given to the public.

The continual wars of the Caledonians against the Romans hindered the nobility from initiating themselves, as the custom formerly was, into the order of the Druids. The precepts of their religion were confined to a few, and were not much attended to by a people inured to war. The Vergobretus, or chief magistrate, was chosen without the concurrence of the hierarchy, or continued in his office against their will. Continual power strengthened his interest among the tribes, and enabled him to send down, as hereditary to his posterity, the office he had only received himself by election.

On occasion of a new war against the *King of the World*, as the poems emphatically call the Roman emperor, the Druids, to vindicate the honour of the order, began to resume their ancient privilege of chusing the Vergobretus. Garmal, the son of Tarno, being deputed by them, came to the grandfather of the celebrated Fingal, who was then Vergobretus, and commanded him, in the name of the whole order, to lay down his office. Upon his refusal, a civil war commenced, which soon ended in almost the total extinction of the religious order of the Druids. A few that remained, retired to the dark recesses of their groves, and the caves they had formerly used for their meditations. It is then we find them in *the circle of stones*, and unheeded by the world. A total disregard for the order, and utter abhorrence of the Druidical rites ensued. Under this cloud of public hate, all that had any knowledge of the religion of the Druids became extinct, and the nation fell into the last degree of ignorance of their rites and ceremonies.

It is no matter of wonder then, that Fingal and his son Ossian make so little, if any, mention of the Druids, who were the declared enemies to their succession in the supreme magistracy. It is a singular case, it must be allowed, that there are no traces of religion in the poems ascribed to Ossian; as the poetical compositions of other nations are so closely connected with their mythology. It is hard to account for it to those who are not made acquainted with the manner of the old Scottish

de ses fonctions à la fin de la guerre. Ces prêtres purent jouir de ce privilège extraordinaire dans toutes les nations celtes qui n'étaient pas soumises au joug de l'empire romain. C'est au début du second siècle après Jésus Christ que leur pouvoir sur le peuple calédonien commença à décroître. Les poèmes qui célèbrent Trathal et Cormac, ancêtres de Fingal, parlent en des termes précis du déclin de ces druides, et nous permettent ainsi de comprendre pourquoi les poèmes qui suivent sont absolument muets au sujet leur religion.

Les guerres incessantes entre les Calédoniens et les Romains ne laissèrent plus à l'aristocratie le loisir d'être initiée et de rejoindre cette caste des druides, comme c'était autrefois la coutume. Les préceptes de leur religion n'étaient plus connus que de quelques-uns, et n'étaient plus vraiment suivis par un peuple en perpétuel état de guerre. Un Vergobretus, ou chef suprême, fut choisi sans l'accord des prêtres ou bien continua à régner contre leur volonté. Le pouvoir qu'il put ainsi conserver lui garantit le soutien des tribus et lui permit de transmettre à sa descendance cette charge qui, pourtant, lui avait été confiée par élection.

À l'occasion d'une nouvelle guerre contre l'empereur romain, que ces poèmes désignent du terme solennel de *Roi du monde*, les druides, afin de restaurer l'honneur de leur ordre, voulurent réaffirmer leur antique privilège et désigner le Vergobretus. Ils choisirent Garmal, fils de Tarno, et celui-ci se rendit auprès du grand-père du célèbre Fingal, qui était alors Vergobretus, et lui ordonna, au nom de l'ordre tout entier, de renoncer à sa position. Comme il refusait, une guerre civile éclata, qui s'acheva sur l'extermination complète de l'ordre religieux des druides. Les rares qui survécurent se retirèrent dans l'obscurité de leurs bois sacrés, ou dans ces cavernes qui les avaient naguère abrités lorsqu'ils méditaient. C'est alors qu'on les retrouve dans les *cercles de pierres*, ignorés du monde. L'ordre fut ensuite absolument méprisé et ses rites n'éveillaient plus que le dégoût. Frappés par l'opprobre public, tous ceux qui possédaient quelques connaissances de la religion druidique disparurent, et le pays oublia complètement ses rites et ses cérémonies

Il n'est donc pas surprenant que Fingal et son fils Ossian ne mentionnent presque jamais l'existence des druides, qui étaient les ennemis déclarés de leur prétention à la souveraineté suprême. Il est cependant curieux que nulle trace de religion n'apparaisse dans les poèmes attribués à Ossian ; en effet, les compositions poétiques des autres nations sont

bards. That race of men carried their notions of martial honour to an extravagant pitch. Any aid given their heroes in battle, was thought to derogate from their fame; and the bards immediately transferred the glory of the action to him who had given that aid.

Had Ossian brought down gods, as often as Homer hath done, to assist his heroes, this poem had not consisted of eulogiums on his friends, but of hymns to these superior beings. To this day, those that write in the Galic language seldom mention religion in their profane poetry; and when they professedly write of religion, they never interlard with their compositions, the actions of their heroes. This custom alone, even though the religion of the Druids had not been previously extinguished, may, in some measure, account for Ossian's silence concerning the religion of his own times.

To say, that a nation is void of all religion, is the same thing as to say, that it does not consist of people endued with reason. The traditions of their fathers, and their own observations on the works of nature, together with that superstition which is inherent in the human frame, have, in all ages, raised in the minds of men some idea of a superior being.—Hence it is, that in the darkest times, and amongst the most barbarous nations, the very populace themselves had some faint notion, at least, of a divinity. It would be doing injustice to Ossian, who, upon no occasion, shews a narrow mind, to think, that he had not opened his conceptions to that primitive and greatest of all truths. But let Ossian's religion be what it will, it is certain he had no knowledge of Christianity, as there is not the least allusion to it, or any of its rites, in his poems; which absolutely fixes him to an æra prior to the introduction of that religion. The persecution begun by Dioclesian, in the year 303, is the most probable time in which the first dawning of Christianity in the north of Britain can be fixed.—The humane and mild character of Constantius Chlorus, who commanded then in Britain, induced the persecuted Christians to take refuge under him. Some of them, through a zeal to propagate their tenets, or through fear, went beyond the pale of the Roman empire, and settled among the Caledonians; who were the more ready to hearken to their doctrines, as the religion of the Druids had been exploded so long before.

toujours étroitement liées à leurs mythologies. Cet aspect est difficile à comprendre si l'on n'est pas familiarisé avec les traditions ancestrales des bardes écossais. Les hommes de ces terres ont élevé la notion d'honneur guerrier jusqu'à un point démesuré. Toute aide reçue par un héros sur le champ de bataille lui retirait une parcelle de gloire ; et les bardes reportaient aussitôt l'honneur de la victoire sur celui qui avait fourni son aide.

Si Ossian avait fait intervenir les dieux, comme Homère, afin de venir en aide aux héros, ses poèmes n'eussent point été des éloges à la mémoire de ses amis, mais des hymnes adressés à des êtres supérieurs. De nos jours encore, il est rare de trouver, dans les poèmes profanes écrits en langue gaélique, la moindre allusion à la religion ; et lorsque ces poèmes portent explicitement sur des sujets religieux, les exploits des héros n'y sont pas mêlés. Ces principes auraient peut-être suffi à expliquer, dans une certaine mesure, le silence d'Ossian au sujet de la religion de son époque, même si la religion des druides n'avait pas été auparavant anéantie.

Dire qu'une nation ne connaît pas de religion revient à dire que son peuple n'est pas doué de raison. Les traditions héritées de ses ancêtres, l'observation des œuvres de la nature, jointes à sa superstition innée, ont depuis toujours fait naître chez l'homme l'idée qu'il existe un Être suprême. – C'est ainsi que l'on retrouve invariablement, y compris aux époques les plus sombres, dans les nations les plus barbares et chez les populations les plus primitives, la notion, même vague, du divin. Nous ferions à Ossian une injustice, lui qui nulle part ne fait preuve d'étroitesse d'esprit, si nous supposions qu'il n'était pas ouvert à cette vérité première et fondamentale. Mais quelle qu'ait pu être la religion d'Ossian, il est certain qu'il n'avait nulle connaissance du christianisme, car on ne décèle pas dans ses poèmes la moindre allusion à cette doctrine ou à ses rites ; ce qui nous permet de dire avec certitude que l'époque où il vécut précède l'introduction de cette religion. La persécution de Dioclétien, en 303, est la date la plus plausible à laquelle le christianisme aurait fait son apparition dans le nord de la Grande-Bretagne. – La bienveillance et la magnanimité de Constance Chlore, qui commandait alors la Gaule et la Grande-Bretagne, incitèrent les Chrétiens persécutés à venir trouver refuge dans ses terres. Quelques-uns, motivés par un zèle évangélisateur ou par la peur, franchirent les limites de l'empire romain et s'installèrent parmi les Calédoniens, qui étaient d'autant plus susceptibles de recevoir leurs doctrines que la religion des druides avait été anéantie depuis bien longtemps.

These missionaries, either through choice, or to give more weight to the doctrine they advanced, took possession of the cells and groves of the Druids; and it was from this retired life they had the name of *Culdees*, which in the language of the country signified *sequestered persons*. It was with one of the *Culdees* that Ossian, in his extreme old age, is said to have disputed concerning the Christian religion. This dispute is still extant, and is couched in verse, according to the custom of the times. The extreme ignorance on the part of Ossian, of the Christian tenets, shews, that that religion had only been lately introduced, as it is not easy to conceive, how one of the first rank could be totally unacquainted with a religion that had been known for any time in the country. The dispute bears the genuine marks of antiquity. The obsolete phrases and expressions peculiar to the times, prove it to be no forgery. If Ossian then lived at the introduction of Christianity, as by all appearance he did, his epoch will be the latter end of the third, and beginning of the fourth century. What puts this point beyond dispute, is the allusion in his poems to the history of the times.

The exploits of Fingal against Caracul, the son of the *King of the World*, are among the first brave actions of his youth. A complete poem, which relates to this subject, is printed in this collection.

In the year 210 the emperor Severus, after returning from his expeditions against the Caledonians, at York fell into the tedious illness of which he afterwards died. The Caledonians and Maiatæ, resuming courage from his indisposition, took arms in order to recover the possessions they had lost. The enraged emperor commanded his army to march into their country, and to destroy it with fire and sword. His orders were but ill executed, for his son, Caracalla, was at the head of the army, and his thoughts were entirely taken up with the hopes of his father's death, and with schemes to supplant his brother Geta.—He scarcely had entered the enemy's country, when news was brought him that Severus was dead.—A sudden peace is patched up with the Caledonians, and, as it appears from Dion Cassius, the country they had lost to Severus was restored to them.

Ces missionnaires, par choix ou pour donner plus de force à la doctrine qu'ils défendaient, s'installèrent dans les grottes et les bois sacrés des druides ; cette vie retirée leur valut le surnom de *Culdee*, ce qui signifie, dans le langage de ce pays, une *personne retirée*. C'est avec un de ces *Culdees* qu'Ossian, à un âge très avancé, aurait disputé de la religion chrétienne. On a conservé la dispute, que l'on a, ainsi que le voulait la coutume, consignée en vers. L'ignorance complète d'Ossian pour les principes de cette religion prouve que le christianisme n'avait été que tout récemment introduit dans ces régions ; sinon, il semble fort peu probable qu'une personne d'un rang aussi élevé que lui n'en eût rien connu. Cette dispute porte des marques indéniables d'antiquité. Une phraséologie obsolète et des expressions propres à cette époque témoignent qu'il ne peut s'agir d'une contrefaçon. Si, donc, Ossian a connu l'époque où le christianisme fut introduit, comme il semblerait que cela fût le cas, on peut situer sa vie à la fin du troisième ou au début du quatrième siècle. Cette supposition est clairement confirmée par quelques allusions dans ses poèmes à l'histoire contemporaine.

Parmi les tout premiers actes de bravoure de Fingal dans sa jeunesse, figurent ses exploits contre Caracul, le fils du *Roi du monde*. On lira dans ce recueil un poème intact lié à ces événements[1].

En 210, l'empereur Sévère, de retour de son expédition contre les Calédoniens, contracta, dans la ville de York, une grave maladie dont il mourut peu après. Les Calédoniens et les Maiatæ[2], apprenant qu'il était souffrant, retrouvèrent leur audace et prirent les armes afin de reconquérir tout ce qu'ils avaient perdu. L'empereur, furieux, ordonna à son armée d'envahir leur pays et de le détruire par le feu et le glaive. Ses ordres ne furent suivis qu'avec fort peu de zèle ; en effet, son fils Caracalla, qui était à la tête de cette armée, n'avait qu'une seule pensée à l'esprit : succéder à son père ; il attendait donc avec impatience la mort de celui-ci en échafaudant des plans qui lui permettraient de supplanter son frère Geta. – À peine avait-il pénétré en territoire ennemi qu'on lui annonça que Sévère était mort. – Il négocia une paix hâtive avec les Calédoniens et, ainsi que le raconte Dion Cassius, ce pays que Sévère avait conquis leur fut rendu.

---

1 « Comála, poème dramatique ».
2 Les habitants des *Lowlands* d'Écosse.

The Caracul of Fingal is no other than Caracalla, who, as the son of Severus, the Emperor of Rome, whose dominions were extended almost over the known world; was not without reason called in the poems of Ossian, *the Son of the King of the World.* The space of time between 211, the year Severus died, and the beginning of the fourth century, is not so great, but Ossian the son of Fingal, might have seen the Christians whom the persecution under Dioclesian had driven beyond the pale of the Roman empire.

Ossian, in one of his many lamentations on the death of his beloved son Oscar, mentions among his great actions, a battle which he fought against Caros, king of ships, on the banks of the winding Carun. It is more than probable, that the Caros mentioned here, is the same with the noted usurper Carausius, who assumed the purple in the year 287, and seizing on Britain, defeated the emperor Maximian Herculius, in several naval engagements, which gives propriety to his being called in Ossian's poems, *the King of Ships.* The *winding Carun* is that small river retaining still the name of Carron, and runs in the neighbourhood of Agricola's wall, which Carausius repaired to obstruct the incursions of the Caledonians. Several other passages in the poems allude to the wars of the Romans; but the two just mentioned clearly fix the epoch of Fingal to the third century; and this account agrees exactly with the Irish histories, which place the death of Fingal, the son of Comhal, in the year 283, and that of Oscar and their own celebrated Cairbre, in the year 296.

Some people may imagine, that the allusions to the Roman history might have been industriously inserted into the poems, to give them the appearance of antiquity. This fraud must then have been committed at least three ages ago, as the passages in which the allusions are made, are alluded too often in the compositions of those times.

Every one knows what a cloud of ignorance and barbarism overspread the north of Europe three hundred years ago. The minds of men, addicted to superstition, contracted a narrowness that destroyed genius. Accordingly we find the compositions of those times trivial and puerile to the last degree. But let it be allowed, that, amidst all the untoward circumstances of the age, a genius might arise, it is not easy to determine what could induce him to give the honour of his compositions to an age so remote. We find no fact that he has advanced, to favour

Le Caracul dont parle Fingal n'est autre que ce Caracalla, qui, en tant que fils de Sévère, empereur Romain dont les territoires recouvraient presque toute l'étendue du monde connu, méritait bien ce surnom de *fils du roi du monde* qu'il porte dans les poèmes d'Ossian. La période qui s'étend entre 211, l'année de la mort de Sévère, et le début du quatrième siècle n'est pas très longue, mais Ossian, le fils de Fingal, a pu cependant avoir l'occasion de rencontrer des chrétiens que la persécution de Dioclétien avait chassés hors des frontières de l'empire romain.

Ossian, dans l'une de ses nombreuses élégies à la mort d'Oscar, son fils bien-aimé, mentionne, entre autres exploits, une bataille qu'il mena contre Caros, roi des navires, sur les bords de la Carun aux nombreux méandres[1]. Il est très probable que ce Caros soit en fait Carausius, l'usurpateur qui, en 287, se fit proclamer empereur, prit le contrôle de la Grande-Bretagne et, après plusieurs engagements navals, vainquit Maximien Hercule, empereur adjoint de Dioclétien. Ces victoires justifient le surnom, *roi des navires*, que lui donne Ossian dans ses poèmes. La *Carun aux nombreux méandres* est cette petite rivière qui porte aujourd'hui le nom de Carron, et qui coule dans la région du mur d'Agricola, fortification que Carausius avait fait réparer afin d'empêcher les incursions des Calédoniens. Plusieurs autres passages dans les poèmes font allusion aux guerres contre les Romains ; mais les deux que nous venons de mentionner nous permettent de déterminer avec précision que l'époque à laquelle vécut Fingal est le troisième siècle ; ce qui concorde parfaitement avec les récits historiques irlandais, qui situent la mort de Fingal, fils de Comhal, en 283, et celle d'Oscar et de Cairbre, leur célèbre héros, en 296.

D'aucuns pourraient être tentés d'imaginer que ces allusions à l'histoire romaine ont été soigneusement ajoutées aux poèmes afin de faire croire qu'ils étaient antiques. Cette imposture, pour être crédible, aurait dû être commise il y a au moins trois siècles, car ces passages dans lesquels les allusions apparaissent se retrouvent dans de nombreuses compositions datant de cette époque.

Personne n'ignore la puissance destructrice de cette vague d'ignorance et de barbarie qui recouvrit le nord de l'Europe il y a trois cents ans. L'esprit des peuples, encombré de superstitions, se contracta et perdit toute aspiration au génie. Ainsi, les compositions qui datent de cette époque sont banales et puériles au dernier degré. Admettons pourtant qu'un

---

1   Il s'agit de « The War of Caros. A Poem ».

any designs which could be entertained by any man who lived in the fifteenth century. But should we suppose a poet, through humour, or for reasons which cannot be seen at this distance of time, would ascribe his own compositions to Ossian, it is next to impossible, that he could impose upon his countrymen, when all of them were so well acquainted with the traditional poems of their ancestors.

The strongest objection to the authenticity of the poems now given to the public under the name of Ossian, is the improbability of their being handed down by tradition through so many centuries. Ages of barbarism some will say, could not produce poems abounding with the disinterested and generous sentiments so conspicuous in the compositions of Ossian; and could these ages produce them, it is impossible but they must be lost, or altogether corrupted in a long succession of barbarous generations.

These objections naturally suggest themselves to men unacquainted with the ancient state of the northern parts of Britain. The bards, who were an inferior order of the Druids, did not share their bad fortune. They were spared by the victorious king, as it was through their means only he could hope for immortality to his fame. They attended him in the camp, and contributed to establish his power by their songs. His great actions were magnified, and the populace, who had no ability to examine into his character narrowly, were dazzled with his fame in the rhimes of the bards. In the mean time, men assumed sentiments that are rarely to be met with in an age of barbarism. The bards who were originally the disciples of the Druids, had their minds opened, and their ideas enlarged, by being initiated in the learning of that celebrated order. They could form a perfect hero in their own minds, and ascribe that character to their prince. The inferior chiefs made this ideal character the model of their conduct, and by degrees brought their minds to that generous spirit which breathes in all the poetry of the times. The prince, flattered by his bards, and rivalled by his own heroes, who imitated his character as described in the eulogies of his poets, endeavoured to excel his people in merit, as he was above them in station. This emulation continuing, formed at last the general character of the nation, happily compounded of what is noble in barbarity, and virtuous and generous in a polished people.

génie soit malgré tout apparu en dépit de tous les obstacles que lui aurait
opposés cet âge obscurantiste : il serait alors difficile d'expliquer ce qui
aurait pu le pousser à transférer l'honneur de ses propres compositions
à l'antiquité la plus reculée. Il n'existe aucun indice, aucune informa-
tion, qui permettrait d'expliquer une telle attitude chez un homme du
quinzième siècle. Quand bien même nous supposerions qu'un poète,
motivé par une disposition espiègle ou par d'autres raisons maintenant
incompréhensibles, eût décidé d'attribuer ses propres compositions à
Ossian, il est presque impossible que ses contemporains, familiers comme
ils l'étaient avec les poèmes traditionnels de leurs ancêtres, eussent pu
se laisser abuser par un tel mystificateur.

L'objection la plus forte que l'on puisse opposer à l'authenticité
des poèmes ici publiés sous la signature d'Ossian, est l'improbabilité
qu'ils aient pu être conservés et transmis de génération en génération
pendant tant de siècles. Une opinion répandue est que les âges barbares
n'auraient pas pu donner naissance à des poèmes où abondent ces sentiments généreux et magnanimes qui caractérisent les compositions
d'Ossian ; et même si cela s'était produit, il semble impossible qu'ils
ne se fussent pas perdus ou qu'ils n'eussent pas été entièrement altérés
par cette succession ininterrompue de générations incultes et violentes.

Ces objections viennent tout naturellement à l'esprit de ceux qui
ignorent tout de l'histoire antique des régions septentrionales de la
Grande-Bretagne. Les bardes, qui étaient des druides d'un rang inférieur,
ne connurent pas les mêmes infortunes que ceux-ci. Le roi victorieux
les épargna, car il dépendait entièrement d'eux s'il voulait que sa gloire
demeurât immortelle. Ils l'accompagnaient dans ses campagnes et
confortaient son pouvoir par leurs chants. Ses exploits étaient magnifiés,
et le peuple, qui ne pouvait connaître les détails de sa conduite, fut
aveuglé par cette gloire que les rimes des bardes lui présentaient. En
même temps, les hommes conçurent des sentiments que l'on ne rencontre
que rarement en ces âges barbares. Les bardes, qui étaient à l'origine les
disciples des druides, furent initiés aux connaissances de cet ordre célèbre
et leur esprit en fut élevé, leurs idées grandies. Ils imaginèrent un héros
idéal, et prêtèrent à leur roi ces qualités qui n'existaient que dans leur
esprit. Les vassaux de ce prince firent de ce modèle un guide pour leur
propre conduite et ces efforts leur firent concevoir, puis adopter tous
ces sentiments généreux que l'on retrouve dans la poésie de ces temps

When virtue in peace, and bravery in war, are the characteristics of a nation, their actions become interesting, and their fame worthy of immortality. A generous spirit is warmed with noble actions, and becomes ambitious of perpetuating them. This is the true source of that divine inspiration, to which the poets of all ages pretended. When they found their themes inadequate to the warmth of their imaginations, they varnished them over with fables, supplied by their own fancy, or furnished by absurd traditions. These fables, however ridiculous, had their abettors; posterity either implicitly believed them, or through a vanity natural to mankind, pretended that they did. They loved to place the founders of their families in the days of fable, when poetry, without the fear of contradiction, could give what characters she pleased of her heroes. It is to this vanity that we owe the preservation of what remain of the works of Ossian. His poetical merit made his heroes famous in a country where heroism was much esteemed and admired. The posterity of these heroes, or those who pretended to be descended from them, heard with pleasure the eulogiums of their ancestors; bards were employed to repeat the poems, and to record the connection of their patrons with chiefs so renowned. Every chief in process of time had a bard in his family, and the office became at last hereditary. By the succession of these bards, the poems concerning the ancestors of the family were handed down from generation to generation; they were repeated to the whole clan on solemn occasions, and always alluded to in the new compositions of the bards. This custom came down near to our own times; and after the bards were discontinued, a great number in a clan retained by memory, or committed to writing, their compositions, and founded the antiquity of their families on the authority of their poems.

The use of letters was not known in the north of Europe till long after the institution of the bards: the records of the families of their patrons, their own, and more ancient poems were handed down by tradition. Their poetical compositions were admirably contrived for that purpose. They were adapted to music; and the most perfect harmony was observed. Each verse was so connected with those which preceded or followed it, that if one line had been remembered in a stanza, it was almost impossible to forget the rest. The cadences followed in so natural a gradation, and the words were so adapted to the common turn of the

reculés. Le prince, flatté par ses bardes et aiguillonné par ses héros qui imitaient ce personnage qu'il était devenu dans les élégies des poètes, se fit un devoir de surpasser leur mérite autant qu'il surpassait leur rang. Cette émulation a finalement façonné un caractère national distinctif : mélange heureux de ce que la barbarie produit de plus noble et de ce que les peuples civilisés produisent de plus vertueux et de plus généreux.

Lorsque la vertu en temps de paix et la bravoure en temps de guerre sont les caractéristiques d'une nation, les actions de son peuple deviennent dignes d'intérêt et sa gloire mérite d'être immortalisée. Un esprit généreux est exalté par des actions nobles et aspire à les imiter. C'est là que se trouve la source véritable de l'inspiration divine à laquelle les poètes de tous temps ont prétendu. Lorsque le sujet qu'ils avaient choisi n'était pas à la hauteur de leurs ambitions imaginatives et poétiques, ils maquillaient les faits derrière des fables de leur invention ou puisées dans d'absurdes traditions. Ces fables, même les plus extravagantes, avaient leurs défenseurs ; la postérité les crut réellement ou fit semblant de les croire, car la vanité est naturelle chez l'homme. Les descendants d'une famille se plaisent à faire remonter leurs origines à ces époques fabuleuses où la poésie, sans crainte d'être contredite, pouvait faire de ces ancêtres les héros qu'elle souhaitait. C'est à cette vanité que nous devons la conservation de ces quelques œuvres d'Ossian qui ont survécu. Dans un pays où l'héroïsme était estimé et admiré, ses talents poétiques rendirent ses héros célèbres. Les descendants de ces héros, où ceux qui se prétendaient leurs descendants, écoutaient avec plaisir les éloges de leurs ancêtres ; des bardes furent employés afin de répéter ces poèmes et de rappeler les liens qui unissaient leurs chefs à de si glorieux ancêtres. Chaque chef finit par avoir un barde au service de sa famille et la charge devint héréditaire. Lorsqu'une génération de barde succédait à la précédente, celle-ci lui transmettait les poèmes qui avaient pour sujet les ancêtres de la famille ; on les récitait à tout le clan lors d'occasions solennelles, et dans leurs propres compositions les bardes se devaient d'y faire référence. Ces coutumes survécurent jusqu'à une époque peu éloignée de la nôtre ; et, lorsque les bardes disparurent, la plupart des membres du clan gardèrent en mémoire ou couchèrent par écrit leurs compositions, et continuèrent à justifier l'ancienneté de leur famille sur l'autorité de ces poèmes.

La littérature écrite ne fit son apparition dans le nord de l'Europe que bien après que les traditions des bardes furent en place : les récits

voice, after it is raised to a certain key, that it was almost impossible, from a similarity of sound, to substitute one word for another. This excellence is peculiar to the Celtic tongue, and is perhaps to be met with in no other language. Nor does this choice of words clog the sense or weaken the expression. The numerous flections of consonants, and variation in declension, make the language very copious.

The descendants of the Celtæ, who inhabited Britain and its isles, were not singular in this method of preserving the most precious monuments of their nation. The ancient laws of the Greeks were couched in verse, and handed down by tradition. The Spartans, through a long habit, became so fond of this custom, that they would never allow their laws to be committed to writing. The actions of great men, and the eulogiums of kings and heroes, were preserved in the same manner. All the historical monuments of the old Germans were comprehended in their ancient songs; which were either hymns to their gods, or elegies in praise of their heroes, and were intended to perpetuate the great events in their nation which were carefully interwoven with them. This species of composition was not committed to writing, but delivered by oral tradition. The care they took to have the poems taught to their children, the uninterrupted custom of repeating them upon certain occasions, and the happy measure of the verse, served to preserve them for a long time uncorrupted. This oral chronicle of the Germans was not forgot in the eighth century, and it probably would have remained to this day, had not learning, which thinks every thing, that is not committed to writing, fabulous, been introduced. It was from poetical traditions that Garcillasso composed his account of the Yncas of Peru. The Peruvians had lost all other monuments of their history, and it was from ancient poems which his mother, a princess of the blood of the Yncas, taught him in his youth, that he collected the materials of his history. If other nations then, that had been often overrun by enemies, and had sent abroad and received colonies, could, for many ages, preserve, by oral tradition, their laws and histories uncorrupted, it is much more probable that the ancient Scots, a people so free of intermixture with foreigners, and so strongly attached to the memory of their ancestors, had the works of their bards handed down with great purity.

des faits mémorables dans la famille de leur maître, qu'ils fussent originaux ou qu'ils provinssent de poèmes plus anciens, étaient transmis oralement. Leurs compositions poétiques étaient admirablement adaptées à ce mode de conservation. Elles se prêtaient à un accompagnement musical ; et la plus parfaite harmonie était observée. Chaque vers était si bien lié à celui qui le précédait et à celui qui le suivait que, si l'on en connaissait un, il était alors pratiquement impossible d'oublier le reste de la strophe. Les cadences se succédaient de façon si graduelle et si naturelle, les mots étaient si bien ajustés aux inflexions spontanées de la voix, lorsque celle-ci s'exprime dans une juste tonalité, leurs sonorités s'enchaînaient si régulièrement, qu'il était pratiquement impossible de substituer un mot à un autre. La langue celtique est peut-être la seule qui permette d'atteindre une telle perfection. De plus, le choix de ces mots mélodieux n'obscurcit nullement le sens et n'affaiblit aucunement l'expressivité. Les nombreuses modulations que subissent les consonnes et les variations dans les déclinaisons rendent cette langue riche et versatile.

Les descendants des Celtæ qui habitaient la Grande-Bretagne et ses îles n'étaient pas les seuls à utiliser cette méthode pour conserver les témoignages les plus précieux de leur nation. Les lois antiques des Grecs furent exprimées en vers et transmises oralement. Les Spartes, qui, très tôt, adoptèrent cette coutume, ne permirent jamais que l'on écrivît leurs lois. Les hauts faits des grands hommes, les éloges des rois et des héros, étaient également conservés de cette façon. Les témoignages historiques des anciens peuples germaniques n'existent que dans leurs chants antiques ; ce sont soit des hymnes adressés à leurs divinités, soit des élégies à la gloire de leurs héros, auxquels sont méticuleusement mêlés les grands événements de leur nation que ces poèmes avaient pour fonction de préserver. Ces compositions n'étaient pas écrites, mais colportées oralement. Le soin qu'ils prenaient à enseigner ces poèmes à leurs enfants, la tradition ininterrompue qui voulait qu'on les récitât à certaines occasions, ainsi que les cadences appropriées de leurs vers, leur permirent d'être conservés pendant des siècles sans la moindre altération. Les peuples de Germanie préservèrent ces chroniques orales au moins jusqu'au huitième siècle, et elles existeraient encore aujourd'hui, intactes, si les sciences, qui n'accordent de crédit qu'à ce qui est consigné par écrit, n'avaient fait autant de progrès. Ce sont les traditions poétiques orales qui permirent à Garcilaso de la Vega de rédiger son histoire des Incas

It will seem strange to some, that poems admired for many centuries in one part of this kingdom should be hitherto unknown in the
other; and that the British, who have carefully traced out the works
of genius in other nations, should so long remain strangers to their
own. This, in a great measure, is to be imputed to those who under-
stood both languages and never attempted a translation. They, from
being acquainted but with detached pieces, or from a modesty, which
perhaps the present translator ought, in prudence, to have followed,
despaired of making the compositions of their bards agreeable to
an English reader. The manner of those compositions is so different
from other poems, and the ideas so confined to the most early state of
society, that it was thought they had not enough of variety to please
a polished age.

This was long the opinion of the translator of the following collection; and though he admired the poems, in the original, very early,
and gathered part of them from tradition for his own amusement, yet
he never had the smallest hopes of seeing them in an English dress.
He was sensible that the strength and manner of both languages were
very different, and that it was next to impossible to translate the Galic
poetry into any thing of tolerable English verse; a prose translation he
could never think of, as it must necessarily fall short of the majesty of
an original.

It is therefore highly probable, that the compositions of Ossian would
have still remained in the obscurity of a lost language, had not a gentleman, who has himself made a figure in the poetical world, insisted
with the present editor for a literal prose translation of some detached

du Pérou. Les Péruviens avaient perdu tous les autres témoignages de leur histoire, et c'est dans les poèmes antiques que sa mère, princesse de sang des Incas, lui avait appris dans sa jeunesse qu'il puisa pour écrire ses chroniques. Si, donc, des nations qui furent plusieurs fois envahies par leurs ennemis, qui créèrent des colonies et qui furent colonisées, parvinrent à préserver leurs lois et leur histoire intactes grâce à leurs traditions orales, il est alors plus que probable que les Écossais antiques, peuple qui jamais ne se mêla aux étrangers et qui demeura toujours très attaché à la mémoire de ses ancêtres, léguèrent à leurs bardes des œuvres parfaitement conservées.

Certains trouveront étrange que des poèmes admirés par une partie du royaume depuis de nombreux siècles soient encore inconnus du reste de celui-ci ; et que les Britanniques, qui ont su découvrir les œuvres de génies des autres nations, fussent pendant si longtemps restés étrangers aux leurs. Ceci est, dans une large mesure, la faute de ceux qui comprenaient les deux langues mais n'essayèrent pas de traduire ces œuvres. Soit qu'ils n'en connussent que des fragments détachés, soit qu'ils fussent d'une modestie que le traducteur des textes qui suivent aurait peut-être dû, par prudence, imiter, ils crurent, en tout cas, qu'il était impossible de rendre les compositions de ces bardes agréables aux lecteurs anglais. Le style de ces compositions est tellement différent des poèmes habituels, la société qu'ils décrivent et les idées qu'ils expriment tellement primitives, qu'il semblait que cette absence de variété ne pût satisfaire une époque aussi polie que la nôtre.

Ce fut pendant longtemps l'opinion du traducteur de cette collection ; bien qu'il admirât ces poèmes, qu'il connaissait dans leur langue originale depuis toujours, et bien qu'il en eût déjà, pour son propre plaisir, recueilli certains d'après des sources orales, il n'avait jamais caressé le moindre espoir qu'ils pussent un jour paraître ainsi en langue anglaise. Il était conscient que les forces et les usages des deux langues sont fort différents, et qu'il est à peu près impossible de traduire la poésie gaélique en des vers anglais qui soient acceptables ; il n'envisageait pas non plus une traduction en prose, qui ne pourrait avoir la majesté d'une œuvre originale.

Il est donc très probable que les compositions d'Ossian seraient demeurées inaccessibles dans leur langue morte sans l'intervention d'un confrère, poète bien connu dans le monde des lettres[1], qui insista auprès

---

1 John Home.

piece. He approved of the specimen, and, through him, copies came to the hands of several people of taste in Scotland.

Frequent transcription and the corrections of those, who thought they mended the poems by modernizing the ideas, corrupted them to such a degree, that the translator was induced to hearken to the solicitations of a gentleman deservedly esteemed in Scotland, for his taste and knowledge in polite literature, and published the genuine copies under the title of *Fragments of Ancient Poetry*. The fragments, upon their first appearance, were so much approved of, that several people of rank, as well as taste, prevailed with the translator to make a journey to the Highlands and western isles, in order to recover what remained of the works of Ossian the son of Fingal, the best, as well as most ancient of those who are celebrated in tradition for their poetical genius. A detail of this journey would be both tedious and unentertaining; let it suffice therefore that, after a peregrination of six months, the translator collected from tradition, and some manuscripts, all the poems in the following collection, and some more still in his hands, though rendered less complete by the ravages of time.

The action of the poem that stands the first, was not the greatest or most celebrated of the exploits of Fingal. His wars were very numerous, and each of them afforded a theme which employed the genius of his son. But, excepting the present poem, those pieces are in a great measure lost, and there only remain a few fragments of them in the hands of the translator. Tradition has still preserved, in many places, the story of the poems, and many now living have heard them, in their youth, repeated.

The complete work, now printed, would, in a short time, have shared the fate of the rest. The genius of the highlanders has suffered a great change within these few years. The communication with the rest of the island is open, and the introduction of trade and manufactures has destroyed that leisure which was formerly dedicated to hearing and repeating the poems of ancient times. Many have now learned to leave their mountains, and seek their fortunes in a milder climate; and though a certain *amor patriæ* may sometimes bring them back, they have, during their absence, imbibed enough of foreign manners to despise the customs of their ancestors. Bards have been long disused, and the spirit of genealogy has greatly subsided. Men begin to be less devoted to their chiefs, and consanguinity is not so much regarded.

de l'éditeur du présent ouvrage afin qu'il publiât une traduction littérale en prose de quelques fragments. Il fut satisfait de l'échantillon qu'il reçut et le fit circuler en Écosse auprès de plusieurs personnes de goût.

Les transcriptions successives, les corrections apportées par tous ceux qui croyaient améliorer les poèmes en les modernisant, les avaient tellement défigurés que le traducteur décida finalement de suivre les recommandations d'une personne fort estimée en Écosse pour son goût et sa culture[1], et il publia ces copies fidèles qui parurent sous le titre de *Fragments de poésie antique*. Ces fragments, à leur parution, connurent un engouement tel, que plusieurs personnes de haut rang, et de bon goût, incitèrent le traducteur à entreprendre un voyage dans les *Highlands* et les Hébrides afin de rechercher ce qu'il pouvait subsister des œuvres d'Ossian, fils de Fingal, qui était, selon la tradition, le meilleur, ainsi que le plus ancien, des poètes de génie. Les détails de ce voyage seraient trop longs à raconter et sans intérêt ; il suffit de dire qu'après un périple de six mois le traducteur avait recueilli, auprès de sources orales ou dans des manuscrits, les poèmes de la présente collection, ainsi que quelques autres, beaucoup moins bien conservés, et qu'il n'a pas publiés ici.

Les faits relatés par le premier de ces poèmes ne furent pas les plus marquants ni les plus fameux des exploits de Fingal. Ses guerres furent très nombreuses, et chacune d'entre-elles fournit à son fils matière à employer son génie. Mais, hormis le poème ici présenté, ces œuvres sont dans une large mesure perdues, et le traducteur n'a pu en retrouver que quelques fragments. Les aventures narrées par ces poèmes ont, elles, très souvent été préservées par les traditions orales, et de nombreuses personnes peuvent témoigner qu'elles les ont entendues lorsqu'elles étaient jeunes.

Ce poème, ici présenté dans son intégralité, allait certainement connaître très vite le même sort que les autres. Le génie propre aux habitants des *Highlands* subit depuis quelques années des bouleversements. Les communications avec le reste de l'île sont maintenant possibles, et l'introduction du commerce et de l'industrie a supprimé ce temps de loisir naguère consacré à la récitation ou à l'écoute des poèmes de l'ancien temps. Nombreux sont ceux qui ont préféré quitter leurs montagnes pour chercher fortune en des lieux plus cléments ; et, bien qu'une certaine *amor patriæ* puisse parfois les y ramener, ils ont, pendant qu'ils vivaient

---

1   Hugh Blair.

When property is established, the human mind confines its views to the pleasure it procures. It does not go back to antiquity, or look forward to succeeding ages. The cares of life increase, and the actions of other times no longer amuse. Hence it is, that the taste for their ancient poetry is at a low ebb among the highlanders. They have not, however, thrown off the good qualities of their ancestors. Hospitality still subsists, and an uncommon civility to strangers. Friendship is inviolable, and revenge less blindly followed than formerly.

To speak of the poetical merit of the poems, would be an anticipation on the judgment of the public: And all that can be said of the translation, is, that it is literal, and that simplicity is studied. The arrangement of the words in the original is imitated, and the inversions of the style observed. As the translator claims no merit from his version, he hopes for the indulgence of the public where he fails. He wishes that the imperfect semblance he draws, may not prejudice the world against an original, which contains what is beautiful in simplicity, and grand in the sublime.

au loin, été exposés à des mœurs étrangères et ils méprisent alors les traditions de leurs ancêtres. Les bardes ont disparu depuis longtemps, et le goût pour la généalogie a périclité. Les hommes sont de moins en moins fidèles à leurs chefs et les liens familiaux ne sont plus aussi sacrés. Lorsqu'apparaît la propriété privée, l'homme n'aspire plus qu'à une seule chose, s'assurer les plaisirs qu'elle procure. Il ne se préoccupe plus ni de l'antiquité, ni des âges à venir. Ses soucis s'accroissent et les exploits du passé ne le distraient plus. Voila pourquoi les habitants des *Highlands* ont perdu le goût pour leur poésie antique. Ils n'ont cependant pas abandonné les qualités de leurs ancêtres. Le sens de l'hospitalité a survécu, ainsi qu'une courtoisie extraordinaire pour les étrangers. L'amitié est inviolable, mais la vengeance n'est plus recherchée aussi aveuglément que jadis.

Nous ne parlerons pas du mérite poétique de ces poèmes, car il appartient au public de juger : la seule chose à dire de cette traduction est qu'elle est littérale et que l'on a cherché la simplicité. L'ordre des mots du texte original est imité ; nous avons respecté les inversions stylistiques. Puisque le traducteur ne revendique aucun mérite à sa version, il attend l'indulgence du public pour ses erreurs. Il souhaite que le portrait imparfait qu'il dessine ici ne donne pas aux lecteurs une idée défavorable de l'original, riche d'une belle simplicité et d'un sublime majestueux.

A CRITICAL DISSERTATION ON THE POEMS OF OSSIAN, SON OF FINGAL

By Hugh Blair D.D.
One of the Ministers of the High Church, and Professor of Rhetorick and Belles-Lettres, in the University of Edinburgh.

Among the monuments remaining of the ancient state of nations, few are more valuable than their poems or songs. History, when it treats of remote and dark ages, is seldom very instructive. The beginnings of society, in every country, are involved in fabulous confusion; and though they were not, they would furnish few events worth recording. But, in every period of society, human manners are a curious spectacle; and the most natural pictures of ancient manners are exhibited in the ancient poems of nations. These present to us, what is much more valuable than the history of such transactions as a rude age can afford, the history of human imagination and passion. They make us acquainted with the notions and feelings of our fellow-creatures in the most artless ages; discovering what objects they admired, and what pleasures they pursued, before those refinements of society had taken place, which enlarge indeed, and diversify the transactions, but disguise the manners of mankind.

DISSERTATION CRITIQUE SUR LES POÈMES D'OSSIAN, FILS DE FINGAL

Par Hugh Blair, Docteur en théologie
Ministre du culte anglican et Professeur de rhétorique
et de belles-lettres à l'Université d'Édimbourg.

2e édition, 1765 ; extrait[1]

Des témoignages qui subsistent de l'antiquité des nations et en préservent la mémoire, les poèmes et les chants sont parmi les plus précieux. Les sciences historiques, lorsqu'elles prennent pour sujet les âges barbares et lointains, sont rarement très instructives. La naissance d'une société, dans quelque pays que ce soit, se perd toujours dans les légendes ; et même si ce n'était pas le cas, peu d'événements vaudraient la peine d'être retenus. Cependant, à chaque époque d'une société, les mœurs des hommes nous offrent un spectacle fascinant, et ce sont les poèmes antiques des nations qui présentent ces coutumes de la manière la plus naturelle. Ce qu'ils nous dévoilent est plus précieux qu'une histoire des relations entre les hommes, qui, en ces âges primitifs, étaient presque inexistantes : ils nous racontent l'histoire des passions et de l'imagination des hommes. Ils nous font partager les idées et les sentiments de nos semblables lorsqu'ils vivaient à l'état de nature ; ils nous font découvrir les objets qu'ils admiraient et les plaisirs qu'ils recherchaient, avant que les sociétés n'introduisissent toutes sortes de raffinements qui, certes, accrurent et diversifièrent le commerce entre les hommes, mais qui travestirent leurs mœurs.

---

1   La première édition, beaucoup plus courte, a paru sous forme de livre indépendant en 1763. La deuxième édition, accompagnée d'un « *Appendix* » sur l'authenticité des sources, fut inclue dans le second volume des Œuvres d'Ossian paru en 1765. L'extrait présenté ici est l'introduction de la *Dissertation*.

Besides this merit, which ancient poems have with philosophical observers of human nature, they have another with persons of taste. They promise some of the highest beauties of poetical writing. Irregular and unpolished we may expect the productions of uncultivated ages to be; but abounding, at the same time, with that enthusiasm, that vehemence and fire, which are the soul of poetry. For many circumstances of those times which we call barbarous, are favourable to the poetical spirit. That state, in which human nature shoots wild and free, though unfit for other improvements, certainly encourages the high exertions of fancy and passion.

In the infancy of societies, men live scattered and dispersed, in the midst of solitary rural scenes, where the beauties of nature are their chief entertainment. They meet with many objects, to them new and strange; their wonder and surprize are frequently excited; and by the sudden changes of fortune occurring in their unsettled state of life, their passions are raised to the utmost. Their passions have nothing to restrain them: their imagination has nothing to check it. They display themselves to one another without disguise: and converse and act in the uncovered simplicity of nature. As their feelings are strong, so their language, of itself, assumes a poetical turn. Prone to exaggerate, they describe every thing in the strongest colours; which of course renders their speech picturesque and figurative. Figurative language owes its rise chiefly to two causes; to the want of proper names for objects, and to the influence of imagination and passion over the form of expression. Both these causes concur in the infancy of society. Figures are commonly considered as artificial modes of speech, devised by orators and poets, after the world had advanced to a refined state. The contrary of this is the truth. Men never have used so many figures of style, as in those rude ages, when, besides the power of a warm imagination to suggest lively images, the want of proper and precise terms for the ideas they would express, obliged them to have recourse to circumlocution, metaphor, comparison, and all those substituted forms of expression, which give a poetical air to language. An American chief, at this day, harangues at the head of his tribe, in a more bold metaphorical style, than a modern European would adventure to use in an Epic poem.

Les poèmes antiques sont non seulement précieux pour les philosophes qui aiment à observer la nature humaine, mais ils le sont également pour les personnes de goût. On peut y trouver certaines beautés parmi les plus remarquables que la poésie puisse procurer. Bien qu'irrégulières et peu polies, les compositions des âges incultes regorgent de cet enthousiasme, de cette ardeur et de ce feu qui sont l'âme de la poésie. En effet, les conditions dans lesquels vivaient les hommes en ces âges dits barbares stimulent l'esprit poétique. Cet état, dans lequel la nature humaine peut croître sans contrainte et en toute liberté, bien que peu propice à toute autre forme de progrès, incite cependant les passions et l'imagination à prendre leur envol.

Lorsque les sociétés en sont à leur commencement, les hommes vivent éloignés les uns des autres, isolés au milieu de la nature, avec pour seul spectacle les beautés rurales qui les entourent. Ils sont sans cesse confrontés à des objets neufs et étrangers qui excitent leur émerveillement et leur surprise ; leur mode de vie instable bouleverse parfois brusquement leur fortune et stimule leurs passions au plus haut degré. Rien ne contraint ces passions : rien ne retient leur imagination. Ils se montrent les uns aux autres sans aucun déguisement : ils se parlent et ils agissent avec toute la simplicité que la nature leur a donnée. Comme leurs sentiments sont puissants, leur langage prend de lui-même une tournure poétique. Enclins à exagérer, ils parent tout ce qu'ils décrivent des couleurs les plus éclatantes ; leurs discours sont par conséquent dans un style figuré où abondent les images frappantes et originales. Le style figuré apparaît généralement pour deux raisons ; lorsqu'il n'existe pas de mot pour désigner une chose, et lorsque l'imagination et la passion influencent l'expression. Ces raisons agissent toutes deux lorsque les sociétés en sont encore à leurs débuts. On a coutume de considérer qu'utiliser des figures de style est une manière artificielle de parler, inventée par les orateurs et les poètes, une fois que les sociétés ont atteint un stade avancé. C'est l'inverse qui est vrai. Les hommes n'utilisèrent jamais tant de figures de style qu'en ces âges primitifs, lorsque, en plus d'un pouvoir imaginatif débordant qui leur suggérait des images expressives, l'absence de termes précis pour exprimer leurs idées les obligeait à recourir à des circonlocutions, des métaphores, des comparaisons et toutes ces formes figurées qui donnent un air poétique au langage. Un chef indien des Amériques, aujourd'hui encore, s'adresse

In the progress of society, the genius and manners of men undergo
a change more favourable to accuracy than to sprightliness and subli-
mity. As the world advances, the understanding gains ground upon
the imagination; the understanding is more exercised; the imagination, less. Fewer objects occur that are new or surprizing. Men apply
themselves to trace the causes of things; they correct and refine one
another; they subdue or disguise their passions; they form their exterior
manners upon one uniform standard of politeness and civility. Human
nature is pruned according to method and rule. Language advances
from sterility to copiousness, and at the same time, from fervour and
enthusiasm, to correctness and precision. Style becomes more chaste;
but less animated. The progress of the world in this respect resembles
the progress of age in man. The powers of imagination are most vigo-
rous and predominant in youth; those of the understanding ripen more
slowly, and often attain not their maturity, till the imagination begin
to flag. Hence, poetry, which is the child of imagination, is frequently
most glowing and animated in the first ages of society. As the ideas of
our youth are remembered with a peculiar pleasure on account of their
liveliness and vivacity; so the most ancient poems have often proved
the greatest favourites of nations.

Poetry has been said to be more ancient than prose: and however
paradoxical such an assertion may seem, yet, in a qualified sense, it is
true. Men certainly never conversed with one another in regular numbers;
but even their ordinary language would, in ancient times, for the reasons
before assigned, approach to a poetical style; and the first compositions
transmitted to posterity, beyond doubt, were, in a literal sense, poems;
that is, compositions in which imagination had the chief hand, formed
into some kind of numbers, and pronounced with a musical modulation
or tone. Musick or song has been found coeval with society among the
most barbarous nations. The only subjects which could prompt men,
in their first rude state, to utter their thoughts in compositions of any
length, were such as naturally assumed the tone of poetry; praises of
their gods, or of their ancestors; commemorations of their own warlike
exploits; or lamentations over their misfortunes. And before writing
was invented, no other compositions, except songs or poems, could take

à sa tribu dans un style métaphorique plus imaginatif que ne l'oserait jamais un poète européen dans un poème épique.

Lorsque les sociétés progressent, le génie et les mœurs des hommes subissent des mutations plus propices à la précision qu'à la vivacité et au sublime. À mesure que le monde évolue, l'entendement conquiert l'imagination ; on fait de plus en plus souvent appel à l'entendement ; à l'imagination, de moins en moins. On rencontre moins d'objets nouveaux ou surprenants. Les hommes cherchent à comprendre les causes des choses ; ils se corrigent et se réforment les uns les autres ; ils apprennent à maîtriser ou à dissimuler leurs passions ; ils modèlent leurs manières extérieures d'après un idéal uniformisé de politesse et de sociabilité. La nature humaine est nivelée, élaguée, et doit obéir à des méthodes et à des règles. Le langage passe de la sobriété à l'exubérance, et, parallèlement, de la ferveur et de l'enthousiasme à la bienséance et à la précision. Le style devient plus simple ; mais moins vivant. Les âges du monde ressemblent en cette mutation aux âges de l'homme. Les facultés d'une imagination vigoureuse prévalent dans sa jeunesse ; celles de l'entendement croissent lentement et ne sont pleinement développées qu'à l'âge mûr, lorsque l'imagination, elle, commence à faiblir. C'est pour cela que la poésie, fille de l'imagination, est souvent la plus florissante et la plus expressive aux premiers âges d'une société. De même que les idées que nous eûmes lorsque nous étions jeunes, parce que ce furent les plus ardentes et les plus inspirées, sont celles dont nous nous souvenons avec le plus grand plaisir, ainsi les poèmes les plus antiques sont-ils souvent ceux dont les nations retirent le plus de satisfaction.

On a parfois dit que la poésie a précédé la prose : bien qu'apparemment paradoxale, cette affirmation est, dans une certaine mesure, vraie. Certes, les hommes ne conversaient pas les uns avec les autres en vers réguliers ; mais, dans l'antiquité, leur langage, même le plus quotidien, et pour les raisons précédemment énoncées, s'approchait du style poétique ; quant aux premières compositions qui furent transmises à la postérité, elles étaient, sans aucun doute, d'authentiques poèmes ; c'est-à-dire des compositions pour lesquelles l'imagination était la faculté primordiale, qui présentaient une certaine régularité métrique, et dont la déclamation exigeait une musicalité vocale. Dès que naît une société, apparaissent la musique et les chants, même au sein des nations les plus barbares. Les seuls sujets capables d'inciter les hommes, lorsqu'ils vivent encore à l'état primitif, à

such hold of the imagination and memory, as to be preserved by oral tradition, and handed down from one race to another.

Hence we may expect to find poems among the antiquities of all nations. It is probable too, that an extensive search would discover a certain degree of resemblance among all the most ancient poetical productions, from whatever country they have proceeded. In a similar state of manners, similar objects and passions operating upon the imaginations of men, will stamp their productions with the same general character. Some diversity will, no doubt, be occasioned by climate and genius. But mankind never bear such resembling features, as they do in the beginnings of society. Its subsequent revolutions give rise to the principal distinctions among nations; and divert, into channels widely separated, that current of human genius and manners, which descends originally from one spring. What we have been long accustomed to call the oriental vein of poetry, because some of the earliest poetical productions have come to us from the East, is probably no more oriental than occidental; it is characteristical of an age rather than a country; and belongs, in some measure, to all nations at a certain period. Of this the works of Ossian seem to furnish a remarkable proof.

[...]

exprimer leurs pensées dans des compositions relativement longues, sont ceux qui, tout naturellement, exigent une tonalité poétique ; des prières à leurs dieux ou à leurs ancêtres ; la commémoration de leurs propres exploits guerriers ; des lamentations face à leurs malheurs. Et avant que l'écriture ne fût inventée, les compositions qui purent pénétrer leur imagination et leur mémoire, qui purent être conservées et transmises oralement de génération en génération, étaient les chants et les poèmes.

Voila pourquoi il est probable que nous trouvions toujours des poèmes parmi les premiers témoignages qui subsistent de l'antiquité des nations. Il est tout aussi probable que des recherches approfondies feraient apparaître un certain degré de ressemblance entre toutes les compositions poétiques les plus anciennes, quel que soit leur pays d'origine. Lorsque les mœurs des hommes sont semblables, et qu'à leur imagination se présentent des objets et des passions similaires, leurs compositions présentent nécessairement de nombreuses affinités. Le climat ou le génie national introduit sans doute quelques variations. Mais les hommes ne se ressemblent jamais tant qu'au commencement des sociétés. Ce sont les révolutions qui, par la suite, donnent naissance à ces spécificités qui les distinguent ; qui séparent et dévient en des chenaux distincts ce courant unique et primitif du génie et des mœurs humains. Ce que, pendant longtemps, nous avons appelé le style poétique oriental, parce que certaines des compositions poétiques les plus anciennes que nous connaissons viennent d'Orient, n'est probablement pas plus oriental qu'occidental ; ce style est caractéristique d'une époque et non d'un pays ; il appartient, dans une certaine mesure, à toutes les nations d'une certaine période. Ce dont les œuvres d'Ossian nous offrent une preuve éclatante.

[...]

REPORT OF THE COMMITTEE
OF THE HIGHLAND SOCIETY OF SCOTLAND, APPOINTED TO INQUIRE INTO THE NATURE AND AUTHENTICITY OF THE POEMS OF OSSIAN

[...]
On the whole, the Committee beg leave to REPORT,

That there are two questions to which it has directed its inquiries, on the subject which the Society was pleased to refer to it, and on which, it now submits the best evidence it has been able to procure.

1st, What poetry, of what kind, and of what degree of excellence, existed anciently in the Highlands of Scotland, which was generally known by the denomination of *Ossianic*, a term derived from the universal belief that its father and principal composer was Ossian the son of Fingal?

2d, How far that collection of such poetry, published by Mr James Macpherson, is genuine?

As to the first, of those questions, the Committee can with confidence state its opinion, that such poetry did exist, that it was common, general, and in great abundance; that it was of a most impressive and striking sort, in a high degree eloquent, tender, and sublime.

The second question it is much more difficult to answer decisively. The Committee is possessed of no documents, to shew how much of his collection Mr Macpherson obtained in the form in which he has given it

COMPTE-RENDU DU COMITÉ NOMMÉ PAR LA SOCIÉTÉ DES *HIGHLANDS* D'ÉCOSSE AFIN D'ENQUÊTER SUR LA NATURE ET L'AUTHENTICITÉ DES POÈMES D'OSSIAN

Henry Mackenzie, édit.

1805 ; extrait[1]

[...]

Pour conclure, le Comité a l'honneur de rendre compte des résultats et des preuves qu'il a pu recueillir afin de répondre aux deux questions que la Société a eu la bonté de lui soumettre.

Ces questions étaient,

Premièrement, quelle poésie, de quelle sorte et de quelle valeur, exista dans l'antiquité, dans les *Highlands*, sous le nom d'*Ossianique*, terme justifié par la croyance générale que son inventeur et principal représentant était Ossian, fils de Fingal ?

Deuxièmement, dans quelle mesure la collection de poèmes publiée sous ce nom par James Macpherson est-elle authentique ?

En ce qui concerne la première question, le Comité peut avec assurance affirmer qu'une telle poésie a bien existé, qu'elle était connue de tous et qu'on la trouvait partout et en abondance ; qu'elle était émouvante et grandiose, au plus haut point éloquente, touchante et sublime.

Il est beaucoup plus difficile de répondre à la seconde avec certitude. Le Comité ne possède aucun document qui permettrait de mesurer

---

1   Extrait de la conclusion du rapport (p. 151-153 de l'édition originale).

to the world. The poems and fragments of poems which the Committee has been able to procure, contain, as will appear from the article in the Appendix, No. 15. already mentioned, often the substance, and sometimes almost the literal expression (the *ipsissima verba)*, of passages given by Mr Macpherson, in the poems of which he has published the translations. But the Committee has not been able to obtain any one poem the same in title and tenor with the poems published by him. It is inclined to believe that he was in use to supply chasms, and to give connection, by inserting passages which he did not find, and to add what he conceived to be dignity and delicacy to the original composition, by striking out passages, by softening incidents, by refining the language, in short by changing what he considered as too simple or too rude for a modern ear, and elevating what in his opinion was below the standard of good poetry. To what degree, however, he exercised these liberties, it is impossible for the Committee to determine. The advantages he possessed, which the Committee began its inquiries too late to enjoy, of collecting from the oral recitation of a number of persons now no more, a very great number of the same poems, on the same subjects, and then collating those different copies or editions, if they may be so called, rejecting what was spurious or corrupted in one copy, and adopting from another something more genuine and excellent in its place, afforded him an opportunity of putting together what might fairly enough be called an original whole, of much more beauty, and with much fewer blemishes, than the Committee believes it *now* possible for any person, or combination of persons, to obtain.

[...]

précisément la fidélité de la collection publiée par Macpherson à ses sources. Les poèmes et les fragments de poèmes que le Comité a pu se procurer contiennent souvent, comme l'a montré l'annexe n° 15[1], la substance, et parfois même les expressions précises, transposées littéralement, que l'on retrouve dans certains passages des poèmes traduits par Macpherson. Mais le Comité n'a pu trouver un seul poème qui fût semblable, par son titre et son contenu, à un des poèmes publiés par Macpherson. Nous sommes portés à croire que ce dernier a, d'une manière générale, comblé les lacunes et reliés entres eux les fragments en insérant des passages qu'il a écrit lui-même ; et qu'il a, afin de pourvoir à ce qu'il considérait comme un manque de dignité et de délicatesse dans les compositions originales, supprimé des passages, adouci les accidents, raffiné le langage ; en bref, qu'il a transformé ce qu'il considérait comme trop simple ou trop primitif pour les lecteurs modernes, et qu'il a élevé ce qu'il considérait comme indigne d'une bonne poésie. Il est cependant impossible au Comité de déterminer dans quelle mesure ces libertés ont été prises. L'avantage certain dont il a bénéficié par rapport au Comité, qui a entrepris son enquête trop tard, de pouvoir collecter oralement auprès de plusieurs personnes maintenant décédées un grand nombre de poèmes similaires, et de pouvoir ainsi confronter ce que l'on pourrait appeler les différentes copies ou éditions, afin de rejeter ce qui était apocryphe ou corrompu dans une copie et de conserver ce qui était plus authentique ou meilleur dans une autre, lui a finalement permis de reconstruire un ensemble original (ces termes nous semblent ici parfaitement appropriés) bien plus beau et bien moins endommagé que ce que, de l'avis de ce Comité, quiconque, individuellement ou collectivement, pourrait aujourd'hui obtenir.

[...]

---

1   Cette annexe (p. 189-260 de l'édition originale) juxtapose des extraits de textes en gaéliques recueillis par le comité et leur traduction littérale (par le Dr. Donald Smith) ; les passages correspondants des *Poems of Ossian* (édition de 1773) sont imprimés au dessous.

IMITATIONS ANGLAISES ET GAÉLIQUES

GARBH MAC STAIRN BALLAD

Erigh a Chuth na Teimhridh
Chi mi Luingishe do-labhradh
Lom-lan nan Cuan Clannach
Do Luingeshe nan Albharach

Breugach thus Dhorsair go muadh
Breugach thu'n diu sgach aon uair
She than Loingis morn an Maogh
'S iad teachd Chugainne gar Cobhair.

LA BALLADE DE GARBH MAC STAIRN

(strophes 1 et 2)

[Source authentique du début du premier livre de « Fingal »,
« Lève-toi, dit le jeune homme, lève-toi, Cuchullin... »]

Recueillie par le Révérend James McLagan, entre 1750 et 1805,
publiée sous le titre « Duan a Ghairibh » dans Alexander Cameron, éd.,
Reliquiae Celticae, vol. I., 1892, p. 357.

Traduction d'après Derick Thomson,
The Gaelic Sources of Macpherson's Ossian

Lève-toi, chef de la meute de Tara[1],
Je vois des vaisseaux innombrables,
Les mers agitées
Sont couvertes de vaisseaux étrangers.

Tu es un menteur, excellente sentinelle,
Tu es aujourd'hui et tu fus toujours un menteur ;
Ce n'est que la grande flotte de Maogh[2]
Qui nous vient en aide.

---

1   Le palais de Tura, dans la version de Macpherson.
2   Nom de lieu, le « Désert des collines » dans la version de Macpherson.

BALLAD OF MANUS

Rinneadar an Uirnigh theann
Budh Cosmhulach re Grian na'n Ord
Cath fuileach an da Righ
Gu ma ghuinneach bridh an Colg.

Thachuir Macumhail na'n Cuach
Is Manus na'n Ruag gun Agh
Re cheile an an tutim an t sluaigh
Chlerich nach budh chruaidh an dail.

Air briseadh do Sgiath na'n Dearg
Ar eirigh dhoibh Fearg is Fraoch
Theilg iad a'm Buil air Lar
'S thug iad Sparnne 'n da Laoch.

Cath fuileach an da Righ
'S an leunne budh chian an Clost
Bha Clachan agus Talamh trom
Ag moisgeala faoi Bhonn na'n Cois.

Leagadh Righ Lochlin gun Agh
A fiadhniuse Chaich air an Fhraoch
Dho sa's cho b' Onar Righ
Chuirt air Ceangal na'n tri Chaol.

LA BALLADE DE MANUS

(strophes 31, 33-36)

[Source authentique du combat de Fingal et Swaran dans « Fingal », livre V, « Voici le fracas des armes… »]

Recueillie par le Révérend Donald MacNicol en 1755, publiée sous le titre « Osshain Agus An Cleirich » (référence D10) dans J.F. Campbell., éd., *Leabhar na Féinne*, 1872.

Traduction d'après Derick Thomson, *The Gaelic Sources of Macpherson's Ossian*

L'assaut fut féroce. Les deux rois se livrèrent un combat sanglant, tels deux marteaux qui s'entrechoquent ; la puissance de leurs épées était mortelle.

Ainsi s'affrontèrent Macumhail[1] aux nombreuses coupes et le malheureux Manus[2] aux nombreuses débâcles, au milieu des guerriers qui tombaient ; ô barde, quel combat violent !

Lorsque les boucliers des guerriers rougis furent brisés, que leur courroux et leur rage se furent levés, ils jetèrent leurs armes au sol et luttèrent comme des héros.

Je pense que de très loin on pouvait entendre le vacarme du combat sanglant des deux rois. Ils labouraient de leurs pieds les rochers et la terre.

Le malheureux roi de Lochlin fut terrassé sur la bruyère, et tous furent témoins de sa chute ; il fut ligoté, sort déshonorant pour un roi, à trois endroits du corps.

---

1 Fingal, dans la version de Macpherson.
2 Swaran, dans la version de Macpherson.

FRAGMENT XII

[...]
Ryno. Hush'd are the winds, and past the driving show'r,
And calm and silent is the noontide-hour;
The loose light clouds are parted in the skies,
O'er the green hills th'inconstant sunshine flies;
Red through the stony vale with rapid tide,
The stream descends by mountain-springs supply'd!
How sweet, O stream! thy murmurs to my ear!
Yet sweeter far the tuneful voice I hear:
'Tis Alpin's voice, the master of the song;
He mourns the dead, to him the dead belong;
Some heartfelt sorrow bends his hoary head,
And fills his swimming eyes suffus'd with red.
Why try'd, O master of the song, thy skill,
Alone sequester'd on the silent hill?
Why like the blast that makes the woods complain,
Or wave that beats the lonely shore, thy strain?
[...]

FRAGMENT XII

[Mis en vers]

Anonyme

Publié dans le *Scots Magazine* 22, juillet 1760 ; extrait[1]

[...]
Ryno. Les vents se sont tus, et l'averse s'est éloignée,
Midi est calme et silencieux ;
Les nuages légers et capricieux se dissipent,
Sur les vertes collines volent les rayons du soleil inconstant ;
Rouge et rapide dans sa vallée rocailleuse,
Le torrent descend, nourri par les sources des montagnes !
Comme il est doux à mon oreille, ô torrent, ton murmure !
Mais plus douce encore est cette voix mélodieuse que
        j'entends :
C'est la voix d'Alpin, le maître des chants ;
Il pleure les morts, les morts lui appartiennent ;
Une douleur profonde courbe sa tête chenue,
Et emplit ses yeux humides et rougis.
Pourquoi exercer, ô maître des chants, ton génie
Seul, captif de cette colline silencieuse ?
Pourquoi jouer, semblables à l'ouragan qui fait gémir les bois,
Ou aux vagues qui s'écrasent contre un rivage solitaire, tes
        accords ?
[...]

---

1   Il s'agit ici du tout premier exemple de réécriture des textes de Macpherson, à peine quinze
     jours après leur publication. Cette « imitation » était précédée de la version originale de
     Macpherson et suivie du fragment V, mis en vers dans le style de l'« *Elegy Written in a
     Country Churchyard* » de Thomas Gray.

THREE BEAUTIFUL AND IMPORTANT PASSAGES OMITTED BY THE TRANSLATOR OF FINGAL, TRANSLATED AND RESTORED

Donald Macdonald

The Maid of the Scourge of Fire is come down; the Maid that hath spoiled my Fountain of Joy. My Vestment of pleasant Linen as white as Milk of the Mountain-Goat, is now, alas! a Mantle of Sorrow, like the green Moss on the Heath that covers the Bogs of Death.

Sharp is my Water of Grief, like the Rain that drops from the Wings of the North.

Terrible is my Up-rising; like Enemies from an Ambush rising with Spears; like the Cord that bends the stubborn Bow dispatching the Arrows of Fate.

O *Shangger*, Daughter of *Conner-ea*, how deceitful are thy Kisses! how dreadful are thy Embraces! Thy Embraces are like the Foldings of an Adder colleting her Strength to dart forth her Fury: thy Kisses are like the great Whirlpool of *Malstrom* in the Ocean of *Norway*, sucking Men into the Gulf of Destruction.

Thy Eyes are like Lights in the Desert; treacherous Lights hung out by Robbers to confound the unwary.

Thy Breath is like Mildew from the East; withering the Blossom that promised fair Fruit.

TROIS PASSAGES TRÈS BEAUX ET TRÈS IMPORTANTS OMIS PAR LE TRADUCTEUR DE FINGAL, ICI TRADUITS ET RECONSTITUÉS

Donald Macdonald

[pseudonyme de John Hall Stevenson (1718-1785)?]

[1er passage]

1762[1]

La fille au châtiment de feu est parmi nous ; la fille qui a épuisé ma fontaine de joie. Mon habit de lin frais, blanc comme le lait des chèvres des montagnes, est à présent, hélas, un costume de douleur, vert comme cette mousse sur la lande qui recouvre la tourbière de la mort.

Perçantes sont les eaux de ma souffrance, telles les gouttes que versent les ailes du nord.

Terrible est mon élévation ; tels des guerriers ennemis en embuscade qui se redressent armés de lances ; telle une corde que tend l'arc rétif prêt à décocher les flèches du destin.

Ô *Blénó*, fille de *Conorr-hée*, tes baisers sont perfides ! tes étreintes sont redoutables ! Tes étreintes sont comme les anneaux d'une vipère qui rassemble ses forces et s'apprête à frapper de toute sa rage : tes baisers sont comme le tourbillon de *Maelström* dans l'océan de *Norvège*, qui aspire les hommes et les noie dans le Golfe de la Destruction.

Tes yeux sont comme des lumières dans le désert ; des lumières trompeuses que les brigands accrochent pour tromper les innocents.

Ton haleine est comme la pourriture venue de l'orient ; elle flétrit la fleur qui annonçait de beaux fruits.

---

1 Plusieurs autres parodies, souvent licencieuses, paraissent au XVIIIe siècle ; par exemple, *The Staff of Gisbal : An Hyperborean Song. Translated from the Fragments of Ossian, the son of Fingal, by a Young Lady*, publié en 1762, ou encore « Cruddroddruck, an Ode ; translated from the Celtic » paru dans l'*Arno Miscellany* en 1784.

Thy Breasts and thy Belly are like *Hecla*, Mountains of burning Sulphur overspread with Snow.

O ye Chieftains! O ye mighty Men of the Tribes! lay hold on *Shangger* the Daughter of *Conner-ea*! hide her Head under the Waters of the Valleys—or cover her with Stones upon the high Hills! If she goes forth she will scatter Affliction over all the Land.

Ta gorge et ton ventre sont comme l'*Hekla*, des montagnes de sulfure bouillonnant recouvertes de neige.

Ô Chefs! ô hommes puissants dans vos tribus! saisissez-vous de *Blénó*, fille de *Conorr-hée*! faites disparaître sa tête sous les eaux des vallées – ou recouvrez-la de pierres, là-haut sur les collines! Si elle s'enfuit, elle disséminera le malheur sur tout le pays.

FINGAL: AN ANCIENT EPIC POEM.

In 6 books. By Ossian, the son of Fingal, translated into English heroic verse

John Wodrow

Beneath a tree, with leafy honours crown'd,
Cuchullin sits, the chief in war renown'd;
His spear against a mossy rock is laid;
His heavier arms upon the grass are spread.
By Tura's lofty walls, the hero sat.
Revolving in his mind green Erin's fate;
Careful, concern'd, its danger to prevent,
Much he inquir'd, and many a message sent;
As from his faithful friends he succour sought,
And all on Cormac ran his restless thought.
To his lov'd cause, the hero still divin'd
A dire event, in his presaging mind.
Yet, with a soul resolv'd, and unappalled,
To guard his throne whenever danger call'd,
He thinks of former conquests in the field,
How oft th' invading foe he forc'd to yield;
He thinks of mighty Cairbar, whom in fight
He lately slew, and drove his friends in flight.
His hopes arise, dispell'd is ev'ry fear,
His heart bounds high, nor dreads th' impending war.
[…]

FINGAL : EPOPÉE ANTIQUE EN 6 LIVRES.

Composée par Ossian, fils de Fingal, traduite en anglais et en distiques héroïques

John Wodrow

1771 ; extrait du premier livre[1]

Sous un arbre, couronné de feuillages honorifiques,
Cuchullin est assis, ce chef glorieux dans la guerre ;
Sa lance contre un rocher moussu est posée ;
Le reste de ses armes sur l'herbe est étalé.
Près des hautes murailles de Tura, le héros était assis.
Il considérait le destin de la verte Erin ;
Préoccupé, réfléchissant au moyen de la sauver du danger,
Il prit de nombreux avis et envoya de nombreux messages,
Tandis qu'il qu'attendait l'aide de ses amis fidèles,
Les pensées sans cesse préoccupées par Cormac.
À cette terre qu'il aime, le héros pourtant prédit
Un destin désastreux ; c'est ce qu'il devine de l'avenir.
Cependant, l'âme intrépide et résolu
À protéger son trône à chaque fois qu'apparaît le danger,
Il pense à ses anciennes conquêtes sur le champ de bataille,
Aux envahisseurs qu'il a si souvent fait céder ;
Il pense au puissant Cairbar, naguère affronté
Et tué en combat singulier, et à ses amis qui durent s'enfuir.
Ses espoirs reviennent et chassent toute crainte,
Son cœur bondit et s'élève, il ne redoute plus la guerre à venir.
[…]

---

1   John Wodrow, pasteur sur l'île d'Islay, a publié un recueil de vers adaptés des traductions de Macpherson en 1769 (*Extract from* Carthon, The Death of Cuchullin, and Dar-thula : Poems by Ossian the Son of Fingal, *Attempted in English Verse, from Mr Macpherson's Translation*), ainsi que cette « traduction en vers » de l'intégralité de « Fingal ».

GAUL: A POEM

From: John Smith, *Galic Antiquities*

Awful is the silence of night. It spreads its mantle over the vale.
The hunter sleeps on the heath. His gray dog stretches his neck over
his knee. In his dreams he pursues the sons of the mountain, and with
joy he half-awakes.

Sleep on, and take thy rest, light-bounding son of the chace; Ossian
will not disturb thee. Sleep on, ye sons of toil; the stars are but running
their mid-way course, and Ossian alone is awake on the hills. I love to
wander alone, when all is dark and quiet. The gloom of night accords
with the sadness of my soul; nor can the morning sun, with all his
beams, bring day to me.

Spare thy beams then, O sun! like the king of Morven, thou art
too lavish of thy bounty. Dost thou not know thy light, like his, may
one day fail. Spare thy lamps which thou kindlest, by thousands, in
thy blue hall above; when thou thyself retirest to thy repose, below the
dusky gates of the west. Why should thy lights fail, and leave thee in
thy mournful halls, alone, as his friends have done to Ossian? Why,
mighty beam, shouldst thou waste them on Morven; when the heroes
have ceased to behold them; when there is no eye to admire their green-
sparkling beauty?

Morven, how have thy lights failed! Like the beam of the oak in thy
palaces, they have decayed, and their place is the dwelling of darkness.
Thy palaces themselves, like those who rejoiced within them, are fallen
on the heath, and the thick shadow of death surrounds them. Temora
is fallen; Tura is an heap; and Selma is silent. The sound of their shells
is long since past. The song of their bards and the voice of their harps
are over. A green mound of earth, a moss-clad stone lifting through

GAUL : POÈME

Publié dans John Smith, *Galic Antiquities*, 1780

Traduction de F.-R. de Chateaubriand[1]

Le silence de la nuit est auguste. Le chasseur repose sur la bruyère ; à ses côtés sommeille son chien fidèle, la tête allongée sur ses pieds légers ; dans ses rêves, il poursuit les chevreuils, dans la joie confuse de ses songes, il aboie et s'éveille à moitié.

Dors en paix, fils bondissant de la montagne, Ossian ne troublera point ton repos : il aime à errer seul ; l'obscurité de la nuit convient à la tristesse de son âme ; l'aurore ne peut apporter la lumière à ses yeux, depuis longtemps fermés. Retire tes rayons, ô soleil ! comme le roi de Morven a retiré les siens ; éteins ces millions de lampes que tu allumes dans les salles azurées de ton palais, lorsque tu reposes derrière les portes de l'occident. Ces lampes se consumeront d'elles-mêmes : elles te laisseront seul, ô soleil ! de même que les amis d'Ossian l'ont abandonné. Roi des cieux, pourquoi cette illumination magnifique sur les collines de Fingal, lorsque les héros ont disparu et qu'il n'est plus d'yeux pour contempler ces flambeaux éblouissants ?

Morven, le jour de ta gloire a passé ; comme la lueur du chêne embrasé de tes fêtes, l'éclat de tes guerriers s'est évanoui ; les palais ont croulé, Témora a perdu ses hauts murs, Tura n'est plus qu'un monceau de ruines, et Selma est muette. La coupe bruyante des festins est brisée. Le chant des bardes a cessé, le son des harpes ne se fait plus entendre. Un tertre couvert de ronces, quelques pierres cachées sous la mousse, c'est

---

1 Ce poème (p. 151-171, dans l'édition anglaise) raconte la mort de Gaul, fils de Morni, et de son épouse, Evir-choma, après une expédition conduite par Fingal ; il est adressé à Malvina. L'extrait ici traduit (p. 151-154 de l'édition originale) se situe au début du poème : Ossian, errant à travers les ruines du palais de Fingal, retrouve un morceau du bouclier de Gaul qui lui rappelle ce voyage malheureux. Voir également la section « Traductions françaises des dix-huitième et dix-neuvième siècles ».

it here and there its gray head, is all that preserves their memory. The mariner beholds, no more, their tall heads rising through clouds, as he bounds on the deep; nor the traveller as he comes from the desart.

I Grope for Selma. I stumble on a ruin. Without any form is the heap. The heath and the rank grass grow about its stones; and the lonely thistle shakes here, in the midnight breeze, its head. I feel it heavy with the drops of night.—The owl flutters around my gray hairs: she awakes the roe from his bed of moss. He bounds lightly, without fear; for he sees it is but the aged Ossian.—Roe of mossy Selma, thy death is not in the thought of the bard. Thou hast started from the bed where often slept Fingal and Oscar, and dost thou think Ossian will stain it with his spear? No; roe of the bed of Fingal and Oscar, thy death is not in the thought of the bard.—I only stretch my hand to the place where hung my father's shield; where it hung, on high, from the roof of Selma. But the blue bending shell of heaven, O Selma! is now thy only covering. I seek the broad shield among the ruins: my spear strikes against one of its broken bosses.—It is the boss in which dwelt the voice of war! Its sound is still pleasant to my ear: it awakes the memory of the days that are past; as when the breath of winds kindles the decaying flame on the heath of hinds.—I feel the heaving of my soul. It grows like the swelling of a flood; but the burden of age presses it back: retire, ye thoughts of war!—Ye dark-brown years that are past, retire. Retire with your clanging shields, and let the soul of the aged rest. Why should war dwell, any more, in my thoughts, when I have forgot to lift the spear? Yes, the spear of Temora is now a staff; never more shall it strike the sounding shield.—But it does strike against a shield: let me feel its shape.—It is like the wasting moon, half-consumed with the rust of years—It was thy blue shield, O Gaul!—the shield of the companion of my Oscar!—But why this melting of my soul?—Son of my love! thou hast received thy fame. I will retire and give the name of Gaul to the song.—Harp of Selma, where art thou? And where art thou Malvina? Thou wilt hear with joy of the companion of thy Oscar.

[…]

tout ce qui rappelle la demeure de Fingal. Le marin du milieu des flots n'aperçoit plus les tours qui semblaient marquer les bornes de l'Océan, et le voyageur qui vient du désert ne les aperçoit plus.

Je cherche les murailles de Selma ; mes pas heurtent leurs débris : l'herbe croît entre les pierres, et la brise frémit dans la tête du chardon.

La chouette voltige autour de mes cheveux blancs, je sens le vent de ses ailes ; elle éveille par ses cris la biche sur son lit de fougères, mais la biche est sans frayeur, elle a reconnu le vieil Ossian.

Biche des ruines de Selma, ta mort n'est point dans la pensée du barde ; tu te lèves de la même couche où dormirent Fingal et Oscar ! Non, ta mort n'est point le désir du barde ! J'étends seulement la main dans l'obscurité vers le lieu où était suspendu au dôme du palais le bouclier de mon père, vers ces voûtes que remplace aujourd'hui la voûte du ciel. La lance qui sert d'appui à mes pas rencontre à terre ce bouclier ; il retentit : ce bruit de l'airain plaît encore à mon oreille ; il réveille en moi la mémoire des anciens jours, ainsi que le souffle du soir ranime dans la ramée des bergers la flamme expirante. Je sens revivre mon génie, mon sein se soulève comme la vague battue de la tempête, mais le poids des ans le fait retomber.

Retirez-vous, pensées guerrières ! souvenirs des temps évanouis, retirez-vous ! Pourquoi nourrirais-je encore l'amour des combats, quand ma main a oublié l'épée ? La lance de Témora n'est plus qu'un bâton dans la main du vieillard.

Je frappe un autre bouclier dans la poussière. Touchons-le de mes doigts tremblants. Il ressemble au croissant de la lune : c'était ton bouclier, ô Gaul ! le bouclier du compagnon de mon Oscar ! Fils de Morni, tu as déjà reçu toute ta gloire, mais je te veux chanter encore ; je veux pour la dernière fois confier le nom de Gaul à la harpe de Selma. Malvina, où es-tu ? Oh ! qu'avec joie tu m'entendrais parler de l'ami de ton Oscar !

[...]

THE COMPLAINT OF NINATHOMA

Samuel Taylor Coleridge

How long will ye round me be swelling,
   O ye blue-tumbling waves of the Sea?
Not always in Caves was my dwelling,
   Nor beneath the cold blast of the Tree.
Thro' the high-sounding halls of Cathlóma
   In the steps of my Beauty I stray'd;
The Warriors beheld Ninathóma,
   And they blessed the white-bosom'd Maid!

A Ghost! by my Cavern it darted!
   In moon-beams the Spirit was drest—
For lovely appear the Departed
   When they visit the dreams of my Rest!
But disturb'd by the Tempest's commotion
   Fleet the shadowy forms of Delight—
Ah cease, thou shrill blast of the Ocean!
   To howl through my Cavern by Night.

LA COMPLAINTE DE NINATHOMA

Samuel Taylor Coleridge

[Imitation de « Berrathon », « Combien de temps encore
roulera-t-elle autour de moi… »]

Composée en 1793. Publiée dans *Poems on Various Subjects*, 1796[1]

Combien de temps encore m'encerclerez-vous, énormes,
  Ô vagues bleues et déchaînées de l'océan ?
Ma demeure n'a pas toujours été dans les grottes,
  Ni sous le vent glacial qui souffle dans l'arbre.
À travers les salles pleines d'échos de Cathlóma
  Je marchais dans les pas de ma beauté ;
Les guerriers contemplaient Ninathóma,
  Et ils bénissaient la vierge au sein si blanc !

Un fantôme vient de passer près de ma grotte !
  Il était vêtu de rayons de lune –
Les morts souvent m'apparaissent sous des traits adorables
  Lorsqu'ils visitent les rêves de mon repos !
Mais, importunées par le tumulte des tempêtes,
  S'enfuient ces ombres délicieuses –
Ah cesse, ô souffle strident de l'océan,
  Ces hurlements à travers ma grotte dans la nuit !

---

1   S. T. Coleridge a publié deux poèmes ossianiques dans ce recueil : celui-ci et « Imitated from Ossian », une réécriture en vers d'un autre passage de « Berrathon ».

THE DEATH OF CALMAR AND ORLA.

An imitation of Macpherson's Ossian

Lord Byron

Dear are the days of youth! Age dwells on their remembrance through the mist of time. In the twilight he recalls the sunny hours of morn. He lifts his spear with trembling hand. "Not thus feebly did I raise the steel before my fathers!" Past is the race of heroes! But their fame rises on the harp; their souls ride on the wings of the wind; they hear the sound through the sighs of the storm, and rejoice in their hall of clouds. Such is Calmar. The grey stone marks his narrow house. He looks down from eddying tempests: he rolls his form in the whirlwind, and hovers on the blast of the mountain.

In Morven dwelt the Chief; a beam of war to Fingal. His steps in the field were marked in blood. Lochlin's sons had fled before his angry spear; but mild was the eye of Calmar; soft was the flow of his yellow locks: they streamed like the meteor of the night. No maid was the sigh of his soul: his thoughts were given to friendship,—to dark-haired Orla, destroyer of heroes! Equal were their swords in battle; but fierce was the pride of Orla:—gentle alone to Calmar. Together they dwelt in the cave of Oithona.

From Lochlin, Swaran bounded o'er the blue waves. Erin's sons fell beneath his might. Fingal roused his chiefs to combat. Their ships cover the ocean! Their hosts throng on the green hills. They come to the aid of Erin.

LA MORT DE CALMAR ET D'ORLA.

Imitation de l'Ossian de Macpherson

Lord Byron

Publiée dans *Hours of Idleness*, 1806[1]

Comme ils nous sont chers les jours de notre jeunesse ! La vieillesse sans cesse se retourne sur leur souvenir à travers les brumes du temps. Elle se rappelle, au crépuscule de sa vie, les heures éclairées par le soleil du matin. Elle saisit sa lance d'une main tremblante. « C'est avec un bras moins faible que je brandissais autrefois l'acier sous les yeux de mes pères ! » La race des héros n'est plus ! Mais leur gloire est portée par la harpe ; leurs âmes chevauchent les vents ailés ; ils entendent ces chants dans les soupirs des tempêtes et ils se réjouissent dans leur palais de nuage. Tel est Calmar. Cette pierre grise désigne son étroite demeure. Il nous regarde du haut des orages : il roule son ombre dans le tourbillon de l'ouragan et plane sur le souffle de la montagne.

En Morven demeurait ce chef ; il était un rayon de guerre pour Fingal. Ses pas dans le champ de bataille étaient marqués de sang. Les fils de Lochlin fuyaient devant sa lance furieuse ; mais le regard de Calmar était doux ; ses blonds cheveux tombaient en boucles gracieuses : ils ruisselaient comme le météore de la nuit. Nulle vierge ne faisait soupirer son âme : ses pensées étaient pour l'amitié, – pour Orla à la sombre chevelure, Orla funeste aux héros ! Leurs épées étaient égales dans la bataille ; mais l'orgueil d'Orla était farouche : – sa tendresse n'était que pour Calmar. Tous deux ils demeuraient dans la caverne d'Oïthona.

---

1   Cette « humble imitation » (l'expression est de Byron, dans une note au poème) raconte les exploits et la mort de deux amis, et s'inspire de l'histoire d'Euryale et de Nisus dans l'Énéide. L'extrait ici traduit est le début du poème.

Night rose in clouds. Darkness veils the armies. But the blazing oaks gleam through the valley. The sons of Lochlin slept: their dreams were of blood. They lift the spear in thought, and Fingal flies. Not so the Host of Morven. To watch was the post of Orla. Calmar stood by his side. Their spears were in their hands. Fingal called his chiefs: they stood around. The king was in the midst. Grey were his locks, but strong was the arm of the king. Age withered not his powers. "Sons of Morven," said the hero, "to-morrow we meet the foe. But where is Cuchullin, the shield of Erin? He rests in the halls of Tura; he knows not of our coming. Who will speed through Lochlin, to the hero, and call the chief to arms? The path is by the swords of foes; but many are my heroes. They are thunderbolts of war. Speak, ye chiefs! Who will arise?"

[...]

De Lochlin, Swaran s'élança et franchit les vagues bleues. Les fils d'Erin tombèrent sous sa force redoutable. Fingal appela ses chefs au combat. Leurs bateaux couvrent l'océan ! Les troupes se pressent sur les vertes collines. Ils viennent en aide à Erin.

La nuit s'éleva dans les nuages. Les ténèbres recouvrent les armées. Mais les chênes qui flambent brillent dans la vallée. Les fils de Lochlin dormaient : leurs rêves étaient de sang. Ils brandissent en pensée leurs lances et Fingal s'enfuit. Tout autre était l'armée de Morven. Veiller fut le poste d'Orla. Calmar se tenait à ses côtés. Leurs lances étaient dans leurs mains. Fingal appela ses chefs : ils s'assemblèrent autour de lui. Le roi était au milieu d'eux. Grise était sa chevelure, mais puissant encore était le bras du roi. Les ans n'avaient point flétri ses forces. « Fils de Morven, dit le héros, demain nous attaquons l'ennemi. Mais où donc est Cuchullin, le bouclier d'Erin ? Il se repose dans le palais de Tura ; il ignore notre venue. Qui volera vers le héros à travers Lochlin, et appellera aux armes ce chef ? Le chemin est au milieu des épées ennemies ; mais nombreux sont mes héros. Ce sont tous des foudres de guerre. Parlez, ô chefs ! Qui se lèvera ? »

[...]

FIONNGHAL

Shuidh Cuchullin aig balla Thùra,
Fo dhùbhra craoibh dhuille na fuaim;
Dh' aom a shleagh ri carraig nan còs,
A sgiath mhòr r'a thaobh air an fheur.
Bha smaointean an fhir air Cairbre,
Laoch a thuit leis an garbh-chòmhrag,
'Nuair thàinig fear coimhead a' chuain,
Luath mhac Fhithil nan ceum ard.
  "Eirich a Chuchullin, eirich,
Chi mi loingeas threun o thuath!
Grad ghluais, a chinn-uidhe na féile:
'S mòr Suaran, is lìonmhor a shluagh!"
  "A Mhorain," thuirt an gorm-shùileach treun,
"Bu lag thu féin, is chrith thu riamh;
'Na d'eagal is lìonmhor nàmhaid;
Mhic Fhithil, 's e Fionnghal a th' ann,
Ard churaidh nan ciar bheann."
[...]

FINGAL

[Version originale en gaélique]

Livre I

Publié dans *The Poems of Ossian in the Original Gaelic,*
with a Literal Translation into Latin, 1807[1]

Cuchullin était assis près du mur de Thùra,
Sous l'ombre des feuilles d'un arbre sonore ;
Sa lance était appuyée contre la roche des cavernes,
Son bouclier immense à côté de lui sur l'herbe.
Les pensées de cet homme étaient pour Cairbre,
Un héros qu'il avait tué lors d'un combat farouche,
Quand survint la sentinelle de l'océan,
Le fils de Fithil rapide et à grands pas.

« Lève-toi, Cuchullin, lève-toi,
Je vois de grands navires venus du nord !
Mets-toi vite en mouvement, ô prince des festins :
C'est le grand Suaran, et son armée est innombrable ! »

« Ô Mhorain, répond l'homme fort aux yeux bleus,
Tu as toujours été faible et tremblant ;
Dans ta crainte l'ennemi est innombrable ;
Fils de Fhithil, c'est Fionnghal qui est là,
Le plus grand héros des montagnes brun sombre. »
[...]

---

1   Derick S. Thomson dans *The Gaelic Sources of Macpherson's Ossian* explique que cette
     version originale est une imposture manifeste : les mots seuls sont gaéliques ; la syntaxe,
     elle, suit les règles de l'anglais, du latin ou du grec, mais jamais celles du gaélique. De
     toute évidence, Macpherson (peut-être aidé d'Alexander Morison) a traduit à partir de sa
     propre version anglaise, en consultant épisodiquement les ballades originales. L'extrait
     ici présenté est le début du premier livre.

WRITTEN IN A BLANK LEAF
OF MACPHERSON'S OSSIAN

William Wordsworth

Oft have I caught, upon a fitful breeze,
Fragments of far-off melodies,
With ear not coveting the whole,
A part so charmed the pensive soul.
While a dark storm before my sight
Was yielding, on a mountain height
Loose vapours have I watched, that won
Prismatic colours from the sun;
Nor felt a wish that heaven would show
The image of its perfect bow.
What need, then, of these finished Strains?
Away with counterfeit Remains!
An abbey in its lone recess,
A temple of the wilderness,
Wrecks though they be, announce with feeling
The majesty of honest dealing.
Spirit of Ossian! if imbound
In language thou may'st yet be found,
If aught (intrusted to the pen
Or floating on the tongues of men,
Albeit shattered and impaired)
Subsist thy dignity to guard,
In concert with memorial claim
Of old grey stone, and high-born name

ÉCRIT SUR UNE PAGE VIERGE
DE L'OSSIAN DE MACPHERSON

William Wordsworth

Publié dans *The Poetical Works of William Wordsworth*, 1827

J'ai souvent perçu, portés par la brise capricieuse,
Les fragments de lointaines mélodies
Que l'oreille n'aurait point désiré entendre dans leur totalité,
Car ces bribes charmaient parfaitement l'âme pensive.
Tandis que, sous mes yeux, une sombre tempête
Se déchaînait, au sommet d'une montagne
J'ai vu des nuages flotter et capturer
Les couleurs du soleil dans leur prisme,
Et n'ai point désiré que les cieux me montrassent
L'image de l'arc accompli.
Quel besoin, alors, d'achever ces accords ?
Assez de ces antiquités fabriquées !
Une abbaye isolée, solitaire,
Un temple dans la nature sauvage,
Quand bien même ils seraient délabrés, se donnent
Sincèrement et prouvent leur noblesse.
Esprit d'Ossian ! s'il subsiste quelque part
Des mots qui te garderaient vivant,
Si survivent encore (confiées à la plume
Ou flottant sur la langue des hommes,
Bien que morcelées, bien qu'amputées)
Quelques traces qui défendraient ta dignité,
Fidèles au souvenir préservé
Par la pierre, antique et terne, ou par les noms très nobles

That cleaves to rock or pillared cave
Where moans the blast, or beats the wave,
Let Truth, stern arbitress of all,
Interpret that Original,
And for presumptuous wrongs atone;—
Authentic words be given, or none!

Time is not blind;—yet He, who spares
Pyramid pointing to the stars,
Hath preyed with ruthless appetite
On all that marked the primal flight
Of the poetic ecstasy
Into the land of mystery.
No tongue is able to rehearse
One measure, Orpheus! of thy verse;
Musæus, stationed with his lyre
Supreme among the Elysian quire,
Is, for the dwellers upon earth,
Mute as a lark ere morning's birth.
Why grieve for these, though past away
The music, and extinct the lay?
When thousands, by severer doom,
Full early to the silent tomb
Have sunk, at Nature's call; or strayed
From hope and promise, self-betrayed;
The garland withering on their brows;
Stung with remorse for broken vows;
Frantic—else how might they rejoice?
And friendless, by their own sad choice!

Hail, Bards of mightier grasp! on you
I chiefly call, the chosen Few,
Who cast not off the acknowledged guide,
Who faltered not, nor turned aside;
Whose lofty genius could survive
Privation, under sorrow thrive;
In whom the fiery Muse revered

Que portent toujours des rocs et des cavernes
Où gémit le vent et où s'écrase la vague,
– Alors, que la Vérité, arbitre sévère et ultime,
Interprète ce Livre original,
Et qu'Elle venge les mensonges présomptueux :
Que l'on entende des mots vrais ou le silence.

Le Temps n'est pas aveugle ; cependant, alors qu'Il épargne
Les pyramides qui pointent vers les étoiles,
Son féroce appétit s'en est pris
À tout ce qui subsistait de l'envol primitif
Des extases poétiques
Vers des terres mystérieuses.
Nulle langue ne peut répéter
Une seule mesure, Orphée, de tes vers ;
Musée, accompagné de sa lyre,
Le plus grand parmi le chœur élyséen,
Est, pour ceux qui demeurent sur terre,
Muet comme l'alouette avant que le matin ne naisse.
Pourquoi pleurer ceux-là, même si leur musique
Est morte et leur poème disparu ?
Alors qu'ils sont des milliers, destin bien plus cruel,
À sombrer trop jeunes dans une tombe silencieuse,
Rappelés par la nature ; à renoncer
À l'espoir, aux promesses, à se perdre eux-mêmes ;
Le laurier se fane sur leur front ;
Tourmentés par les remords pour ces serments non tenus ;
Frénétiques – seule façon pour eux d'être joyeux ;
Solitaires par choix et tristes pour cela.

Je vous salue, bardes aux talents nobles et puissants ! c'est à vous
Que je fais appel : vous fûtes quelques-uns
À ne pas refuser le guide reconnu,
À ne pas vaciller, à ne pas vous détourner ;
Votre génie élevé réussit à survivre
Aux privations et à s'épanouir sous la douleur ;
La muse ardente révéra en vous

The symbol of a snow-white beard,
Bedewed with meditative tears
Dropped from the lenient cloud of years.

Brothers in soul! though distant times
Produced you nursed in various climes,
Ye, when the orb of life had waned,
A plenitude of love retained:
Hence, while in you each sad regret
By corresponding hope was met,
Ye lingered among human kind,
Sweet voices for the passing wind,
Departing sunbeams, loth to stop,
Though smiling on the last hill top!

Such to the tender-hearted maid
Even ere her joys begin to fade;
Such, haply, to the rugged chief
By fortune crushed, or tamed by grief;
Appears, on Morven's lonely shore,
Dim-gleaming through imperfect lore,
The Son of Fingal; such was blind
Mæonides of ampler mind;
Such Milton, to the fountain head
Of glory by Urania led!

Ce symbole, cette barbe blanche comme les neiges
Sur laquelle les nuages d'une vieillesse sensible
Ont versé des larmes songeuses.

Frères d'âme ! bien que ces temps lointains
Vous eussent fait naître et croître sous des climats différents,
Tous vous sûtes garder, lorsque l'étoile de vos vies déclina,
Un amour absolu pour toute chose :
Ainsi, puisque pour chaque regret malheureux
Un espoir en vous renaissait,
Vous vous attardâtes parmi les hommes,
Voix douces à l'oreille des vents qui passent,
Derniers rayons du soleil, sourires qui refusent de s'effacer
Au sommet d'une colline prête à sombrer dans la nuit.

Il était des vôtres, celui qui chantait pour la vierge au cœur
    tendre
Avant même que son bonheur ne s'évanouît ;
Celui qui, peut-être, chantait pour le rude chef
Que les désastres avaient écrasé ou que le malheur avait
    conquis ;
Celui que l'on distingue sur le rivage désolé de Morven,
Brillant à travers les brumes d'un savoir imparfait,
Le fils de Fingal ; il était des vôtres, l'aveugle
Méonides à l'esprit si vaste ;
Milton, lui aussi, qu'Uranie guide
Jusqu'à la source de toute gloire !

TRADUCTIONS FRANÇAISES
DES XVIIIᵉ ET XIXᵉ SIECLES

FRAGMENT V

Traduction de Turgot

Publié dans le *Journal Étranger*, septembre 1760[1]

Fragments d'anciennes Poésies, traduits en Anglais de la Langue Erse que parlent les Montagnards d'Écosse, et traduits en Français, d'après la Version Anglaise.

CONNAL ET CRIMORA.

Le sombre Automne règne sur les montagnes, les brouillards grisâtres se reposent sur les collines, les ouragans retentissent sur les bruyères. La rivière roule ses eaux bourbeuses à travers la plaine étroite ; un arbre paraît seul sur la colline, et fait reconnaître la tombe de *Connal*. Ses feuilles, agitées en tourbillon par les vents, jonchent le tombeau du Héros. Souvent les âmes des morts se font voir ; dans ce lieu, quand le Chasseur solitaire et pensif se promène lentement sur la bruyère.

Qui peut remonter à la source de ta race, ô Connal ? qui peut compter tes aïeux ? Ta Famille s'est accrue comme un chêne placé sur la montagne, et dont la tête sublime habite parmi les vents. Mais aujourd'hui elle est arrachée de la terre. Qui remplira la place de Connal ?

Ici le bruit des armes, ici les soupirs des mourants, se faisaient entendre. Ô guerre de Fingal ! ô sources de deuil ! ô Connal, c'est ici que tu es tombé. Ton bras était semblable à un tourbillon orageux, ton épée à un rayon de la lumière boréale qui parcourt l'horizon, ta stature à un rocher qui s'élève dans la plaine, tes yeux à une fournaise de feu ; ta voix était plus forte que la tempête. Quand tu portais la destruction

---

1 Dans le même numéro Turgot a également traduit le fragment XII. Les deux fragments sont précédés d'une « Lettre aux Auteurs du *Journal Étranger* » qui présente Ossian et la poésie écossaise antique.

dans le champ de bataille, les Guerriers tombaient, sous ton glaive, comme les chardons sous le bâton d'un enfant.

Le puissant Dargo s'avança comme une nuée de tonnerre : ses sourcils étaient noirs et serrés ; ses yeux ressemblaient à deux cavernes creusées dans un rocher. Les épées brillèrent de part et d'autre, et le fer contre le fer rendit un bruit effrayant.

Près de là était la fille de Rinval, *Crimora*, resplendissante sous l'armure d'un homme, les cheveux épars sur ses épaules, son arc dans sa main. Elle suivait à la guerre, avec la jeunesse du pays, Connal son bien-aimé. Elle banda son arc contre Dargo ; mais, dans son erreur, elle perça son cher Connal. Il tombe comme un chêne renversé dans la plaine, comme un rocher du haut d'une colline hérissée de bois. Fille infortunée ! que fera-t-elle ? Connal perd son sang, Connal meurt. Toute la nuit elle s'écrie, elle répète tout le jour : ô Connal ! ô mes amours ! ô mon bien-aimé ! Plongée dans le deuil et dans les larmes, elle meurt enfin accablée de douleur.

C'est ici, c'est sur cette colline que la terre renferme ce couple aimable. L'herbe croît entre les pierres de leur tombeau. Je m'assieds sous l'ombre funèbre qui le couvre ; j'entends le murmure des vents qui agitent le gazon, et le souvenir de ces Amants se réveille dans mon âme. Vous dormez à présent ensemble d'un sommeil paisible. Hélas ! Sur cette montagne il n'y a de repos que pour vous.

FRAGMENT VI

Traduction de Jean-Baptiste-Antoine Suard

Publié dans le *Journal Étranger*, janvier 1761[1]

Fils du noble Fingal, Oscian, Prince des hommes! quelle est la source des pleurs qui baignent tes joues? Quels nuages peuvent obscurcir ta grande âme?

Le souvenir, ô fils d'Alpin, le souvenir tourmente la vieillesse. Ma pensée retourne sur les temps qui ne sont plus; c'est le noble Fingal qui occupe ma pensée. La famille de ce Roi puissant revient à mon esprit et blesse mon âme d'un douloureux souvenir.

Un jour nous revenions de poursuivre à la chasse les enfants des montagnes et des forêts; toute cette plaine était couverte de notre jeunesse; le puissant Fingal y était; mon fils Oscur, grand dans la guerre, y était aussi. Tout à coup une belle fille parut sortir de la mer, et s'offrit à notre vue: sa gorge était semblable à la neige qui est tombée dans la nuit; sa joue paraissait une rose nouvellement épanouie; ses yeux étaient bleus, et son regard était doux; mais son cœur était gros de tristesse.

Ô Fingal, renommé dans la guerre, s'écria-t-elle, et vous, fils du Roi, sauvez-moi. Parlez avec assurance, répondit le Roi, parlez, fille de beauté; notre oreille est ouverte à tous, et nos épées sont prêtes à défendre l'innocent... Je fuis le barbare Ullin, si fameux dans la guerre; je me suis arrachée aux embrassements de celui qui voulait déshonorer mon sang. Cremor, l'ami des hommes, Cremor, le Prince d'Inverne était mon père.

Les plus jeunes fils de Fingal se levèrent, Carryl habile à tirer à l'arc, Fillan aimé des belles, et Fergus le premier à la course. Depuis les hautes montagnes, derrière lesquelles se lève le soleil, jusqu'aux rivages

---

des mers où il va se précipiter, quel est celui qui osera attaquer une nymphe que gardent les fils de Fingal ? Fille de beauté, rassurez-vous ; soyez tranquille, ô la plus belle des femmes !

Mais sur la surface azurée des mers, on aperçoit au loin quelque chose de semblable au dos d'un flot soulevé ; cet objet s'agrandit peu à peu, un vaisseau s'offrit à la vue. La main d'Ullin l'attacha au rivage ; il marcha, et les rochers s'ébranlèrent ; ses mouvements faisaient trembler les montagnes ; son armure retentissait autour de lui d'un bruit effrayant ; la mort et la destruction étaient dans ses yeux ; sa stature était semblable à celle d'une biche de Morven ; il agitait dans l'air l'acier étincelant.

Nos guerriers tombèrent devant lui, comme les épis devant la faux du moissonneur. Il terrassa les trois fils de Fingal ; il plongea son épée dans le cœur de la jeune beauté qu'il poursuivait ; elle se flétrit comme la fleur desséchée par le vent du midi ; elle tomba comme la neige exposée au soleil du printemps ; la mort s'appesantit sur son beau sein ; son âme se répandit avec son sang.

Oscur mon fils descendit de la montagne ; le puissant dans les combats s'avança ; son armure retentissait comme le tonnerre, et l'éclair de ses yeux était terrible ; c'est là qu'on entendit la voix de l'acier, le cliquetis des épées. Ils se frappaient, ils se précipitaient l'un sur l'autre. Ils cherchaient avec le fer une issue à la mort ; mais la mort était loin encore, et tardait à venir. Déjà le soleil commençait à tomber sur l'horizon, le bouvier ramenait les troupeaux à sa cabane ; alors l'épée perçante d'Oscur rencontra le cœur d'Ullin ; il tomba comme un chêne de la montagne, couronné d'une gelée étincelante. Il parut un rocher au milieu de la plaine... Ici reposent la fille de beauté et le plus brave des hommes. Ici tombèrent en un même jour la belle et le vaillant.

Ô fils d'Alpin, les maux des vieillards sont grands ; leurs pleurs coulent sur le passé. Voilà ce qui causait ma tristesse ; le souvenir a éveillé ma douleur. Mon fils Oscur était brave ; mais Oscur aujourd'hui n'est plus. Tu as entendu l'histoire de mes peines, ô fils d'Alpin, pardonne aux pleurs de la vieillesse.

FRAGMENT III

Traduction de Denis Diderot

Publié dans le *Journal Étranger*, décembre 1761[1]

Le soir répand ses ombres grisâtres sur les collines ; le vent du Nord retentit à travers les bois ; des nuées blanches s'élèvent dans le ciel, et la neige descend en flottant sur la Terre ; la rivière murmure au loin, le long de son cours tortueux. Carryl aux cheveux blancs s'assied tristement près d'un rocher creux ; la fougère aride frémit sur sa tête ; son siège est creusé dans un vieux bouleau. À travers les vents mugissants il fait entendre sa voix de douleur.

Il est ballotté sur les vagues de l'Océan, celui qui était l'espérance de ces îles, Malcolm, le soutien des pauvres, l'ennemi de tout Guerrier orgueilleux. Ah ! pourquoi nous as-tu laissés derrière toi ? Pourquoi vivons-nous pour pleurer ton destin ? Nous aurions entendu avec toi la voix de l'abîme ; nous aurions vu le rocher fangeux.

Triste sur le rivage battu des flots, ton épouse attend ton retour. Le temps de ta promesse est venu. La nuit ramasse ses ombres dans les environs ; mais aucune voile blanche ne paraît sur la mer, aucune voix ne se fait entendre que celle des vents impétueux. Il n'est plus, l'âme de la guerre ! les cheveux du jeune homme sont trempés par les eaux. Ah ! tu es couché au pied de quelque rocher, baigné par les flots qui se succèdent. Ô vents ! pourquoi l'avez-vous porté sur le rocher désert ? Pourquoi, ô vagues ! roulez-vous sur son corps ?

Mais... quelle est cette voix ? Quel est celui qui paraît monté sur ce météore de feu ? Ses membres aériens sont gris. Est-ce lui ? Est-ce l'ombre de Malcolm ?... Arrête, âme aimable, arrête sur ce rocher, et fais-moi entendre ta voix... Il s'est dissipé comme un songe de la nuit ;

---

1   Dans ce numéro Diderot a traduit les fragments I, II et III.

je le vois fuir à travers les arbres. Ô fille de Reynold ! il est parti ; ton époux ne reviendra plus. Ses chiens n'accourront plus de la montagne, annonçant l'arrivée de leur maître. Du rocher éloigné sa voix ne viendra plus flatter ton oreille. Il repose en silence au fond de l'abîme, ô malheureuse fille de Reynold !

Je m'assiérai au bord du ruisseau de la plaine. Vous, rochers, suspendez-vous sur ma tête ; arbres, écoutez ma voix, en vous courbant sur le rocher hispide. Ma voix conservera la louange de celui qui était l'espoir des îles.

FRAGMENT XII

Traduction de Pierre Le Tourneur

Publié dans « Les chants de Selma », *Ossian, fils de Fingal,*
barde du troisième siècle, poésies galliques, 1777[1]

RYNO

Les vents et la pluie ont cessé ; le milieu du jour est calme : les nuages
volent dispersés dans les airs ; la lumière inconstante du soleil fuit sur
les vertes collines ; le torrent de la montagne roule ses eaux rougeâtres
dans les rocailles du vallon. Ton murmure me plaît, ô torrent ; mais
la voix que j'entends est plus douce encore. C'est la voix d'Alpin qui
pleure les morts. Sa tête est courbée par les ans ; ses yeux rouges sont
remplis de larmes. Enfant des concerts, Alpin, pourquoi ainsi seul sur
la colline silencieuse ? pourquoi gémis-tu comme le vent dans la forêt,
ou comme la vague sur le rivage solitaire ?

ALPIN.

Mes pleurs, ô Ryno, sont pour les morts ; ma voix, pour les habitants
de la tombe. Tu es debout maintenant, ô jeune homme ! et, dans ta
hauteur majestueuse, tu es le plus beau des enfants de la plaine. Mais,
tu tomberas comme l'illustre Morar ; l'étranger sensible viendra s'asseoir
et pleurer sur ta tombe. Tes collines ne te connaîtront plus, et ton arc
restera détendu dans ta demeure. Ô Morar ! tu étais léger comme le cerf
de la colline, terrible comme le météore enflammé. La tempête était

---

1   Le Tourneur a publié deux éditions des œuvres d'Ossian, toutes deux à partir de l'édition
    anglaise de 1765 : la première en 1777 ; la seconde, qui inclut également les *Galic Antiquities*
    de John Smith traduites par David de Saint-Georges et Griffet de Labaume, en 1810. Cet
    extrait se situe au t. 1, p. 215-218 de la première édition.

moins redoutable que toi dans ta fureur. L'éclair brillait moins dans la plaine que ton épée dans le combat. Ta voix était comme le bruit du torrent après la pluie, ou du tonnerre grondant dans le lointain. Plus d'un héros succomba sous tes coups, et les feux de ta colère consumaient les guerriers. Mais quand tu revenais du combat, que ton visage était paisible et serein ! Tu ressemblais au soleil après l'orage, à la lune dans le silence de la nuit ; ton âme était calme comme le sein d'un lac lorsque les vents sont muets dans les airs.

Mais maintenant que ta demeure est étroite et sombre ! En trois pas je mesure l'espace qui te renferme, ô toi qui fus si grand ! Quatre pierres, couvertes de mousse, sont le seul monument qui te rappelle à la mémoire des hommes ; un arbre qui n'a plus qu'une feuille, un gazon dont les tiges allongées frémissent au souffle des vents, indiquent à l'œil du chasseur le tombeau du puissant Morar. Ô jeune Morar ! il est donc vrai que tu n'es plus ! Tu n'as point laissé de mère, tu n'as point laissé d'amante pour te pleurer. Elle est morte celle qui t'avait donné le jour, et la fille de Morglan n'est plus !

Quel est le vieillard qui vient à nous appuyé sur son bâton ? L'âge a blanchi ses cheveux ; ses yeux sont encore rouges des pleurs qu'il a versés ; il chancelle à chaque pas. C'est ton père, ô Morar ! ton père qui n'avait d'autre fils que toi ; il a entendu parler de ta renommée dans les combats, et de la fuite de tes ennemis. Pourquoi n'a-t-il pas appris aussi ta blessure ? Pleure, père infortuné, pleure ; mais ton fils ne t'entend point ; son sommeil est profond dans la tombe, et l'oreiller où il repose est enfoncé bien avant sous la terre. Morar ne t'entendra plus ; il ne se réveillera plus à la voix de son père. Quand le rayon du matin entrera-t-il dans les ombres du tombeau ? quand viendra-t-il finir le long sommeil de Morar ? Adieu pour jamais, le plus brave des hommes ; conquérant intrépide, le champ de bataille ne te verra plus ; l'ombre des forêts ne sera plus éclairée de la splendeur de ton armure : tu n'as point laissé de fils qui rappelle ta mémoire. Mais les chants d'Alpin sauveront ton nom de l'oubli ; les siècles futurs apprendront ta gloire, ils entendront parler de Morar.

GAUL : POÈME

Traduction de François-René de Chateaubriand

Publié dans les *Œuvres complètes*, 1826
(première rédaction : 1793 ?)[1]

---

1   Chateaubriand a vraisemblablement traduit l'ensemble des *Galic Antiquities* de John Smith pendant son exil en Grande-Bretagne (entre 1793 et 1800). Il publie les trois premiers poèmes de cette collection (« Dargo », « Duthona » et « Gaul ») en 1826. Sa traduction se trouve dans la section « Imitations anglaises et gaéliques ».

MINVANE

Traduction de Marie-Joseph Chénier

Publié dans les *Poésie Lyriques*, 1797[1]

Minvane, inquiète, éperdue,
Loin de Ryno, son tendre amant,
Sur le roc de Morven contemplait tristement
Les mers, et leur vaste étendue.
Nos guerriers revenaient vainqueurs ;
Elle les voit de loin ; tremblante, elle s'écrie :
« Ryno, viens-tu revoir une amante chérie ?
Où donc es-tu, Ryno ? viens essuyer mes pleurs. »

Nos regards, baissés vers la terre,
Lui répondaient : Ryno n'est plus ;
Il est tombé dans les champs de la guerre,
Entouré d'ennemis vaincus.
Son âme est au sein d'un nuage ;
Et, le long des monts et des bois,
On entend les zéphyrs unis sur le rivage
Au doux murmure de sa voix.

MINVANE

Ullin, quoi ! dans tes vertes plaines
Le fils de Fingal est tombé !

1   M.-J. Chénier a publié plusieurs traductions de Macpherson : « Minvane », « Les Chants de Selma », « Au Soleil, fragment de Carthon », « Clonal et Crimora » (fragment IV) et le « Dernier Hymne d'Ossian » (Berrathon).

Sous quel bras invincible a-t-il donc succombé ?
Et moi, je reste seule ! Ah ! terminons nos peines.
Vents, qui troublez les airs, qui soulevez les flots !
    Imposantes voix des orages,
      Qui vous mêlez à mes sanglots !
  J'irai chercher Ryno dans les nuages.
Ryno ! dans les forêts quand tu portais l'effroi,
Nos chasseurs enviaient ton ardeur et ta grâce ;
Mais l'ombre de la mort t'environne et te glace ;
    Le silence habite avec toi.

Qu'est devenu ton glaive, à la foudre semblable ?
    Qu'est devenu ton arc étincelant,
      Ton bouclier impénétrable,
Ta lance, dont le fer était toujours sanglant ?
    Je vois tes armes entassées
    Sans toi briller sur ton vaisseau :
    On ne les a donc point placées
Près de ton corps chéri, dans le fond du tombeau ?
    Quand viendra désormais l'Aurore
Te dire en souriant : « Debout, jeune Guerrier !
    Entends-tu les chiens aboyer ?
Le cerf est loin d'ici ; Ryno sommeille encore ! »

Belle Aurore ! il sommeille, il n'entend plus ta voix ;
Les timides chevreuils sortent de leur retraite :
Vois bondir sans frayeur sur sa tombe muette
    Les cerfs qu'il chassait dans les bois.

  En vain la mort a fermé ta paupière,
  Ô mon héros ! je marcherai sans bruit,
  Pour me glisser en ta couche dernière,
  Dans le silence et l'ombre de la nuit.

  Vous, qui m'aimez, vous, mes jeunes compagnes,
  Vous me cherchez, vous ne me trouvez pas ;
  Je crois vous voir en nos belles campagnes
  Suivre en chantant la trace de mes pas.

Vos chants si doux plaisent à mon oreille ;
Loin de Ryno, vous charmiez mon ennui ;
Ne chantez plus : mon cher Ryno sommeille ;
Ce qu'il aima sommeille auprès de lui.

LA MORT D'AGANDECCA, FRAGMENT DU POÈME DE FINGAL

Traduction de Pierre Baour-Lormian

Publié dans *Ossian, barde du IIIe siècle.*
Poésies galliques en vers français, 1801, p. 163-167

[Début du troisième livre :
« Fingal ! ô homme des batailles, dit Carril… »]

Starno, longtemps vaincu par le brave Fingal,
Méditait contre lui des projets de vengeance :
Mais du roi de *Morven* qui fut jamais l'égal ?
Un jour enfin, cédant à son impatience,
Il appelle *Snivan*, vieillard dont les accords
Enflamment les héros d'une ardeur dévorante,
Jusqu'au palais des vents réjouissent les morts,
Et dans les champs guerriers font voler l'épouvante.
« Vieillard, lui dit *Starno*, va sur les rocs d'*Ardven*
Que de ses noires eaux baigne la mer profonde ;
Va trouver de ma part cet astre de *Morven*,
Ce jeune et beau guerrier, vainqueur des rois du monde.
Je lui donne ma fille, espoir de mes vieux ans,
Ma fille *Agandecca*, la première des belles ;
Un azur lumineux brille dans ses prunelles ;
Son sein a la blancheur de mes flots écumants.
Dis au roi du désert que mon âme charmée
À cet heureux hymen va devoir le repos ;
Qu'il vienne, accompagné de ses vaillants héros,
Recevoir de mes mains ma fille bien-aimée :
Elle sera le prix de ses nobles travaux. »

Au palais de *Selma* le vieillard se présente
Fingal impatient ouvre le sein des eaux,
Et son cœur, que l'amour, que la gloire tourmente,
Devance sur les mers le vol de ses vaisseaux.

« Enfants de l'île solitaire,
Salut, lui dit *Starno* ; vous qui suivez ses pas,
Illustres chefs, de vos combats
Puissent mes fêtes vous distraire !
Trois jours vous poursuivrez les cerfs de mes forêts ;
Trois jours vous remplirez la coupe hospitalière ;
Trois jours votre audace guerrière
Pour mon cœur aura des attraits. »

Ainsi parla le Roi des neiges,
Et, sous les pas d'un chef si renommé,
Le lâche allait tendre des pièges.
Mon père cependant ne s'est point désarmé ;
Couvert d'or et d'airain il s'assied à la fête :
En secret le meurtre s'apprête…
Les regards de *Fingal* troublent les assassins :
L'éclat de sa beauté, son front plein d'assurance,
Les glacent de terreur ; et, loin de sa présence,
Ils vont tramer encore de sinistres desseins.
Déjà les cent harpes frémissent ;
Les Bardes chantent tour à tour
Les héros et les morts, les combats et l'amour,
Et nos braves leur applaudissent.
Ullin alors, *Ullin*, le Barde de *Selma*,
Élève cette voix tendre et mélodieuse
Dont si longtemps la douceur nous charma.
La fille de *Starno*, belle et silencieuse,
L'écoutait, célébrant les exploits paternels.
Quelques larmes brillaient sous ses longues paupières.
Elle avait vu s'enfuir les hordes meurtrières,
Et connaissait, hélas ! leurs complots criminels.
À l'aspect de *Fingal* une subite flamme

Avait brûlé son jeune cœur :
Elle fit des vœux dans son âme
Pour les jours d'un héros, son aimable vainqueur.

Mais la troisième aurore éclaire enfin la chasse :
Le sombre roi, suivi de féroces guerriers,
Part : mon père le suit ; et déjà, plein d'audace,
    Il perce les noirs sangliers.
Agandecca, soudain se présente a sa vue :
    Le vent frémit dans ses cheveux épars ;
Un effroi convulsif se peint dans ses regards...
    Tremblante et d'une voix émue :
« Fuis, aimable étranger, *Starno* veut ton trépas ;
    La mort t'attend dans cette forêt sombre ;
    Les ennemis environnent tes pas...
Je connais ta valeur... mais connais-tu leur nombre ? »

Mon père, furieux, appelle ses héros.
Les assassins surpris, à mille traits en butte,
Tombent ; leur sang au loin fume, coule à longs flots,
Et l'immense forêt retentit de leur chute.
Starno se réfugie au sein de son palais ;
Ses yeux roulent sanglants sous des sourcils épais :
« Qu'on amène, dit-il, qu'on amène à son père
L'aimable *Agandecca* : *Fingal* doit en ce jour
Recevoir de mes mains une épouse si chère. »

    Agandecca, dans le fond d'une tour,
      Soupirait loin du choc des armes.
Les ordres de *Starno* redoublent ses alarmes...
    Elle parut, le sein baigné de pleurs ;
    Elle parut... le barbare s'élance,
      Et de la pointe de sa lance
Perce ce sein d'albâtre... Ô mortelles douleurs !
    Elle tomba, comme du roc sauvage
Tombe un flocon de neige à l'heure où dans les airs
    Les vents précurseurs de l'orage

De leur souffle rapide allument les éclairs.
    Un horrible combat s'engage :
Fingal et ses amis, comme des feux vengeurs,
Dévorent de *Starno* la tribu pâlissante.
    Mon père entre ses bras vainqueurs
    Enlève *Agandecca* sanglante :
Il emporte à *Morven* son corps inanimé,
Le dépose, en pleurant, dans une grotte obscure,
    Et chaque soir, de regrets consumé,
Vient gémir sur sa tombe ou le zéphyr murmure.

INVOCATION À L'ÉTOILE DU SOIR

Traduction d'Alfred de Musset

[Premier paragraphe des « Chants de Selma »]

Fragment publié dans la *Revue des deux mondes*, 15 janvier 1838 ;
recueilli dans « Le Saule : Fragment », *Poésie complètes*, 1840

Pâle étoile du soir, messagère lointaine,
Dont le front sort brillant des voiles du couchant,
De ton palais d'azur, au sein du firmament,
    Que regardes-tu dans la plaine ?

La tempête s'éloigne, et les vents sont calmés.
La forêt, qui frémit, pleure sur la bruyère ;
Le phalène doré, dans sa course légère,
    Traverse les prés embaumés.
    Que cherches-tu sur la terre endormie ?
Mais déjà vers les monts je te vois t'abaisser ;
Tu fuis, en souriant, mélancolique amie,
Et ton tremblant regard est près de s'effacer.

BIBLIOGRAPHIE SÉLECTIVES DES ÉTUDES SUR MACPHERSON ET OSSIAN

BURNETT, Allan et BURNETT, Linda Anderson, éd., *Blind Ossian's Fingal : Fragments and Controversy*, Édimbourg, Luath Press, 2011.

BYSVEEN, Josef, *Epic tradition and innovation in James Macpherson's Fingal*, Uppsala, Acta Universitatis Upsaliensis, 1982.

CURLEY, Thomas M., *Samuel Johnson, the Ossian Fraud, and the Celtic Revival in Great Britain and Ireland*, Cambridge, Cambridge University Press, 2009.

GASKILL, Howard, « The Homer of the North », *Interfaces*, n° 27, 2007-2008, p. 13-24.

GASKILL, Howard, éd., *Ossian Revisited*, Édimbourg, Edinburgh University Press, 1991.

GASKILL, Howard, éd., *The Poems of Ossian and Related Works*, Édimbourg, Edinburgh University Press, 1996.

GASKILL, Howard, éd., *The Reception of Ossian in Europe*, Londres, Thoemmes Continuum, 2004.

HAYWOOD, Ian, *The Making of History : A Study of the Literary Forgeries of James Macpherson and Thomas Chatterton in Relation to Eighteenth-Century Ideas of History and Fiction*, Rutherford, N.J., Fairleigh Dickinson University Press, 1986.

MOORE, Dafydd, *Enlightenment and Romance in James Macpherson's The Poems of Ossian : Myth, Genre and Cultural Change*, Aldershot, Ashgate, 2003.

MOORE, Dafydd, éd., *Ossian and Ossianism*, 4 vol., Londres et New York, Routledge, 2004.

PORTER, James, « "Bring Me the Head of James Macpherson" : The Execution of Ossian and the Wellsprings of Folkloristic Discourse », *Journal of American Folklore*, vol. 114, n° 454, Fall 2001, p. 396-435.

STAFFORD, Fiona. *The Sublime Savage : A Study of James Macpherson and the Poems of Ossian*. Édinburgh : Edinburgh University Press, 1988.

STAFFORD, Fiona et GASKILL, Howard, éd., *From Gaelic to Romantic : Ossianic Translations*, Amsterdam et Atlanta, Rodopi, 1998.

THOMSON, Derick S., *The Gaelic Sources of Macpherson's "Ossian"*, Aberdeen University Studies n° 130, Édimbourg et Londres, Oliver and Boyd, 1952.

Trevor-Roper, Hugh, « The Invention of Tradition : The Highland Tradition of Scotland », dans Eric Hobsbawm et Terence Ranger, éd., *The Invention of Tradition*, Cambridge, Cambridge University Press, 1983, p. 15-41.

Van Tieghem, Paul, *Ossian en France*, 2 vol., Paris, F. Rieder, 1917.

Van Tieghem, Paul, « Ossian et l'Ossianisme au XVIIIᵉ siècle », *Le Préromantisme*, 3 vol., Paris, F. Rieder, 1924, vol. 1, p. 197-287.

Weinbrot, Howard D., *Britannia's Issue : The rise of British literature from Dryden to Ossian*, Cambridge, Cambridge University Press, 1993.

INDEX DES NOMS DE PERSONNES

L'étymologie et la signification des noms, ici en italiques, sont données par Macpherson dans ses notes en bas de page.

INDEX DES NOMS DE LIEUX

TABLE DES MATIÈRES

POÉSIES ET TRADUCTIONS
DE JAMES MACPHERSON
FRAGMENTS DE POÉSIE ANTIQUE

ŒUVRES D'OSSIAN, FILS DE FINGAL

PRÉFACES, ESSAIS

IMITATIONS ANGLAISES ET GAÉLIQUES

TRADUCTIONS FRANÇAISES
DES XVIIIᵉ ET XIXᵉ SIECLES